Klett-Cotta im Ullstein Taschenbuch

Klett-Cotta im Ullstein Taschenbuch
Ullstein Buch Nr. 39017
im Verlag Ullstein GmbH,
Frankfurt/M – Berlin – Wien
Ungekürzte Ausgabe
Umschlagentwurf:
Andreas Brylka

Printed in Germany 1981
Druck und Verarbeitung:
Mohndruck Graphische Betriebe GmbH,
Gütersloh
ISBN 3 548 39017 X

Mai 1981

CIP-Kurztitelaufnahme
der Deutschen Bibliothek

Fischer, Hugo:
Die Geburt der Hochkultur in Ägypten und
Mesopotamien: d. primäre Entwurf d. menschl.
Dramas / Hugo Fischer. – Ungekürzte Ausg. –
Frankfurt/M; Berlin; Wien: Ullstein, 1981.
(Ullstein-Buch; Nr. 39017: Klett-Cotta im
Ullstein-Taschenbuch)
ISBN 3-548-39017-X

NE: GT

Hugo Fischer

Die Geburt der Hochkultur in Ägypten und Mesopotamien

Der primäre Entwurf des menschlichen Dramas

Klett-Cotta im Ullstein Taschenbuch

INHALTSVERZEICHNIS

Einleitung

Das geschichtliche Bewußtsein des 20. Jahrhunderts im Zeichen der Ausgrabungen 9

Der bleibende Aufriß der Kulturlandschaft und der Begriff des kulturellen Feldes 10

Teil I

ÄGYPTEN UND SUMER ALS QUELLGEBIETE DER BISHERIGEN GESCHICHTE

Das Ägyptische Quellgebiet

Requisiten und Akteure des beginnenden Kulturdramas . . 21

Unser Bewußtsein vom Ägyptischen 21

Der griechische Alexander als der letzte Pharao 23

Der ägyptische Ursprung der Kultur 24

Die Perioden der ägyptischen Geschichte 27

Die urzeitliche Nillandschaft 32

Die anthropologische Herkunft der Ägypter 36

Frühe Einwirkung aus dem sumerischen Kraftfeld 38

Die Genese der Menschheitskultur in Ägypten 39

Der geschichtliche Gestaltwandel der Primärkultur 47

Der Übergang zur ersten Dynastie 47

Die Kristallisation von Kultur und Staat 53

Die „dynastische" Kultur Ägyptens bis zur ersten Krise 57

Das Nahen der ersten Kulturkrise seit der 5. Dynastie 60

Die akute Krise der Ersten Zwischenzeit 65

Die Kontinuität der ägyptischen Kultur nach dem Ersten Zwischenreich 70

Das Mittlere Reich / Die Hyksos-Fremdherrschaft / Die 18. und 19. Dynastie / Der Reformator Echnaton / Das Ende Ägyptens

Die vollendete Gestalt der ägyptischen Kultur 85

Die Idee der Zivilisation in Ägypten 85

Das Ethos der organisierten Arbeit / Die Baukunst / Die Ma-at als Rechtsordnung des religiösen und des zivilisatorischen Universums / Die irdische Zone des Ma-at / Die metaphysische Quelle der Rechtsordnung

Religion und Mythos Ägyptens 100

Wandlung und Übergang im mythischen Dasein / Die Himmelsgöttin / Der Schöpfergott / Die metaphysische Konstitution des Menschen

Zusammenfassung 111

Das Mesopotamische Quellgebiet

Requisiten und Akteure des beginnenden Kulturdramas . . . 117

Überblick 117

Der sumerische Kulturanstoß und die Bereitschaft Mesopotamiens 126

Die mesopotamische Steinzeit 128

Der Übergang zur Kupfersteinzeit 131

Die Perioden der Kupfersteinzeit 133

Das Volk von Al Ubaid 138

Der geschichtliche Gestaltwandel der Primärkultur 147

Die Urukperiode 147

Die Entstehung des Zylindersiegels in Uruk / Beginn der Schrift und Übergang zur Djemdet-Nasr-Periode

Die Djemdet-Nasr-Periode 159

Die Periode der frühen Dynastien 164

Ur und der Ritus der Heiligen Hochzeit 169

Ur und die kosmischen Motive der Plastik 170

Die „dritte Dynastie" von Ur 173

Die Städte Kisch und Lagasch, die dem frühen Ur zugeordneten Kulturträger 174

Die Mesilimperiode in Kisch / Die Kultur von Lagasch / Die erste Krise der Tempelstadt in Lagasch

Ausblick auf die imperiale Zeit Mesopotamiens 186
Die Auflockerung der Urkultur im Akkaderreich 190
Die Akkader und die erste „Götterdämmerung“ in Mesopotamien 191

Die vollendete Gestalt der sumerischen Kultur 194

Errungenschaften der religiösen Zivilisation Sumers 194
Die charakteristische Religion Mesopotamiens 200
Die Muttergöttin Mesopotamiens / Ideen über die dämonische Frühgestalt der Göttin / Inanna als Mutter von Göttern und Menschen / Das geistige Band der sumerischen Kultur im Inanna-Dumuzi-Mythos / Daseinsnähe und Daseinsunsicherheit der mesopotamischen Religion

Zusammenfassung 220

Teil II

URSPRUNG UND ABLAUF DES MENSCHLICHEN DRAMAS

Das Quellgebiet der Geschichte 231

Die Doppelgestalt des ersten Kulturvolkes 231
Die anthropologische Ausstattung des werdenden Kulturmenschen 240
Die Geburt der Kultur und die Präfiguration des Menschen . 246

Geschichtsphilosophische Folgerungen 258

Anfang und Grenze des Geschichtsdramas 258
Geschichtsdrama und Begriff einer qualitativen Zeit 264
Zeit und Raum als „komplementäre“ Anordnungen 268
Die Gegenwart als Grenze des Geschichtsdramas 273
Die Verantwortlichkeit des geschichtlichen Menschen 279
Der Aufbruch der Gegenwart in die Zeitentiefe 288
Die Renaissance der Urgeschichte in der gegenwärtigen Zivilisation 291

Bibliographie 302

EINLEITUNG

Das geschichtliche Bewußtsein des 20. Jahrhunderts im Zeichen der Ausgrabungen

Wir befinden uns — nach der sozialen Stabilität und Sekurität des Viktorianischen und des Wilhelminischen Zeitalters — seit 1900 in einer Stromschnelle des geschichtlichen Flusses. Er bricht gleichsam durch ein „Eisernes Tor" überraschend in fremde Landschaften vor. In einem neuen Schicksalsraum suchen die Kolosse Amerika und Rußland über die Frage Nietzsches zu entscheiden: Wer soll der Herr der Erde sein?

Die gegenwärtige Menschheitsgeneration, eine Mutation der vorhergehenden, ist eine unvorhergesehen mit unbeschränkter Beobachtungsgabe, wirtschaftlicher und politischer Organisationskraft und visionärer Sicht ausgestattete, die sich gegen alles provinziell und professionell Beengte durchsetzt. Mit dieser Ausstattung dringt sie verstehend und umgestaltend in ihren Lebensraum ein.

Nun aber mobilisiert sie für ihren Vorstoß ins Unbekannte und Ungeheure der Zukunft Reserven der Vergangenheit, die bisher nicht angerührt wurden, ja die verschüttet und verborgen gewesen sind. Seit dem „Umsturz der Werte" durch Dostojewski, Nietzsche und Strindberg und der Revolutionierung der naturwissenschaftlich faßbaren Wirklichkeit nach 1900 und seit dem radikalen politisch-sozialen Szenenwechsel des Dreißigjährigen Krieges — von 1914 bis 1945 — entdeckt die Menschheit in einer Serie sensationeller, wachsend methodischer und zielsicherer werdenden Ausgrabungen in Ägypten und Mesopotamien sowie dem Industal die Glorie ihres Beginns. Sie besinnt sich auf das erstmalige Erwachen ihres Kulturbewußtseins: dies vollzog sich in der Erschütterung plötzlicher Geburtsstöße als ein erster sprunghafter Frühling der Kultur.

Im Ägypten und Sumer des 4. Jahrtausends v. Chr. ist die Ausgangs- und Ursprungssituation jeder menschlichen Kultur zu suchen. Wir müssen uns in diese Urheimat zurückversetzen, um unsere menschlichen Möglichkeiten zu ermessen. Denn von unseren Anfängen her gewinnen wir die Schwungkraft unserer historischen Existenz und von da her auch das Augenmaß für das Transitorische, das Beachtliche und Verheißungsvolle unserer Eintagsexistenz.

Da wir uns in einer Stromschnelle des dramatischen Weltgeschehens befinden, werden uns die Augen für die eruptive Macht unseres Kulturbeginns vor 5000 Jahren geöffnet: den vitalen religiösen Aufschwung, aus dem die Sumerer und Ägypter des 4. Jahrtausends plötzlich wie aus dem Nichts noch heute gültige Mythen schufen, Glaubenswelten eröffneten, hochragende Bauten errichteten und städtische Zivilisationen organisierten.

Erst jetzt überschauen wir das ganze Drama unserer menschlichen Existenz von seinem mächtigen ersten Akt an. Zuvor kannten wir nur ein letztes Fragment: das Geschichtsbewußtsein um 1900 erstreckte sich bis zur Kultur von Mykene, der dorischen Einwanderung um 1200 v. Chr. und bis zur Gesetzgebung durch Moses etwa um die gleiche Zeit. Daß aber unsere anspruchsvolle, komplexe und allzu vertraute Kultur vor 5000 Jahren auf einmal da war und daß diese Ausgangssituation der unsrigen an Höhe und Tiefe vielfach überlegen gewesen ist, bedeutet ein immerwährendes Wunder.

Eine wachsende Kenntnis unserer fremd anmutenden Herkunft — der ehemaligen Kultur des „Fruchtbaren Halbmondes“ zwischen Nil und Iran — ändert die Aspekte, die auf den Bereich und die Ausrichtung unserer heutigen Existenz zutreffen. Und wir gewinnen neue Begriffe vom „Ungewöhnlichen“ und „Unmöglichen“.

Der bleibende Aufriß der Kulturlandschaft und der Begriff des kulturellen Feldes

Die Kulturen bilden ein einziges menschliches Werdedrama, das sich in die Erdgeschichte einfügt. Sie geben einander Impulse und gehen auch rückläufig aufeinander ein. Sie sind nicht wie biologische Organismen voneinander getrennt, sondern geeint durch die unvorgreifliche Tatsache der Geburt der Hochkultur überhaupt, ihren ersten Schöpfungstag in Ägypten und Sumer, dem die Ouvertüre der Steinzeiten vorangeht. Der Akteur dieses allumfassenden Dramas ist die Menschheit selbst, das genus humanum. Die Menschheit ist keine Wesenheit, die abseits von den konkreten Kulturträgern bestünde, gleichsam vor ihnen oder über ihnen in einer Luft des Humanismus, die von gescheiterten Versuchen und schlimmen Taten gereinigt ist. Die Menschheit verwirklicht sich nur in den kulturschöpferischen Völkern und den ihnen vorausgehenden ethnischen Einheiten, den Stämmen der Steinzeit, und baut sich aus ihnen auf. Sie reichert sich aus ihnen und mit ihnen an und gewinnt eine zunehmende komplexe Individualität und Gestalt, wenn sie auch in Perioden wie der gegenwärtigen sich zu uniformieren, d. h. ihr Gesicht zu verlieren scheint.

Trotz aller tiefgreifenden Szenenwechsel zeigt das allmenschliche Drama von Anfang bis zum vorläufigen Ende einen ihm eigenen Aufbau. Man kann von einer Architektonik des menschlichen Daseins und Wirkens sprechen, in die der Werdegang und die Leistung jeder Kultur ein- und ausgespannt sind. Seit dem Jungpaläolithikum der franko-kantabrischen Jäger erwächst jede Kultur aus einer Kulturlandschaft, beginnt mit einer religiösen Erschütterung. Phantasiewerke der Kunst werden aus einem vitalen religiösen Aufschwung gezeugt — jede wahre Kunst ist Ikonographie, wie selbst Bernard Shaw bekennt —, und es beginnt auf höherem Niveau als jeweils zuvor ein Fortschritt der materiellen, der Lebensnotdurft dienenden Zivilisation mit einem Elan, der aus dem religiösen hervorgeht.

Eine vierdimensionale Architektonik des Daseins setzt sich immer wieder durch: jemand erwächst aus einer Landschaft, greift in religiösem „Fernweh“ nach den Sternen, wächst in eine künstlerische Phantasiewelt hinein und arbeitet am Fortschritt der materiellen Zivilisation, der Elementarausstattung des genus humanum.

Konkret existiert dieser architektonische Zusammenhang jeweils als ein kulturelles *Feld*. Der moderne ethnologische Ausdruck „Kultur*kreis*“ geht offenkundig an der spezifischen Wirklichkeit vorbei, auf die Bezug genommen wird. Ein Kreis ist ein flaches, starres, mechanisch begrenztes Gebilde. Ein Feld dagegen ist ein Zusammenhang wachsender Keime, die sich vom besten Boden her ausbreiten, und zwar in Zonen, die von den klimatischen Wirkungskräften, der Sonne, den Niederschlägen, den atmosphärischen Strahlungen mehr oder weniger bevorzugt sind.

Das positivistische Denken des verklungenen Zeitalters war vom Kausalgesetz beherrscht. An seine Stelle ist in der Physik, der Biologie und der Kulturwissenschaft der Feldbegriff getreten. Ein kulturelles Feld, z. B. das ägyptisch-mesopotamische, in dem um 3100 v. Chr. die menschliche Kultur entstand, ist viel komplizierter als ein physikalisches oder ein biologisches Feld. Es umfaßt zusätzliche Ausstrahlungsherde, Ebenen, Fluida und Erregungsrhythmen. Aber zugleich läßt es sich rechtfertigen, in allen drei Fällen von einem „Feld" zu sprechen, da in der jeweiligen Wirkungsstruktur grundlegende Merkmale wiederkehren. Ein Feld wird als ein strukturierter Zusammenhang von Bedingungen definiert, die sich von einem Zentrum höchsten Wirkungsgrades her auswirken. So verteilt sich durch ein Magnetfeld hindurch die Anziehungskraft auf Eisenspäne, und sie offenbart im Zentrum gleichsam ihre entschiedene Fähigkeit, in sich hineinzuziehen, festzuhalten und Fluidum zu verbreiten. Charakteristisch für ein Feld ist die Tatsache, daß sich weder eine Auswirkung noch eine Einwirkung örtlich und zeitlich fixieren oder eindeutig identifizieren läßt. Nur ein Anschwellen und Abschwellen von Wirkungsgraden kann man durch das Feld hindurch verfolgen. Die Wirkung des Feldes ist immer eine Einheit, die in sich abgestuft ist. Es gibt in ihr keine Lücken und Risse. Die Mitte macht sich in schwankender Intensität überall bemerkbar, und dasselbe gilt von Randphänomenen, die durch Induktion zum Feld hinzugewonnen sind. Ereignisse von außen werden in abgestufter Akzentuierung in das Feld eingefügt, falls sie nicht abgewiesen werden. Wie im biologischen, so hat im kulturellen Feld jedes Ding und Ereignis „seine Zeit". Bestimmte Wirkungskräfte erreichen in besonderen Phasen des An- und Abschwingens der Potentiale das Optimum ihres Einsatzes und Effekts, und individuelle Ereignisse werden dann fällig. Da sich das kulturelle Feld vom Boden einer Heimat, einer ethnisch-anthropologischen Gruppe bis zu den Wirklichkeiten der Religion, des Mythos und der schöpferischen Phantasie erstreckt, verfügt es über unerschöpfliche Energiequellen, über reiche Spannungen und Gefälle.

Alles und jedes, das mit einem bestimmten Charakter und einer zugehörigen Wirkung in ein kulturelles Feld eintritt, hat sich mit dem reichen Gefälle und den vielfachen Induktionsströmen des ganzen Feldes auseinanderzusetzen. Es ist hier keine Wirkung und Gegenwirkung auf einer Linie und von Punkt zu Punkt möglich. Es entfallen damit die Voraussetzungen für moderne Überlagerungstheorien, die die Ausbildung der Hochkulturen darauf zurückführen, daß Hirtenstämme, besonders Hornviehzüchter, die aus dem nördlichen Nomadengürtel kommen, in den Ackerbausiedlungen der angeschwemmten Flußtäler des Nils, des Zweistromlandes, des Indus und des Huangho Herrschaftsstrukturen errichteten. Unter den Bedingungen eines kulturellen Feldes besteht kein bloß linearer Kausalnexus zwischen einer soziologischen Klasse und einer politischen Organisationsform. Weder der Osirisherrscher des ägyptischen Großhaushaltes mit seiner Nekropolis noch der sumerische Ensi, der Steward einer autarken Tempelwirtschaft, lassen sich aus dem Herrscherwillen einfallender und überlagernder Nomaden ableiten. Überhaupt werden die zivilisatorischen Fortschritte der Zähmung und Pflege von Tieren, des Anbaus von Pflanzen, der Bewässerungstechnik, der Töpferei, des Metallhandwerkes und vor allem der Baukunst nicht von umherschweifenden Stämmen von außen her in ein Kulturfeld hineingetragen. Vielmehr entsteht der Anstoß zu solchen Fortschritten im Bereiche eines genius loci, bedarf es des religiös vitalen Aufschwunges innerhalb einer Kulturlandschaft, um das Gebiet der Lebenspraxis mit neuen Wünschen und technischen Ideen zu befruchten.

Der erfinderische Geist des Neolithikums ersteht im Bannkreise der werdenden Hochkulturen des „Fertile Crescent", des fruchtbaren Halbmondes zwischen Nil und Euphrat-Tigris, und seine Anregungen werden von da nach entfernten Küsten und Landstrichen verpflanzt, bis nach der Nordsee und dem Baltikum.

Der Mensch lebt stets in einer ethnischen Einheit und ist einem bestimmten Kulturboden verhaftet; sein Existenzeinsatz vollzieht sich stets in einem ganzen Motivzusammenhang, und er kann die Fürsorge für seine Lebensnotdurft, das heißt die praktische zivilisatorische Tätigkeit, von dem Motivzusammenhang seines religiös bestimmten und traditionsgebundenen Phantasielebens gar nicht trennen, selbst wenn er wollte. Er ist ein psychosomatisch geistiges Ganzes, in ethnische, landschaftliche und wertmäßige Zusammenhänge eingefügt.

Die „magnetischen“ Fluida eines kulturellen Kraftfeldes erstrekken sich in zwei Hauptrichtungen. Die Vertikale reicht von dem Heimatboden einer ethnischen Einheit oder Gruppe nach der transzendenten Region der religiösen und mythischen Wirklichkeit, und die Horizontale von einem eruptiven Fortschritt der materiellen Zivilisation zum nächsten, und zwar innerhalb der Bahn einer akkumulativen Entwicklung von Handwerk, Nahrungserwerb, Wohnbau und gesellschaftlicher Organisation, die durch alle kulturellen Felder der Menschheit hindurch in einer Art eigensinniger und geradliniger Zielstrebigkeit verläuft. In der Vertikalen gibt es keine Möglichkeit eines kontinuierlichen Fortschrittes; nach Jahrtausenden wechselt der landschaftliche Schauplatz, und in einem neuen Glaubensdurchbruch kristallisiert sich ein andres kulturschöpferisches Volk aus ethnischen Einheiten, die dieser Schauplatz in seinen Bann zieht und die sich hier treffen. In einer Götterdämmerung offenbart sich das Numinose für Jahrtausende in einer neuen Gestalt. Die Vertikale weist über den Bereich geschichtlichen Wechsels hinaus in die Region dessen, was immer wahr, schön und recht ist. Das kulturelle Feld ist durch innere Konstellationen, Spannungen und Gefälle zusammengehalten, aber nach außen offen. Auf- und abschwingend, setzt es sich gegen andersartige Potentiale ab und nimmt sich aus dem Werdeprozeß der Natur und den Gravitationssystemen des Kosmos heraus.

Ein kulturelles Kraftfeld schwingt in seinem eigenen tausendjährigen Rhythmus. Dieser bestimmt die innere Traditionsverbundenheit aller Individuen und Gruppen. Bis in die tiefen Schichten ihrer Erinnerung hinein bewegen sie sich von der Stelle aus, an der ihr Dasein einsetzt, in dem Rhythmus weiter, in den sie hineingeboren sind, vielleicht in einer Stromschnelle fälliger Ereignisse und Taten, vielleicht in einer historischen Situation, in der weit zurückliegende Reserven der Kulturmenschheit mobilisiert und aktualisiert werden.

Als um 3100 v. Chr. in den Flußlandschaften zwischen Nil, Euphrat und Tigris und schließlich dem zugehörigen Indus zum ersten Male „Volkskultur" entstand, war die horizontale oder zivilisatorische Ausrichtung eng und intim in die vertikale oder religiöse gefügt. Erst in den späteren kulturellen Kraftfeldern, dem iranischen, griechisch-römischen, mittelalterlichen und moderneuropäisierten, die innerhalb des primären Erregungsherdes auf Grund neuer religiöser Erdbeben entstehen, bewegen sich religiöse Kultur und materielle Zivilisation mehr und mehr auseinander.

In den Äonen der Steinzeit vor der Geburt der Hochkultur, als lose verbundene Stämme auf dem Schauplatz ganzer Kontinente im gleichen Stil, vom Faustkeil bis zu den Klingen und Mikrolithen und beginnenden Formen ritueller Totenbestattung, lebten und wirkten, war überhaupt noch kein Ansatz und Spielraum gegeben, religiöse und wirtschaftlich-praktische Motivationen voneinander zu trennen. Der Existenzeinsatz erfolgt hier mit einem Schlag, er ist gleichsam aus einem Guß. Der Mensch ist mit allem, was er ist, wird und tut, dem „Ganz Anderen" gegenüber exponiert. Die Sicherungen seiner psychosomatischen Existenz, mit denen er sich im Endlichen erhält und gegen die Schrecken der „Geisterwelt" abschirmt, gehen unartikuliert ineinander. Der Existenzeinsatz bewegt sich in jedem Augenblicke am Rande der endlichen Existenz. Untrennbar ineinander verwoben sind auch die utilitarischen und die rituellen Komponenten seiner Werkzeuge und Verrichtungen, seiner Behausungen und frühen Grabanlagen. Das, was der Selbsterhaltung, Fortpflanzung und Verteidigung in einer irdischen Landschaft dient, ist auch sakrales Mittel der Selbstbehauptung im Raum der unheimlichen Mächte, Mittel, unversehrt durch sie hindurch zu leben.

In den Geburtswehen der Hochkultur faßt der Mensch diese Mächte ins Auge. Es gelingt ihm, einen Existenzbereich auszubauen, in den sie einstrahlen. Er ist nun auch anthropologisch und ethnisch erwachsen, fertig ausgebildet. So ist er in Fassung und bleibt angesichts der unheimlichen Mächte des Numinosen in Fassung, auch wenn ihn der Anblick und seine eigene Exponiertheit erschüttern. Das Erbeben und Erzittern wandeln seine Existenz um, und aus der Ergriffenheit erwachsen ihm visionäre Gaben und kühne Pläne: er errichtet Pyramiden und Tempelstädte, er reguliert Ströme und schafft blühende Kulturlandschaften.

Bis zu einem bestimmten Grade ist es der Intuition und Kombinationsgabe des modernen Archäologen möglich, dem Auftakt zur ersten Hochkultur mit Verständnis zu folgen, die innere Notwendigkeit, mit der um 3100 v. Chr. im ägyptisch-mesopotamischen Kraftfeld ein religiöses Erdbeben sich in Wellen fortpflanzt und zur Errichtung kultureller Bauten, zur Erfindung von Pflug, Schrift, Wagen, gesellschaftlicher Organisation führt, gedanklich nachzuvollziehen. Das Anwachsen eines Spannungsniveaus müßte verfolgt werden, die Heraufpotenzierung eines ganzen „Feldes", das mit wogenden physischen und geistigen Energien geladen ist. Es ist, als ob sich das künftige Feld vorweg in vielen örtlichen Erregungswellen abzeichnete, die ihren Herd suchen, der dann mit spontaner Energie eigene Wellen aussendet. Die Erregungen teilen sich den ethnischen Stämmen und Sippen mit, die zur höheren Einheit eines Volkes zusammenschmelzen. Bei der Synthese von Genkombinationen und psychosomatischen Fähigkeiten werden, ähnlich wie in der Entstehung eines neuen Atomkernes, zusätzliche Energien frei. Es erhebt sich der Sturm und Drang der Völker.

Die religiöse Erschütterung der ganzen Existenz sucht sich zu bezeugen. Das werdende Volk erforscht nun das Erdbebengelände, es sucht den inneren Aufruhr zu meistern und festen Boden zu gewinnen. Die religiösen Vitalenergien geben sich in Bauten übermenschlichen Ausmaßes aus, und die Gesichte des Mythos werden in der Darstellung gebannt. Eine zunehmende Bevölkerung, die sich kühnen Plänen widmet, bedarf einer breiteren arbeitsteiligen wirtschaftlich-technischen Daseinsbasis. Die physische oder zivilisatorische wird mit der religiös-kulturellen Existenz zugleich emporgerissen. Mit dem ersten Akt des kulturellen Dramas empfängt die Zivilisation ihren entscheidenden Anstoß. Der religiös-künstlerische Mensch ist im Zuge, und er erledigt die Erfindung der Töpferei, des Metallhandwerks, der Bau- und Ingenieurstechnik „mit“, aus dem Elan, der alle Szenen dieses ersten Aktes beschwingt und weitertreibt. Alles Zivilisatorische ist in eine sakrale Kulturheimat eingehaust. Soweit seine mythische Phantasie reicht, ist der frühe Kulturmensch jetzt sogar in Grenzzonen der unheimlichen Daseinsmächte heimisch geworden.

Der Staat mit seinem zivilisatorischen Inhalt ist ein einziger Großhaushalt des Gottes, der den Pharao oder den sumerischen Ensi begnadet. Handwerker, Bauern, Hirten und ihre Erzeugnisse gehören dazu. Sie sind an dem intimen Walten des Ganzen beteiligt und sind weder Mittel für despotische Gelüste, noch lassen sie sich austauschen oder ersetzen. Sie zweifeln nicht daran, daß sie im Szenarium des Geschehens dorthin gehören, wo sie sind und wirken. Offenkundig ist der erste Akt des Dramas von allen Beteiligten bejaht. Die Lebensstimmung ist affirmativ. Das erste große Unternehmen reißt alle mit, auch abgesehen davon, daß ihnen keine andere Wahl bleibt.

In den späteren Akten setzt sich das zivilisatorische Nützlichkeitsstreben vom religiösen Glauben und der künstlerischen Phantasie ab. Aber während der ersten Hochkultur vollzieht sich solche Absonderung innerhalb der Kulturheimat. Der Embryo der Zivilisation wird legitim entwickelt und ausgetragen und bleibt organisch an die Mutter gebunden. Die Welt zerfällt nicht, wie im neuzeitlichen Rußland, in asketische Mönche und kalkulierende Geschäftsleute, in betriebsame Politiker und weltentrückte Künstler. Mit dem materiellen Fortschritt, der seinen maßgebenden Anstoß aus einer Glaubenserschütterung empfing, erreicht sowohl der religiöse Mensch wie der Künstler eine höhere Stufe der Zivilisation. Alle Beteiligten werden zu Barbaren, zu unvollständigen Menschen, die des Maßes, der Fassung und der Spontaneität entbehren, wenn die Einheit von religiöser Kultur und materieller Zivilisation auseinanderbricht. Fanatiker stehen dann gegen Routiniers.

Die religiös-phantasiemäßigen und die wirtschaftlich-technischen Kräfte und Bezirke der menschlichen Kultur differenzieren sich zuerst merklich in der Akkaderherrschaft Mesopotamiens um 2300 und in der 5. oder 6. Dynastie Ägyptens. Wachsende Aufgaben der Verwaltung erfordern ein gesondertes Interesse. Aus besonderen religiösen Motiven werden nun spezifische Aufgaben gelöst. So werden Unterricht und Erziehung in Tempelschulen gepflegt, wird die göttliche Weltordnung, die Ma-at, in Gesetzen der Praxis nahegebracht, widmen sich religiöse Gilden einem Handwerk, das wichtige Aufträge von den Totentempeln oder dem Verwalter der Tempelstadt erhält, werden Mythen und Psalmen von professionellen Schreibern übersetzt und philologisch bearbeitet.

Fruchtbarkeit der Herden und Kindersegen sind religiös sanktioniert. Der Ökonom wirtschaftet mit einem anvertrauten Gut. Die weltlichen Güter werden nur benützt; die volle Konsumtion erfüllt sich in einem Symposion, an dem Menschen und Götter teilnehmen, einer Kommunion im Totentempel oder auf dem Turme der Zikkurat. Die Arbeit, die Güter schafft, ist ein Dienst an den Göttern. Brot und Wein — oder Bier — repräsentieren bereits im alten Ägypten Leib und Blut des Gottes, dessen Auferstehung zelebriert wird. Die materiellen Güter und Verrichtungen sind in einer Rangordnung gestuft, die von religiösen Erschütterungen und Motiven bestimmt wird, und die praktischen Bedürfnisse bleiben in religiöse Wertungen eingebettet.

Religion und schaffende Phantasie sind dabei untrennbar voneinander. Die primäre religiöse Erschütterung wirkt sofort auf die Phantasie, und dieser drängen sich die Gestalten und Ereignisse der mythischen Wirklichkeit auf. Die mythischen Daseinsmächte, die Welten des Osiris, Horus, Ptah, des Anu, Enlil, der Inanna überlagern von da an viele Volkskulturen, und uralte mythische Mächte sind bereits in sie hineingelagert; ihre Symbole, die Hörner der Stiere und die Mondsichel, die Pforte der Himmelskönigin, das Pentagramm des Venussternes, erwecken immer erneute Schauer. Die Töpferei erzeugt zusätzliche kultische Gefäße, das Handwerk die heilige Doppelaxt und die sakrale Spitzhacke Sumers.

TEIL I

ÄGYPTEN UND SUMER ALS QUELLGEBIETE DER BISHERIGEN GESCHICHTE

DAS ÄGYPTISCHE QUELLGEBIET

REQUISITEN UND AKTEURE DES BEGINNENDEN KULTURDRAMAS

Unser Bewußtsein vom Ägyptischen

Ägypten und Sumer sind zusammen die komplementären Quellen alles bisherigen Kulturlebens. Der ägyptische Quellanteil ist mächtiger und durch die Jahrtausende durchschlagender; der sumerisch-mesopotamische ist reicher an Lebensanstößen und jähen Wendungen. Im Ursprung der Kultur ergänzen sich zwei komplementäre Formen des Schöpferischen: die ägyptische Stetigkeit und die mesopotamische Diskontinuität.

Die Staaten- und Reichsgeschichte der Menschheit führt auf den ägyptischen Ursprungsherd zurück; die Geschichte des städtischen Wesens, mit ethischen und transzendenten Religionen, Weltanschauungen, Kunststilen, mit Handel und Wandel, Wirtschaftspolitik, Militärtechnik und Verwaltungspraktiken auf den mesopotamischen Anteil.

Mommsen wollte die Staatengeschichte mit der Gründung Roms, „ab urbe condita" beginnen. Ein solcher perspektivischer Ausschnitt würde das Leitbild der kulturellen Integrität Ägyptens ausschließen: einer aus letzten metaphysischen Erfahrungen schöpfenden gediegenen Einheit von Religion, Mythos, Architektur, Skulptur, Malerei, Recht und Politik, von Lebenskunst, Verklärung des Alltags, Vermenschlichung der technischen, wirtschaftlichen und überhaupt urbanen Zivilisation, von Lebensfreude, Frömmigkeit und Loyalität. Wenn wir nur von den Römern wüßten, dann wäre unsere Kenntnis von den menschlichen Möglichkeiten auf eine gesellschaftlich nützliche Religion, auf Parteikämpfe, auf imperiale Herrschaft über viele Nationen, auf stoische Innerlichkeit und eine schließlich obsiegende Massenreligion beschränkt. Innerhalb der fünf Millenien bisheriger Kultur bewegt sich die griechisch-römische Antike wohl oder übel in den Uferwassern des Geschichtlichen. Die

Ursprungsmitte dieses gewaltigen Elementes ist dort zu suchen, wo die ägyptische und die sumerische Kultur aus der Zeitentiefe der steinzeitlichen Äonen aufsteigen.

Dieselbe fünftausendjährige Kultur erfährt heute eine Krise. Zum ersten Male werden die Werte der Wahrheit, Heiligkeit und Gewaltigkeit in Frage gestellt, die die Ägypter und Sumerer mit auf die Welt brachten. Seit dem letzten Weltkrieg erschüttert eine Gewaltpolitik, der nichts heilig ist neben dem Vorteil der Gewalthaber, die von den Ägyptern und Mesopotamiern gelegten Grundlagen des göttlichen Rechts, des Naturrechts und des Völkerrechts. Die Kunst und das Kunsthandwerk unsrer Tage weichen zum ersten Male von einem fünftausendjährigen Kanon ab: Formgebilde wie Säule, Architrav, Wohnhaus und Mobiliar, ein bereits in Gräbern der ersten Dynastie vorgefundener Formenschatz, werden im Zeitalter der Stahlkonstruktion verworfen, und das menschliche Porträt wird in funktionale Einzelzüge aufgespalten. Es ist eine fünftausendjährige Kultur und Zivilisation, die sich im Gärungsprozeß befindet. Schließlich sind es gerade die Daseinsmächte, die sich einer Selbstrevision ihres ursprünglichen Einsatzes und Zusammenwirkens unterziehen. Da wir selbst mit im Spiele sind, fällt diese in unser Bewußtsein.

Wohl lassen sich bestimmte Wirkungen einer Existenzmacht in Frage stellen, nicht aber diese selbst; sie bricht hervor und ist da auf Grund ihres eigenen Rechts; ihr Dasein und Sosein läßt sich nicht mehr auslöschen. Von welchem Standpunkt aus möchte jemand urteilen, daß es anders hätte gewesen sein sollen?

Immer neue Konsequenzen gehen von einer solchen Existenzmacht aus, und der Quell ihrer Lebendigkeit bleibt doch verborgen. Immer neue Dokumente finden wir im Wüstensand und im dunklen Gestein der Felsen, und wir nähern uns nur asymptotisch dem imaginativen Charakter des künstlerischen Urhebers. Ihm waren die Tiere heilig, er hatte tiefe Einblicke in die „andere Welt", die wir bisher sehr rudimentär mitvollziehen. Wir kommen Lebensregungen unsres eigenen menschlichen Geschlechts auf die Spur, die den Horizont des Lebendigen erweitern, obgleich sie aus dem Totenreiche stammen. Dieses belehrt uns sogar über die Verklärung des Alltags und die Freude am Leben.

Der griechische Alexander als der letzte Pharao

Bereits ein Alexander der Große durchstieß die schützenden Umwallungen der griechischen Polis und befand sich der ägyptischen Ursprungsmacht gleichsam hüllenlos gegenüber. Schon Herodot und Plato ahnten, daß an den Grenzen, an denen das parzellierte Griechentum endete, die uralte Übermacht Ägyptens begann. Alexander starb als Begründer eines hellenistischen Weltstaates und als letzter Erbe der Pharaonenherrschaft. Er fiel gleichsam auf die erste Heimat der Menschheit zurück. Er hatte ja testamentarisch verfügt, daß er im libyschen „Ammonium", im Oasenheiligtum seines göttlichen Vaters Ammon, beigesetzt werden sollte. Der Diadoche Ptolemäus leitete dann auch den Trauerzug nach dem Nil. Die Priester des Ammon-Re, des Schöpfergottes, hatten den siegreichen Alexander als den Sohn ihres Gottes erklärt. Der ursprünglich ithyphallisch dargestellte Ammon hatte sich selbst erzeugt und wurde zum namenlosen Ingredienz aller Dinge und Kräfte im Himmel und auf Erden. Selbst Isis hatte Schwierigkeiten, seinen Namen zu erfahren, und sie gab ihn nicht preis. Alexander erklärte auf den Priesterbescheid hin, allerdings sei der Gott der „gemeinsame Vater aller Menschen, aber die Besten wähle er sich zu besonderer Kindschaft".

Nach Droysens Darstellung begegnet Alexander im Oasentempel einer Symbolik, die zugleich die Gewißheit des Jenseits und seines Gerichtes, die Pflichten und Ordnungen des Lebens hienieden, das Wesen des Priestertums und des Königtums zu einem in sich geschlossenen System verbunden habe.

Der Sarg und die Mumie des letzten Sohnes des Ammon-Re wurden von römischen Imperatoren, einem Caesar, Octavian, Caligula, Caracalla und schließlich dem Septimius Severus, besucht und verehrt. Auf einer Münze Lysimachus', des Königs von Thrakien — eines engen Freundes Alexanders —, trägt dieser das Widderhorn Ammons. Das Horn ist bereits das altsteinzeitliche Symbol der

Heiligkeit. Der letzte ägyptische Philosoph und Weise, Hermes Trismegistos, sagte voraus, daß nur die steinernen Zeugen Ägyptens bleiben werden und daß dann die Welt den Menschen ein Ekel, kein „Gegenstand der Bewunderung und Verehrung mehr sein wird. Man wird die Finsternis dem Lichte vorziehen und den Tod für tauglicher halten als das Leben. Eine schmerzliche Trennung zwischen Göttern und Menschen tritt ein, nur die bösen Engel bleiben. Es wird eine Zeit kommen, in der es aussieht, als habe Ägypten umsonst mit frommem Gemüt an der Verehrung der Gottheit festgehalten".

Der ägyptische Ursprung der Kultur

In ihren Ursprüngen verliert sich die ägyptische Kultur in die Äonen steinzeitlicher Uranfänge. Was Hegel von den Griechen sagte, trifft mehr auf die Ägypter zu: mit ihnen ginge das Licht des Bewußtseins nach langem Schlummer im Zeitenmeere auf; mit ihnen brandete zuerst alles, was gewesen war und fortstrahlt gegen die Grenzen einer geistigen Gegenwart. Zum ersten Male findet das gebrechliche und doch selbststeuernde Fahrzeug bewußter persönlicher Existenz sich selbst in einem Meere von Daseinsmächten, das sich in einem erdgeschichtlichen Auf und Ab anthropologischer Schicksale angestaut hat. Innerhalb eines Taumels von Elementargewalten faßt der Geist sich selbst und bereitet sich ein Zuhause.

Gletscher zogen sich zurück, Pluvial- und Interpluvialperioden wechselten, Tundren und Urwälder wuchsen auf, mächtige Tiergeschlechter sanken dahin, halbmenschliche Ungetüme, Giganten, Neandertaler räumten den Platz, im Südwesten des afrikanischen Mutterkontinentes bildete sich in Hunderttausenden von Jahren der Homo sapiens; Wüsten trockneten aus, von der südlichen Dattelgrenze der Sahara bis zum Yemen; kapsische Jägervölker, Pioniere mit Pfeil und Bogen, bekundeten auf nordafrikanischen Felsbildern ihre raschpulsierende Existenz; Spuren des Ackerbaus entstanden in dem kulturträchtigen Kraftfeld zwischen Euphrat und Nil. Dann zog im Tal des heiligen Flusses, der von den tropischen Tiefen des

Mutterkontinentes herkommt, der ägyptische Mensch dort, wo die Kontinente sich treffen, sein Fazit aller vergangenen Ahnungen und Taten. Er verwandelte alles, was gewesen war, in eine Ouvertüre, deren Motive seine vieltausendjährige Existenz weiterbilden sollte. Es waren schließlich die Zäsuren seines eigenen Daseins, die ihm die Sätze der vollendeten Komposition seines Daseins aufnötigten.

Vordem rang der Mensch innerhalb erdgeschichtlicher Gewalten, in deren Auseinandersetzung der anthropologische Rhythmus nur gerade mitspielte. In Ägypten aber entwirft er nunmehr Daseinsbereiche nach eigenem Konzept. Im Dasein ist somit eine zusätzliche Eigenmacht erwachsen: ein kulturschöpferisches Volk. Damit fügen sich die Eigengesetze von Landschaft und anthropologisch-biologischem Organismus in ein Feld religiös bestimmter und weitergreifender Selbststeuerungen. Alles Daseiende fügt sich somit, von Daseiendem erkenntnismäßig beleuchtet und tatkräftig profiliert, in ein einziges Relief.

Es ist so, wie wenn die Frucht, exquisites Dasein eines Baumes, ausstellend und regulierend in den Daseinszusammenhang seines Wachstums und Sichdarbietens eingreift. Der Samen, den sie enthält, ist ja Ergebnis des Früheren und, als Kombinat von Richtkräften, Anfang des Kommenden. Nun entfalten im Geist des Kulturmenschen die Richtkräfte ihr eigenes Spiel.

Die Keime oder Richtkräfte des Menschlich-Schöpferischen entfalten sich ja nicht nur im Plasma eines biologischen Organismus, sondern in einer ganzen Kulturlandschaft. Bereits die franko-kantabrischen Jagdreviere der Aurignacienrasse sind mit ihrer Jagdtopologie, ihren Höhlenbildern und rituellen Begräbnissen Vorformen einer Kulturheimat; aber diese Kulturlandschaft ist noch nicht, wie die ägyptisch-sumerische, in allgemeiner Gärung, sie sendet noch nicht die Richtkräfte aus sich heraus, die in einem Gestaltwandel von Jahrtausenden die Landschaft mit Bauten eines bestimmten Stiles vermählen, mit Pyramiden, Tempeln, Bewässerungswerken und Kommunikationssystemen.

In Ägypten tritt zum ersten Male eine Jahrtausende währende Selbststeuerung einer ganzen Kulturheimat in die Existenz. Die

Richtkräfte strahlen von dem Menschen aus, der von einem Blitz aus geistigen Fernen getroffen ist. Es fallen auf einmal Strahlen aus einer geistigen Existenz in seine Welt, und er begibt sich, außer sich selbst, auf den Weg, in Mythos, Architektur, Bild und in zivilisatorischen Werken die Keime einer Kulturlandschaft zu entfalten. Er gerät außer sich, aber die über ihn hinausreichende Wirklichkeit, der er sich ausliefert, deren Gedanken er denkt, gehört zu ihm als seine Heimat, und in ihr erst findet er seine Lebendigkeit und die Macht seiner vorwärtsdrängenden Existenz. Er leistet Frondienst, bewegt und türmt riesige Steinblöcke, er rudert angesichts der Geißel den Nil aufwärts und über das Meer nach Byblos und Kreta. Die Alternative dazu wäre nicht der moderne Versorgungsstaat, sondern ein miserables Vegetieren in Schlammhütten. Was die Antike „Mensch" — Anthropos, Homo — bezeichnet, tritt zuerst in Ägypten und Sumer als eine profilierte Daseinsmacht auf den Plan. Der Name des ersten repräsentativen Menschen, des Pharao, lautet „Horus". Dies ist der erste Name, den der Mensch sich gibt.

Horus weiß von sich selbst, daß er dem Lichtreich angehört, durch das er seine Flügel ausbreitet, und daß er auch noch leuchtet, wenn das Licht des Tages vergeht. Sein Bewußtsein reicht über die sinnlich-greifbare biologische Umwelt hinaus. Er begleitet den Sonnenwagen durch das Totenreich und über den Horizont hinweg. Ihm eignet sogar ein mythisches Wissen davon, daß einmal die ganze, Licht und Finsternis umfassende Daseinssphäre in einer Weltendkatastrophe untergehen wird. Er aber bleibt zeitlos lebendig. Für den Ägypter gehört Lebendigkeit auf die Seite des „Ganz Anderen". Horus, Sohn des Osiris, ist in diesem einmaligen Natur- und Menschheitsdrama der Bote des Lebens. Als Schöpfer ist Gott „der Lebendige" schlechthin: Das Hieroglyphensymbol des Göttlichen ist das Henkelkreuz „Anch"; das Zeichen des Lebens strahlt kreuzförmig in eine Doppelrichtung aus.

Der ägyptische Mensch bestätigt durch drei Jahrtausende hindurch in Bauten, Bildwerken und literarischen Denkmälern seine eine Wahrheit: eine Daseinsmacht wurde aus Himmel, Erde und

Kreatur gefügt; sie ist, sie lebt und sie steht zu sich selbst. Der Hymnus dieser Verkündigung setzt dreimal ein: im Alten, Mittleren und Neuen Reich.

Der frühe Ägypter wird sich als Horus und in Horus seiner „Menschlichkeit“ bewußt. Er entdeckt sich selbst in einer von religiöser Spannung geladenen Atmosphäre. Sie inspiriert eine Phantasie, der sich mythische Visionen bieten: Aus einer Erdschwellung erhebt sich der Schöpfergott Ptah. Hathor, die himmlische Mutter aller Wesen, tritt aus einer Felsöffnung. In den Wechselfällen seiner Existenz treten ihm heilige Tiere entgegen. Der Mensch erwacht in metaphysischen Szenerien, der Blick schweift über mythische Horizonte. Das Licht des Tages, der Ammon-Re, begrüßt das Horuskind in der Wiege der schützenden Isis. Dem Lichtgott ist Herrschaft, Schrift und Bild geweiht; sie bekräftigen seinen Tag. Es ist der ursprüngliche Glaube ans Leben, der den Mut zum praktischen Dasein einflößt. Nur von einem Glauben besessene Völker sind Zivilisationsträger.

Die Perioden der ägyptischen Geschichte

Im monumentalen Drama der ägyptischen Geschichte bilden tausend Jahre einen Akt. Der erste Horuskönig Menes blickt zurück in die Steinzeit, und der letzte, Alexander, vorwärts in die Kulturräume von Orient und Okzident. Die Chronik aus Papyrus und Stein wird heute zunehmend leserlich und vollständig. Sie ist durch Funde der Archäologie, u. a. Siedlungsspuren und Gräber, ergänzt. Diese berichten von einer Vorzeit, die bis ungefähr 2850 v. Chr. reicht. In ihr deuten sich physiognomische Züge an, die das ägyptische Volk durch die Jahrtausende entwickelt. Zunächst gründet es das „Alte Reich“, das um 2190 v. Chr. ein Ende findet. Dessen Frühzeit umfaßt die ersten beiden Dynastien von 2850 bis 2650. Die drei folgenden Dynastien enthalten die großen Pyramidenerbauer. Seit Djoser, in der 3. Dynastie, liegt die Residenz bei Memphis. Djoser errichtete daselbst eine Stufenpyramide und königliche Bauten. In der 4. Dynastie, von etwa 2600 bis 2480, überwiegt das theologisch-politische Regime der Horuskönige Snofru, Cheops, Dedefre, Mykerinos und Schepsekaf eine mögliche Priestergewalt. Die massive urtümliche Macht ist noch nicht durch Reflexion gebrochen. Große Pyramiden mit Tempelanlagen werden gebaut. Die gleichzeitige sumerische Periode ist die von Ur I.

Mit der 5. Dynastie, von etwa 2480 bis 2350, unter Userkaf, Sahure, Nefererkere, Niuserre, Menkauhor und Unas, wechselt die Religion vom unterirdisch-chthonischen Totenkult des Osiris zur astralen Lichtreligion des Re von Heliopolis. Nun werden Sonnenheiligtümer errichtet. Priester und Beamte treten in den Vordergrund. Die Skulptur blüht. Mit der 6. Dynastie, nach Unas, beginnt eine geistig-kulturelle und zivilisatorisch-soziale Krise. Die Könige heißen Teti, Phiops I., Mernere und Phiops II. Die Feudalherren gewinnen Macht und errichten ihre eigenen Grabmonumente. Im Mesopotamischen ist dies das Ende der rein sumerischen Kultur und der Beginn des Imperiums der semitischen Akkader. Der erste Bruch tritt in den beiden Kraftherden des umfassenden kulturellen Feldes des Fertile Crescent gleichzeitig in Erscheinung.

Die erste Zwischenzeit, von etwa 2190 bis 2052 (9. und 10. Dynastie), ist die erste menschheitliche Erfahrung eines allgemeinen Verfalls, mit Partikularismus rivalisierender und unverantwortlicher Fürsten, sozialer Umschichtung, Umwertung aller Werte, materieller Not, geistiger und ökonomischer Desintegration. Zugleich werden philosophische Fragen und eine reflektierende Literatur geboren.

Das „Mittlere Reich" — 2052 bis 1778 — bringt eine kraftvolle Zivilisation zur Blüte, in Melioration (im Fayum-Gebiet), Baukunst, Rechtspflege und Literatur, die am Ende dem Babylon des Hammurabi (1781 bis 1686) entsprach. Zur Machtkonzentration der 4. Dynastie tritt ein bewußtes soziales Ethos hinzu, das der Prüfung der Krisenzeit folgte. Das Kunstgewerbe erreicht einen Reifezustand. In der 11. Dynastie (2052 bis 1991) siegen zunächst die thebanischen Gaufürsten über die von Herakleopolis, und Mentuhotep III. baut dann seinen Totentempel in der neuen kühneren und düsteren Felsenlandschaft bei Theben — dem Felskessel von Der-el-Bahari, die den früheren sonnigen Wüstenrand bei Memphis ablöst.

Die 12. Dynastie bildet den Höhepunkt des Mittleren Reiches, mit kraftvollen, praktisch tätigen Pharaonen, die den guten römischen Kaisern von Trajan, Hadrian bis Marc Aurel gleichen: Amenemhet I., Sesostris I., Amenemhet II., Sesostris II. und III., Amenemhet III. und IV., Königin Sebeknefrure. Sie verlegen das Hoflager in die Senke des Fayum, und die Königspyramiden liegen zwischen dem Fayum und Memphis auf dem Rande des Wüstenplateaus.

Von 1778 bis 1670 folgt eine zweite Zwischen- oder Verfallszeit, die in die Fremdherrschaft der Hyksos übergeht (1670 bis 1570), Usurpatoren kämpfen nunmehr um die Macht.

Die Fremdherrschaft der Hyksos ist eine Begleiterscheinung eines allgemeinen Szenenwechsels im Welttheater. Die Indoeuropäer, von nördlichen Nomadenregionen her einfallend, betreten die Bühne und verursachen Völkerverschiebungen in Anatolien, auf dem Balkan, im Ostmittelmeer und in Vorderasien und Nordafrika.

Das Neue Reich (1570 bis 715) sieht sich genötigt, einen militärischen Charakter anzunehmen. Von 1480, dem Regierungsantritt des ägyptischen Cäsar, Thutmosis III., bis zur Regierung Ramses III., 1197 bis 1165, zeigt sich Ägypten den Anforderungen einer kriegsbewegten Zeit gewachsen. Ramses III. schlägt die einfallenden Seevölker in der Zeitenwende nach 1200, in der die Indoeuropäer Griechenland besetzen und die Gewaltherrschaft der Assyrer anhebt (Tiglatpilesar I., 1112 bis 1074).

Die Hyksos, mit denen sich der Szenenwechsel des Welttheaters in Ägypten zuerst bemerkbar macht, regierten im Delta unter Fürsten wie Apophis und Chian. Die stolzen thebanischen Fürsten werden nun zu ihren Vasallen. Seth, der Mörder des Osiris, wird ihr Gott. Mit der 17. Dynastie beginnen die thebanischen Fürsten, sich selbst und Ägypten zu befreien, und Sekenjen Re, Kamose und Jachmose kämpfen erfolgreich gegen die Hyksos.

Im neuen Reich wird Theben, die Feste der Unabhängigkeit, Weltstadt, und, ebenfalls nach 1570, wird Ammon-Re Reichsgott. Ägypten hat seitdem ein stehendes Heer Seine Eroberungen dehnen sich bis nach Syrien und bis zum Sudan aus. Berühmt ist die Königin

Hatschepsut. Sie führt mit ihrem Kanzler Senemut ein friedliches, der Zivilisation und Handelsunternehmungen zugutekommendes Regime. An Kunstwerken errichtet sie in Der-el-Bahari einen Terrassentempel.

Ihr folgt ihr Bruder, Gatte und Rivale Tuthmosis III. Dieser führt eine starke zentrale Regierung ein, kolonisiert und bringt Reichtümer vieler Völker ins Land. Die Zeit von 1448 bis 1377, in der Amenophis II. und III. und Tuthmosis IV. regierten, ist durch eine Verfeinerung der Zivilisation mit vielen Luxusartikeln charakterisiert. Eine solche gleicht der Patina auf altem edlem Metall. Zugleich werden der Tempel von Luxor und die Memnonskolosse errichtet.

In die dritte Phase des Neuen Reiches — von 1377 bis 1345 — fällt die Amarnaperiode als Revolution von oben. Der neue Sonnengott Aton deckt nun den Amenophis IV. — Echnaton — mit seinen Strahlenbündeln, — ihn und seine Familie aus der Menge aussondernd. Die Residenz wird unter ihm nach Mittelägypten in eine neu gegründete Stadt verlegt.

Jedoch wählt der Schwiegersohn Echnatons, Tutanchamon, dessen goldene ineinander geschachtelte Särge unter abenteuerlichen Umständen gefunden wurden, wiederum Theben zur Residenz. Er restituiert die alten Reichsgötter, die Mythen und die traditionellen Priester.

Die 19. Dynastie, von 1345 bis 1200, fällt in die kritische Phase jener welthistorischen ethnischen Umschichtung, die sich, wie erwähnt, zuerst im Hyksoseinfall bemerkbar machte. Die kulturelle Atmosphäre verdüstert sich. Die Indoeuropäer, Hettiter und „Seevölker" und die Libyer geraten in Unruhe.

Der Nothelfer in einer solchen Gefahrensituation ist ein General, Haremheb. Er restauriert die alte Religion und eine zentrale Verwaltung.

Dann gelingt es dem großen Ramses II., mit den Hethitern Gleichberechtigung zu gewinnen. Er stiftet zwischen Ägypten und Mesopotamien ein erstes völkerrechtliches System der Außenpolitik. Nun hebt auch eine monumentale Bautätigkeit an.

In der folgenden 20. Dynastie schlägt Ramses III. — von 1197 bis 1165 — die mittelmeerischen Seevölker, die mit einer Invasion drohen. Dies ist nach dem Falle Kretas die Zeit eines Interregnums in der Seeherrschaft. Ramses III. baut zugleich den Tempel von Medinet-Habu. Unter ihm blüht eine dekorative Reliefkunst.

Mit der 21. Dynastie beginnt in der Zeit von 1085 bis 950 die Katastrophe Ägyptens. Ein uraltes Gefüge von Theologie und Politik löst sich nun, und die Pfeiler des Reichsgebäudes weichen dem Druck. Anstelle von Pharaonen herrschen Ammonspriester. In Theben und Tanis entstehen gesonderte Zentren. In der 22. Dynastie, von 950 bis 745, regieren gar libysche Söldnerführer. Schoschenk I. erobert Jerusalem, das damals von Rehabeam regiert wird. Nun wird Bubastis Residenz und Tanis zur Nekropolis mit den Königsgräbern.

Von 715 bis 332, in der Spätzeit Ägyptens, sondert sich ein eigenes nubisches Reich ab. Napata ist sein geheiligter Mittelpunkt. Die nubischen Könige der 25. Dynastie knüpfen an älteste Überlieferung an. Um 670 fällt dann der Assyrer Asarhaddon in Ägypten ein.

Später — von 663 bis 525 — wird Saïs zur Residenz der 26. Dynastie. In dieser Zeit erlebt das Handwerk eine letzte Blüte. Gleichzeitig mit den Verfassern des Deuteronomions in Palästina betreibt Ägypten nun einen Kult mit der Urzeit. Auch das Griechentum beginnt seinen Zauber auszuüben. Diesem Zauber erlag Amasis, als er mit Polykrates von Samos Freundschaft schloß.

Das ägyptisch-mesopotamische Kraftfeld büßt nun sein Potential und seine zusammenhaltende Spannung ein. Das bisherige spontane Hin und Her der „magnetischen" Fluida dieses weiten Feldes wird durch die Gewaltpolitik der Assyrer durchbrochen, die den Garten der Kultur brachlegt und die Völker entwurzelte. Unter den hellenistischen Diadochen der Ptolemäer wird Ägypten zu einem territorischen Beamtenstaat innerhalb eines Staatensystems, und das Volk wird zur Masse individueller Untertanen. Der gräko-ägyptische Gott Serapis wird von der Staatsraison eingesetzt, um die Politik durch eine religiöse Ideologie zu stützen, die aus der echten Urreligion Anleihen bezieht. Assurbanipal und Nebukadnezar verrichten ihr Zerstörungswerk im Namen ihrer Götter Marduk und Assur. Im Jahre 525 erobert Kambyses, Sohn Kyros' I., Ägypten, wo er geheiligte Gebräuche verhöhnt.

Noch einmal, von 431 bis 404, behaupten sich unter der zivilisierten Herrschaft der Perser nationale Fürsten. Sie verhelfen sogar der Plastik zu einer späten Blüte. Es ereignete sich in dieser Zeit, daß Herodot Ägypten besuchte.

Dann hält 332 Alexander der Große seinen Einzug. Seine Nachfolger, die Ptolemäer, regieren von 305 bis 30 v. Chr. Ihnen folgen bis 395 n. Chr. die Römer, diesen bis 638 die Byzantiner und dann die Araber.

Die urzeitliche Nillandschaft

Der Mensch geht hervor aus dem Schoße der Natur, die seit dem Aurignacien und Perigordien als die Urmutter aller Wesen dargestellt wird. Im 4. Jahrtausend v. Chr. wird zuerst ein kulturschöpferisches Volk aus dem Genius einer Naturlandschaft gezeugt, und es fügt sich eine heimatliche Ordnung der Dinge der Natur: des Wandels der Gestirne, des Wechsels von Ebbe und Flut, von Winter und Frühling. Der Genius der Landschaft gewährt den Ordnungen seines gesellschaftlichen Zusammenlebens ein Maß für ihr Gleichgewicht. In dieses schwingen sie immer wieder ein.

Der Charakter der ägyptischen Landschaft wird vom Lauf des Niles bestimmt. Der Oberlauf dieses Lebensflusses entspricht symmetrisch dem Unterlauf, der westliche Wüstenrand dem östlichen. Um 3100 v. Chr. befindet sich die duale Landschaft des Fertile Crescent, Ägypten und Mesopotamien umfassend, in einer religiös-kulturellen Gärung. Erregungsstöße verschiedener Intensität pflanzen sich fort von den Katarakten, die den Nil vom tropischen Afrika abtrennen, bis zum unteren Lauf des Euphrat und Tigris und umgekehrt; von der Sahara bis zur Tharwüste und von da bis zu den Barrieren des Balkans, des Kaukasus, des Elburs und des Hindukusch und bis hinauf zu den armenischen und iranischen Hängen und

Bergtälern. Ein weites Gebiet war kulturell aufgelockert, von Selbstinduktionen beschwingt und von Ahnungen bedrängt. Es entstanden allenthalben Erregungsherde, die sich einander mitteilten und die schließlich den ganzen Bereich in ein potenzenreiches, viele Niveaus durchwogendes Kraftfeld verwandelten. Ein kulturelles Erdbeben, das sich zunächst hier und da andeutete, das anschwoll und seinen Wirkungsbereich ausweitete, ließ schließlich seine dauernden Spuren zurück, und zwar in Form von Werken, in denen sich der Charakter des ganzen Erregungsbereiches manifestierte.

Das komplexe Kraftfeld der Urkultur glich einer Ellipse mit zwei Brennpunkten. Zugleich wechselte das Niveau der Spannung, die jeden Brennpunkt umgab, indem einmal das ägyptische, das andre Mal das sumerisch-mesopotamische Kulturniveau höher potenziert war. Die beiden komplementären Ausgangsherde regten sich in ihrer Auswirkung an, ergänzten sich, hoben sich antithetisch voneinander ab und wirkten kontrapunktisch und fugal zusammen. Im ahnungsschweren Augenblick seiner ersten Selbstdarstellung entwickelt der erste volle Mensch alternative Möglichkeiten, in Stimme und Gegenstimme, Thema und Gegenthema. Das ägyptische Thema ist die Geborgenheit in einer nie sich versagenden göttlichen Lebendigkeit; und das sumerische Gegenthema die Exponiertheit gegenüber dem Unnahbaren — und das in einer Welt der Konflikte. In ihr gewährt eine Muttergöttin Lebenserneuerung und Schutz im „Hieros Gamos". Die menschliche Situation ist von Anbeginn so, wie der Ägypter, und so, wie der Sumerer sie erfährt.

Das Niltal kann als ein sozial-kulturelles Laboratorium der Natur angesprochen werden, weil hier ein Menschentum, ungestört, frei von gewaltsamen Einmischungen und nivellierenden oder neutralisierenden Einwirkungen von außen, seine Kräfte aus der eigenen menschlichen Substanz und der eigenen Kulturheimat heraus entfalten konnte.

So wurde diese Flußlandschaft zur geschützten Wiege erst von Stämmen, dann eines ganzen Volkes. Bereits in der Steinzeit bot sie Schutz; das Gebiet war gegen die Härten der nördlichen Eiszeiten gefeit. Als am Ende der Pluvialzeiten rings herum ehemaliges

Parkland zur Wüste austrocknete, bildete das Niltal für die kapsischen Bogenschützen eine Zuflucht, die ihren Lebensimpulsen die neue Richtung auf eine kommende Pflanzerkultur bot. Im unregulierten Stromtal wucherte noch die Vegetation des Dschungels.

Doch dem forschenden Blick der künstlerisch begabten Neuankömmlinge enthüllen sich Umrisse einer Kulturlandschaft eigenen Stiles. Sie entdecken zwischen den wüsten Uferplateaus des Stromes eine geometrisch anmutende Symmetrie. Am wolkenlosen Himmel zeichnet sich noch immer der Lauf der Gestirne ab. Über den Horizont zieht der Sonnenball mit Regelmäßigkeit seine Bahn. Mit dem Erscheinen des Sothissternes schwellen die Fluten, und sie lassen nur „Urhügel der ersten Schöpfung" zurück, von denen sie wieder absinken. Stromaufwärts, dem Gebiet der „Nun", der Göttin der unterirdischen Quellwasser zu, weisen die Nilboote bald die Segel aufwärts, dem Nordwinde ausgesetzt. Am abwärts gerichteten Segel wird die Richtung nach dem Delta erkannt.

Die Nillandschaft ist bisher die kontinuierlichste Heimat der Menschheit. Hier lebten menschliche Wesen bereits in ihren frühen anthropologischen Phasen. Unter gegenwärtig angeschwemmtem Boden finden sich in einer Tiefe von 20 bis 27 Metern die ersten Spuren menschlicher Siedlung; sie werden auf 18 000 bis 15 000 v. Chr. datiert. Diese Niederlassungen werden der Periode der jungpaläolithischen Jägerkultur zugerechnet. Ein späteres Besiedelungsniveau findet sich in einer Tiefe von 12 Metern. Es gehört dem Magdalénien an, einer Zeit um 10 000 v. Chr.

Seit 7000 ungefähr trocknete dann das umliegende Plateau Libyens aus. Es wandelt sich von Grasland, von Wein- und Olivengelände in Steppe und später in Wüste. Nunmehr sehen sich nomadische Jäger in Wellen nach dem Niltal gedrängt. Auf nordafrikanischen Felsenwänden hinterlassen sie ein Bild ihrer ehemaligen Jägerheimat. Das mächtige Dasein, das einst sinnenfällig existierte, bleibt nun Gegenwart, in die das Auge der Phantasie eingedrungen und die die Hand des Künstlers materialisiert hat: Im Atlas, in Fezzan, Tripolis, in der Quenat-Oase heben sich vom dunklen Felsengrund die Elefanten, die Flußpferde, die Gazellen, die wilden

Rinder, Esel, die Panther, Löwen, Hasen des einstigen Parklandes, der Kulturheimat der Kapsienjäger ab.

Es scheint, daß in Nordafrika von vornherein künstlerische und handwerkliche Agilität zusammengehen. Dort ist die Technik der Steinwerkzeuge — die sogenannte Levalloistechnik —, die aus der älteren Steinzeit überkommen ist, der der Mammutjäger des europäischen Moustérienzeitalters überlegen.

Das Kraftfeld des Nils nährt sich von den Ausstrahlungen aus Libyen und dem Quellgebiet des Nils. Ein Erdbebenherd wird gleichsam von Peripherien her angeregt, die sich ihm später als seine Ausläufer anschließen. Bereits vor dem 4. Jahrtausend v. Chr. findet sich Kupfermetall im Niltalgebiet, und fast gleichzeitig treten die ersten Grabanlagen in Erscheinung. Seit ungefähr 3500 deuten sich Züge der späteren Religion, Kultur und praktischen Lebensordnung an. Siedlungen schießen hier und da wie aus einem unterirdischen Pilzgeflecht hervor. Sie bedecken die Uferwände verlassener Flußbetten und sind von einem Labyrinth von Sümpfen, Wasserläufen und Weiden umgeben. Jedoch haben die Niederlassungen noch einen provisorischen Charakter; sie sind versuchsweise auf wechselndem Gelände angelegt, und wie am ersten Schöpfungstage bebt der jungfräuliche Boden in seinen Möglichkeiten.

Aus der ersten Zeit tastender Unsicherheit stammt der Schöpfungsmythos der Ogdoad. In einem Zusammenhang nehmen die Mächte der Religion und die der Natur Gestalt an, und die entstehende Sprache des Kulturmenschen reflektiert als mythisch-hieratische Sprache diese Kosmogonie, in die sich der werdende Mensch eingebettet findet (vgl. Hans Hartmann, „Das Passiv", Heidelberg 1954). Aus dem schöpferischen Urchaos, den noch unregulierten Elementen, erschuf der Sonnengott Atum sich selbst und den ganzen geordneten Kosmos.

Das ägyptische Chaos unterscheidet sich „kontrapunktisch" von seinem sumerisch-babylonischen Widerpart, der Tiamat, der Urmutter des Chaos. In Sumer verfügen die Elemente über eine ungebändigte Eigenmacht; Gewässer, Berge, Himmel, Wildheit der Naturwesen sind problematischer und unübersehbarer. Die Fruchtbarkeitsgöttin ist zugleich die Kriegsgöttin, und Inanna bedroht den Zivilisationsheros Gilgamesch. Am Ende der mesopotamischen Geschichte bricht die ungezähmte Wut der Assyrer aus, und selbst Jahwe ist ein Gott metaphysischer Stürme, der die Völker zerbricht. Am Anfang muß der Vorkämpfer der Götter, Marduk, ein gefährliches Treffen mit Tiamat, der Mutter des Chaos, bestehen, und erst dann kann sich aus ihr, der totalen Mutter alles Existierenden, das Universum bilden.

In Ägypten hebt die Schöpfung damit an, daß aus den überschwemmenden und befruchtenden Wassern des heiligen Flusses ein Urhügel auftaucht, ein Keim aller aufwärtsstrebenden Form und Ordnung. Wirklichkeit, Versprachlichung und hieroglyphisches Zeichen werden in einem Vorgang miteinander geboren. Der Urhügel taucht in einer ersten Transsubstantiation in „zweierlei Gestalt" auf: als existierende Natur, und außerdem als Phantasiegestalt der inneren Welt, die sich im frühen Bewußtsein als Hieroglyphe abzeichnet und hieratisches Sprachzeichen wird. Aus dem Chaos heraus erheben sich die Daseinsmächte zu gefügten Ordnungen (Ma-at).

Der urtümliche Name für die heiligen Schreine von Memphis, Theben und Hermonthis besagt, daß diese Primitivformen des Heiligtums Erhebungen vorstellen: die Schöpfung strebt aus Dunkelheit und Nichtigkeit in das verklärende und akzentuierende Licht der Lebenssonne empor. Die primitiven Grabhügel, die tafelförmigen Mastaben und die triumphierend ansteigenden Pyramiden suchen den Scheitelpunkt des Horizontes, wo Horus mit der Sonnensubstanz verschmilzt und sein himmlisches Boot zur Fahrt ins immerwährende Leben abstößt.

Die anthropologische Herkunft der Ägypter

Die vordynastischen Ägypter werden auf Grund früher Grabfunde, die vom Magdalénien, spätestens von 8000 v. Chr. bis etwa 5500 datieren, als frühneolithische Mediterrane charakterisiert, als klein, zart, leicht, feminin, dunkelbraun wie die Drawidas Indiens, mit langen engen Schädeln, ovalem zugespitztem Gesicht, mit engen scharfgeschnittenen Unterkiefern und oft flachgedrückter Nase. Seit dem Ende der vordynastischen Zeit dringen Konstitutionsmerkmale brachykephaler Armenoiden allmählich nach Südägypten vor. In der 3. Dynastie finden sich entsprechende Skelette in Oberägypten, und in der 5. Dynastie haben die neuen Typen bereits die Bevölkerung weitgehend durchsetzt. Mit ihnen sickern zusätzliche zivilisatorische Fähigkeiten ein. Sie verstehen sich auf Handel und Metallverarbeitung und auf die Rudimente einer angewandten Wissenschaft, wie sie der Praxis dient. Die Armenoiden sind Halbbarbaren aus den Randgebieten des sumerischen Kraftfeldes. Nach ihren Rändern zu verlieren sich die Ausstrahlungen von Religion und Kultur meist in einen utilitarischen Kolonialismus, der die praktischen Lebenszwecke und den kalkulierbaren Erfolg überschätzt.

Den Armenoiden eignete eine große Gehirnkapazität, breites Gesicht mit ausgeprägter Nase und eine fliehende Stirn. Armenoide Zivilisationsträger wurden nur in einem kulturellen Kraftfeld und einer bestimmten anthropologischen Einbettung zu Komponenten einer Kulturschöpfung, und zwar in den angeschwemmten Flußtälern vom Nil, Euphrat-Tigris, Oxus-Jaxartes, Indus bis zum Huangho. In Zentraleuropa konnten sie aus eigener Substanz nicht hervorbringen, was dort nicht angelegt war, nämlich Mythos und Tradition. Es bedurfte dazu der älteren mediterranen Unterschicht, feingliedrig und kunstsinnig wie die Kapsiens und Berber Nordafrikas oder die Ureinwohner Mesopotamiens. Es scheint, daß im Stierkult und in den Fruchtbarkeitsriten Kretas etwas vom ursprünglichen Geist der mediterranen Rasse überlebte.

Es sieht fast so aus, als ob die Rassetypen, die das ägyptische Volk konstituieren, auf Grund eines Losungswortes im gegebenen Augenblick die Bühne des Geschehens beträten. Sie werden gleichsam vom Zauber dessen ergriffen, worum da im Völkerfrühling gespielt wird. Die ethnisch-geographische Wirklichkeit, in der sie sich als Volk fassen, ist von ihrer Phantasie erleuchtet und durchwirkt. Frühe Kunstwerke, Stelen und Paletten, zeigen, wie sie sich als Gruppen in ihrer Naturszenerie sehen.

Ägypten verfügt über Steinbrüche, die in Mesopotamien fehlen, aber es besitzt keine metallführenden Minen. Es sind nun die Armenoiden, die die Kenntnis des Metalls bringen. Künstlerisch bedeutet ein neuer gebrauchsfähiger Werkstoff nicht notwendig einen Fortschritt: die vollendeten frühen ägyptischen und altsumerischen Vasen waren aus Stein gearbeitet. Die neuen Zivilisationsträger regen auch eine Vereinfachung der Schrift an. Sie beginnt, sich vom Bildsymbol loszulösen, sie wird kursiv und damit zweckmäßiger in der Anwendung. — An ihr lassen sich Vorteile und Nachteile einer Funktionalisierung verfolgen, und zwar vor der Einigung Ober- und Unterägyptens. Der Intervention der Armenoiden sind vielleicht noch andere zivilisatorische Fortschritte zuzuschreiben, so ein Denken und Planen in weiten Räumen, um die Überschwemmungen des Nillaufes für Saat und Ernte auszunützen; dieser Fluß erstreckt sich ja über Hunderte von Kilometern in die Länge. Aber in Ägypten ist es schließlich das Sacrum imperium, das sich die Landschaft gestaltet.

Frühe Einwirkung aus dem sumerischen Kraftfeld

Die armenischen Hochländer, die das Metallzeitalter einleiteten, waren, wie gesagt, in das sumerische Kraftfeld als Randgebiete einbezogen. Durch armenoide Pioniere übt die sumerische Kultur eine materiell- und funktional-zivilisatorische Ausstrahlung auf das ägyptische Schwestergebiet aus.

Aber noch zentraler fließen von der intimen Mitte Sumers Induktionsströme künstlerischer Anregung nach dem Niltal, und es ist auch möglich, Spuren dieser Einstrahlung nachzuweisen.

Jeweils erfährt das, was da einstrahlt, im ägyptischen Medium eine charakteristische Brechung und sogar Transformation. Die beiden Hemisphären der Urkultur reagieren ja nach ihren spezifischen Eigengesetzen aufeinander. Ihre überfließenden „coronae" überdekken sich.

Besonders künstlerisch hochentwickelte Roll- oder Zylindersiegel, die man in Ägypten fand, entstammen der frühen Zeit Sumers. Drei von ihnen werden der protoliterarischen Periode Sumers zugerechnet. Eines wurde in einem Grabe der Gerzehkultur gefunden, ein anderes in einem der 1. Dynastie. Dieses war in ein ägyptisches Grabamulett umgewandelt und zeigte eine Inschrift, außerdem Figuren an einem Tisch.

In der Architektur überdauern sumerische Baumotive bis in die 3. Dynastie, die sodann beginnt, in Stein zu konstruieren. Sumerisch im Charakter sind insbesondere breite markante Wandpfeiler, die in rhythmischer Folge mit tiefen Einlässen oder Nischen wechseln. Wahrscheinlich sollten sie sonnengetrocknete Lehmziegel stützen. Sie gehören zur sumerischen Al-Ubaid-Periode und fanden sich in Eridu und Tepe Gawra.

In der bildenden Kunst finden sich ebenfalls bekannte sumerische Motive. So ist ein Heros, ein Gilgameschtyp, von antithetischen Tierfiguren flankiert, die er auseinanderzuhalten scheint. Andere Tierkörper — auf frühen Schminkpaletten — sind ineinandergeschlungen, und wieder andere, wie Adler und Löwe, sind phantastisch zusammengewachsen. Solche Tiermotive sind vom mesopotamischen Kraftfeld in die skythischen und sibirischen Gebiete „ausgewandert".

Aus Syrien hauptsächlich stammen Dokumentierungen eines schutzgebenden Erdmutterkultes.

Die Genese der Menschheitskultur in Ägypten

Die Steinzeit reicht in Ägypten bis ins fünfte Jahrtausend. Auf sie folgt die Steinkupferzeit, die als Periode Negade I bezeichnet wird. Das Kupfer wurde im Sinaigebiet gewonnen und mit Hilfe einer äußerst fortgeschrittenen Schmiedekunst auf seinen Schmelzpunkt bei 1083 Grad gebracht.

Das ägyptische Theben sei als vornehmliches Beispiel herausgegriffen. Die Vorgeschichte dieser Siedlung reicht in paläolithische Urzeit zurück. In großer Häufung sind dort Faustkeile gefunden worden, die dem Typ des Chelléen angehören. Das Chelléen wird auf ungefähr 500 000 v. Chr. datiert, und bei Kanjera im Süden

Afrikas wurden Schädelbruchstücke mit Chelléenwerkzeugen und Tierresten aus dem mittleren Diluvium gefunden. Diese Schädelstücke wiesen bereits Spuren des Homo sapiens auf, und zwar ohne die „tierischen" Merkmale des Neandertalers. Die bei Theben gefundenen Chelléenfaustkeile zeigen Abschläge auf beiden Keilkanten, die dort Schneiden erzeugen. Ein unbearbeitetes dickes Ende fügte sich, wie man annehmen muß, in das Handinnere ein. Der Anthropologe Leakey fand solche Werkzeuge in überaus großer Anzahl im südostafrikanischen Oldowaybecken. Derartige Häufung läßt einen afrikanischen Ursprungsherd einer entsprechenden Zivilisation des Homo faber vermuten.

Eine zweite, weit in die Urzeit zurückreichende Siedlung ist die von Fayum. In dieser mittelägyptischen Oase finden sich Pfeilspitzen, Lanzenblätter, Bohrer und Schabklingen, wie sie in ihrer vollendeten Feuersteintechnik die Jungsteinzeit charakterisieren.

In Ost- und Nordafrika, die ja beide schließlich von dem ägyptischen Kraftfeld beansprucht werden, entstehen zuerst in der Levalloistechnik des Moustérien, die in Europa der Nach-Riß-Zwischeneiszeit angehört, zusammengesetzte Werkzeuge, in die sehr kleine geometrisch geformte Arbeitsstücke eingesetzt sind. Im oberen Paläolithikum werden Abschläge auf beiden Seiten durch Abblätterungen weitergehend geschärft, verfeinert, verdünnt und dann zweckentsprechend verarbeitet.

Das ägyptische fünfte Jahrtausend zieht das Fazit aus einer Handwerkserfahrung von Zehntausenden von Jahren. Nunmehr wird der Stein auf Grund einer intimen Materialvertrautheit bearbeitet. Eine letzte Verfeinerung wird in einer Steinmetzkunst erreicht, die von religiösen Motiven beschwingt ist. In frühen Gräbern finden sich höchst vollendete Steinklingen von raffinierter Flachheit, außerdem Tellerkeulen mit scharfer Kante und Basaltgefäße mit geriffelter und bauchig ausladender Innenwand als Beilagen. In solchen frühen Gräbern des 5. Jahrtausends sind bereits Leichen mumiengleich erhalten. Sie liegen in Hockstellung und blicken meist gen Westen. Uralte Steintechnik vollendet sich da in Formbeständen einer den Riten dienenden Kunst. Ihre letzte Erfüllung erreicht diese in edel geformten Dioritschalen, wie sie in Gräbern bei Sakkara gefunden wurden.

Das ägyptische Neolithikum, das von etwa 5000 bis 4000 reicht, zeichnet sich somit durch ein überlegenes Steinkunsthandwerk vor den übrigen neusteinzeitlichen Gebieten aus. Im Steinbau bleibt Ägypten auch seinem sumerischen Schwestergebiet überlegen.

Die folgende ägyptische Steinkupferzeit reicht bis 3200, nach andrer Rechnung bis 2850. Ihre Vororte sind: in Unterägypten Heliopolis mit seinen Friedhöfen, und die „Kultur" von Maadi, in Oberägypten, von der tiefsten Schicht ausgehend: die Siedlungen von Badari, von Negade I — auch Amrahkultur genannt — und von Negade II — die Gerzehkultur. Darauf folgt dann die dynastische Frühzeit.

Die aus der alten Steinzeit stammenden Jäger der Kapsienperiode, deren rasch pulsierende Höhlenmalerei mit der der Buschmänner stilistisch zusammenhängt, waren die zivilisatorischen Pioniere Nordafrikas. Mit dem Wüstwerden des Saharagebietes sammeln sie sich zunehmend am westlichen Ufer des Nils. Wahrscheinlich geben sie den Anstoß dazu, daß im Niltal aus primitivem Anbau in bestimmten charakteristischen Schritten schließlich eine Hochkultur ersteht. Die diskontinuierlichen Schritte, die zum plötzlichen Übergang in einen kulturschöpferischen Status führen, vollziehen sich in einem gemeinsamen Element, das alle Beteiligten in seinen Zauber zieht. Sie haben von Anfang an ein Schicksal, und ihr Denken und Tun ist fortan in das mythische Geheimnis der keimenden Zeit gehüllt. Der Anfang erscheint späteren Geschlechtern nicht als rohe Primitivität, sondern in märchenhafter Verklärung, als zarter und befangener Kindheitszustand. Es wird neuerdings von führenden Gelehrten anerkannt, daß der nüchterne Tatsachenbericht sich zur Wahrheit des Mythos ähnlich verhält wie das Herbarium zur poetischen Wahrheit einer blühenden Wiese.

Ein erster frühägyptischer Schritt zum Kulturmenschen ist mit der *Sebetia*-Kultur getan. Das Wort Kultur wird in solchen Vorstadien im amerikanischen Sinne gebraucht, als charakteristisches „pattern" oder Ordnungsgefüge, das sich spontan und instinktiv durchsetzt und erhält und in dem sich alle Lebensregungen einmalig regeln. Die Sebetia-Jäger gleichen noch den primitivsten „Wildbeutern". Sie sammeln pflanzliche und tierische Nahrung, aber sie zähmen weder Tiere, noch bauen sie Pflanzen an. Sie begegnen der Natur, ohne in sie überzugreifen.

Die darauf folgenden *Hadendoa* beginnen zaghaft, die natürliche Umgebung nach eigener Konzeption zu ändern. „Zivilisation" hebt damit an, daß das Relief der Natur nach Nützlichkeitsgesichtspunkten abgetastet wird. Der Höhlenbewohner wählt die Höhle nach Windrichtung, Umfang und Flachheit des Bodens, Nähe zum Wild und zum Wasser, Abzugsmöglichkeit für den Rauch, Raumverhältnissen für die Sippengenossen, aber zugleich nach der Stimmung der Naturlandschaft. Wirklichkeitsnahe Optik und Phantasie haben sich miteinander auszugleichen. Die genannten Hadendoa lebten zunächst über neunzehnhundert Jahre in der östlichen Wüste als nomadische Hirten. Sie beginnen mit Tieren, die nach der Meinung einiger Zoologen ein Annäherungsbedürfnis an den Menschen zeigen, ein Nützlichkeitsbündnis zu schließen. Schließlich versuchen sie tastend, sich als Dorfbewohner in der Nähe des nilotischen Schwemmlandes niederzulassen. Im späten Sommer streuen sie Hirsesamen über den nassen Schlamm, und dann warten sie auf eine Ernte. Später versuchen sie sich sogar in einer Regulierung der Wassermassen, die ja Anforderungen an eine kooperative Gesinnung stellt. Aber von einer „politischen" Organisation zeigt sich noch keine Spur. Es ist, als ob sich die frühen Menschen nach und nach auf die Orchestration ihres praktischen Daseins einspielen, indem sie von den religiös-künstlerischen Motiven der erstehenden Volkskultur ergriffen werden. Die Hadendoa ziehen sich immer noch periodisch in ihr angestammtes Wanderleben zurück. Aber sie sind jedenfalls bereits in den Bann der nilotischen Kulturheimat geraten.

Nunmehr bildet sich in einer spezifischen afrikanischen Region, die vom weißen Nil bis zum Tschadsee reicht, ein Herzstück ägyptischer Landwirtschaftskultur heraus. Die frühen Bewohner, z. B. die von Amrah, hatten auch sonst vieles mit den übrigen Nordafrikanern — und den zugehörigen Ostspaniern — gemein, z. B. einen Federschmuck, der später in die ägyptische Krone überging, Penistaschen und Ringe um das Fußgelenk. Sie alle hatten seit dem Mesolithikum den Hund zum Kameraden, den ersten Überläufer aus dem Naturreich.

Die ältesten wirklichen Bauern sind die Leute von Tasa, einem Gebiet, das nach einem oberägyptischen Friedhof so benannt ist. Dürftigste Anfänge eines Hausbaues lassen sich am westlichen Delta in *Merimde* verfolgen. Dort entstehen schließlich Reihen von Hütten. Die Toten werden unter dem Fußboden in schlafender Haltung und nach Osten blickend beigesetzt. Sie bleiben in der häuslichen intimen Sphäre und sind dabei, wenn die Familie, die noch dem Lande der Lebenden angehört, am Herde ihr Mahl einnimmt. Das frühe Sumer befolgte dieselbe Sitte.

Bei *Helwan (El Omari)* fand man Skelette, deren Bau auf die später heraufkommende alpine Rassekonstitution hindeutet: von größerem Schädel und mächtigerem Körper. Man entdeckte dort auch Weizen, wie er im Norden des Taurus beheimatet war — triticum monococcum.

Das Volk der ägyptischen Jungsteinzeit, in El Omari am Fayum, in Merimde, in Beni Salame und in Tasa, zeigte eine künstlerische Phantasie auf den Gebieten einer ornamentierten Keramik. Kosmetische Paletten dienten bei der Bemalung von Gesicht und Augen, wobei grün bevorzugt war.

Metallhandwerk hebt mit der *Badarikultur* an. Die Badarileute sind klein, dunkel, von zarter Konstitution, und sie gemahnen an die Drawidas Südindiens, die ja zur Ostmittelmeerkultur gezählt werden. In ihren Gräbern finden sich weibliche Statuetten. Sie leben noch immer amphibisch zwischen Wüste und Nil. Aber sie verbessern die Kanalisationstechnik, erweitern das bewässerte Areal, regulieren die Wasserläufe. Sie brannten zuerst Tongefäße und stellten Bootmodelle aus Ton her. Eine Art Bumerang erinnert an australische Schwirrhölzer und spätere Wurfhölzer für die Vogeljagd.

Um einen Schritt weiter entwickelte sich die Kupfermetallbearbeitung bei den Leuten von *El Amrah*. Ihre Nachfolger werden dann das Kupfer in Formen gießen. Die Amrah-Leute sind mit den Libyern des kapsischen Mesolithikums verwandt. Ihr ritueller Häuptling trägt einen mit Schweif versehenen Gürtel. Ein solcher findet sich auf kapsischen Felszeichnungen. Er trägt auch eine Federkrone. Die Frauen stehen hoch im Ansehen. Sie sind mit einem glockenförmigen Rock geschmückt, ganz wie die Kapsien-Jäger. Die Amrah-Leute sind hochgewachsen, schlank und feingliedrig. Lebensgefühl und Stil sind auf nordafrikanischen Felsbildern manifestiert. Sie zeigen da eine blitzhaft rasche und beschwingte Wirklichkeitserfassung und charakterisieren mit knappen temperamentvollen Strichen; sie scheinen das Wesentliche wie im Flug zu erhaschen und das Wirkliche als Ereignis zu fassen. Sie meistern die Wirklichkeit und deren Macht spielerisch mit leichter Hand. Zum ersten Male tritt eine menschliche Souveränität auf den Plan. Mit ihnen beschleunigt sich der Werdeprozeß des ägyptischen Menschen.

Nunmehr verdichtet und verzweigt sich der Formen- und Funktionenbestand der frühen Zivilisation. Die Amrah-Leute bauten sichelförmige Nilboote aus Papyrus; Wasserfahrzeuge haben vorwiegend eine rassige Form. Zugleich züchteten sie Rinder für eine Milchproduktion. Sie verwendeten Esel als Lasttiere. Auf Vasen wurden bereits alphabetische Zeichen eingeritzt, die auf kapsischen Ursprung deuten. Man lebte clanartig in Dörfern mit Selbstverwaltung, und diese bestanden aus Gruppen von runden Hütten.

Die rituell-künstlerische Grundmotivation dieser Kultur tritt im Gräberbau in Erscheinung. Auf Wandbildern und Grabvasen werden Szenen dargestellt, die durch innewohnende Magie dem Verstorbenen Szenerien einer jenseitigen Existenz darbieten sollen. Physiognomisch zeigten die Amrah-Leute vermutlich einen libyschen Einschlag, und noch ein Grabbild einer Prinzessin der 4. Dynastie weist auf Blondheit, hellen Teint und Blauäugigkeit hin.

Auf die Amrah-Kultur, deren Periode mit Negade I bezeichnet wird, folgte die *Gerzehkultur* oder Negade II. Sie erfaßt nunmehr fast ganz Ägypten. Es ist, als ob sich jetzt über einer Fülle verschiedenartiger Stimmen eine einheitlich einsetzende Symphonie erhöbe. Der Gesamtraum der Heimat aller beginnt gleichsam zu tönen. Der Einsatz jedes vorangehenden Einzelmotivs und der volle Einsatz des alle enthaltenden Gesamtmotivs sind gleichermaßen spontan. Sie komponieren sich selbst und geben nur selbst Auskunft über Sinn und Gesetz ihres Komponierens. Sie folgen keinem früheren Rezept und keiner Vorschrift, sondern sind durchaus authentisch.

Vielfältige Materialkunde und Handwerkskunst, mannigfaltige Beschäftigungen und Verrichtungen in Handel und Verkehr, in Steinbrüchen und Baustellen, in Jagd, Fischfang und Feldarbeit, in Tempelbezirken und in Rechtsverwaltung wachsen zu einer zivilisatorischen Welt zusammen, die sich in sich festigt. Sie verbreitet sich fortan in weite geographische Horizonte und legt ihre Reichtümer aus.

In zunehmender Volksdichte und Geschäftigkeit bereichert und funktionalisiert sich nun die *sprachliche* Interkommunikation und der Schriftausdruck. In der Sprache reflektiert sich die Spannweite der menschlichen Existenz: in der hieratischen Ursprache seine Eingeborgenheit in die Kräfte und Formen des ganzen Kosmos und in der Umgangssprache sein Ringen mit den dringenden Tagesaufgaben. In der Hitze des Gefechts, im Gedränge der Ereignisse, im Wechselschicksal des engsten Familienkreises gewinnt die Sprache Saft und Kraft. Sie ist aus den Visionen der ersten kulturellen Erschütterung und zugleich aus den brennenden Nöten des Tages geboren, und die ersten Sprachgebilde sind wirklichkeitsnah und universal gültig zugleich. Ihre Strahlungsintensität ist heute noch unvermindert. Dadurch, daß sie sprechen, streifen die frühen Ägypter ihre Vergänglichkeit ab, — sind sie für uns und für alle Mitspieler des menschheitlichen Dramas aktuell gegenwärtig. Sprache und Schrift gleichen den Strahlungen von Sonnen, deren Sternenleiber längst nicht mehr existieren. Die Weisheit vergänglicher Existenz hat sich in die Strahlungsintensität von Schrift und Sprache übertragen. Die Zunge des Schöpfergottes Ptah überträgt das, was das Herz konzipiert, in fortzeugende Logoswirklichkeit. Im Falle des Sternentodes hat sich, um die Analogie auszuführen, vergängliche „empirische“ Existenz in Felder und Strahlen, in mathematisch faßbare Manifestationen übersetzt, in Wahrheiten, die fortwährend Wahrheiten zeugen. Sprache und Schrift sind Strahlungsfelder des Geistig-Bedeutsamen, vom gelebten Leben herausgesandte Aura der Impulse und Begegnungen. Die Sprache des frühen Ägypten und Sumer besitzt die unverfälschte und unvermischte Originalität des ersten Schöpfungstages. Es gibt keine interferierende Literatur, aus der Unempfundenes übernommen werden könnte. In ihrem Entstehen ist die Sprache auf ihre eigenen Reserven angewiesen, und sie meint das, was sie sagt.

In den frühägyptischen Übergängen von der nomadischen zur seßhaften Existenz geht die Initiative zur sprachlichen Mitteilung und zur Assimilation verschiedenrassiger Sprachen von den kleinsten menschlichen Zellen und Geweben aus, von dem sozialen Kern der Familien und der Clans. Im intimsten Kreis werden zuerst die Spannungen zwischen Religionen, Rassen, Sitten und Lebenspraktiken ausgetragen, die im Niltal zusammentreffen; dort werden sie im Medium von Liebe und Solidarität durchfühlt und ernst genommen. Noch später dringen in den Nukleus der Königsfamilie fremdsprachige und fremdrassige Adoptivprinzen und Prinzessinnen, aus Libyen, aus dem Reich der Mitanni und der Hettiter und aus dem Sudan ein. Das geschichtliche Drama wie die Geschichte der Ideen und Religionen haben ihren irdischen Ursprung im Menschlich-Konkreten. Selbst die Sprache der kollektivistischen, technischen und händlerischen Lebenspraxis entstand in der intimen Sphäre traditioneller Handwerksfamilien, und die ersten Schmiede — wie einen „Wieland den Schmied“ — und die ersten Zivilisationsträger umwittert eine gefährliche Einsamkeit. Den Händler, der zuerst aus der sumerischen Tempelwirtschaft erwächst, führt seine Märchenexistenz in ferne Lande. Kaufleute geben sagenhafte Kunde von den Erzeugnissen und Menschen des minoischen Kreta, die an Grabwänden zum Bild und zur Sprache wird.

DER GESCHICHTLICHE GESTALTWANDEL DER PRIMÄRKULTUR

Der Übergang zur 1. Dynastie

Das kulturschöpferische Volk der Ägypter tritt mit überraschender Plötzlichkeit auf die Bühne des Geschehens. Allerdings ist der Auftritt des Helden dramatisch vorbereitet. Er ist in den vorausgehenden „Kulturen“ angekündigt, und die ganze Kulturheimat zittert in einer Erwartungsstimmung. Er kommt fast unvermeidlich, und doch scheint sein Kommen ein Wunder. Der ganze weite Kulturbereich erfährt plötzlich eine nie dagewesene Niveausteigerung; er ist von einem Pneuma beschwingt, das sich aus einem Nirgendwo auf ein ganzes Volk zum ersten Male niedergelassen hat. Zum ersten Male seit 600 000 Jahren ist der Mensch in allen Lagen fähig, ein Imperium sacrum zu errichten, die Idee des Staates zu fassen, sich in bedeutungsschweren Schriftzeichen auszudrücken, visionär in die Phantasieräume der Lichtwelt und der Unterwelt vorzudringen und sogar eine Kultur- und Geistesentwicklung von kommenden Jahrtausenden vorwegzunehmen. Mit dem ersten Anlauf übertrifft er sich selbst, schießt er über alle Ziele hinaus, so daß wir ihn auch heute noch nicht geistig einholen. Wir haben diesen ersten Anlauf noch immer nicht aufgeholt und aufgearbeitet.

Was sich da in der ägyptischen Kulturheimat zuerst regte — und was schließlich vom Pneuma überfallen und ergriffen wurde — waren wandernde Nomaden, die sich in der Viehzucht versuchten, in verstreuten Hütten lebende kleine Bauern, vielleicht aus Kleinasien eingewanderte Metallschmiede, Steinmetzen. Das Wunder, das sich mit der Reichsgründung ereignete, rettete sie alle aus ihrem obskuren Dasein. Auf einmal geht der Vorhang hoch; Ahnung und Erwartung werden zur Gewißheit, und sie werden nun auf eine offene Bühne gezogen, die auf einmal freigegeben ist. Der kleine Häuptling übergibt nunmehr seinen beiderseits geschnitzten Stab und seine primitive Federkrone dem Menes, dem ersten Horuskönig, der der mythischen Vergangenheit alle Ehre erweist, und der aus ihr seine Legitimität ableitet.

Ihr bleiben die Pharaonen für Jahrtausende treu, die Einigung der Gaue und Landschaften ist ein immer aktueller Vollzug, und niemals ein bloßes Factum brutum. Der endgültigen Kulturheimat bleiben die lokalen Kulturen, die sie vorbereiten, heilig.

Aus den Landgemeinden der Clans sind Provinzen geworden. Die bisherigen bodenständigen Clangottheiten, Min, Ptah, Ammon und Horus, werden in dasselbe Pneuma getaucht, das sich über das kulturschöpferische Volk ausgießt. Die religiösen Ereignisse vollziehen sich über die Köpfe hinweg. Der Mensch der Kultur ist tiefer aufgewühlt als sein Vorgänger; er blickt entschiedener hinter die Kulissen der alltäglichen Existenz. Er verfolgt nun das Bild des Ammon und des Horus bis in die Tiefen des transzendenten Seins, bis in die metaphysischen Klüfte, die sich vor ihm aufgetan haben. Die frühen Priester deuten, für ihn überzeugend, was seine Seele sucht. Sie sind nicht, wie in der späten Verfallszeit, eine gesonderte Kaste, die eine Götterlehre theologisch konstruierte; sie sind selbst beschwingt und nehmen an dem ersten spontanen Aufschwung teil. Die neuen Reichsgötter, die mit Schauer verehrt werden, bewahren Züge der frühen Clangötter. Das Symbol des Osiris ist noch immer der Dsched-Pfeiler, ein Getreidebündel, das am Ende der Ernte aufgerichtet und als Opfer für das kommende Jahr zurückgelassen wurde. Mit Osiris fällt ein verklärendes Licht auf die Fruchtbarkeit, die Mensch und Erde verbindet; aus ihr strahlt das Schicksal des Gottes aus. Der Beginn des dynastischen Reiches gleicht dem plötzlichen Übergang in einen anderen Aggregatzustand mit besonderen Eigenschaften: ein und dasselbe Element offenbart sich in überraschender Gestalt. Kurz vor der Reichskonsolidierung erscheint der Stammeshäuptling in Szenen, die in elfenbeinerne Messergriffe eingeschnitzt sind, als primus inter pares, von gleicher Größe wie seine Gefolgschaft. Im „neuen Aggregatzustande“ wird er bald in übermenschlichen Dimensionen als Horuskönig die Mitte der Szene einnehmen. Auch Darstellungen symbolischer Prozessionen der Gautiere halten dieselbe Rangordnung ein, mit dem Elefanten, dem Repräsentanten des ersten Gaues, an der Spitze.

In die Symbole der örtlichen Clans dringt der Genius loci ein. Nach der Reichsgründung spricht aus ihnen der Genius der ganzen Kulturheimat. Inmitten der Standartenzeichen ist aber immer noch die Vorzeit gegenwärtig, und selbst der Horusfalke des ganzen Reiches beschwört die Geister der Ahnen.

Der Horuskönig konzentriert nunmehr in seiner sakrosankten Person und Würde die Vitalkräfte jedes Gaues und Stammes. In ihm strömt die pneumatische Wirkung zusammen, die aus der religiös-kulturellen Vergemeinschaftung aller Clans fließt. Aus ihm entspringen zusätzliche charismatische Quellen.

Bereits den vordynastischen Porträts von Clanhäuptlingen ist das magisch wirksame Clansymbol beigefügt. In Bilderschrift schreibt es den hieroglyphischen Namen des betreffenden Häuptlings. Ein solches hieroglyphisches Schriftzeichen ist mit pneumatischer Lebenskraft erfüllt. Somit vitalisiert und begeistert es den Namensträger und seine Gefolgschaft. Die vornehmlichste aller Namenshieroglyphen, das Symbol des Ka, wird zum Genius des Pharao und des ganzen Volkes. Es besteht aus erhobenen Armen, die sich betend nach dem Horizonte strecken. Der Sonnengott selbst verleiht durch die erhobenen Arme das Leben: Solange der Ka Atem spendet, weicht es nicht von der einmal pulsierenden Existenz. Er ist die Seele, die das Volk „hat", das eigentliche Selbst, das es aus sich machen will, die Wahrheit seiner selbst, ohne die sein empirisches Dasein in Nichtigkeit zerfiele.

Eine Hauptstadt des Falken- oder Horusclans war Hierakonpolis. Dort fand sich noch in einem Grabe eine Darstellung, die für die Zeit, kurz bevor sich „der Vorhang hebt", charakteristisch ist. Ein Clan ist auf der Löwenjagd, und die Jäger werden von ihrer „Totem"standarte geleitet. Sie sind mit spitzen Pfeilen und einer Art Bumerang, die in die Badari-Kapsienzeit zurückweist, sowie mit gerillten Steinkeulen bewaffnet. Es überragt sie noch kein Horuskönig. Wahrscheinlich wird da symbolisch ein Sieg über die Libyer dargestellt. Ein faktischer Vorgang ist damit dem Raub der Zeit entrissen. Flüchtiges Geschehen wird zum Schicksal bewußter Menschen, die Anfang, Mitte und Ende eines Schicksalsablaufes absehen und das Ganze in die Ebene des Bedeutungshaften erheben. Sie sind engagiert und dabei, und es ist für immer denkwürdig, daß sie es sind; sie zelebrieren die Unmittelbarkeit in der Form der Kunst.

Mit dem nächsten Schritt ist der Vorhang aufgegangen: das Kopfstück einer berühmten rituellen Steinwaffe zeigt den König in übermenschlichen Ausmaßen. Er trägt die weiße Krone Oberägyptens. An seiner Seite findet sich ein Skorpion, sein hieroglyphisches Namenszeichen, und über ihm ein Falke, das Symbol des Horus. Beide sind von einer Palasttür eingerahmt — in sie eingehaust. Einfriedungsstrukturen sind uralte Symbole, sie sind bereits im Paläolithikum in Tierleiber hineingezeichnet. König Skorpion ist der unmittelbare Vorgänger des Menes, des ersten Königs der ersten Dynastie. Auf diesem Waffenkopf ist er dargestellt, wie er mit einer rituellen Hacke einen Bewässerungskanal eröffnet, um den Zyklus des Feldbaues zu beginnen. Somit wird in der Morgenröte Ägyptens die Vermählung von Ritus und zivilisatorischer Tat gefeiert.

Der erste König, der die rote und die weiße Krone trägt, ist Menes, mit dem Horusnamen Narmer. Seine Hieroglyphe ist der Narfisch, eingehaust in das Palasttor. Nunmehr ist Ägypten „eidgenössisch“, amphiktyonisch geeint, ein spontaner religiöser Bund unter einem Priesterkönig.

Unter religiös-kulturellen Impulsen entwickelt sich nun die Architektur. Es werden Gräber in monumentalem Stile erbaut, eine Aufgabe, die menschliche Maße überschreitet. Sie beschwingt die Phantasie und die konstruktive Kraft der ersten Architekten, die gleichsam auf den ersten Anhieb ihrer Aufgabe gewachsen sind.

Auf die archaischen Gerzehgräber folgen die Mastabas und schließlich die Pyramiden, dem Zug nach oben nachgebend, der sich, wie schon erwähnt, in der Hieroglyphe der Bodenerhebung am Tag der Schöpfung ausdrückte. Die unterirdischen Anlagen werden mit gesonderten Räumen erweitert; Treppen sind eingefügt, selbst Symbole des Auf- und Niedersteigens, und die Substrukturen sind von einem mächtigen viereckigen Bau überwölbt, der tafelförmigen Mastaba. Die Außenwände der Mastaba teilen sich rhythmisch —

nach sumerischem Vorbild — in Pfeiler und Nischen auf. Diese chthonischen Monumente enthalten oft rituelle Schiffe als Beigaben. Das Riesengrab eines Wesirs des fünften Herrschers der 1. Dynastie namens Hemake barg in 42 Räumen eine verwirrende Fülle von Erzeugnissen des Kunsthandwerkes, sowie von Waffen und Gebrauchsartikeln. Der Gott der Unterwelt scheint wie später der griechische Pluto über ein Füllhorn erlesenster Gaben der irdischen Zivilisation zu verfügen. Die chthonische Welt stellte tatsächlich Aufgaben, die die Kunsthandwerker zu ihren Spitzenleistungen anfeuerten.

Es verblüfft, daß im Grabe des Hemake auch Steinwerkzeuge aus der Urgeschichte der Menschheit gefunden worden sind — Zeugen aus vorausgegangenen steinzeitlichen Äonen. Man fragt sich, ob sich hier wohl ein ägyptischer Mensch dessen bewußt geworden war, daß ein gewaltiger Akt des Menschheitsdramas seinen Abschluß und seine Erfüllung gefunden hatte. In seinem chthonischen Monument sind nach seinem eigenen Entwurf die Stein gewordenen Stationen der bisherigen Zivilisation ausgelegt.

Die frühen Gräber finden sich in Sakkara, der Nekropolis von Memphis. Dies war seit Menes die nördliche Hauptstadt. Es scheint, daß zugleich bei Abydos Scheingräber errichtet wurden. Bemerkenswerterweise ist in dieser ersten Kultur die Nekropolis — bildlich gesprochen — die Puppe, aus der sich der Schmetterling der Polis oder Metropolis entfaltet. Diese primäre Stadtwerdung widerspricht der These des amerikanischen Kulturphilosophen Lewis Mumford, der die Metamorphose von der Polis zur Metropolis in der Nekropolis enden läßt — allerdings der ausgestorbenen Stadt, nicht der Stadt der Toten. In der chthonischen Gräberwelt vollzieht sich ein entscheidender Schritt zur Humanität. Bis dahin herrschte die barbarische Sitte, einem repräsentativen Toten Frauen und Gefolgsleute beizugesellen. Aus der Steinzeit fand man Frauen mit zertrümmertem Schädel, die ihrem Gatten ins Jenseits folgen mußten. Im altsteinzeitlichen Grimaldi fand sich ein Jüngling in der tödlichen Umklammerung einer alten Frau. Sogar das Grab des Narmer barg noch 53 Personen, Konkubinen, Beamte, Handwerker, Gutsverwalter. Ein ganzer selbstgenügsamer kleiner Staat begleitete den Herrscher in das Land, von dem noch kein Reisender zurückkehrte. Aber nunmehr tritt Osiris, der Gott des ewigen Lebens, die Herrschaft in der Gräberwelt an. Jede Menschenseele hat nun ihr eigenes Gewicht. Sie wird symbolisch gewogen. Jeder lebende Mensch nimmt am Schicksal des Osiris teil, das den Gang des Lichtgestirns über den ganzen Horizont einschließt. Die Konzeption der Humanität ist in der Gräbermetaphysik geboren, und im chthonischen Bereich werden keine Menschen mehr geschlachtet. Doch wirkt sich die neue Konzeption erst allmählich in der Lebenspraxis aus. Noch werden die Sklaven mit der Geißel zum Rudern, zum Steineschleppen und zur Feldarbeit angetrieben, und noch werden Kriegsgefangene hingerichtet.

Mit der Geburt der ägyptischen Kultur ist die Frau nicht mehr Zubehör und schließlich Grabbeilage, sondern selbst autonomer Kulturträger. Auf dem Gebiet der Erbfolge gewinnt sie sogar eine Aszendenz.

Die volle gottbezogene Menschlichkeit des Weibes ist bereits in der Zeit der frühen thinitischen Herrscher anerkannt. In der Nekropolis von Sakkara findet sich die Königin Mermeith, neben den Königen Aha und Zer. Aus späterer Zeit sind ja viele bedeutende Königinnen bekannt, darunter Hatschepsut von der 18. Dynastie, Merit-Amon, Nofretete und Nevertari. In der Frühgeschichte bereits wird oft die Verbindung von einer zur nächsten Dynastie durch die Thronerbin vermittelt. Wie im Märchen erringt sich mehrfach ein Jüngling unbekannter Herkunft die Krone, indem er um die Königstochter wirbt. Hetepheres z. B., wohl die Tochter des letzten Königs der 3. Dynastie, heiratet den Snefru. Damit wird sie als Stammutter der Pyramidenerbauer Cheops, Chephren und Mykerinos in hohem Sinne epochemachend. Ihr Grab enthält zierliche Holzmöbel mit Einlegearbeit. Die Grabarchitektur wird zum Motiv für eine verfeinerte und luxuriöse Zivilisation. Die 5. Dynastie wird dann von Chentkaus, der Tochter des Mykerinos und zugleich Schwester des Schapseskaf, eingeleitet. Sie war Königin von Ober- und Unterägypten, Tochter des Gottes und Mutter des Königs.

In der Linie der Frau vererbte sich in Ägypten Rang und Besitz. Ab und zu heiratete daher ein Pharao seine eigene Tochter, um sich im Besitz des Thrones zu erhalten. Die Frau war der zusammenhaltende und weitergebende Partner. Isis, die Gefährtin des Osiris, deckt ihn mit ihren Flügeln.

Die Sorge und Liebe der Isis integriert die unzerstörbare Lebenskraft des Horuskönigs. Indem die Liebesgöttin seine Glieder sammelt und vereinigt, gibt es für ihn einen nächsten Morgen, an dem er mit dem Sonnengott aufersteht. Der Isis, der spirituellen Mutter und Schwester des Gottessohnes, steht die Schwester Nephthys als die irdische Aphrodite bei. Seine physische Mutter ist die Hathor, die Königin des Himmels [1]. In Strahlenfeldern dringt das Göttliche weiblicher Gestalt auf den Ägypter ein.

In Ägypten steht, im Gegensatz zu Sumer, das Erzeugen über dem Gebären. Isis regt die Zeugungskraft des Osiris an. Sie fügt seine Glieder zusammen. Aber sie wird nicht selbst zum gebärenden Quell der Lebendigen. Sie ist in den Kosmos harmonisch eingefügt, und ihr Ewig-Weibliches ist nie in Frage gestellt. Sie ist eine Daseinsmacht, die den Menschen auch in metaphysischen Fernen nie unbewacht läßt, wie sie ihn auch im Tode beweint. Sie ist später die Beatrice in Dantes Paradiso, und die ewig-weibliche Liebe im Schlußakt des Faust, Gretchen und Helena zugleich: sie garantiert die letzte Harmonie.

Die Kristallisation von Kultur und Staat

Das „Alte Reich" umfaßte sechs Dynastien. Den ersten beiden gelang die Einigung Ober- und Unterägyptens. Menes gründete

[1] Die Muttergottesreligion reicht in die Ursprünge der Religion überhaupt hinein. Einige Beispiele seien genannt. In der berühmten Grotte von Laussel (Departement Dordogne) erhebt die Göttin das magische Mondhorn. Es wird angenommen, daß sie die göttliche Mutter von Stämmen der zuerst regional seßhaften Mammutjäger des Aurignacien gewesen ist. Im neolithischen Malta erscheint die Urgöttin, einer Skulptur des Michelangelo vergleichbar, zu kultischem Schlafe hingestreckt. Im altsteinzeitlichen Sibirien sind weibliche Kultstatuetten vermutlich als die Urheberinnen der häuslichen Heimat an Hüttenwände gelehnt.

zum ersten Male ein Reich. Damit vollzog sich eine erschütternde Umwandlung: lose Stämme wurden in den Status eines Reichsvolkes überführt. Es geschah ein Wunder: der Status war mit einem Male da. Er ließ sich weder planen noch vorhersehen, weder staatsrechtlich lernen noch soziologisch ausprobieren. Eine Jahrtausende währende Legitimität wird geboren, die den stillschweigenden Consensus aller genießt. Im Gaufürstentum des ersten Zwischenreiches macht die Geschichte gewissermaßen das Experiment eines Staates, der auf die Befehlsgewalt eines souveränen Fürsten und auf ein nur positives Staatsrecht gegründet ist; und das Experiment endet in Rechtlosigkeit, Unglauben und zivilisatorischem Verfall.

Die Konstituierung eines profanen Staates ist eine Prozedur, die sich durchschauen und überprüfen läßt und deren Abschlüsse ad acta gelegt werden. Die Geburt des ersten Reiches dagegen ist undurchsichtig und niemals abgeschlossen; denn Ereignisse, die in die religiöse Sphäre hineinragen, haben eine immerwährende Aktualität. Dadurch, daß sie sich in der Reichswerdung treffen, werden die vordynastischen Gruppen zu „Stämmen“ und politisch-kulturellen Lebensträgern im eigentlichen Sinne. Ethnologische Vorfälle und Fakten werden zu politischen Entelechien. Die Quellen der Reichswerdung fließen nunmehr durch die Jahrtausende nach, und die Reichswerdung bleibt ein immer aktueller Vorgang. Jeder kommende Horuskönig vollzieht mit seinem Regierungsantritt die Reichswerdung von neuem in rituell-dramatischer Form, wie am ersten Tage der politischen Schöpfung.

Die erste Staatlichkeit des Kulturmenschen kennzeichnet sich vorbildlich als theogonisch und theokratisch. Der Gottesstaat inspiriert und integriert alle Zivilisation: Handwerk und Wirtschaft, Kunstfertigkeit, Geselligkeit und Verwaltung, Bildung und Literatur. Er birgt in sich einen einzigen großen Haushalt.

Der König gehört als Lebender dem Reich des Horus, des Lichtes — und als Toter dem des Osiris an. Er ist Sohn und Vater zugleich und vollendet somit den Kreis des Daseins. Als Toter ist er Osiris und als Lebender Horus, Sohn des Osiris. Im zivilisatorischen Bereich des praktischen Alltags gehört ihm als Hauseigentümer der

Nillandschaft aller Boden. Er verpachtet ihn an die Angehörigen seiner Großfamilie, der ganzen Nation. Damit bleibt er auch für die Melioration des Landes verantwortlich. Der theokratische Staat wird zum Schrittmacher der Zivilisation.

Zivilisation entfaltet sich in dem Maße, in dem eine schöpferisch gereifte Phantasie sich auswählend, anpassend und weiterformend naturgewachsener Wirklichkeit zuwendet. Bereits im ersten Erwachen des religiös-künstlerischen Schaffens, in der Periodenfolge des Aurignacien, Perigordien, Solutréen und Magdalénien der alten Steinzeit, ist es eine beschwingte Phantasie, die schließlich auf die Details der vordergründigen Wirklichkeit eingeht. Im späteren Magdalénien werden Tierfiguren den Formen von Gebrauchsgegenständen angeglichen, die sie verzieren, und Gesichtszüge auf karikaturistisch anmutenden Porträts realistisch nachgezeichnet. Bereits in der Urgeschichte bewegt sich der Mensch durch drei typische Phasen. Er beginnt, im Aurignacien-Perigordien, in imaginativen Höhlenmalereien und vollendeten Frauenskulpturen sich eine religiös-künstlerische Phantasiewelt zu erbauen. Dann — im Höhepunkt des Magdalénien — hat er in dieser Phantasiewelt den genügenden Spielraum gewonnnen, um zivilisatorisch nachbildend auf die „nächsten Dinge“ einzugehen. Der zivilisierte Mensch setzt den religiös gebundenen und in Phantasiewelten ausschweifenden voraus. Nun folgt eine dritte Phase — des späten Magdalénien und des folgenden Mesolithikums —, in der sich die Formgebung vergröbert, das Gestaltete auseinanderfällt und nur noch summarisch zusammengefügt wird. Durch die Risse des Kulturellen hindurch wird gewissermaßen ein grob Materielles der Lebensbedürfnisse sichtbar. Der Mensch sucht sich aus dem Groben herauszuarbeiten, was ihm aber erst gelingen kann, wenn der Boden seiner ganzen Existenz wieder einem religiös-kulturellen Erdbeben anheimfällt.

In der frühägyptischen Geschichte ist ja der König der Protagon des Volkes. Er vereint in sich die beiden Charakterzüge des Horus-Osiris: den primären eines stellvertretenden religiösen Lebenserneuerers und den mitfolgenden eines Zivilisationsheros. Es ist Menes, der erste Priesterkönig, der „faustisch“ neuen Siedlungsboden gewinnt. Dem ägyptischen Gottessohn steht im sumerischen Bereich der Lugal gegenüber. Aber dieser, als der exemplarische Mensch Sumers, ist von der göttlichen Majestät radikal getrennt. Im Verlauf der Geschichte Mesopotamiens tendiert diese Entfernung zwischen Lugal und Gott dazu, zu einer unüberbrückbaren und jähen Kluft anzuwachsen. Auf der bekannten spätsumerischen Stele des Ur-Nammu steht der König demütig vor dem Throne Gottes. Der Herrscher hat Angst, den Willen Gottes mißzuverstehen. In Ägypten wird bereits seit Narmer und der Reichsvereinigung der König zum Stellvertreter der ganzen Kulturgemeinschaft. Es gilt hier, was Hegel vom Griechen sagte: Gott und Mensch sind nicht so weit auseinander. Horus ist als Daseinsmacht gefaßt, die durch den irdisch-geschichtlichen Schauplatz hindurchwirkt und von ihm her zugleich nur partiell zu begreifen ist.

Der ägyptische Pharao hat einen Zivilisationsauftrag zu erfüllen, der ihm von den religiösen Mächten erteilt ist. Das praktische Ethos der Tat ist metaphysisch legitimiert. Aus diesem Urbeispiel hat die ganze folgende Menschheit zu lernen. So ringt die gegenwärtige Menschheit um einen Sinn der technischen Zivilisation und der anonymen Wirtschaftsverwaltung des Planeten. Die angelsächsischen Pioniere dieser Zivilisation konnten nur indirekt einen religiösen Sinn in diesem irdischen Tun erblicken: nach Calvin hat sich auf diesem Schauplatz die religiöse Erwähltheit zu bewähren oder zu bekunden. Für Luther war diese Welt vom Teufel regiert. Die orthodoxen griechischen Christen Rußlands zogen sich aus dem profanen Getriebe der Machtinteressen in das allein heilige Leben der Klöster und der Versenkung zurück. Die Geburt aller unsrer Kultur, Religion und Zivilisation stand unter dem Zeichen der Einheit von Herakles und Apoll, von Osiris und Atum. In Sumer sind die hundert Anweisungen des Gottes Enki die Samen aller praktischen Leistung und Ordnung. Das göttliche Recht reicht als gestaltendes Naturrecht in die irdische Sphäre hinein.

Der erste Pharao weiht das menschheitliche Werk der Zivilisation ein, indem er bei Fayum der Wüste fünfzig Meilen Neuland entreißt. Er vereinigt durch einen Damm einen Zweig des Niles mit dem Hauptstrom. Das Werk aus Erde, Wasser und Nutzertrag bleibt aber der Phantasiewelt des Osiris, aus der es entstand, fürderhin zugehörig. Es ist der Nechtbet, der Muttergöttin Oberägyptens, geweiht, deren Farbe weiß ist. An Ort und Stelle des Zivilisationswerkes ist Osiris beigesetzt, der Gott, dessen Name „der Dauernde“ bedeutet. Am selben Orte wurde das königliche Schloß der „weißen Mauer“ erbaut. Weiß ist die Farbe des Linnens, in das Isis die Glieder des Osiris einhüllt. Osiris ist ja nun zugleich der Gott der Fruchtbarkeit der ganzen bebauten Nillandschaft. In ihm verklären sich ihre Gefilde mit allem, was da kreucht und fleucht. Der Gott der Saaten und des schwellenden Lebens steigt aus dem Totenreiche auf, und in jedem Sonnenuntergang des Daseins sinken mit ihm Gräser und Blumen, Vögel und Fische, Bauern, Wesire und Könige in den Schatten, und sein Frieden breitet sich über die Fluren aus.

Die „dynastische“ Kultur Ägyptens bis zur ersten Krise

Die Stunde Ägyptens schlägt mit der 1. Dynastie. In atemlosem Tempo wird ein zivilisatorischer Vorsprung Sumers eingeholt. Sicherlich wirkt die Spannung des übergreifenden Kraftfeldes beschleunigend. Bereits im ersten gewaltigen Einsatz gewinnt das tausendjährige Imperium seine Physiognomie. Die Umrisse von monumentalen Bild- und Zivilisationswerken zeichnen sich ab, und eine Gestaltenwelt von Religion, Mythos und Kunst wird konzipiert. Die ägyptische Geschichte wird gleichsam in einem einzigen Kompendium, das von Leben und Gehalt strotzt, geschrieben, dagegen wird die sumerisch-mesopotamische in immer neuen Versionen umgestaltet.

Sumers Könige sind zuerst nicht Göttersöhne — eigentlich ist Gottes-Sohn ein Singularetantum — sondern Stewards von Städten, deren wirkliches Oberhaupt der Stadtgott oder die Stadtgöttin, das Original der Athene, ist. Überhaupt hat Ägyptens Reich, dem Rom Vergils vergleichbar, seine Wurzeln im bebauten und fruchtbringenden Lande. Die Stadt ist ja hier Nekropolis; und das Nildelta ist die ursprüngliche Kulturheimat, die weiterhin die 42 Gaue der Urzeit in sich birgt. Die Residenzen der Dynastien und ihre Gräber bilden die heiligen Orte dieser Landschaft, und während seiner Initialriten wandert der Pharao von einem zum anderen. In Sumer dagegen beginnt die Siedlung mit der Polis, nicht mit dem Gau. Die eingewanderten Stämme haben dort ihre ursprüngliche Gauheimat verloren. Die Initiative geht dabei von der Polis, nicht vom umliegenden Lande aus. Jene hat ihr eigenes Gepräge und ist autonom. Der städtische Rat wird vom König gehört; es bestehen Spuren einer kollegialen Stadtverwaltung, der ein Götterrat entspricht. Noch die homerischen Götter sitzen zu Rate. Zwischen den sumerischen Stadtindividualitäten herrscht ein politisch-kultureller Wettbewerb, eine Eris im griechischen Sinne.

Die ältesten Herrscher der 3. Dynastie werden von dem spätägyptischen Historiker Manetho, dem Hofhistoriographen der Ptolemäer, die „toten Halbgötter" — „nekyes hoi hemitheoi" — genannt. Am berühmtesten unter ihnen ist Djoser, der in der Nekropolis von Memphis die älteste Pyramide, die Stufenpyramide von Sakkara, baute. Sein Baumeister war der sagenhafte Imhotep. Dieser wurde im späten Ägypten zu einem der populärsten Götter; er wurde als der ägyptische Äskulap verehrt. Als ein erster „uomo universale", einem Leonardo vergleichbar, umfaßte Imhotep Literatur und Wissenschaft, Ingenieurskunst, Heilkunst und bildende Kunst. Er war der erste allseitige Zivilisationsheros der Menschheit, der erste bewußte Kulturmensch.

Imhotep ist in Zukunft der Patron der Gelehrten und Humanisten geblieben. Wenn ein Schreiber seine Binse ins Wasser tauchte, weihte er ihm den ersten Tropfen seiner „Tinte". Er wird auch als Sohn des Gottes des Handwerks, des Ptah von Memphis, angesehen.

Persönlichkeiten wie Imhotep, Caesar, Gregor der Große, tief und bewußt in ihrer Kulturlandschaft beheimatet, sind es, die die Gewohnheiten der Alltagspraxis veredeln. Die Menschheit hält an diesen zähe fest. Einst revolutionierte der Übergang vom Mondjahr zum Sonnenjahr den gewohnten Lebensrhythmus der Frühzeit. Imhotep entwarf wahrscheinlich den ersten Kalender der Menschheit. Er war Administrator und Gesetzgeber zugleich. Mit Imhotep wird die Persönlichkeit zur Daseinsmacht. Selbst eine bisher anonyme Kollektivität nimmt in dem Augenblick eine eigene Physiognomie an, in dem auch nur eine Person das, was da geschieht, als ihr eigenes Schicksal durchlebt. Damit ereignet sich eine Kontaktzündung, mit der „der Geist bei sich selbst ist“. Eine allgemeine Dämmerung wird von einem winzigen, in ihr verlorenen Lichte überwunden. Sie wird, kann man sagen, zum dunklen Hofe eines Hoffnungsschimmers. Eine Leuchte des Geistigen, die in der Finsternis vibriert, beginnt, diese von sich selbst zu erlösen. Ein Moment des Vertrauens ist so geschaffen. Das „Licht“ der Persönlichkeit leuchtet spontan, und eine einzige spontan fließende Quelle genügt, eine Quellandschaft zu erzeugen, der Leben entspringt.

Die Skulpturen früher Ägypter, wie die des Imhotep — steinerne Porträts — zeigen Persönlichkeiten, die klar und fest nach dem Horizonte blicken, den das Schiff des Sonnengottes in hoher Fahrt überquert. „Der Mensch“ ist im frühen Ägypten vorentworfen. Das Antlitz Djosers, unter dem Imhotep wirkte, wird so geschildert: „Obgleich schwer verstümmelt, spricht es mit den tiefliegenden, leeren und doch dämonisch blickenden Augen, den vorstehenden Backenknochen und dem aufgeworfenen Lippenpaar, wie der vorspringenden Kieferpartie von starker, gesammelter Persönlichkeit.“ Sein Standbild ist aus hartem Diorit gemeißelt. Seine Gesichtszüge wirken herb, während später die der großen Pyramidenbauer aufgeschlossener erscheinen. Das menschliche Antlitz tritt unversehens aus dem Stein, dem traditionellen Material der sechshunderttausendjährigen Menschheit, hervor. Nachdem das Geistige sich durch unendliche Zeiträume in den Stein hinein projizierte, gibt der Stein nun „das ursprüngliche Antlitz des Menschen“ zurück. Denn so kann man wohl das Antlitz des Chephren nennen.

Unter ihm erreicht das Ägypten des Alten Reiches seine künstlerische Reife. Zur religiös-künstlerischen Lebensfülle gesellt sich materieller Reichtum. Die Verwaltung des Reiches untersteht einem

Wesir, dessen Investitur anfänglich mit einem sumerischen Zylindersiegel bestätigt wird. Später werden zwei Wesire eingesetzt, einer für Ober- und der andere für Unterägypten. Zunächst sind die Verwalter gewohnheitsmäßig Mitglieder des königlichen Hauses, dann entsteht aber ein offizieller Beamtenstand. Der Ausgangspunkt der Amtsgewalt ist die königliche Residenz in der Nähe der Nekropolis. Sie ist die kultisch-politische Heimat, in die der Beamte nach seinem Tode zurückgebracht wird, um dem zum Osiris gewordenen Pharao im Jenseits weiter zu dienen.

Das Nahen der ersten Kulturkrise seit der 5. Dynastie

Mit der 5. Dynastie beginnt zum ersten Male eine Ebbe kulturellen Volkslebens. Früher, wie im ausgehenden Magdalénien und während des Mesolithikums, sind ethnische Stämme in Verfall geraten; ein kultur-schöpferisches Volk wurde erst im ägyptisch-mesopotamischen Kraftfeld geboren. Die früheren Stämme wurden *Opfer* eines Verfalls, einer Vergröberung und Aufspaltung aller Ausdrucksformen; erst ein *Volk* durchlebt einen Niedergang als ein Schicksal, das der Akteur zu tragen hat, das ihn zerbricht oder stärker macht.

Die 5. Dynastie konnte den drohenden Substanzverlust noch mit eigenem Einsatz wettmachen. Sie entwickelte noch ihren eigenen Stil.

Die Dämme brechen und die Fluten des Niedergangs ergießen sich ungehemmt seit der Regierungszeit Phiobs II., dem Beginn der sogenannten Ersten Zwischenzeit.

Mit lyrischer Wehmut erfährt der frühe Kulturmensch, daß die schöne Reife seiner eigenen Werke nur kurz währt, daß sich der Wurm und die Fäulnis alsbald in das Reife einschleichen, ja daß die Verwesung bis in die Quellen und Säfte des Lebens hinein wirkt und daß das irdische Leben in seinen Quellen der Vergiftung ausgesetzt ist. Grabräuber und ihre Komplizen, die bis in die hohen Kreise der Tempelverwalter reichen, schänden die dem Osiris geweihten Stätten. Der Osiriskult kann sich der Einbrecher nicht mehr erwehren, obwohl die Gräber in Felseinsamkeiten versteckt und die Zugänge zu den Grabkammern hinter verwirrenden Gängen, Scheintüren und Hindernissen verborgen werden. Zur alles erzeugenden Religion gesellt sich eine alles zerstörende Blasphemie und Verruchtheit.

Zum ersten Male klafft der erschreckende Abgrund eines möglichen physischen und moralischen Völkertodes. Die Unschuld des Werdens ist gebrochen, und eine Ahnung taucht auf, daß einmal die letzte Stunde des Schicksalsdramas schlagen wird.

Aber mit dem Ende dieser ersten Krise wird auch die tröstende Erfahrung gewonnen, daß die Ebbe komplementär zur Flut gehört und daß sie in ihrem tiefsten Punkte an die Reserven rührt, die eine neue Flut emporschicken. Es ist dann dieselbe Kraft, die saugt und die aussendet. Die genannten Reserven sind im Volk und in seiner Kulturheimat.

Der Niedergang kündet sich zuerst in der 5. Dynastie mit einem Erlahmen der Baukraft an. Diese ist ja die primäre und vorbildliche Gestaltungskraft. Bis dahin konfrontierten sich die monumental aufstrebenden und massiv durchkonstruierten Pyramiden mit der Grenzenlosigkeit der westlichen Wüste. Ihr Sein drang gleichsam herausfordernd in das Nichts der weiten Öde ein und hielt in seiner eigenen Mächtigkeit stand, mit unzweideutigen geometrischen Konturen. Nunmehr beschränken sich jedoch die architektonischen Ausmaße auf einen menschlichen Durchschnitt. Das Innere der Pyramiden wird nur noch mit Schutt ausgefüllt, nicht mehr mit soliden Granitblöcken. Der Schein entspricht nicht mehr dem Sein; beide gehen in der Kunst wie im Leben auseinander.

Ähnlich wirkt sich eine Dekadenz des Steinporträts aus; die volle Körperlichkeit des Menschen wird vernachlässigt, und die Aufmerksamkeit des Bildners wendet sich vornehmlich dem Kopfe zu. Das Intellektuelle löst sich vom Somatischen.

Mit der 5. Dynastie lockert sich überhaupt das Reichsgebäude. Zuvor glich es in seiner Kompaktheit und klaren Konstruktion einer Pyramide der Blütezeit. Nunmehr beginnen aber die Gaufürsten

— den Landesfürsten der europäischen Neuzeit vergleichbar — sich souverän auf sich selbst zu stellen. Damit wird die Saat späteren politischen Unheils gesät.

Zutiefst ist der religiöse Glaube geschwächt oder gar in der Wurzel angegriffen. Ein Glaube, der durch den Intellekt präpariert ist, atmet nicht mehr in seiner mythischen Lebensluft. Horus, der falkenköpfige Gott, dessen Flügel den Horizont überspannen, tritt sein Dominium an den Sonnengott Re ab, der zum mindesten auch sinnlich und verstandesmäßig faßbar ist und der sich in seiner späteren Verfallszeit als Aton dann völlig entmythologisiert.

Die Könige der 5. Dynastie stammen von einem Priester des Re ab. Bereits Chephren bezeichnet sich als Sohn des Re. Re selbst nahm noch keinen bemerkenswerten Platz in der älteren Götterliste ein. Wie der griechische Kronos jünger als Uranos und älter als Zeus, so ist Re jünger als Horus und älter als Ammon. Mit dem Existenzeinsatz und der metaphysischen Exponiertheit oder „Lichtempfindlichkeit" der jeweiligen Generation wechseln, bildlich gesagt, Einfallswinkel und Konfiguration der Strahlen, in denen sich Horus, Re, Ammon, Aton, die Sonne der numinosen Welt, manifestiert.

Seit der 5. Dynastie ist ein Sonnentempel zur Pyramide gesellt, dem chthonischen Bau, der das Reich des Osiris gegen die Tageswelt konturiert. Von nun an fügen die Könige den Namen des Re ihrem eigenen bei. Dasselbe geschieht mit den Namen der meisten Götter außer dem des Ptah. Der zuletzt obsiegende universale Gott Ägyptens ist dann Ammon-Re, der Vatergott Alexanders.

Mit der Verdichtung und Ausbreitung einer eigenmächtigen Zivilisation gewinnt die Lichtwelt des Re eine Aszendenz gegenüber dem Reich der Nacht und der Toten. Aber auch die Sonne des Re kreist nächtlich durch die Region des Osiris. Wenn die Welt, die die beiden ungleichen Hemisphären des metaphysischen Seins enthält, in irgendeiner Richtung aus den Fugen gerät, dann leidet auch die zivilisatorische Prosperität. Auch wenn die Konstellation von Tag und Nacht sich zugunsten des Tages verschiebt, schwindet doch innerhalb der Tageswelt das Sicherheits- und Geborgenheitsgefühl, und die Furcht vor dem, was nachher kommen mag, kann dann sogar pathologische Formen annehmen. Die Abnormität des ganzen Zustandes spricht sich je nach den Zeitumständen darin aus, daß die Apparatur der Lebensnotdurft entweder sich auflöst, mit Störungen der Zirkulation und Versorgung, oder daß sie sich wie ein Automat in sich selbst verfängt. Das Totenreich wächst ja weiterhin von Generation zu Generation, und im Zwischenreich ist diesem Wachstum kein religiöser Damm mehr gesetzt. In der 5. Dynastie ruhen die Toten noch in ihrem Reich, das durch die Pyramiden begrenzt ist, und von ihnen hebt sich der Sonnentempel ab.

Seine Architekturanlage beginnt mit einem Vortempel im fruchtbaren und lebensfrohen Tal des Niles. Von da führt ein dunkler Aufgang symbolisch in die blendende Helle des offenen Altarhofes droben auf dem Wüstenplateau. Die Strahlen des Re lassen sich bei Sonnenaufgang auf dem Obelisk in der Hofmitte nieder. Neben dem Heiligtum steht als Stellvertreter der Sonnenbarke ein gemauertes Schiff.

Die Herrschaft des Lichtgottes bewahrt vom ursprünglichen Ammon-Re bis zum iranischen Ahuramazda und schließlich bis zum Mitras der spätrömischen Kaiser Elagabal, Aurelian und Konstantin verwandte Züge. Die Religion des Sonnengottes neigt zur Ethik, zur Literatur und zu einem imperialen Universalismus.

Der dem Ammon-Re vorausgehende Schöpfergott Ptah war aus dem Nilschlamm geboren; sein mythisches Element war die Erde, und ihm war das Handwerk geweiht, das die Stoffe und Strukturen der Erde verarbeitet.

Theologen und Philosophen suchen einen rational faßbaren Zusammenhang zwischen den erfahrbaren Wirkungen der numinösen Sphäre zu stiften. Ptah bleibt, auch wenn Re über die Gemüter herrscht. Ptah erhob sich hügelgleich aus dem Nilschlamm, und er bleibt ein leibhafter Schöpfergott: so hat er ein Herz, das die Samenkräfte der Dinge — die logoi spermatikoi — konzipiert, und eine — durch die Lebenslinie, die schon im Paläolithikum dargestellt ist, mit dem Herz verbundene — Zunge, die die Dinge in die Existenz und zum Sprechen bringt.

Es geschieht im Übergang von der 5. und 6. Dynastie, daß die Menschen unsicher und unentschieden zwischen Himmelsglaube und unterirdischem Osirisglauben schwanken.

In der 5. Dynastie, der des obsiegenden Re, treten die Grabbeilagen an Bedeutung zurück. Dafür aber werden die in das Lichtreich vorstoßenden Oberbauten prächtiger ausgestaltet. Zugleich beginnt eine rituelle Literatur: die ersten Grabtexte künden vom Flug des Horusmenschen, der ihn in die Lichtheimat führt, und von seiner mystischen Einigung mit dem Himmelsherrscher, ja von seiner Transsubstantiation in Sonnenglanz.

In der 6. Dynastie wird Osiris zum „Ersten der Westlichen“, — ein Titel, der hier substantiell, und noch nicht, wie im späteren China, zeremoniell gebraucht ist. Seit dem Mittleren Reich erhebt er sich als richtender Totengott über die frühere Demokratie der abgeschiedenen Geister. Ursprünglich war er einer unter ihnen, der ihr Sein und ihr Heil an eine Lebendigkeit anschloß, die bis in das chthonische Sein des Todes hinabreichte.

Re wird nun auch zum physischen Vater des jeweiligen Königs, dessen pneumatischer Vater Osiris bleibt. Im Mythos zeugte Re mit dem Weibe des Sonnenpriesters von Sakhebu den Messiaskönig Ägyptens. Jeder tote König vereinigt sich mit seinem himmlischen Vater. „Die Tore des Himmels werden dir geöffnet“, so sagen die Totentexte, „die Tore des kühlen Wassers werden dir aufgetan. Du findest den Sonnengott stehend, er führt dich in die beiden Götterwohnungen des Himmels, er setzt dich auf den Thron des Osiris.“ Seit der 5. Dynastie legen die Texte Wert auf die ethische Rechtfertigung des Dahingeschiedenen. Es wird versichert, daß z. B. der Wesir Soundso gerecht geurteilt und der Wahrheit die Ehre gegeben habe. So rühmt sich Hetepherachti aus der 5. Dynastie: „Nie habe ich etwas Unrechtes gegen irgendwelche Menschen getan trotz meiner Amtsgewalt.“ Der König stellt sich in denselben Texten als „einer der Osirischen Westlichen“ vor, dem das Prädikat ethisch-ritueller Reinheit zukomme. Er fügt sich in eine universelle Ordnung der Wahrheit und Gerechtigkeit ein. Diese ist die Domäne der Göttin Máat, die die Tochter des Re ist. — Nach ihr ist mehr als anderthalb Jahrtausende später die Dike des Hesiod konzipiert, die Tochter des Weltenrichters Zeus. — Dadurch, daß der Horuskönig am Sein und Walten des Osiris teilhat, kommt er mit den Ordnungen des Seins in ein Gleichgewicht, wird er gerechtfertigt.

Die akute Krise der Ersten Zwischenzeit

Im Verlauf der 6. Dynastie, die ungefähr 160 Jahre währt, bricht das Alte Reich auseinander. Nunmehr fallen lebenswichtige Reichsorgane aus dem Rhythmus des Ganzen heraus.

Die wichtigsten politisch-kulturellen Komponenten des Alten Reiches führen nun eine riskante, teilweise ungewollte Sonderexistenz, die ihnen aber schlecht bekommt. Zu ihnen gehören die Gaufürsten, die den königlichen Nekropolen zugeordneten Pyramidenstädte, denen die Versorgungsbasis fehlt; weiterhin die Region des Nildeltas, die stets asiatischen und libyschen Einflüssen ausgesetzt ist, der prädestinierte Sitz der Hyksosfremdherrschaft; und schließlich das nubische Oberägypten, das im Finale der ägyptischen Geschichte sogar ein eigenes Sacrum imperium aufrichtet.

Es ist ein aus dem Vollen lebendes Kulturvolk, das da den Kelch des Verfalles bis zur Neige leert. Die verschiedenen Rassen und Stadtkönigtümer des parzellierten Sumer erfahren ihre individuellen Krisen und stürzen sich sogar gegenseitig in Katastrophen, in die ihre Stadtgötter einbezogen werden; aber sie kennen keine Krisenerschütterung eines ganzen Volkskörpers.

Das ganze ägyptische Universum jedoch gleitet in eine Dekadenz — die es aber überwindet. Das Land scheint mit einer Stimme zu klagen. Doch wird niemandem ein Vorwurf gemacht, daß er durch Sünden den Niedergang verschuldet habe. Die Ägypter erwiesen sich insofern als geistig gesund. Ihre Wortführer rufen nicht, wie spätere jüdische Propheten, ein von Gott abtrünniges Volk zu Umkehr und Buße, noch denunzieren sie, wie kommende Diktatoren, eine Korruption, um eine Gewaltkur empfehlen zu können. Das Volk mobilisiert schließlich seine inneren Reserven, um mit dem Schlimmen ohne nachwirkende Verletzung fertig zu werden.

Verfall läßt sich jedesmal daran erkennen, daß die Leute an nichts mehr glauben, daß die Liebesfähigkeit verkümmert und daß, damit zusammenhängend, die Masse wie der Einzelne ziellos und steuerlos in der Flut der Ereignisse treiben, wobei die Trift mechanischen Gesetzen gehorcht. Es resultiert im Menschlichen ein Durcheinander von Überentwicklung und Auszehrung, von Überbeanspruchung und Vernachlässigung. Im öffentlichen Leben sind viele Funktionen und Gewalten ihrer sinnvollen Bestimmung entleert; sie lassen sich summieren und in einer Hand konzentrieren. Es entstehen nun diktaturähnliche Positionen. Ein Beamter wie Uni vereinigte in seiner Person Funktionen wie die eines Steward der könglichen Domänen, eines Richters und eines Prophetenvorstehers der Pyramidenstadt.

Die Wendung zum Schlimmen ereignet sich, wie angedeutet, unter König Phiobs (Pepi) II., dessen Regierung sich über drei Menschenalter erstreckt. Dieser Regent ist ahnungslos, etwa einem Wilhelm I. von Preußen vergleichbar. Er kann noch lange legitim regieren, weil er die Realität nicht sieht und auf sie nicht eingeht. Er wird von Ipuwer, einer ersten ägyptischen Prophetengestalt, gewarnt, aber dieser beschuldigt ihn nicht. Am Ende versteht Pepi II. eine Welt nicht mehr, die außer Rand und Band gerät. Was könnte er auch schon tun? Die Gewalt wäre eine Aushilfe gewesen, die das Übel nur verschlimmert hätte. Gewaltkuren führen meist einen Mißbrauch der Gewalt durch niedere Kreaturen mit sich, durch den eine Tradition, die nachwachsen könnte, heillos abgebrochen und diskreditiert wird.

Am Ende überlebte Osiris die Zeit des Zweifels und des Kleinmuts. Noch nach tausend Jahren herrschte in Ramses II. ein echter Horuskönig. Die erste Kultur der Menschheit konnte sich Zeit nehmen, alles zu sagen, was von ihr sagbar gewesen ist.

Ipuwer hielt seinen Landsleuten eine Gorgo der Zerrüttung vor Augen. Er störte sie aus ihrer Gleichgültigkeit auf. Sie wurden wieder von der Unruhe des Schöpferischen angesteckt. Es war noch nicht zu spät, sich an den Frühling des Kulturerwachens zu erinnern.

„Es war einmal" eine glückliche Einheit von Glauben, Kunst und Zivilisation, sie ist dahin, aber nicht für immer dahin. „Es ist aber schön", sagt Ipuwer, „wenn die Hände der Menschen Pyramiden bauen und Teiche graben und Anpflanzungen machen mit Bäumen für die Götter." Das, was schön ist, das Einwohnen des Transzendenten im Tageswerk, wird dadurch bewußt, daß es einmal verlorenging. Der zur kulturellen Existenz erwachte Mensch weiß nun, was Heimatlichkeit bedeutet.

Die Früchte der Dekadenz sind keine „fleurs du mal", denen Süßigkeit zu entlocken wäre. Hier sinkt ein Volk fast in obskure Nichtigkeit, nachdem im ersten ägyptischen Reich ein Griff nach den Sternen gelungen war.

Es sind die Pyramidenstädte, die ein besonders plastisches und übersichtliches Bild der Krise abgeben. Auf ihrem Boden wurde eine arbeitsteilige und geschäftige Zivilisation aus dem Geiste des chthonischen Osiriskultes geboren. Der Verfall spricht sich nun darin aus, daß die Zivilisation weitgehend ihre chthonische Bestimmung einbüßt und daß sie eine Quasiselbständigkeit erreicht.

Die Pyramidenstadt verliert überhaupt ihren organischen Zusammenhang mit dem religiös-organisatorischen und wirtschaftlichen Gefüge des Reiches. Dieses Reichsgefüge war selbst nicht mehr lebenskräftig genug, um eine zivilisatorisch überentwickelte Stadt organisch einzubeziehen.

Die alten Pyramidenstädte lagen auf einer rund 50 km langen Strecke von Aburoasch bis Sakkara-Süd. Heere von Verwaltungsbeamten, Werkleuten und Priestern hatten riesige Anlagen in Gang zu halten. Hinzu kamen Arbeiter und Soldaten. In der Pyramidenstadt Memphis fanden sich zur Zeit des Merikare 10 000 steuerfreie Bürger. Wenn sich das Reichsgefüge durch Barbareneinfälle und innere Unruhen lockerte, stockte die lebenswichtige Zufuhr. Dann schritten brotlose Arbeiter und Soldaten zu einer zerstörerischen Selbsthilfe und hielten sich am Eigentum des Staates schadlos. Diese Art von Notstandsindividualismus verschlimmerte nur die Lage aller. Dem Egoisten schien nur das wahr, was der Lebensnotdurft und der baren Selbsterhaltung diente. Es wurde jedoch unter Beweis gestellt, daß ein vordergründiges utilitaristisches Denken und ein zynischer Realismus die Desintegration nur fördern. Sie genießen die Schärfe ihres Blickes und ihrer Nachzeichnung, und auch Mißstände erscheinen dann als etwas innerhalb des Realen, das so und nicht anders ist und an dem sich nichts ändern läßt; man muß praktisch damit auskommen.

Der kalkulierende Verstand glaubt, daß nur Handgreifliches wahr ist und daß es nur praktische Wahrheiten gibt. Er fühlt aber in der Zwischenzeit den Teufel im Nacken: er gehört in den Zustand einer Zivilisation, die sich noch eine Weile mit geborgten Impulsen weiterbewegt. Eine innere religiöse Getriebenheit geht der Initiative zur praktischen Daseinsgestaltung voraus; nur sie stößt auf die Widerstände des Materiellen und entgeht dem Leerlauf, der Betriebsamkeit der „satanischen" Sphäre.

Bereits aus Grabbeilagen der 5. Dynastie läßt sich entnehmen, daß da eine soziale Umschichtung und eine Emanzipierung des individuellen Interessengetriebes einsetzt. Ein „persönlicher Stil" und ein „gehobenes Selbstbewußtsein" machen sich in Kunsthandwerk und Grabtexten bemerkbar. In der Zwischenzeit nun dünken sich die Gaufürsten gar Gottessöhne — Söhne ihres Stadtgottes —, kleine Pharaonen. Höhere Ämter werden jetzt von Leuten aus unteren Schichten besetzt. Ins Pharaonenhaus halten Frauen niederer Herkunft ihren Einzug. Man rühmt sich oft der eigenen Leistung und des Erfolgs. In der Wirtschaft nimmt die private Initiative einen breiteren Raum ein. Der hausbackene Alltag dringt selbstbewußt in die Gräberwelt ein: als Grabbeilagen finden sich Kleinskulpturen, kleine Tonfiguren, die Szenen aus der handwerklichen Tätigkeit von Bäckern, Ziegelarbeitern oder Schlächtern darstellen. Soldaten werden in Holz nachgebildet.

In und mit der Krise entsteht zum ersten Male eine spezialisierte oder professionelle Literatur. Das Individuum beginnt, sich und seine Lage zu beobachten und vor sich hinzustellen. Die Lebenserfahrung der Zwischenzeit dokumentiert sich literarisch in drei Phasen. Wie Hermann Junker ausführte, spiegelt sich der Fortgang der Krise in aufeinanderfolgenden literarischen Werken.

Zur ersten Phase gehören die „Mahnungen des Ipuwer", die bereits erwähnt wurden.

Der zweiten Phase werden zugeteilt: „Der Bericht über den Streit des Lebensmüden mit seiner Seele" und außerdem ein Text aus dem 175. Kapitel des Totenbuches, ein „Zwiegespräch zwischen Osiris und Atum".

Schließlich zählen zur dritten Phase: „Die Klagen des Bauern" und „Die Lehre für König Merikare". Diese ist wahrscheinlich von Achtoes II. verfaßt, einem König der 10. Dynastie, der von etwa 2150 bis 2100 regierte. In diesen Werken wird es mehr und mehr deutlich, daß in der dritten Phase die Quellen ägyptischen Glaubens sich erholt haben und wieder zu fließen beginnen. Es leuchtet von neuem die Vision einer Gerechtigkeit und Wahrheit auf, die alle Wesen vom einfachen Bauern bis zum Horuskönig in einer universalen Ordnung zusammenfaßt. Ein mächtigeres Daseinsgefühl bejaht wieder den Bau von Monumenten, die jeden Nutzeffekt transzendieren.

In der „Lehre für König Merikare" steht geschrieben: „Laß Deine Denkmäler gedeihen, solange Du vermagst. Ein einziger Tag rechnet ja für die Ewigkeit, und eine Stunde wirkt Gutes für die Zukunft. Gott kennt den, der für ihn arbeitet. Ein Geschlecht der Menschen nach dem anderen geht dahin, und Gott bleibt verborgen ... Es gibt keinen Fluß, der sich verbergen ließe, er reißt den Damm ein, durch den er verborgen war." Der Verfasser, ein König, spricht seine Reue darüber aus, daß er einst die Gräber der Totenstadt Thebens zerstörte. „Schlecht ist es", so bekennt er nun, „zu zerstören, es nutzt auch nichts, wiederherzustellen, was man eingerissen. ... Hüte Dich davor, denn ein Schlag wird mit dem gleichen vergolten ...". Welch ein Schritt „auf das ganz Andere" zu ist damit gegenüber der zweiten Phase der Krisis getan, in der der „Lebensmüde" in kleinmütiger Verzweiflung seine Seele, den „Ba", folgendermaßen ansprach: „Das Begräbnis, das bedeutet, den Menschen aus seinem Hause holen und auf den Wüstenhügel werfen. Nie wirst Du wieder zur Oberfläche heraufsteigen, daß Du das Sonnenlicht schauest."

Die erste Kulturkrise endet als eine Welle, die das kulturschöpferische ägyptische Volk auf jene ursprüngliche Glaubenserschütterung zurückwirft, mit der es ins Dasein trat. Eine Krankheit, die zum Tode führen konnte, wird überwunden. In ihrem „Mittleren Reich“ vollziehen die Ägypter selbst den Schritt von der archaischen zur modernen Welt. Sie bahnen späteren Völkern, den Iraniern, Griechen, Römern, den Arabern, den fränkischen und den nordischen Germanen den Weg zu einer reichen, farbenvollen innerlich gelockerten Daseinsgestaltung. Die späteren Völker gehen durch Nachwehen der ersten mächtigen Geburtskrise. Die Dorer nach 1200, die Etrusker nach 900 v. Chr., die Araber vor Muhamed, die Frankogermanen vor Karl dem Großen, sie alle beginnen mit einem mythisch-„primitiven“ Stadium ohne Kunst, Literatur, ohne Städte, ohne geistige Individualität.

Die Kontinuität der ägyptischen Kultur nach dem Ersten Zwischenreich

Das Mittlere Reich

Das Mittlere Reich, das von 2052 bis 1778 währt, umfaßt die 11. und die 12. Dynastie. Nunmehr fühlt sich der Mensch in der irdischen Zivilisation zu Hause, als ob es sie für immer gegeben hätte. Besonders seit dem weltlichsten Herrscher der späteren 12. Dynastie, Ammenemes III., wird sie ihm zur selbstverständlichen Gegebenheit. Es entsteht die oft arglose Zuversicht des zivilisierten Menschen, der sich den praktischen Aufgaben der Gegenwart mit voller Hingabe und ungeteiltem Interesse zuwendet, als ob dieser gegenwärtige Schauplatz von Politik, Arbeit und Lebensgenuß der einzige sei, auf dem sich Leben und persönlicher Einsatz lohne. Aber in Ägypten zittern die Schauer der urzeitlichen Religion nach. Daher ist die Domäne des praktischen Alltags dort niemals positivistisch abgekapselt. Bis zum Ende, bis zur Zeit der Kleopatra, kommt es weder zur pharisäischen Selbstgerechtigkeit von Erfolgsjägern noch zur Sattheit derer, die von allem genug haben.

In Ägypten ist auch die ausgebildete, ja schließlich überreife Zivilisation des Mittleren Reiches mit ihrem Luxus, ihrer Porträtkunst, ihrem Gepränge an Säulenhallen und Wandbildern, ihrer Novellenliteratur gleichsam nur eine Melodie innerhalb einer Symphonie, die das Thema des vergehenden und werdenden Osiris aufführt. Die von der Osirisreligion bestimmte Geschichte des ägyptischen 6., 5., 4. und 3. Jahrtausends bildet den Auftakt für die Geschichte des 2. und 1. Jahrtausends, und das Jahrtausend des Mittleren und Neuen Reichs fügt sich in die metaphysisch-irdische Welt ein, die ein Auftakt von Jahrtausenden eröffnete.

Im Mittleren Reich gewinnen Literatur und Wissenschaft ihre für die Zukunft verbindliche „klassische" Form. Aus der Literatur ist die Geschichte des Sinuhe berühmt geworden. Er flieht nach Syrien, als er im Heere des Prinzen Sesostris während eines libyschen Feldzuges vom Tode Ammenemes' I. hört, und führt dort ein abenteuerliches und materiell erfolgreiches Leben. Aber seine einzige Sehnsucht ist, in der ägyptischen Heimat innerhalb der königlichen Nekropolis eines Grabes mit einer Statue teilhaftig zu werden.

Seit dem Mittleren Reich nimmt die Zivilisation humanistische Züge an. Harmonie, Vielfalt und gefällige Schönheit werden erstrebt, Bildwerke stellt man nun in Tempelhöfen auf. Zugleich blühen Mathematik und die Medizin. Der Papyros Ebers z. B. enthält „Diagnosen und Rezepte für eine Menge Krankheiten, Beschreibungen von Drogen, Abhandlungen über das Gefäßsystem, Schönheits- und Hausmittel" (vgl. Walter Wolf).

Das Porträt des „weltlichen" Herrschers, Ammenemes III., enthält bezeichnenderweise neben einer Weltzugewandtheit noch ganz andere Züge. Nach der Schilderung Kurt Langes drückt sich „in den abgeklärten Gesichtszügen seiner Bildnisse ein feierlich-resignierter Verzicht" aus. „Der weise, milde, segensreiche Friedenswerke Betreibende" kann „seines Wirkens nicht froh geworden sein".

Die Hyksos-Fremdherrschaft

Auf das Mittlere Reich folgt eine Zweite Zwischenzeit und darauf der Einfall der vorderasiatischen Hyksos. Im thebanischen Fürst

Kamose regt sich am Ende ein ägyptisches Verantwortungsgefühl, und er beschließt, das Land zu befreien. Sein Kronrat hält ihm entgegen, die Wirtschaft sei ja geordnet und das Weideland des Deltas stehe auch oberägyptischen Herden offen. Getreide werde über das ganze Land verteilt. Doch höhere Motive sind ausschlaggebend. Hatschepsut, Königin der folgenden 18. Dynastie, äußert: „Ich setzte der greulichen Verachtung des großen Gottes Re ein Ende." Sutech, der Gott der Hyksos, hatte alle Länder unter die Füße der Fremden gelegt.

Zur näheren Charakterisierung der Hyksosperiode sei hinzugefügt: Sie währte von 1670 bis 1570, und sie war die einzige Fremdherrschaft, die Ägypten in seiner ruhmreichen Geschichte, die bis 12 v. Chr. reichte, zu erleiden hatte. Zur Hyksoszeit zählen die 15. und 16. Dynastie mit den Königen Apophis und Chian.

Mesopotamien dagegen erfuhr viele aufeinanderfolgende Einbrüche, aus Elam, aus dem Taurusgebiet, aus dem Gebiet der Westsemiten, der Amoriter und Aramäer, der nördlichen Semiten, der Kimmerer vom Schwarzen Meer — die alle mit Verwüstungen von Städten und barbarischen Kulturrückfällen verbunden waren.

Der bereits genannte ptolemäisch-ägyptische Historiker Manetho berichtete über die Hyksos: „Wir hatten einen König mit Namen Timaios, unter dessen Regierung wandte sich Gott, ich weiß nicht warum, gegen uns. Unerwartet kamen aus den östlichen Gegenden Leute von unedler Herkunft, die verwegen genug waren, einen Zug in unser Land zu unternehmen. Sie brannten wild die Städte nieder, zerstörten die Tempel und mißbrauchten alle Einwohner. Der Hyksoskönig Apophis anerkannte ausschließlich seinen Gott Sutech." Dieser wird mit Seth gleichgesetzt, er ist ein vorderasiatischer Wettergott, der mit dem zerstörerischen und kriegerischen Elementargott Jahwe verwandt ist.

Zugleich aber bewahren die Hyksosherrscher den traditionellen Königstitel: „Sohn des Re". Ihr Regierungssitz ist Auaris im östlichen Delta.

Auaris wird schließlich von dem Befreier Ägyptens, Ahmose, zurückgewonnen.

Die 18. und 19. Dynastie

In der 18. Dynastie bewahrt die ägyptische Kultur noch ihr religiös-kulturelles und zivilisatorisches Gleichgewicht. Thutmosis III. (1502 bis 1448) ist ein Pharao im ursprünglichen Stil. Mit Amenophis III. (1413 bis 1377), dem Vater des „Revolutionärs auf dem Thron", des Amenophis IV. oder Echnaton, beginnen Überfeinerung, Luxus und andererseits eine pantheistische Aufklärung. Haremheb (1345 bis 1318) leitet die Ära einer Generalherrschaft ein. Priester werden eigenmächtig, und fremde Völker dringen in einem Zeitalter allgemeiner Völkerverschiebungen ein.

Die 18. Dynastie ist von Anfang an durch ein Übergewicht von Priestern und bedeutenden Frauen charakterisiert. Frauen wie die „Gemahlin des Ammon", Hatschepsut, werden zu Königinnen, andere zu leitenden Priesterinnen. Bereits die Gattin des Ahmose, Ahmes-Nofretete, war zweite Prophetin des Ammon. Die jeweils rangälteste Prinzessin des Königlichen Hauses erhielt den Titel einer Gottesgemahlin des Ammon. Somit erscheint der König als leibhaftiger Sohn Gottes. Der Sohn der genannten Nofretete, Amenophis I., wird zugleich mit seiner Mutter vergöttlicht.

Das Weibliche durchdringt nun das Gewebe der Kultur. Ahmose preist auf einem Denkstein in Karnak seine Mutter, die Königin Ahhotep, als „Fürstin der Länder". Jachme, die Gemahlin Thutmosis' I., wurde als Gottesbraut des Ammon die Mutter der Pharaonin Hatschepsut, die mit Insignien und rituellem Bart und zugleich in weiblicher Schönheit dargestellt ist. Die Tempelwände von Der-el-Bahari schildern die göttliche Geburt dieser Königin: zu ihrer Mutter Jachme kam „dieser herrliche Gott, Ammon selber, Herr der Throne beider Länder, nachdem er die Gestalt ihres Gatten angenommen hatte... Sie konnte ihn schauen in der Gestalt eines Gottes, nachdem er ihr nahe gekommen war... Seine Liebe drang in ihre Glieder, der Palast war überflutet vom Wohlgeruche des Gottes, alle seine Düfte waren von Punt, dem Weihrauchlande..."

Unter der Königin Hatschepsut und ihrem Kanzler Senemut erreicht die friedliche Zivilisation in Handel und Wandel eine letzte Reife.

Ihr folgt die wohl oder übel auf Kriegserfolge aufgebaute Zivilisation des ägyptischen Caesar, Thutmosis III. Er tilgt mit methodischer Gründlichkeit jedes Andenken an seine Schwester und Gattin, die 22 Jahre lang für ihn ein Regime führte, das seinem eigenen Charakter widersprach.

Damit stoßen zum ersten Male Weiblichkeit und Männlichkeit als Wirkungskräfte aufeinander, die jede auf ihre Art „Geschichte machen". Sie sind einander ebenbürtig und im Widerstreit unversöhnbar. Im Schoße der Familie wird eine Todfeindschaft zwischen Tatwille und Herkunft ausgetragen.

Repräsentanten eines durchaus konservativen Kulturvolkes wie Thutmosis III., Echnaton und Haremheb vernichten systematisch das Andenken ihrer Vorgänger, ihrer Verwandten, Geliebten und Förderer.

Thutmosis III. gelang es mehr und mehr, Hatschepsut, deren Bruder und Gemahl er war, von der Herrschaft zu verdrängen. Als Fünfzigjähriger wurde er alleiniger Machthaber. Er wandte sich nach Syrien, um dieses städtereiche Einfallstor nach Mesopotamien in die Hand zu bekommen. Es gelang ihm, die Ägypter in eine kriegerische Nation zu verwandeln. Mit ihm beginnen sich die beiden Kraftfelder der Urkultur, Ägypten und Mesopotamien, enger ineinander zu fügen.

Mesopotamien war in viele Herrschaften und Vorherrschaften aufgelockert. Im hafen- und städtereichen Palästina und Syrien herrschten die Aramäer und die Kanaaniter. Babylonien wurde von den Kassiten regiert, die aus den östlichen Gebirgen niedergestiegen waren. Assyrien begann seine imperialistische Laufbahn. Die aus Armenien, der Gegend des Vansees stammenden Churitter wurden von einem iranisch-indoeuropäischen Herrscherhaus geführt, den Mitanni. Die anatolischen Hettiter wuchsen nach 1600 zum gefährlichsten Gegner Ägyptens heran. Thutmosis III. besiegt die Syrer und die Mitanni und organisiert ein großes Reich. Er fühlt sich von Gott berufen. Denn er erinnert sich, daß ihm als Kind im Tempel das Bild Gottes entgegenkam, um ihn als zukünftigen Herrscher zu bezeichnen.

In seinem Nachfolger Amenophis II. regt sich zum ersten Male ein zivilisatorisches Rekordstreben. Er ist stolz auf seine physische Leistung. Damit erniedrigt sich das Ideal, das sich der Mensch von sich selbst entwirft; er rühmt sich seiner sportlichen Überlegenheit. Ausgerechnet bei der großen Sphinx von Gizeh ließ er einen Denkstein aufstellen, auf dem er sich preist: „Er kannte Pferde wie kein anderer in seinem zahlreichen Heere, und niemanden gab es darin, der seinen Bogen spannen konnte... Er ermüdete nie, wenn er das Ruder nahm... Er spannte 300 starke Bogen und verglich die Arbeit der Handwerker, die sie gemacht hatten, um den Untüchtigen vom Tüchtigen zu unterscheiden... Er bildete Pferde aus ohnegleichen. Sie wurden nie müde, wenn er die Zügel nahm, und sie schwitzten nicht, selbst bei langem Galopp. Er spannte sie in Memphis in das Geschirr und hielt beim Heiligtum des Harmachis — der großen Sphinx — an. Dort verweilte er einen Augenblick, um die Pferde zu wenden und die Sehenswürdigkeiten dieses Heiligtums des Cheops und des Chephren zu betrachten."

Doch Amenophis II. hat auch seine zarten und poetischen Seiten. Als im Jahre 1898 sein Grab eröffnet wurde, ruhte auf der Brust der Mumie ein Akazienstrauß, und um seinen Hals war ein Blütenkranz gelegt.

Dem Thutmosis IV. erscheint im Traum der Sonnengott Re und bittet ihn, seine Sphinxstatue vom Sande freizulegen. Dafür werde er ihn zum König erwählen. Nunmehr ist der Pharao nicht mehr der Horussohn des Osiris-Re, sondern der von ihm Erwählte. Vielleicht kann er es in seiner jetzigen allzumenschlichen Gestalt nicht mehr wagen, als Horussohn aufzutreten. Die existierende Welt hat sich von ihrem mythischen Urantrieb entfernt, sie ist mehr und mehr ins Praktisch-Nützliche und Angenehme abgetrieben.

Eine ausgesprochen weltliche Kultur blüht in der Regierungszeit eines Amenophis III. Aber die Säkularisierung des Daseins ist von ernsthaften Rissen und Brüchen im Gebäude der überlieferten religiösen Kultur und der eingeborenen Lebenspraxis begleitet. Auch das zivilisatorische Dasein zeigt tiefgehende Schäden, ja eine Neigung zur Selbstzerstörung, wenn es sich von der religiösen Volkskultur emanzipiert. Rastlosigkeit, Herrschsucht und Genußgier führen zu einer Treibhausblüte.

Mit Amenophis III. erscheinen Mißstände, die nicht mehr zu beheben sind, und Wunden, die sich nicht mehr heilen lassen — Symptome einer Desintegration, die das Ende beschleunigen. So durchbricht er das Prinzip der Erbfolge der Prinzessinnen, indem er eine Bürgerliche zur Königin erhebt; so ergänzt er das ägyptische Heer mit fremdstämmigen Söldnern. Er baut im Stile einer leeren Monumentalität. Die Memnon-Kolosse im Westen Thebens sind sein Auftrag. Anstelle des urägyptischen Osirisglaubens fördert er einen pantheistisch-hymnischen Sonnenkult. Üppigkeit und Überfeinerung des Geschmackes reißen ein; Musik und Tanz nehmen eine sinnliche Note an. Wie ein orientalischer Despot unterhält dieser Pharao einen Harem von 317 Frauen. Theologische Erstarrung und militärisches Kastenwesen bedrohen die lebendige Einheit der Kultur. Wie im späten Rom werden landfremde militärische Söldner, Libyer, Griechen und Nubier, geschlossen angesiedelt, die den Reichsbestand gefährden. In Bergwerken und Minen arbeiten Gefangene und Sklaven. Die Priester und Angestellten des Ammon-Tempels erhalten so reiche Zuwendungen, daß im Tempelbezirk eine eigene Wirtschaftsmacht, ein Staat im Staate, ja schließlich ein Usurpator heranwächst. Mit der Säkularisierung der Kultur scheinen die „Wildwässer der Triebe" fehlgeleitet; sie richten sich nicht mehr wie in den frühen Dynastien auf religiös-künstlerische Bauten und auf die Gestaltung einer Kulturheimat. So ist nun im Mittleren Reich Amenophis III., wie nach ihm berühmte assyrische Herrscher, von der Jagdleidenschaft besessen. „Einmal ließ er unter großem Aufgebot von Soldaten 170 Wildstiere durch Wall und Graben einkreisen; 56 davon brachte er an diesem Tage von der Jagd heim." Im ersten Jahrzehnt seiner Regierung erlegte er 102 Löwen ... Seiner Gattin Teje zu Ehren ließ er innerhalb von 15 Tagen einen Lustsee von fast 2 km Länge und 370 m Breite ausschachten. Er ließ sich dann zur Eröffnung mit ihr in einer Staatsbarke darauf herumfahren. Im großen Tempel zu Luxor dienten Dutzende von stehenden, sitzenden und knienden Königsskulpturen einem äußerlichen Schmuckbedürfnis. Nervöse Überreizung und bizarre Überladenheit verderben den gesunden Sinn der Kunst.

Das abgeleitete Reich einer wuchernden Zivilisation ist mit seinen vielfältigen Antrieben, seinen Werken der Notdurft und des Überflusses, seinen Sorgen und seiner Leichtfertigkeit mit einem Male da, etwas, das es vorher in den Äonen der Menschheitsgeschichte noch nie gegeben hatte. Noch früher, um 3100 v. Chr. entsprang, ebenso plötzlich und allumfassend, ein Reich religiöser Volkskultur, das die Zivilisation in sich barg. Amenophis sieht sich immerhin noch von der überragenden Göttlichkeit Ammons umhegt, uralter Tradition entsprechend. Seine Mumie steht in Granit gemeißelt zwischen den Knien und unter dem Haupte des gewaltigen Ammon-Widders. Dieser trägt die Sonnenscheibe zwischen den mondförmig gewundenen Hörnern und die heilige Schlange auf der Stirn. Mit der grenzenlosen Ausweitung einer emanzipierten Zivilisation wächst der Abstand des profanisierten Menschen von der Heimat des Sakralen. Der metaphysisch Heimatlose sucht jetzt Anlehnung und Schutz bei Mächten, die die Sphäre seiner Zivilisation unendlich überragen. Dem Irdischen fehlt doch bei aller quantitativen Ausbreitung der relative Eigenwert, den es besaß, als es in der sakralen mythischen Wirklichkeit ursprünglich eingehaust war. Der Pharao hat nur noch Würde, wenn er als skulpturelle Komponente in das Steinbild des Widdergottes eingefügt ist.

Die Zeitliteratur bezeugt, daß die überlieferte mythische Religion pantheistisch eingeebnet ist: ein Hymnus aus der Regierungszeit Amenophis' III., der sich auf dem Grabstein der Baumeister von Theben, einem Brüderpaar Horus und Seth, findet, rühmt die vergöttlichte Sonne: „Du fährst über den Himmel, alle Menschen sehen dich, und doch ist dein Gang vor ihnen verborgen. Alle Augen sehen durch dich, und sie vollenden nichts, wenn deine Majestät untergegangen ist. Preis dir, du Sonne des Tages, die alle Wesen geschaffen und ihren Lebensunterhalt gemacht hat, du Bildner dessen, was der Erdboden hervorgebracht hat. Du Kreisender, der jeden Tag die Enden der Länder erreicht, und die schaut, die darauf wandeln. Jedes Land betet ihn an, täglich bei seinem

Aufgang." Bereits ein Hymnus der Hatschepsut nennt den Re „den einigen Einen mit vielen Händen, den Herrn des Seienden, bei dem alle Dinge Bestand haben": So erscheint er schließlich dem Apostaten Echnaton.

Der Reformator Echnaton

Echnaton vereint in sich bereits charakteristische Züge, wie sie in späteren Reformatoren wiederkehren. Er gibt das Original für viele Kopien ab. Als Reformator und Nonkonformist wendet er sich gegen die unmittelbar vorausgegangene Religion und Kultur, und die konventionellen Priester brandmarken ihn als einen Häretiker oder Ketzer. Seine erklärte Absicht ist, Dogmen und Riten, die ihm künstlich und willkürlich erscheinen, zu vereinfachen und den Glauben zu purifizieren. Er will der schlichten Gesinnung der anfänglichen Zeiten wieder zu ihrem Recht verhelfen. Man soll sich in verständlicher Umgangssprache an den Glauben wenden, der überall allen Nationen zu eigen ist. Er übersieht die geistigen und materiellen Bedingungen seines eigenen späten Zeitalters; sein Programm erscheint ihm so natürlich und selbstverständlich, daß ihm jeder aufrichtige Mensch zustimmen müßte. Er führt Neuerungen ein und wendet sich im Namen der Tradition, die ihm die wahre scheint, gegen die, die er für Entstellungen verantwortlich macht; und so schafft er zusätzliche Verwirrung der Geister und der Zustände. Er kann sich nur auf die Homines novi stützen, die aus Unterklassen stammen — das sind oft grobe und ungeschliffene Menschen, zudem häufig solche, die Gesinnung heucheln, weil sie in keine Loyalitäten hineingewachsen sind. Auf sie ist kein Verlaß.

So entstammte der General Haremheb dem Kreis der Günstlinge Echnatons. Er ist es, der schließlich die Dynastie Echnatons beseitigte und auch noch den Prinzen umbrachte, den sich Anches-en-Amun vom Hettiterkönig Schuppiluliuma als Prinzgemahl erbeten hatte. R. Hamann schildert die Mitglieder des Hofes von Amarna als rohe, ungepflegte, wilde Burschen, solche mit dem Ausdruck einer verschlagenen und kalten Rücksichtslosigkeit. Sie gemahnen an Bildtypen des späten Mittelalters und der Reformation. Die

Tragik einer Reformation besteht darin, daß sie entwurzelte Menschen, die überkommene Bindungen nicht mehr achten, zu Akteuren erheben muß. Die feineren Geister durchschauen die Grenzen eines solchen Zeitalters; sie halten sich zurück und scheiden aus dem Rennen aus. Die gerade im Geschichtsdrama wirksame Auslese der Mitwirkenden geht über sie hinweg. Ein Haremheb leistet das Beste, was sich unter den obwaltenden Umständen und in vorgerückter Stunde noch tun läßt. Er lebt an den Problemen vorbei, die sich einem Echnaton stellten, oder er handhabt sie wie solche, die sich nicht praktisch lösen lassen.

Echnaton suchte die anfängliche Sonnenreligion von Heliopolis — so wie er sie verstand — wiederherzustellen. Aber sein Aton war das Gestirn selbst, nicht mehr der mythische Amon-Re, der auf seinem Schiff durch die Unterwelt fuhr und den Horizont erstieg. Auch fehlten dem Aton die bunten Federn des großen Himmelsfalken Horus. Aton scheint über allen Völkern der Erde, er macht die Dunkelheit zunichte, und wer ihn sieht, der lebt. Aber zugleich treffen seine Strahlen nur den Echnaton und seine Familie, nicht einmal die, die unter seinem charismatischen Schutze stehen. Echnaton ist der einzige Prophet und Mittelsmann des einzigen Gottes. Die Strahlen des Aton enden in tatsächlich zugreifenden Händen, die das Schriftzeichen für Wahrheit halten. Die Wahrheit ist nun realistisch und simpel als Wahrheit der tatsächlichen Welt gefaßt, wie sie in der Umgangssprache der lebenden Generation völlig verständlich ist. Was frühere Geschlechter in ihrer Sprache stammelten, in hieratischen Schriftzeichen symbolisch darstellten, läßt sich nun sehr einfach sagen. Die Hände des Aton machen die Wahrheit handgreiflich. Das mythische Beiwerk, das dem Aton doch noch verbleibt, ist der Schlangenkopf am unteren Ende der Sonnenscheibe — ein sichtbares Tabu. Dem Aton baut Echnaton eine Tempelstadt, die als Neugründung jede Tradition verleugnet und die dann nach seinem Tode verlassen wird — eine inkarnierte Utopie ohne Vergangenheit und ohne Zukunft. Er nennt sie Achetaton, Lichtort des Aton.

Der Kunststil des Reformators schwankte zwischen dem Familiär-

Niedlichen und dem Rhetorisch-Monumentalen. Der Pharao verlor das Dämonische der früheren Horuskönige, und er trat — eine säkularisierte Privatexistenz — doch noch als Mittler zwischen Mensch und Gott auf, der selbst göttliche Ehren beanspruchte. Der König erscheint nicht mehr sakral als Sohn des Osiris, sondern idyllisch im privaten Kreise seiner Familie. Die empirische Wahrheit seiner Gesichtszüge wird nun expressionistisch übertrieben. Mit solchem Kunstgriff soll das Factum brutum des Empirischen künstlerische Legitimität annehmen. Es wird versucht, aus der Not dekadenter Häßlichkeit eine künstlerische Tugend zu machen. Porträts des Königs zeigen, nach Walter Wolf, einen überschmalen Kopf auf dünnem Halse schwebend. „Nur zu einem dünnen Spalt öffnen sich die schräg gestellten Augen; ein aufgeworfenes Lippenpaar schwingt unter einer langen Nase. Die Brust ist fast weiblich geformt, der Bauch aufgetrieben, die Oberschenkel prall, Arme und Unterschenkel spindeldürr."

Das architektonische Gefüge der früheren Kunst löst sich ins Dekorativ-Malerische auf; und das Verhältnis zur Natur wird sentimental durch künstlich angelegte Teiche und zoologische Gärten vermittelt.

Aus dem Reiche des Osiris wird in einer ästhetischen Atmosphäre die bloße Schattenseite des Daseins. Damit, daß der Tod nicht mehr wahr ist, verliert auch das Lebende an Lebendigkeit.

Sicherlich sahen alte Ammonspriester, jene, die noch der Tradition angehörten, daß diese Art der Reform den Kern ägyptischen Wesens verfehlte. Aber zugleich erfuhren sie, daß das Volk nicht mehr aus diesem Kern leben konnte. Es war von sich selbst abgetrieben, konnte nicht mehr zu seinem ursprünglichen zurückfinden, es war nicht mehr eigentlich „es selbst". Die Reformation verschlimmerte nur die Selbstentfremdung.

Dabei weiß dieses kulturschöpferische Volk noch, was es hätte sein können. Sogar nach fast 1000 Jahren blickte ein Plato immer noch mit scheuer Ehrfurcht auf die überlegene Weisheit der ägyptischen Weisen. Ihnen gegenüber erscheinen ihm seine eigenen Griechen wie unmündige Kinder. Er bekannte, seine grundlegenden mythischen Einsichten von den ägyptischen Priestern vernommen zu haben.

In der Regierungszeit des Echnaton griff Verwahrlosung in der Verwaltung um sich. Zugleich bedrohten die Hettiter die Außenbastionen des Reiches; sie besiegten die Verbündeten des Pharao, die Mitanni, deren König Tuschratta ermordet wurde. Der Tod dieses Fürsten (um 1360) ermöglichte den ersten Vorstoß der furchtbaren assyrischen Macht. Solche Realitäten der Außenpolitik faßte Echnaton kaum ins Auge; den Gewittern, die da aufzogen, wäre der ästhetische Aton kaum gewachsen gewesen.

Auf ihrem Wege begegnete der babylonischen Schwesterkultur im Ausgang des 2. Jahrtausends ein ganz anderer Elementargott: Assur. Er nahm Züge Jahwes vorweg. Tiglatpileser I. (1116—1078) spricht ihn folgendermaßen an: „Einen Weg von drei Tagen marschierte er. Vor Aufgang der Sonne war Glut ihre Erde. Er zerfetzte der Schwangeren Leib. Den Mächtigen schnitt er die Hälse ab. Im Rauch ihres Landes starben die Mannen — ein Trümmerhaufen, wer sündigt an Aschschur! Laßt singen mich von Aschschurs Sieg, des Mächtigen, der da zieht zum Kampf, in aller Welt den Sieg erringt." Aber auch dieser späte Gott ist nur wirksam im kurzfristigen Werk der Vernichtung, nicht mehr im Aufbau eines tausendjährigen Reiches — kein Osiris, Gott des wiedererstehenden Lebens.

Das Ende Ägyptens

Seit der Herrschaft des Generals Haremheb und des von ihm designierten Generals Paramses (Ramses I.) wird die Einheit Ägyptens durch militärische Gewalt garantiert. Die Regenten müssen sich durch eigene Leistung erproben. Ein stets auf greifbare Erfolge angewiesenes Regime ist nicht von langer Dauer. Unter Ramses II. erlebt Ägypten noch einen späten Sommer; eine letzte späte Nachlese seiner Kultur und Baukunst.

Unter dessen Sohn Merenptah (1234 bis 1220), der der Pharao des Auszuges der Kinder Israels gewesen sein mag, fällt das Gebäude des ägyptischen Lebens auseinander. Zur selben Zeit gerät die Szenerie des Welttheaters allenthalben in Verwirrung.

Es sind indoeuropäische Stämme, die nun überall der Urkultur zum Verhängnis werden. Kreta, der Außenposten des großen Kraftfeldes im Westen, und das Industal im Osten, Elam und Iran, Syrien und Palästina, Ägypten und Libyen werden in Mitleidenschaft gezogen. Die Urkulturen hatten durch lange Zeiträume hindurch die neolithischen Zivilisationen der indoeuropäischen Regionen „angestrahlt". In dem Maße, in dem die Spannungsgefälle zwischen den Kern- und den Randgebieten sich verringerten und der eigene Impetus wuchs, öffneten sich den kulturell stimulierten indo-europäischen Randvölkern die Zugangsstraßen nach den Zentren. Ihrer Neigung und ihrem Temperament entsprechend folgten die wandernden Stämme bestimmten kulturellen Gefällen; sie fühlten sich in ausgewählten klimatischen Regionen wohl. Die planlos scheinenden Wanderungen, die seit 2000 einsetzten und ihre Hochflut 1200 erreichten, gleichen Fluktuationen, die durch unaufhörliche Ausstrahlungen aus den Kerngebieten im rückläufigen Sinne hervorgerufen werden. Die Rückwelle scheint jeweils einer bestimmten Herausforderung aus einer verlockenden Ursprungsregion zu antworten. Die Indoeuropäer siedeln sich in wahlverwandten Gebieten kulturschöpferischer Primärvölker an. Sie schaffen dort Sekundärkulturen: die griechische im Gebiet von Kreta und Mykene, die iranische in Mesopotamien, die indische im Gebiet von Harrapa und Mohenjodaro und schließlich die hellenistische im fester gefügten Ägypten.

Die Indoeuropäer führen, wie schon Hesiod hervorhob, das „eiserne Zeitalter" herauf: eine utilitaristische, hart rechnende, gewaltsame, phantasie- und glaubensarme Zivilisation, in der sich neu erstehende Völker erst allmählich zu einem Glauben, einem Ethos und Kunstschaffen zurückfinden, das in eigener Blüte den Anschluß an die Urkulturen gewinnt.

Das Eisen ist im Vergleich zu Kupfer und Zinn ein Massenmetall. Es wurde zuerst in den armenischen Bergen, im Bereich der Mitanni, und in Kleinasien in ökonomischen Mengen gewonnen und verarbeitet. Die Mitanni, eine indoeuropäische Oberschicht, und die Hettiter, selbst hauptsächlich Indoeuropäer, waren die Pioniere der

Eisenzeit. Bereits im Grabe des Schwiegersohnes des Echnaton, Tutanchamuns, wurde ein Dolch mit eiserner Klinge gefunden, also um 1350 v. Chr. bezog Ägypten das Kupfer aus seinen Minen im Sinaigebirge. Aber seit der Mitte des 12. Jahrhunderts setzte sich das Eisen durch, und seitdem wurde Ägypten wirtschaftlich vom eisenproduzierenden Ausland abhängig. So kann man sagen, daß die Urkultur an der Begegnung mit der Eisenzeit zerbrach. Neue, spätkommende Akteure verbreiteten die diesseitige, kalkulierende und kollektivistische Mentalität des kulturellen Interregnums der Eisenzeit. Der Kollektivismus ist eine praktische Regelung, die unmetaphysische Triebnatur des Menschen lebens- und leistungsfähig zu erhalten, eine sozial-politische Technik in Zeiten, in denen der Mutterboden spontaner Gemeinschaft vorerst einmal erschöpft ist.

Die Indoeuropäer ziehen aus, weil sie keine Heimat mehr haben. Sie kommen aus der Gegend zwischen der Donau und dem Oxus. In ihren heiligen Büchern, den homerischen Gesängen, dem Zend Avesta und dem Rigveda finden sich kaum Reminiszenzen einer ursprünglichen Heimat und gemeinsamen Religion. Sie fangen in Griechenland, im Iran, in Indien nicht aus sich an, sondern sie wachsen überall in Urimpulse anderer hinein. Sie wissen gar nicht, wer den ersten Akt des Dramas begonnen hat, in dem sie weiterspielen. Sie müssen eine philosophische Spekulation mobilisieren, um nach und nach herauszufinden, worum es anfänglich ging und wo die Wurzeln aller Existenz liegen.

Die Ägypter nannten die Ausläufer der kurz skizzierten Völkerbewegung die „Seevölker". Darunter lassen sich die Scherden und Schekelesch mit den Sardiniern und Siziliern, die Turscha, Danuna, Aikawascha mit den Tyrsenern, Danaern und Achäern, die Lukki mit den Lykiern, und die Peleset mit den Philistern identifizieren. Letztere brachten das Eisen nach Palästina. Merenptah rühmt sich in einer Inschrift: „Libyen wurde zerstört, das Hettiterland befriedet. Kanaan ist verwüstet, Askalon gefangen, Gezer zerstört. Jenoam ist zunichte gemacht, Israel ist verdorben, es hat keinen Samen mehr. Palästina ist zur Witwe geworden für Ägypten. Alle

Länder sind vereint und befriedet." Später gelingt es dem letzten großen Herrscher, Ramses III., noch einmal, die Libyer zu schlagen und die Seevölker zu Wasser und zu Lande abzuwehren. Aber mit dieser letzten gewaltigen Anstrengung versiegte die politische Vitalität Ägyptens. Der Oberpriester des Ammontempels von Theben riß die Gewalt an sich; das Deltagebiet wurde von libyschen Söldnerführern regiert; und der Sudan bildete nach 750 unter den Äthiopiern einen eigenen Gottesstaat mit der Hauptstadt Napata. Zeitweise gehörte Memphis zu diesem Staate; aber 670 wurde es von den Assyrern erobert.

Unter der Regierung Ramses' III. ereignete sich der erste Arbeiterstreik, der je ein Staatsgefüge bedrohte. Unter Ramses XI. brachen Aufstände von Arbeitertrupps und Söldnern aus, die sogar nur mit nubischen Truppen unterdrückt werden konnten. Da das Versorgungssystem nicht mehr funktionierte und die Loyalität der Beamten untergraben war, geriet die Naturalienzahlung ins Stocken. Sarkophage wurden aufgebrochen und Mumien ihres Schmuckes beraubt. Das Gebäude der Kultur und des Glaubens wurde von innen zerstört. In den Felsgräbern des Tales von Theben hausten später christliche Anachoreten. Eine der offenen Grüfte diente als Kirche des auferstandenen Christus. Die chthonische Metaphysik Ägyptens floß in die des Christentums.

Die Spätzeit Ägyptens wird von 715 bis 332 gerechnet. Seit 525 wird Ägypten persische Satrapie; aber von 404 bis 341 behaupten sich einheimische Fürsten, und die eigene Kultur blühte zum letzten Male... In der 29. und 30. Dynastie ergreifen die Ägypter für die Griechen gegen die Perser Partei und entscheiden sich für das wahlverwandte Hellenentum. Amasis, der Freund des Polykrates von Samos, sendet Spenden nach Delphi. Herodot läßt sich in den Isiskult einweihen. Alexander der Große wird als letzter Sohn des Ammon in Alexandria beigesetzt. Vom Ägyptischen bleibt „der unsterbliche Teil", nachdem das Gebäude des Reiches, das zweiundeinhalbtausend Jahre überdauerte, zerfiel.

DIE VOLLENDETE GESTALT DER ÄGYPTISCHEN KULTUR

Die Idee der Zivilisation in Ägypten

Das Ethos der organisierten Arbeit

Das Bauprogramm der frühen Dynastien, die die Pyramiden errichten, mobilisierte zum ersten Male die Arbeitskräfte eines ganzen Volkes. Eine ganze Nation wurde aufgerufen, um Aufgaben zu erfüllen, die in einem religiös-künstlerischen Motivbereich entstanden. Dazu wurden Arbeitsheere ausgehoben und die Arbeit in der toten Saison der Landwirtschaft verrichtet und vertragsmäßig entlohnt.

Sinn und Ziel dieser Arbeit war im Bewußtsein des Volkes lebendig, und der Erfolg stand vor aller Augen: Das Ziel, der Ausbau einer Nekropolis, überbot jedes zivile und private Motiv und jede individuelle, ja jede profan-gesellschaftliche Möglichkeit. Es erforderte eine zum Teil hochqualifizierte Spezialisierung von Materialkenntnis und Handwerkskunst, von technischer Erfindung und Arbeitsorganisation. Bestimmte Fähigkeiten häuften sich in bestimmten Funktionärstypen an, wie die des Architekten, des kalkulierenden und buchführenden technischen und ökonomischen Verwalters, des Verfertigers von Siegeln und Schriftzeichen und schließlich des physisch trainierten Arbeiters.

Spezialisierung und Organisation oder Integrierung setzen sich gegenseitig voraus. Es entsteht aus religiösen Motiven eine arbeitsteilige Gesellschaft. Das Motiv verklärt den ganzen Arbeitsvorgang; und die Arbeitswelt wird in die religiös-künstlerische Sphäre transponiert.

Das Phantasiebild der bunten Welt der Arbeit in Feld und Werkstätte begleitet den Toten als magisch weiterwirkende Szenerie in die Welt des Osiris und bis zum Horizont der Zirkumpolarsterne. In Form von Skulpturen sind im Jenseits auch diejenigen zur Stelle, die dort die Arbeiten verrichten: die Uschebtis. Sie begleiten den Verklärten als mumienförmige Figuren, die Sack und Hacke auf den Schultern tragen und denen die Inschrift beigegeben ist: „Du, diese Uschebti des N. N.! Wenn N. N. — (der individuell-menschliche Osirisjünger) zu einer Arbeit bestimmt wird, die im Jenseits zu verrichten ist, als einer, der seine Pflicht zu erfüllen hat, um die Felder zu bestellen, die Ufer zu bewässern oder Dungerde von Osten nach Westen zu fahren, so sollst Du sagen ‚Hier bin ich'."

Im religiösen Rahmen hat die Arbeit eine metaphysische Bedeutung und Würde, und zwar innerhalb der Ma-at, der Ordnung des Alls.

Mit der ersten religiösen Erschütterung, der Geburt des Osirisglaubens, entstand in Ägypten zugleich eine realistische Bereitschaft zur zivilisatorischen Arbeit gewaltigsten Ausmaßes. Der tiefgründige Ägyptologe Breadsted betont, daß dem Architekten Khufuonekh, der die erste „Große Pyramide" von Gizeh auf einem öden Wüstenplateau plante und erbaute, nur drei Generationen von Steinarchitekten vorausgingen. Er wies seinen Baumeister an, 755 Fuß im Quadrat auf der Wüste auszulegen, und er wußte, daß er fast zweieinhalb Millionen Steinblöcke benötigen würde, von denen jeder zweieinhalb Tonnen wiegen sollte, um ein Steinmassiv von 481 Fuß Höhe zu errichten. Er verwirklichte den zum ersten Male geträumten Gigantentraum der menschlichen Arbeit, und dieser war aus der Kühnheit religiöser Phantasie geboren. Es war, als ob das Sein der anderen Welt, dessen Strahlen den vergänglichen Menschen trafen, in ihm alle aktiven Kräfte erweckte, mit denen er seine eigene exponierte Position auf seiner Seite des Seins ausbaute, festigte und trotzig behauptete.

Die exponierte Diesseitigkeit offenbarte in ihrem Kern einen heroischen Willen zur Tat und zur praktischen Leistung. Mit der Steigerung des Transzendenzbewußtseins steigerten sich alle Kräfte des ersten Kulturmenschen.

Ein Arbeitsvorgang ist z. B. an der Wand des Felsengrabes des Gaufürsten von Bersche, mit Namen Thuthotep, bildlich geschildert. Eine Alabasterstatue von sechseinhalb Metern Höhe wird befördert. Kurt Lange gibt das Bild folgendermaßen wieder: „Das Sitzbild soll zu seinem Grabe oder zu dem Tempelbezirk seiner Stadt geschafft werden. Es ist... auf einer großen Holzschleife, einem Transportschlitten, mit den stärksten Tauen befestigt... Durch oder unter die Taue sind Stäbe geschoben, um sie zu spannen und am Abrutschen zu hindern. An den Wendekanten schützen untergelegte Lederstücke die Statue vor dem Scheuern der Seile. Vor die schwere Last sind an vier langen Seilen 172 Männer gespannt, und zwar so, daß je zwei den Strick an der gleichen Stelle fassen. Das vorderste Tauende wird jedesmal von einem Manne auf der Schulter getragen. Unter den menschlichen Zugkräften befinden sich *Soldaten* und *Priester*. Auf den Knien des Kolosses steht ein Aufseher, der offenbar mit Rufen und Händeklatschen die Ziehenden kommandiert. Ein eigens Beauftragter steht zwischen den Füßen des Denkmals und sprengt vom Sockel herab Wasser auf den Weg vor den Kufen — vermutlich soll dadurch das Heißlaufen der Holzschleife verhindert werden." Die Arbeiterscharen mußten jedesmal verpflegt werden. Die Steinbrüche, aus denen der kostbare schwarze Granit stammte, lagen weitab in der Wüste. So befand sich etwa Wadi Hammamat an der Wüstenstraße von Koptos zum Roten Meer drei Tagereisen vom Niltal entfernt, und, um ein Beispiel zu nennen, auf die Verpflegung von 2500 Mann kamen 50 Ochsen und 200 Esel.

Die späteren großen Pharaonen zeigen zunehmend einen Zug zu Herrschern eines zivilisatorischen Arbeitsreiches. Thutmosis III. errichtet ein Zivilisationsimperium. Die frühe 19. Dynastie, deren glänzendster Herrscher Ramses II. dieselben weltoffenen, leichtbeschwingten, tatfrohen Züge offenbart wie Thutmosis III., übertrifft an Baukraft alles, was die Menschheit bisher gesehen. Es wird zuweilen behauptet, die Pharaonen hätten die Energie und Begabung der ganzen Nation absorbiert oder „dräniert"; — aber ohne sie wäre diese erste vorbildliche Arbeitswelt nie aus dem Boden gestampft, ja sogar nicht einmal konzipiert worden. Sie teilten der Nation eine überströmende Freude am Bauen und Konstruieren mit, die aus einer religiösen Vitalität stammte.

Selbst die Beamten gingen aus der Arbeitswelt hervor. Ihre Laufbahn begann in einem Zweig der Wirtschaft der Pyramidenverwaltung, in einer Bäckerei oder Brauerei, einer Kontrollbehörde für die Ernten des Königs, für Öle, Flachs oder Salben. Auch die Priester arbeiteten mit, wie das vorher genannte Beispiel des Transports einer Alabasterstatue zeigt, und im theokratischen Staate war die Funktion des Priesters nur eine Intensivierung und Intimisierung der allgemeinen priesterlichen Funktionen jedes Osirisjüngers. Es gab keine gesonderte kirchliche Institution und keine Priesterkaste, wie oft betont worden ist. Der Hof des Königs und die auf ihn ausgerichteten Feudalhöfe waren die Aktionszentren aller Unternehmung. Die Arbeit gravitierte nach dem Lande und nicht, wie in Sumer, nach der Stadt. Der Beamte, der sich vor dem Totenrichter rechtfertigt, beruft sich auf das Ethos seiner zivilisatorischen Maßnahmen, und zwar in Grabinschriften, die wohl noch Jahrhunderte überdauern werden. „Ich füllte die Äcker am Ufer des Nils mit Rindern", so statuiert einer von ihnen seine Taten und seine Position im Reich des Rechtes, der Ma-at, „sumpfige Gebiete mit Ziegen; ich siedelte in schwach bewohnten Städten Leute aus anderen Nomen (Gauen) an; die Ackersklaven gewesen waren, machte ich zu Angestellten. Nie hatte einer Furcht vor mir, weil ich mächtiger war."

An den Wänden der Privatgräber erschien die Arbeitswelt noch einmal, religiös überhöht und in die Räume der künstlerischen Phantasie, d. h. in ihre ursprüngliche Heimat, transponiert. Dort erblickt man die Ackerbestellung von Saat zu Ernte, Viehzucht, das Mästen von Geflügel, das Bierbrauen, das Backen von Brot, Handwerk, Fischfang und Jagd, und die Festesfreuden des Daseins — Spiel, Tanz, Musik, Scherz, Geselligkeit und Liebesgenuß. Schon in einem Grab des Alten Reiches bei Sakkara wendet sich „ganz unauffällig ein Landmann — aufatmend und dankerfüllt — mit dem beigeschriebenen flüchtigen Ausrufe an das All: ‚wie schön ist doch dieser Tag!'" (Kurt Lange, Pyramiden, Sphinxe, Pharaonen, 1952.) An anderen Grabwänden anderer Epochen „sprengt der Pflug des Landmannes die harte Schlammdecke, die Hacke zertrümmert vollends die Schollen, und langgehörnte Rinder stampfen die Saatkörner in die Ackerkrume. Bevor die Brotfrucht ausreift, begeben Bauer und Bäuerin sich an das Flachsziehen. Dann hebt die Getreideernte an: mehr rupfend als schneidend trennt die Sichel die Ähren von den Halmen und in großen Behältern wird der Ertrag zur Tenne gebracht, geworfelt und gespeichert ... Nach der Traubenlese treten Winzer den Saft in der aufgemauerten Kelter mit den bloßen Füßen aus und halten sich dabei an herabhängenden Greifriemen fest, und endlich wird auf die Schlammverschlüsse der hohen Krüge das Siegel des Weingutes gedrückt".

In Wandbildern aus der Zeit des Thutmosis oder Amenophis, dem Mittleren Reich, wird die Festesfreude dieser Zivilisation transparent. Man lauschte der Musik, „in modisch geschnittene, reich gefältelte — teils eng an den Körperformen anliegende, teils locker fallende — Gewänder aus zartestem Linnen gekleidet, auf der kunstreich geflochtenen Zierperücke den Salbkegel, der das Haar mit Duft tränkt und im Zergehen die Gewebe der Damenkleider bis zum Gürtel durchsichtig macht, und weidet sich an den Bewegungen ausländischer Tänzerinnen, die nur mit einem schmalen Hüftgürtel bekleidet sind".

Die Baukunst

Die Arbeitswelt ist aus der Initiative der religiös motivierten Baukunst geboren. In dem religiösen Gräberbau vermählt sich die künstlerische und metaphysische Phantasie mit dem Körper der Erde, den Formen und Materialien der Landschaft und den physischen Energien der Bewohner. Der architektonische Wille zieht zunehmende Massen in seinen Wirbel und organisiert gewaltige Kräfte, und zwar unter Leitung höchster künstlerischer Konzeption und handwerklicher Technik. Die Phantasie fügt sich dem Relief der Naturlandschaft; sie spielt gleichsam auf dem Instrument der Natur und entlockt ihm ihre Symbole. Im aufstrebenden Bau vermählt sich die dunkle Erde mit der Phantasiewelt. Das hieroglyphische Zeichen für den heiligen Urhügel ist die Stufenpyramide, und diese Hieroglyphe gleicht in ihrem Umriß der sumerischen Zikkurrat. Als Hieroglyphe oder urtümliches Bildschriftzeichen erweist sich die Leiter oder Stufe als ein frühestes zivilisatorisches

Attribut — neben dem mehrfach erwähnten Pferch, dem Symbol der sumerischen Muttergöttin der fruchtbaren Erde, der Inanna. Die Stufenpyramide gleicht einer dreifach übereinander getürmten Mastaba.

Die Mastaba, bei Helwan oder Negade, ist zunächst ein einfacher heiliger Hügel. Sie wird weiterhin solid mit Ziegeln ausgefüllt. Seit der 3. Dynastie wird sie in Stein gebaut; und Djoser schließlich staffelt die Mastabas in Form einer Stufenpyramide übereinander. Damit beginnt der „gotische" Aufstieg in die vertikale Richtung.

Der Ägypter verpflichtet sich aber schließlich auf die reine ungebrochene Vertikale der Pyramide und des Obelisken.

Innerhalb von 500 Jahren, von etwa 2500 bis 2000 v. Chr., säumten die Pyramiden schließlich einen Wüstenrand von 90 Kilometern: Vorposten des Lebenswillens angesichts endloser Öde.

Die religiösen Künstler betätigen den „frontier spirit" als Pioniere der Zivilisation.

In späteren Generationen differenzieren sich Gräberbau und Sonnentempel. Bereits der Abusir-Tempel der 5. Dynastie enthielt auf einem offenen Hof einen großen Obelisken mit einem Opfertisch daneben. Wenn die Sonne die vergoldete Spitze trifft, funkelt der Stein. Die Tempelanlage entlockt der Landschaft ihren Symbolgehalt: ein überdeckter Gang, viele hundert Meter lang, führt vom Niltal, und zwar von der rückwärtigen Front eines Tortempels, durch Dunkelheit zum blendenden Sonnenlicht des Hofes, oben auf dem Plateau. Der Nil des Osiris wird in Übergängen mit dem Höhentrieb des Re verbunden.

Später, in der 18. Dynastie, baut die Königin Hatschepsut einen Tempel, der von ihrem schwer zugänglichen Felsengrab, im Gebirge westlich von Karnak, getrennt ist. Die Grabanlage ist nunmehr in die chthonische Natur des Felsens eingesenkt, der sich wie eine natürliche Pyramide gen Himmel streckt. Der Tempel Der-El-Bachri steigt in drei weiten Terrassen mit Pfeilerhallen bis an die steile Felsenwand an. Die Front der Tempel wird von Pylonen, breit nebeneinander gelagerten massiven Türmen, gebildet; und nun wechselt der Weg wiederum zwischen Licht und Dunkelheit: Er führt durch einen hellen Säulenhof zum dunklen Allerheiligsten, das nur dem König und seinem Priester zugänglich ist.

Die chthonischen Grabbauten, auf der anderen Seite, nehmen besonders seit der 19. Dynastie gewaltige labyrinthische Ausmaße an; unterirdische Wege führen über hundert Meter lang in Windungen und Schächten durch Pfeilerhallen und Pforten, an irreführenden Scheintürmen und blinden Abzweigungen vorbei nach der Grabkammer.

Der Stein kommt als Werkstoff der Natur der künstlerischen Phantasie entgegen. In den hunderttausenden von Jahren der Steinzeit drang der Mensch zivilisierend in dessen Strukturen ein, und der Künstler des Jungpaläolithikums folgte seinen Schliffmarken in der Altamirahöhle. Der Ägypter kannte und verwertete die Eigenschaften des Obsidians, Diorits, Basalts und des harten Schiefers in den Gräberskulpturen; er meißelte die große Sphinx aus dem stehengelassenen Kalksteinkern der Wüste bei Gizeh heraus, einen liegenden Löwen, dessen Herrscherhaupt mit der Haube des Königs umrahmt ist. Organisierte Arbeit vollendete dieses Riesenwerk an der Wende von der 3. zur 4. Dynastie. Im Stein und aus Stein werden die chthonischen Wohnungen der Toten errichtet; er ist ein sakrales Material. Die Siedlungen werden aus luftgetrockneten Ziegeln konstruiert, als ob der Mensch nur provisorisch auf der Erde existierte. Bereits die frühen Mastabas sind reihenweise angeordnet, eine Gemeinde der Toten, und tief in den Felsboden führende Schächte enden in einer Kammer, in der sich der Steinsarg meist mit steinernen Beigaben befindet, Alabastervasen, Geräten aus Feuerstein. In späteren Zeiten, der 18. und 19. Dynastie, sind die Felsengräber der Beamten in den Felsen eingehauen, mit Kulträumen und tiefer liegenden unzugänglichen Sargkammern. Oft ist das Ehepaar bildhauerisch vergegenwärtigt, wobei die Porträtähnlichkeit den Ba zurückzitieren soll. Häufig wird die Amtstätigkeit des Verstorbenen in den Wandbildern dargestellt, z. B. eine Audienz beim Pharao. In die Sargkammer sind Papyrusrollen des Totenbuches deponiert; am Haupteingang des Grabes finden sich

Hymnen an die aufgehende Sonne. Eine Scheintür in der vordersten Kammer bezeichnet die Opferstelle; dort wird der Tote heraustreten, um die Devotion entgegenzunehmen. Schein und Sein gehen ineinander über; er tritt aus seiner Felsenwohnung hervor, in der alles, was zu ihm gehört, in die Phantasiewirklichkeit erhoben und in den Stein versenkt, fortexistiert. Auch Hathor, die Himmelsgöttin, deren Name die „Einhausung" (des Osiris) bedeutet, ist von dem inneren Auge der Phantasie beobachtet, wie sie aus dem Felsen hervortritt. Die ins Sakrale erhobene Existenz ist felsgeboren.

Die Ma-at als Rechtsordnung des religiösen und des zivilisatorischen Universums

In Ägypten zuerst wird das Universum als mehrstufige Rechtsordnung, als Ma-at, konzipiert. Als Jus divinum zeichnet sich die Ma-at, die Tochter des Ammon-Re, in den Bahnen der metaphysischen Sonne ab. Das Jus naturale ist die innere Ordnung der keimenden, wachsenden und vergehenden Natur, des Osirisreiches, das das Imperium sacrum der ägyptischen Kulturheimat in sich schließt. Die Ordnung, die sich in der zivilisatorischen Arbeitswelt durchsetzt, mit der sie sich erhält und ausbildet, wird aus den Quellen des Naturrechtes gespeist. Die immer mehr spezialisierte, verzweigte und verdichtete Arbeit für die Lebensnotdurft zehrt von den Kräften der Ergiebigkeit und inneren Weisheit des Osirisreiches. Gegen die Peripherie der tagtäglichen Praxis hin erscheinen die Regulation und die Maßnahmen reibungslosen Zusammenwirkens zunehmend statuarisch und willkürlich; sie werden gewohnheitsmäßig befolgt und routinemäßig eingehalten, oft mit Härte und unerbittlichem Zwang.

Die Ma-at, die rechte Ordnung aller Dinge, ist identisch mit ihrer wahren Struktur, ihrer Wahrheit. In einer gerechten Ordnung sind alle Wahrheiten balanciert. Die irdische Gerechtigkeit ist ein integrierender Bestand des Ordo rerum. Amenhotep I., der von 1545 bis 1524 regierte (in der 18. Dynastie), strebte danach, „das Land zum Blühen zu bringen, wie es in Urzeiten blühte, und zwar dadurch, daß er den Entwürfen der Ma-at, der Tochter des Sonnengottes Re, folgte". Noch die Amarnazeit des „Apostata Amenophis IV., „Echnaton" (1377 bis 1358), folgt den Anweisungen der Ma-at, der Ordnung der Urzeit. „Sie ist die Ernte und der Hände Werk und ihre Ablieferung an den König. Sie ist das Opfer, das der König allmorgendlich zur Bestätigung seines Eigentums bringt. Sie ist die Verwaltung des Landes und ihre ordnungsgemäße Durchführung. Der König gibt Ma-at in die Herzen." Jeder Richter Ägyptens, der richtend, schlichtend, ausmerzend und auswägend das Rechtsleben ins Gleichgewicht bringt, ist ein Priester der Ma-at. Ein Dieb bereichert sich nicht, sondern im Grunde verringert er an seinem Teile die Substanz der Ma-at. Seit dem Mittleren Reich dringt die Ma-at in die Herzen der Menschen, sie wird zur „ordre du coeur", mit Pascal zu sprechen, und das Gewissen wird zum Kompaß der inneren Welt. Die Urzeit hat eine Differenzierung in eine innere und eine äußere Welt noch nicht nötig, ihre Welt ist aus einem Gusse. Der Sündenfall und die Erkenntnis dessen, was gut und böse ist, ist das geistige Ereignis des 1. Zwischenreiches. In der Urzeit durchdringt das Jus divinum des Sonnengottes das ganze Rechtsuniversum in ungebrochener Integrität. Ein Spruch lautet: „Unter der Herrschaft des allumfassenden Sonnengottes lebt jegliche Kreatur nach ihrer Art und hat ein Recht auf ihr Leben." Die Reliefs im Sonnenheiligtum des Ne-User-Re zeigen die in sich gefügte Vielfalt aller Existenz, in Arbeit und Spiel, Jagd und Fischfang.

An den Wänden von Privatgräbern wird die Ordnung der irdischen Welt dargestellt, und die der metaphysischen oder göttlichen ist nur vorausgesetzt, sie erscheint nur als Zauber des bunten Daseins. Selbst Befehl, Frage und Antwort, Scherz und Ausruf gewinnen in hieroglyphischer Schrift eine erhöhte Aktualität. Die Ordnung spricht für sich selbst.

Die irdische Zone der Ma-at

Bereits im Alten Reich werden die Feldarbeiten nach dem Lauf der Sonne geregelt — und so bestimmt das Maß des Re das der zivilisatorischen Arbeit. Nach göttlicher Ordnung folgt auf die Überschwemmungszeit, von Mitte Juli bis Mitte November, die des auftauchenden Landes und der Saat, von Mitte November bis Mitte März, und darauf folgt die Trockenheit. In der Überschwemmungszeit wird die Kollektivarbeit für den Staat geleistet. Die Bahnen der Himmelskörper greifen durch die Mittlerschaft des Horuskönigs regulierend in die Pläne und Verrichtungen der Zivilisation ein. Im orientalischen Institut in Chicago findet sich ein von Tutanchamun verfertigter astronomischer Apparat, der die Bewegungen der Sterne registriert. Die Ordnung des Kalenders war eine priesterliche Mission. Der kalendarische Aspekt der Ma-at führte in der Spätzeit Ägyptens zu einer rituellen Regulation des pharaonischen Hoflebens, die nach Diodor zu jeder Stunde jede Handlung des Königs bestimmte. Man kann sagen, daß jede Gestalt des Lebens ihre spezifische Form zugehörigen Verfalls zeitigt. Ägypten litt, wenn man so sagen darf, an einem Zuviel an Ma-at und Mesopotamien an einem Überschuß irrationaler, eigenwilliger Existenz.

Die — religiös motivierten — gewaltigen Aufgaben des Pharaonenstaates erfordern einen organisatorisch geordneten Arbeitseinsatz: Aufgaben wie Pyramidenbau, Flußregulierungen, Metallbearbeitung in Hochöfen, Kanalbauten zwischen dem Roten Meer und dem Nil. Organisierte Streifzüge sind nötig, um Rohmaterialien und Arbeitssklaven zu bekommen.

Bereits die Nadelholzbalken, die die Dächer der Gräber der 1. Dynastie stützten, stammen aus geregeltem Levantehandel. Metall und Holz mußte nach Ägypten eingeführt werden. Der Sinai und Byblos wurden zu Außenposten des Reiches. An der Küste des Roten Meeres entstanden Handelsniederlassungen. Die Königin Hatschepsut organisierte eine berühmte Fahrt nach dem Spezereienzentrum von Punt durch einen Kanal zwischen dem östlichen Nilarm und Suez. Ein Grabgemälde zeigt die Ankunft eines phönizischen Schiffes. Es wird am Kai von Theben festgemacht. Einige aus der Mannschaft sind an Land gegangen und nähern sich Verkaufsbuden, wo Sandalen, Leinenwaren, Früchte und

Gemüse feilgehalten und gegen syrischen Wein oder Olivenöl ausgetauscht werden. Reliefs aus dem Totentempel des Sahure bei Abusir zeigen die Rückkehr einer Flottenexpedition. Gefangene aus einem libyschen Feldzug — die wahrscheinlich geopfert werden — und die Kriegsbeute werden registriert. Dort wird auch die Heimkehr einer ägyptischen Flotte abgebildet, die eine asiatische Prinzessin in den Harem des Pharao bringt. Die Bevölkerung begrüßt die Seeleute, während das Schiff anlegt.

Die Weltordnung läßt an ihren Rändern das abenteuerliche Leben frei, und dieses dringt mit einem Zuwachs selbsterworbener Gewohnheiten und Rhythmen in die Domäne der Ma-at ein.

Die Ordnung der Ma-at ist ein Sicheinander-Fügen der Existenzen, nicht etwa ein Ordnungsschema, das wie ein Netz über sie geworfen würde, um sie in bereitstehende Kategorien einzufangen. Die Ordnung ist der selbsteigene Rhythmus des Existierenden. Es schwingt, lebt, formt und gibt sich in ihm aus. Die bunte Vielfalt der zivilisatorischen Alltagsexistenz könnte mit dem Spiel der Brandung jenes Meeres verglichen werden, das sich in den makrokosmischen Ordnungen der Gezeiten bewegt. In der Geburtsstunde der menschlichen Kultur in Ägypten tritt dieses Meer in die Existenz, bevor sich die Brandung ausbreitet. In ihr liegt der Reiz der frischen Existenz. Aus ihr hallt und schallt die Lust am Dasein. An den Wänden der ägyptischen Gräber wird diese Vitalität unbekümmert und farbenfreudig reflektiert. Selbst die Fronarbeit erscheint nach Jahrtausenden in versöhnlichem Lichte.

Unter der Fremdherrschaft der Hyksos erlebt die Menschheit zum ersten Male eine relative Verselbständigung der materiellen Zivilisation, eine Emanzipation der Arbeits- und Handwerkswelt von der Religion — des Ammon Re und Osiris.

Der ägyptischen Hyksosperiode entspricht im mesopotamischen Ur die frühe Periode der einfallenden barbarischen Kassiten, die die Dynastie Hamurabis ablösen. Jedoch war in Ur die Zerstörung völlig vernichtend und die Wendung zum Wiederaufbau nach 250 Jahren unter dem Kassiten Kuri-galzu II. (etwa 1400 v. Chr.) radikal.

Ägypten wird unter den Hyksos nur von den Ausläufern einer Völkerverschiebung getroffen, die die Hettiter, Churriter, Assyrer und Mitanni einbeschließt. Die Hyksosherrschaft blüht um 1680, und sie bringt zivilisatorische Fortschritte nach Ägypten wie Pferd und Wagen, wohl auch Schild, Helm, Hiebwaffen; Sichelschwerter, Pfeile mit Metallspitzen; Holz-, Leder- und Metallverarbeitung. Von nun an wird in die ägyptische Zivilisation ein Element von Schnelligkeit, Bewegtheit, militärischer Unternehmung und orientalischer Verfeinerung eingefügt, und sie mündet in den breiteren Strom einer Weltzivilisation ein.

Zuerst war die Sitzfigur des Djoser mit dem Isisthron verwachsen; die des Chefren, graniten, war vom Falken geschützt. Der stehende Ranofer aus der 5. Dynastie ist frei und weltoffen. Um 1480 wirft sich Thutmosis III. in der Schlacht von Megiddo auf seinem Streitwagen den Syrern entgegen: ein Bild unbeschwerter Tatkraft. Nach 14 Feldzügen lagen ihm alle Völker von den Negerstämmen im Innern Afrikas bis zu den Asiaten am Euphrat zu Füßen. Die Babylonier und die Hettiter zahlten ihm Tribut, und der König von Zypern, wahrscheinlich ein Achaer, war ihm untertan. Wohlleben und Luxus zogen am Nil ein, und alle Möglichkeiten menschlicher Zivilisation waren zum ersten Male ausgebreitet.

Tutanchamun wird schließlich tändelnd dargestellt, wie er in einem leicht angedeuteten Papyrosboot mit spielerischer Geste das Krokodil des Seth, des Gegners des Osiris, erlegt.

Die metaphysische Quelle der Rechtsordnung

Für die Ordnung in der zivilisierten Welt ist der Pharao dem Totenrichter gegenüber verantwortlich. Er „bringt die Ma-at dem Sonnengotte von Heliopolis dar", und sein Untertan tut Ma-at für den König. Dadurch, daß er sich mit der Reihe seiner Taten in die Ordnungsstrukturen des kulturellen und natürlichen Daseins einfügt, gewinnt er ein Bürgerrecht im Reiche des Osiris.

Der König selbst ist als Missionär der Weltordnung dem Rechtsspruch unterworfen. Plutarch äußerte, die ägyptischen Könige hätten ein Gesetz gehabt, nach dem die Richter schwören mußten, nie einen ungerechten Richterspruch zu äußern, auch wenn der König es befehlen sollte.

Das ägyptische Wort Ma-at bezieht sich auf Ordnungsstrukturen im Existierenden und im Sein, nicht auf eine moralische Gesinnung noch auf einen Befehl oder eine statuarische Satzung. Ma-at bedeutet — nach Henri Frankfort — ursprünglich Geradheit, Richtigkeit, Ausgeglichenheit, Ausgewogenheit. In die Rechtsordnung der Ma-at ist auch die ägyptische Kulturlandschaft einbeschlossen, mit der — erwähnten — Symmetrie von Oberlauf und Unterlauf des Nils, von westlichem und östlichem Wüstengürtel, von Überschwemmung und Fruchtbarkeit.

Es ist der Gott Thot, der das Lebensresultat jeder abgeschiedenen Existenz wägend und abmessend in das Ganze der Weltordnung einfügt. Thot ist der Bringer des Pneumas. Wenn alle Existenz richtig und in Ordnung ist, wird sie vom göttlichen Geist durchflutet.

Selbst Osiris verfällt dem Fluidum der alles durchwaltenden Ordnung. Er fällt und wird zerstückelt, weil er aus dem magischen Zusammenhang der Dinge durch mangelnden Selbstschutz heraustrat. Er hat sich dem Feinde Seth gegenüber exponiert, sich eine magische Blöße gegeben. „Er hat mich angegriffen, er ist an mich herangekommen", äußert Osiris im Totenbuch. In der metaphysisch-magischen Ordnung der Ma-at heilt Isis den Schaden, indem sich ihr Weibliches selbst verströmt und damit das Männliche wieder zusammenfügt.

Ihr Sohn Horus weist den Seth in seine Schranken — ein früher Hamlet, der die Welt wieder in ihre Fugen bringt, indem er dem Geist des Vaters gehorcht und den mörderischen Onkel, den Usurpator, von der Herrschaft beseitigt.

Aber Osiris ist nicht wieder in seine Königsherrschaft eingesetzt. Er wird zum Herrscher der nächtlichen Welt der Toten. Die Weltordnung richtet sich ein, indem sich in ihrem Bannkreis das, was unterlassen, und das, was getan ist, mit allen Ordnungsgefügen ins Gleichgewicht setzt.

Im Totenbuch sagt Thot von sich selbst: „Ich bin die Schreibfeder des Allherren, des Gottes des Rechts, dessen Worte niedergeschrieben sind und die beiden Ufer begründeten. Ich bin der Herr der Wahrheit, der sie den Göttern bezeugt, der die Dinge trennt, ihrer Ordnung gemäß, und der dem Geschmälerten zu seinem Rechte verhilft, da ich die Finsternis vertrieb und das Unwetter besiegte. Ich bin der große Magier im Schiffe der Millionen, der Herr des Rechts, der die beiden Länder beruhigte. Ich wasche das Blut ab und besänftige den Streit, alles Böse zum Rechten wendend. Gegeben sind mir die Urzeiten. Ich fasse das Tau und führe die Barke, Ost und West durchziehend, indem ich höher bin auf meiner Standarte." Thot und sein Richterkollegium treten dem Verstorbenen nicht anklagend gegenüber, vielmehr beziehen sie ihn in ihre pneumatische Gemeinschaft ein, so daß er sagen kann: „Ich bin Ihr, ich lebe Euch, kenne Eure Namen so wie Ihr mich kennt." Er gehört nun zur Domäne des Thot, in der Urzeit und Gegenwart, Finsternis und Licht, Gewitter und Frieden der Natur und selbst noch Osiris und sein in Schach gehaltener Bruder Seth an der Ausgewogenheit aller Dinge und Kräfte teilnehmen. In ihr hat selbst Seth noch ein Recht zu sein; er ist weder vernichtet noch beargwöhnt, das Weltall kann mit ihm auskommen. Das Ungerechte drückt die Ordnung des Seins herab, der Gerechte kann aber diese herabziehende Wirkung kompensieren, indem er das Steuer seines Lebens so führt, daß die Ordnungsbezüge des Daseins wachsen. In der erwähnten Erzählung der ersten Zwischenzeit spricht der beredte Bauer den Obergutsvorsteher folgendermaßen an: „Du bist das Steuer des Himmels, der Balken der Erde, die Meßschnur, die das Lot trägt. Weiche nicht ab, schwanke nicht ... Führe das Steuer planmäßig. Schränke die Überschwemmung ein, gerechtem Handel entsprechend. Du stehst auf einer Ebene mit der Waage. Wenn sie schwankt, wirst auch du schwanken. Laß das Steuer sich nicht verschieben. — Der Gärtner der Schlechtigkeit begießt sein Beet mit Sünde, damit er sein Beet mit Lüge bepflanze und Böses ewiglich dünge. — Wenn die Waage schief steht, so durch die Schalen, die die Gegenstände tragen. Die Norm läßt keine Ungleichheit zu. Wenn die Lüge ausgeht, verirrt sie sich, sie kann nicht in der Fähre übersetzen (vom Diesseits zum Jenseits). Wer mit ihr als Fracht segelt, erreicht das Ufer nicht, sein Schiff landet nicht bei ihrer Stadt." Im demotischen Weisheitsbuch des Phitis heißt es im gleichen Sinne: „Alle Dinge, die das Ebenmaß halten, sind schön, alle, die größer sind als das Ebenmaß, gehen zugrunde. Der große Gott Thot hat eine Waage gesetzt, um damit Gleichgewicht auf Erden zu schaffen."

Damit ist ausgesprochen, daß der im Numinosen und in einer Kulturlandschaft Existierende die Ordnungsstrukturen des Kosmos selbst mit produziert. In ihm ist selbst eine innere Ausrichtung und Ordnung, vermöge deren er das Steuer führt. Er hat einen Einfluß darauf, daß die Steuerung, die in seinem Daseinsraum wirksam ist, nicht schwankt. Wahr ist die Ordnung, die ihm aus dem Relief des Daseins entgegentritt, und nur sie trägt ihn und zeugt neue Wahrheiten. Ptaotes unter König Issi lehrte: „Die Wahrheit ist vorzüglich, ihre Schärfe dauert, darin besteht ihre Kraft. Halte sie fest und überschreite ihre Grenzen nicht, auch wenn du nichts Erfreuliches erzählst. Gott kennt jeden Namen. — Das Niedrige erlangt sein Ziel nicht, die Kraft der Wahrheit ist es, daß sie dauert." Recht ist das, was der wahren Struktur der Dinge entspricht — die durch das Tun des Rechten wächst. Jede Teilwahrheit muß das Recht der angrenzenden und umfassenderen Gebiete respektieren. Die Wahrheiten jedes Daseinsraumes sind spezifisch, und sie werden zu Unwahrheiten, wenn sie ihre Kompetenz überschreiten. Wahr ist in Ägypten „das, was ist, und Lüge das, was nicht ist". Die Wahrheit setzt sich aus den Quellen des Seins durch. In der Lehre des Königs für seinen Sohn Merikore wird dieser ermahnt, Gott „auf seinem Wege" zu ehren. „Es gibt keinen Strom, der sich verbergen ließe. Er zerstört den Damm, hinter dem er verborgen war."

Die wahre Ordnung ist, wie zitiert, „schön", und ihre Schönheit erscheint in den Formen des zivilisierten Umganges als Grazie und Verfeinerung, als Takt und Anmut. In der Sphäre zivilisierter Humanität oder Urbanität wirkt sich die Ma-at, die göttliche Weltordnung, als Regel der Lebensweisheit aus. Sie fand in den „Sprüchen des Cha-Schope-Re-Seneb" ihren literarischen Niederschlag.

Es kann unter Umständen verletzend oder unhöflich sein, die Wahrheit auszusprechen. „Manches Herz nimmt die Wahrheit nicht auf." Andererseits „wer schweigt, wenn es Zeit zum Reden ist, gilt als Dummkopf". „Schweigen und Reden hat seine Zeit." Es gibt einen feingestimmten Kompaß der Geselligkeit, mit dem man sich in die unvorhersehbaren Lebensumstände und Beziehungen einspielt und der auch die rechte Orientierung gegenüber Autoritäten, Vorgesetzten und in riskanten oder delikaten Situationen verleiht. Mit der ersten Geburt der Kultur treten auch die Regeln und reichen Formen der Gesittung, der moralischen Zivilisation, in die Existenz.

Religion und Mythos Ägyptens

In der Geburt der Hochkultur findet sich der Mensch zum ersten Male bewußt in einem Ganzen des Daseins, das sich in erschreckender Klarheit von der Unfaßbarkeit des Universums abhebt und das sich selbst in die Unfaßbarkeiten des Chthonischen oder des Totenreiches und des Astralen oder der Tiefe des Weltenraumes verliert. Jenes „Ganze des Daseins", ein einmaliges Werdedrama, das Natur, Kultur und Zivilisation in sich beschließt, reicht weit über jede Einzelexistenz hinaus. Der frühe Ägypter trifft sich selbst an als Wanderer in wechselnden und immer wieder vergehenden Szenerien des Daseins, welches sich in klaren Formen und Umrissen abzeichnet. — Für den erwachenden Kulturmenschen gibt es keine Tatsachenwelt, die er als etwas bereits Bekanntes hinnähme. Wenn er mit dem Daseienden auf du und du steht, dann als jemand, dessen eigenes Dasein sich ins Unfaßliche verliert. Alles Daseiende hebt sich nur gerade noch von der Fremdheit des Numinosen ab. An diesem gleitet es entlang, ohne daß es einschneidend an seine Sphäre rührt. Das Daseiende erschauert vor der Macht des ganz Fremden.

Dieses reicht aber geheimnisvollerweise in die Existenzsphäre des Kreatürlichen als mythische Seinsmacht hinein —, eine andrängende Macht, die sich in wechselnden Konkretionen dem Erleben des Menschen aufnötigt. Sie bildet eine Zwischensphäre zwischen dem Kreatürlichen und der Fremdheit des numinosen „Seins“.

Sogleich im frühen Ägypten befinden sich die mythischen Daseinsmächte im gleichen Bann desselben sakralen Ursprungs, obwohl sie unter sich vielfältig abgestuft erscheinen, in der Richtung auf graues Alter und frische Aktivität, auf dunkle Tiefe und astrale Luminosität, auf dämonische Macht und bergende Liebe.

Der Name für Horus, den ägyptischen Gott schlechthin, besagt in deutscher Übersetzung „der ganz Ferne“. Mit Horus erreicht die Kreatur an fernen Horizonten die Grenze ihres Daseins. Im Rauschen seiner Schwingen fühlt sie erschauernd den Einbruch des Unendlichen, in dem alles Dasein verschlungen ist.

Isis dagegen ist wie die Madonna des Mittelalters die ganz Nahe. Als ihr Kind rückt „der ganz Ferne“ dem Menschen nahe.

Die mythischen Daseinsmächte wirken in ihrer vielfältigen Abstufung über die Köpfe der Individuen hinweg. Wenn ein Daseinsüberschwang oder Daseinsnöte jemanden nach ihnen aufbegehren lassen, dann lächelt ihm vielleicht die Göttin des Glückes entgegen oder eröffnet vielleicht ein Wettergott seine Schleusen. Gerechtigkeit, Weisheit, Schönheit, Fruchtbarkeit, Heil sind als mythische Mächte in der Welt. Im Relief ihres Allzusammenhanges gehen auch scharfe Absonderungen ineinander über. Die lebendige Sprache in ihrer hymnischen Form zeugt von der Wirksamkeit des Mythischen. Eine präzise theologische oder philosophische Definition und Klassifizierung hält sich nur an die auffälligsten Profilierungen und Erkennungszeichen der mythischen Wirklichkeit. In einer mit der Tradition wachsenden Rede scheinen sich die mythischen Daseinsmächte selbst zu versprachlichen. So sind die Rigveda, die Bibel, Homers Ilias und Odysee religiös-mythische Dokumentationen, die den literarischen Werken späterer individueller Dichter, Maler, Bildhauer und Denker ihre Substanz verleihen.

In das skizzierte Relief der mythischen Wirklichkeit fügen sich sehr wohl Phänomene der ägyptischen Religion und Mythologie, die den logischen Verstand von Religionswissenschaftlern in Verlegenheit setzen, wie: mangelnde Kompetenzkreise der Götter,

Wechsel von Götterdynastien und von Rangordnungen zwischen den Göttern, Vielheit der Schöpfungsmythen, örtliche und zeitliche Verschiedenheit von Göttergestalten und Metamorphose der Götter. Henotheismus und Polytheismus mögen friedlich nebeneinander bestehen. Priesterschulen haben unter solchen Umständen einen gewissen Spielraum für Deutungen, Konstruktionen und Synkretismen.

Nach „unten", nach dem Volksglauben zu, nehmen religiöse Mythen die Form von Märchen, Romanen, lyrischen Gedichten, von magischen Zaubersprüchen und Liebesformeln an. Mit dem Religiösen verträgt sich, wie noch in der Zeit Homers und des christlichen Mittelalters, Humor, Spiel, Narretei, ja selbst Frivolität und Sinnlichkeit — es erscheint im Kolorit vieler Emotionen, mit feinen Schattierungen und Nuancen.

Zur komplexen religiösen Wirklichkeit, wie sie das Instrument der Sprache nur asymptotisch trifft, gehört etwa die aus Nilpferd und Krokodil zusammengesetzte Toeris, die, selbst schwanger, Gebärenden und Stillenden beisteht; weiterhin der Bes, ein Laute spielender Satyr, der die Schlafenden schützt: Er ist ein Zwerg, krummbeinig, mit wildem Bart; außerdem die Patäken, Söhne des Ptah, die verkrüppelten Kindern gleichen und Schlangen abwehren; und schließlich die Liebesgöttinnen, die in Sykomoren wohnen. Eine von ihnen speist aus dem Innern der Baumkrone heraus die Toten.

In der religiösen Gesamtwirklichkeit läßt sich nicht genau bestimmen, was dem Range nach oben und was unten ist; was aus dem ethnischen Mutterboden und was aus pneumatischer Besessenheit Gestalt gewinnt. Die Sphäre des Mythischen als Ganzes überlagert das kreatürliche Dasein; aus ihr verdichtet sich Kraft und Wirkung.

Wandlung und Übergang im mythischen Dasein

Mythisches Dasein wandelt sich für den Ägypter von Gestalt zu Gestalt. Ein schöner Passus des Totenbuches, Nr. 17, besagt: „Ich bin der Phönix in Heliopolis, der das Seiende bestimmt — die Allheit. Mir ist das All gegeben. Ich gehe hinein als Falke und komme heraus als Phönix. Ich komme von der Insel des Aufflammens (von Hermopolis, wo das Licht des Ammon-Re geboren wird), nachdem ich meinen Leib mit Magie erfüllte wie der Vogel (Phönix), der die Welt erfüllt mit dem, was sie noch nicht kannte." Der Phönix, das lebende Symbol von Wandel und Auferstehung, gilt als das individuelle Lebensprinzip, als der „Ba" des Re. Der Ba jedes Menschen wird bereits seit dem Jungpaläolithikum in Vogelgestalt gesehen. Der Phönix ersteht neu aus seiner eigenen Asche. Im Kapitel 85 sagt er von sich: „Ich wachse im Samen und verberge mich in der Schildkröte." Phönixgleich stirbt und ersteht Osiris, der Gott der Fruchtbarkeit. „Obwohl er gestorben ist, ist er nicht tot. Denn als Zeichen seines Lebens sprossen Gewürzstauden aus seinem Körper. So kann man seinen Tod auch als eine Geburt auffassen. Osiris starb im Nil, um in den Pflanzen zu neuem Leben zu erstehen." Selbst die Sonne des Re wird täglich von Hathor, der Himmelskuh, der Weltenmutter am Himmel, neu geboren und fällt am Abend in ihren Schoß zurück.

Aber nach einer letzten Götterdämmerung wird selbst Hathor nicht mehr sein: dann bleibt nur der Urgott Atum übrig, und mit ihm Osiris — der Durst nach den Quellen des Lebens. Osiris und Atum bleiben als die einsame Mitte, auf die sich die konzentrischen Kreise der mythischen Daseinsmächte zusammengezogen haben. Es waren dies die Kreise, zwischen denen die Gestalten und Mächte des Mythos überwechselten. Im Totenbuch, Kapitel 175, verkündet Atum: „Ich werde alles zerstören, was ich gemacht habe, und die Welt wird wie im Anbeginn zur Flut werden. Ich aber werde allein mit Osiris übrigbleiben, nachdem ich mich in andere Würmer umgeformt habe, die die Menschen nicht kennen und die die Götter nicht sehen." Nach dem letzten Akte der Weltschöpfung verliert das Welttheater selbst sein Sein und seine Funktion. Osiris fragt in der schaurigen Einsamkeit: „O Atum, was ist das für ein Land, es hat weder Wasser noch Luft und ist sehr tief und sehr dunkel und endlos weit?" „Du bist dort in Frieden." Osiris fragt weiter: „Es gibt aber dort keine Befriedigung für die Liebessehnsucht." Atum antwortet: „Ich gebe Dir die Erleuchtung als Ersatz für das

Wasser, das Pneuma für die Liebessehnsucht, und den Herzensfrieden für Speise und Trank."

Das Werdedrama wird mit der pneumatischen Transsubstantiation der mythisch-religiösen Daseinssphäre enden. Sie wandelt sich in ihre eigene Illumination um. Die Schöpfung mündet im letzten Akt des Schöpfungsdramas in die Urzeit. Alles, was da ist, ereignet sich als Schöpfungsdrama, das im wahren Sein endet.

Es ist Thot, der Herr der Wahrheit, der die „Zeitalter trennt". In nächtlichen Phasen „windet sich die Sonne durch einen Schlangenleib". Dann „spaltet" der Todesüberwinder „den Perseabaum" und eröffnet ein neues Zeitalter. „Die Sünde ist das Gestern, die Ordnung das Heute" (Totenbuch Kapitel 84). Einem Thot sind „die Urzeiten gegeben", und er „wäscht das Blut ab". Die endlos gewundenen und düsteren Gänge der Felsengräber symbolisieren mit ihren Bildern und Inschriften die nächtliche Fahrt der Sonnenbarke durch dunkle Zeitalter; sie wird von Thot an einem Tau geleitet. Wenn das Sonnenschiff sich auf einer Sandbank festfährt, wird es von Schakalen weitergezogen. Das Göttliche selbst wandelt sich, es wandert auf den Gefilden der Verderbnis und der Seligkeit. Der Mensch und seine Welt sind in solche Wanderung einbezogen. Sie führt durch den astralen Raum.

Die Himmelsgöttin

In der intimen Mitte der mythischen Welt walten weibliche Daseinsmächte: Nut, die Mutter des toten Osiris, und Hathor, die Mutter des lebenden Horus. Diese erscheint als das liebende Weib des Osiris. Weib und Schwester des Osiris ist Isis, die Aphrodite des Himmels. Ihr zugesellt ist Nephthys, die irdische Aphrodite. Nut ist die Fernste und Mächtigste unter den weiblichen Potenzen. Sie birgt selbst das Totenreich. Sie legt ihre Flügel um „die Erde und alle Dinge und selbst den toten König", den Osiris. Ihre Substanz erstreckt sich bis in die Sargkammer und den Sarkophag, und das Bild im Innern des Sargdeckels zitiert das Ende der königlichen Existenz in magische Gegenwart: er ruht nun in den Armen der Göttin des Himmelsgewölbes. Damit ist zum ersten Mal eine Pietà komponiert. Die Madonna trägt auf ihrem Schoß und in ihren Armen den Toten der Erlösung entgegen. Sie nimmt den wieder auf, um den sie immer gewesen ist. „Du Große", — so wird Nut im Pyramidentext Nr. 782 gepriesen — „die du zum Himmel wurdest, du bist mächtig, du hast alle Räume mit deiner Schönheit angefüllt, die du alles erregst; die ganze Erde liegt dir zu Füßen, du hast von ihr Besitz ergriffen. In deine Arme schließt du die Erde und alles, was auf ihr existiert. Nimm diesen König Pepi in dich auf als einen unvergänglichen Stern." „Transfiguriere diesen Pepi, während er in dir ist, damit er nicht sterbe." Er wird von Nut aufgenommen und darauf entsteht ihm unvergängliche Wirkungskraft.

Nut inkarniert sich auch in dem Baum oder Dsched-Pfeiler, der den Gott Osiris in sich birgt.

Als Hathor gewährt die Himmelsgöttin dem Menschen in seiner Horusgestalt, wie er aktuell im Reich der Lebenden existiert, seine Heimat. Sie birgt den Horizont in sich und entläßt den Sonnenball aus sich und nimmt ihn wieder in sich zurück. Hathor bedeutet „Haus des Horus". Das Horuskind wird im Leibe der Hathor ausgetragen. Sie ist eine jungfräuliche Mutter. Sie gebiert ihn ohne Empfängnis, denn sie ist jeder Liebesvereinigung entrückt.

Selbst Isis, die Liebesnahe, empfängt den Samen nur vom toten Osiris; sie vermählt sich mit dem Toten, indem sie in ihm die Lebenskräfte neu erweckt.

Isis ist die Himmelsgöttin, die mitten in die tragisch wechselvolle Existenz des Kreatürlichen hineinreicht. Sie verkündet im Sargtext Nr. 148: „Ich bin Isis, herrlicher denn jede Göttin, denn der Gott, den ich im Leibe trage, ist der Samen des Osiris."

Der Hathor, der Isis und dem Horus waren die letzten großen Baudenkmäler Ägyptens geweiht: der Hathor der Tempel von Dendera; der Isis die Bauten der Nilinsel Philae, wo ihr Kult bis in das 6. Jahrhundert nach Christus überdauerte — Justinian schloß ihren letzten Tempel —; und dem Horus der berühmte Tempel von Edfu, der 180 Jahre lang gebaut und erst 57 vor Christus vollendet wurde.

Der Schöpfergott

Alles Sein ist auf einen göttlichen Ursprung zurückbezogen, und der Name des Schöpfergottes wechselt vom urzeitlichen Fruchtbarkeitsgotte Min, über Atum, der vitales Erzeugen und geistiges Schaffen in sich vereinigt, bis Ptah, der der Erde nahesteht.

Ptah konzipiert im Grunde der Dinge selbst den Logos als das Herz des Seins, das sich der Zunge bedient, um immer neues Daseiendes auszusprechen und in die Welt zu bringen.

Der Zeugungsgott Min tritt bereits bei Memphis in Gräbern der 1. und 2. Dynastie in Erscheinung, und auf ihm hockt der uralte Horusfalke. Vor allem wurden vorgeschichtliche Standbilder des Min als eines phallischen Gottes bei Koptos an einer Stelle gefunden, von der die Straßen zum Roten Meere weiterführen.

Die Kosmogonie beginnt mit Schu, dem Luftraum, und Tefnu, dem Feuchten. In der älteren Schöpfungslehre von Heliopolis ist es der Sonnengott Atum, der das göttliche Paar Schu und Tefnu aus sich erzeugt. Die Kinder dieses Paares sind Geb, die Erde, und Nut, der Himmel; und ihre Kinder wiederum sind Osiris und Isis, sowie Seth und Nephthys. Diese vier Gestalten, von der Erde und der Himmelsgöttin geboren, gelten als die heroischen Könige der Vorzeit; sie sind in die Elemente des Naturseins eingebettet. Als Daseinsmächte nehmen sie an dem Walten der Erde und Himmel teil. Die Domäne des Osiris ist der Nil mit seinen unterirdischen Quellen und seiner wiederkehrenden Fruchtbarkeit, die des Seth die Wüste mit ihren Schrecken und Gefahren. Die genannten Daseinsmächte bilden einen achtstrahligen Stern, der aus Atum ausstrahlt. Die zuerst erzeugten kosmischen Gewalten bergen die späteren, und die dem Erdgott verhaftete menschliche Zivilisation ist mehrfach von mythisch-religiösen Mächten umfangen. In einem Totenspruch verkündet Osiris: „Ich lebe. Ich sterbe. Ich bin Osiris. Ich lebe, ich wachse als Korngott. Geb, die Erde, hat mich geboren. Ich bin die Gerste. Nicht vergehe ich."

In der Zeit des Djoser tritt Ptah als Schöpfergott an die Stelle des Atum. In dieser Periode wird Memphis, die heilige Stadt des Ptah, Residenz. Eine wurmzerfressene Handschrift aus dieser Frühzeit, die sogenannte memphitische Theologie, wurde in der 25. Dynastie von dem archaisierenden König Schabaka auf eine Granitplatte übertragen.

In einer urzeitlichen Darstellung erscheint Ptah mit rohem ungegliedertem Körper. Er steht in einer offenen Kapelle mit einem Dach darüber. Menes gründete die Feste Memphis, „Weiße Burg", an einer dem Ptah heiligen Stätte, Hat-Ka-Ptah, das heißt „Haus der Seele des Ptah". Dort stößt das schmale Niltal von Oberägypten auf das weite Delta. Ptah ist körperhaft-irdisch; sein Körper ist der Organismus alles Seins, das Corpus mysticum des Alls, und sein Ka, sein Genius, durchdringt den Körper des Universums. Zu diesem Körper gehören als integrierende Bestandteile „Städte und Gaue, Holz, Gestein, Ton, Speise und Trank, Gesetze und Kultsitten".

Im 5. Abschnitt der memphitischen Theologie heißt es: „Alles, was existiert, fand seinen Ursprung in einer Konzeption in Ptahs Herz; es ist dadurch objektiviert, daß es von seiner Zunge ausgesprochen wird. Mittels der Erzeugung des Göttlichen durch Göttliches stellte Ptah das sichtbare und das unsichtbare Universum heraus, alle lebenden Kreaturen, Gerechtigkeit und die Künste." „Herz und Zunge gewannen die Herrschaft über jedes Glied (des Corpus mysticum), verkündend, daß das Herz des Ptah in jeder Brust, und seine Zunge in jedem Munde, aller Götter und Menschen, in allem Vieh, allen Reptilien, allem Lebendigen wirklich sei; Ptah denkt, und er befiehlt alles, was er wünscht." Insbesondere geht Horus aus dem Herzen, und Thot aus der Zunge des Ptah hervor.

Im frühen Ägypten entsteht die Philosophie des zeugenden Logos. Seine komplementären Attribute sind — nach Henri Frankfort: „Huh", das heißt die autoritative Äußerung, die Rede, die so wirksam ist, daß sie Wirklichkeit setzt; und „Sia", die Intuition, die geistig in eine Situation, ein Objekt, ein ideelles Gefüge eindringt. Im Logos sind Phantasie und Produktion vereint. Die schöpferische Phantasie Ptahs sieht Shu und Tefnut auf der Bühne, auf der das kosmische Werdedrama sich abzuspielen beginnt, und zugleich spricht er das aus, was er sieht, und umreißt damit seine sich konkretisierende Existenz. Das Seiende ist in seiner Substanz schöpferische Phantasie eines Gottes. Sein Sein sinkt in die Innenwelt der Intuition, die sich auf das Seiende richtet.

Die metaphysische Konstitution des Menschen

Der Mensch behauptet seine uranfängliche Identität, während er als Isissohn zwischen Geburt und Tod alle Daseinskreise von der Erde, der Domäne des Geb, bis zum Himmel, dem Reich der Hathor, und schließlich dem Orion, dem Gestirn des Osiris, durchzieht. Seine Existenz erstreckt sich in Daseinsmächte, deren Grenzen sich nicht absehen lassen.

Die konstitutionelle Kraft, die sein Sein immer wieder integriert, ist der „Ka", der Genius dieses individuellen Menschen; der Ka integriert ihn zugleich mit seinen Ahnen und den kommenden Geschlechtern.

Auf der anderen Seite ist Ba die Kraft, die sein Ego aufrechterhält; sie erscheint seit Urzeiten in Vogelgestalt. Bereits im Jungpaläolithikum blickt ein junger Steinbock, der das Ende eines Stabes bildet, staunend und scheu auf seinen Ba zurück.

Der Ka des repräsentativen Menschen, des Pharao, wirkte magisch aus der Steinstatue des Königs heraus. Sie verkörperte in künstlerischer Vollendung die Integrität dieses Menschen. Der Ka ist das wahre Selbst, das ihn schützt und dessen Struktur sich unverlierbar erhält. Zugleich sieht sich der Horusmensch in der Vollendung seiner Skulptur, so wie er in Wahrheit ist und für immer faßbar bleibt. In der Belehrung, die ein hoher Beamter seinen Kindern hinterließ, heißt es: „Der König ist der Ka, und sein Mund ist Fülle. Das bedeutet, daß er denjenigen ins Sein bringt, der da sein wird." Der Genius ist die Mitte der Integrität dieses existierenden Individuums. In den Amarnadokumenten wird die Güte des Ka dahingehend interpretiert, daß er „die beiden Länder in den Status der Festlichkeit erhebt und daß er auf die Nöte des ganzen Landes eingeht".

Der Mensch muß den Kosmos der Daseinsmächte durchwandern, um am Ende seine eigene Integrität zu erreichen, und das irdische

Leben ist dazu nur ein Vorstadium. Der Ka ist Seinsmacht, Fülle und Integrität des Seins. Der Sohn des Verstorbenen opfert vor der Statue; und der Tote vermag dadurch zu *sein*, daß sich der Sohn, der Horus, seines Namens erinnert —, daß er ihn beim Namen nennt, wenn er vor der Statue opfert.

Der Tote gilt als eine Saat, die in einer anderen Welt aufgeht, in seinem „Aufgehen" durchmißt er den Sternenraum. Am Aufgehen dieser Saat nimmt die ganze Vegetation teil. Der ägyptische Landmann sät mit trauernder Miene, als ob er jemanden begrübe; und die erste Kornähre wird mit Wehklagen geschnitten, wobei Isis angerufen wird, die das Zerstückelte integriert. Wie später im Christentum Brot und Wein, so vergegenwärtigt im frühen Ägypten Gerste und Bier die Substanz des Auferstehenden. In den Regieanweisungen der Osiris-Mysterienspiele, in denen seit etwa 2000 v. Chr. der Pharao den Gott darstellte, heißt es: „Der König beweint seines Vaters — des Osiris — Tod; aber Gerste und Bier deuten darauf hin, daß der Verlust des Sohnes der Gewinn seines Volkes ist." Von Eseln, die die gedroschene Gerste als Bürde tragen, heißt es: „Sie tragen einen, der größer ist, als sie" — ein Ausspruch, der im Neuen Testament wiederkehrt. Der Held des Mysteriendramas ist ekstatisch mit seinem eigentlichen Selbst, seinem Ka, vereint, und im Darstellen wird er im eminenten, im imaginativen Sinne in das Sein projiziert, das er ist. Brot und Bier, wie später Brot und Wein, sind die vegetative oder aufkeimende Substanz, aus der Osiris besteht, Sein von seinem Sein. Im Mysterienspiel ist das Natursein von Ebene zu Ebene mit dem Sein des göttlichen und menschlichen Schöpfertums vereint, und die Erde ist dem Himmel zurückgegeben.

Die Wanderschaft des Toten beginnt damit, daß die Götter von neuem sein Antlitz formen und daß Horus sein Auge öffnet, indem er ihm sein eigenes sonnenhaftes Auge mitteilt. Isis und Nephthys vollführen vor ihm in einer heiligen Stundenfolge den Klagetanz, indem sie ihre Haare auflösen und ihre Brüste schlagen. Sie nehmen im ekstatischen Selbstopfer die unheimlichen Todesängste auf sich, „sein Ba atmet durch ihr Weinen", und der Rhythmus ihres

Tanzes geleitet ihn in die anderen Welten. Sie singen tanzend und klagend während der Stundenwachen: „Erhebe dich... Wir verklären dich als unseren Herrn... Unsere Flügel sind über dir... Er, der König Ägyptens, bringt dir den Ozean mit dem, was aus ihm hervorgeht. Er ergießt sich und durcheilt die Lande. Er bringt dir den Nil... ich bin deine Schwester, die dich liebt, Isis, Nephthys. Sie beweinen dich, sie erwecken dich zum Leben."

Nun legt der Gott Anubis seine Hände um ihn und flößt ihm den göttlichen Lebensodem ein. Damit beginnt seine astrale Wanderung. Im Totenbuch (Kapitel 68) sagt er von sich selber: „Geöffnet sind mir die Pforten des Himmels und der Erde, aufgetan die Riegel des Geb. Es öffnet sich mir die Höhle, und ich gehe hervor an jeden Ort, wo ich will." „Nut", so sagen die Pyramidentexte (Nr. 697), „mit wallendem Haar und vollen Brüsten reicht dir nun, o N. N., die Hand, sie hebt dich zum Himmel empor und läßt dich nicht zur Erde sinken. Sie bringt dich zur Welt gleich dem Orion und läßt dich thronen in den beiden Reichsheiligtümern." „Du, o Nut, läßt den Himmel für ihn emporsteigen und die Sterne sich herabneigen." (Nr. 576) „Du durchquerst den Lotossee im Norden als Gestirn, das das Meer unter ihrem Leibe durchzieht." „Du wirst wiedergeboren allmonatlich gleich dem Monde, an der Seite des Re im Lichtberge" (Totenspruch 412), „und dir dienen die unvergänglichen Sterne... nie mehr wird der Himmel ohne dich sein." Wie einem frühen Dante, der sich der himmlischen Beatrice durch aufsteigende Sphären des Lichtes nähert, tun sich für den Osirisjünger „die Pforten des Himmels auf". „Du steigst empor, um Hathor zu sehen." „Entfernt wird dein Fehl und ausgetilgt deine Vergehen... heil sind deine Glieder" (Sargtext Nr. 44). „Du umkreist die fremden Lande zusammen mit Re, und er läßt dich die Stätten sehen, die dein Herz auserwählt. Du schüttelst das Dickicht und reißt Lotosknospen und Blüten ab. Das kühlende Wasser fließt dir entgegen, Gänse und Wassertiere schwimmen vor dir" (Nr. 62).

In der metaphysischen Wirklichkeit ist der „Augenblick ewig"; das, was sich dem soeben geborenen Kulturmenschen als Daseinsmacht einmal ereignet, ereignet sich für immer. Das, was einmal in voller Ausstrahlung ist, kann nicht nicht sein, es bleibt in ewiger Gegenwart mit sich identisch, und zwar mit der ganzen Vielgestaltigkeit seiner Metamorphosen. Am Ende reflektiert alles Daseiende das Leuchten der metaphysischen Sonne, deren Substanz das Werdedrama von innen illuminiert.

ZUSAMMENFASSUNG

Der Kulturmensch entsteht im 4. Jahrtausend in dem Gebiet zwischen Nil und Mündung des Euphrat und Tigris. Wegen seiner kartographischen Gestalt wird dieses Gebiet der „Fruchtbare Halbmond", englisch „The Fertile Crescent" genannt. Überraschenderweise wird der Kulturmensch in Doppelgestalt, gleich zweimal, geboren. Zwillingen gleich kristallisiert sich das ägyptische und das sumerische Volk in derselben Periode aus lose verbreiteten Stämmen steinzeitlicher Vergangenheit. Jedes von ihnen ist vom Genius loci einer Flußlandschaft geprägt. Der Fruchtbare Halbmond gleicht einem Kraftfeld mit zwei ausstrahlenden Polen: Memphis für Ägypten und das Mündungsgebiet der Flüsse in Sumer für Mesopotamien. In der Periode der Geburtswehen überwiegt die Gleichheit zwischen dem Ägyptischen und dem Sumerischen. In den bisherigen 600 000 Jahren der anthropologisch-ethnischen Entwicklung tritt auf einmal etwas auf den Plan, was vorher nie da war, ein kulturschöpferisches Volk in doppelter Gestalt.

Gegen alles vorher Dagewesene gesehen ist die *Gleichheit* zwischen den Zwillingen und ihren Kraftfeldern überwältigend. Aber seit ihren dynastischen Perioden entwickeln sie sich durch die Jahrtausende zu mehr und mehr unterschiedlichen Kulturtypen. Das ägyptische Thema ist die Geborgenheit des Horus in Osiris, dem lebendigen Vatergott. Das sumerische Gegenthema ist die Exponiertheit des sterblichen Geschöpfes, des Dumuzi, angesichts einer unnahbaren Unendlichkeit. Innerhalb jedes Themas ergeben sich unterschiedliche Einzelzüge. Die Geschichte des ägyptischen Reiches, das sein Schwergewicht auf dem Lande hat, wird gleichsam in einem einzigen Kompendium verfaßt. In Sumer lösen sich die Rassen,

Kulturträger und Metropolen in schroffem Wechsel ab, und der Bestand der Kultur ist stets von gefährlichen Barbareneinbrüchen bedroht.

Ägypten und Sumer müssen zusammen betrachtet werden, da sie zueinander gehören. Es war eine glückliche Fügung, daß jeder im anderen ein Echo fand und daß die beiden gegensätzlichen Möglichkeiten des Menschlichen einander ansprachen.

Die Nillandschaft ist die kontinuierlichste Heimat der Menschheit. Sie gleicht einem sozialen Laboratorium der Natur. Als nach dem Ende der Pluvialzeiten, die unseren Eiszeiten entsprechen, die Sahara austrocknete, zogen sich die nordafrikanischen kapsischen Jäger dorthin zurück. Es waren Stämme von rascher Auffassungsgabe, in denen das Blut rasch pulsierte. Auf nordafrikanischen Felswänden entwerfen sie lebendige Skizzen ihres Daseins. Sie bilden den ersten Erregungsherd der Nillandschaft. Das in Schwingung und Aufruhr versetzte kulturelle Feld zieht andere ethnische Einheiten in seine Wirbel und saugt Stämme aus den armenischen Hochländern, dem jenseitigen Flügel des Fruchtbaren Halbmondes, in sich ein. Die Erregungsherde des Kraftfeldes verbinden sich in einem durchgehenden Fluidum, bis sich schließlich um 3100 die Kulturlandschaft des geeinten ägyptischen Reiches abgrenzt.

Das Anschwellen der Stimmen läßt sich mit einer wundervollen Stetigkeit verfolgen. Der ausgrabende Archäologe kann den Übergang zur Siedlung, zum Landbau, zum Handwerk und zu tieferen Vorstößen in die Phantasieräume der Religion und der Kunst fast mit Händen greifen. Auf einer frühesten Stufe begegnen ihm Spuren der Jäger der sogenannten Sebetia-Zeit. Als Wildbeuter sammeln sie pflanzliche und tierische Nahrung, aber noch zähmen sie keine Tiere.

In einem nächsten Schritt beginnen die Leute von Hadendoa zaghaft, die natürliche Umgebung nach eigener Konzeption zu ändern. Sie versuchen tastend, sich als Dorfbewohner in der Nähe des nilotischen Schlammes niederzulassen.

Ihnen folgend sind die Leute von Tasa die ältesten wirklichen Bauern. In Merimde im westlichen Delta entstehen nun sogar

Reihen von Hütten. Die Kultur entfaltet sich wie die Knospe einer Blume. Die künftige ägyptische Gräber- und Pyramidenreligion kündet sich in zarten Spuren an.

Mit den Leuten von Badari, einer etwas späteren Ausgrabungsschicht, beginnt die Bearbeitung von Metall. Auch sie leben noch amphibisch zwischen Wüste und Nil. Aber ihnen eignet eine entwickeltere Technik der Bewässerung. Es finden sich weibliche Statuetten in Gräbern, erste Anzeichen des später mächtigen Kultes der Isis, Hathor, Nuth und Sachmet.

Mit der Periode von Badari ist der Boden für ein überaus rasches Wachstum der Kultur bereitet. Mit den Leuten von Amrah und Gerzeh brechen gleichsam erste Knospen und sogar Früchte hervor. Die ganze Nillandschaft wird mehr und mehr zu einem zusammenhängenden und mit Möglichkeiten geladenen einzigen kulturellen Kraftfeld. Es ist die Kultur von Gerzeh, die zuerst ganz Ägypten erfaßt.

Die Leute von Amrah leben zunächst clanartig in Dörfern, die aus Gruppen von runden Hütten bestehen, und sie verwalten sich selbst wahrscheinlich durch einen Rat der Ältesten. Sie zeigen einen libyschen Einschlag. Die Stämme von Amrah sind im Zuge, Komponenten eines Volkes zu werden; sie sind die Vorform eines Volkes, kein Stamm in Reinkultur, der so, wie er ist, durch sich selbst besteht. Ihre Leistungen übersteigen die eines ethnischen Stammes, sie wachsen über sich hinaus. Rassige sichelförmige Nilboote werden aus Papyros gebaut, Rinder für Milchproduktion gezüchtet, Esel als Lasttiere verwendet. Mit einem plötzlichen Ruck ist eine höhere Ebene aller Tätigkeit und Vision gewonnen. Auf ihr vervielfältigen sich die Aufgaben, wirkt die Energie nach allen Seiten.

Mit der Zeit von Gerzeh vollends ertönt das Signal zum Aufgang des Vorhanges. Der Akteur erscheint auf der fertigen Bühne, und das dreitausendjährige Geschichtsdrama des ägyptischen Volkes beginnt.

Das kulturelle Feld hat sich zuerst zaghaft, dann mit atemberaubender Plötzlichkeit hinaufpotenziert. Dies war möglich, weil der

Mensch als ethnische Einheit, mit seinen Kräften der Phantasie und Erfindung, ein schöpferisches Wesen ist. Aus einem Mechanismus läßt sich nicht mehr herausholen, als was in ihn investiert worden ist. Im Kulturellen jedoch wachsen die religiösen Energien und die Leistungen der Zusammenarbeit mit jeder Hebung des Niveaus in vielen Dimensionen zugleich. Der Glaube versetzt hier tatsächlich Berge.

In der Gerzehzeit fügt sich aus Feldarbeit, Handel und Verkehr, aus Handwerk und Verwaltungskunst eine zivilisatorische Welt, die sich weiterhin in sich festigt. Der Clangott Horus wird nun zum Reichsgott, und die Kulturheimat des Volkes wird sein Großhaushalt. Seine Mitglieder arbeiten an gewaltigen Monumenten, die die Lebendigkeit ihres Gottes, des Sohnes des Osiris, bezeugen sollen. In den Werken ihres lebendigen Gottes sind sie selbst unsterblich. Dieser Glaube feuert sie zu Leistungen an, für die es in den Äonen der Vergangenheit kein Beispiel gibt.

Der Vorhang geht um 3100 v. Chr. hoch, und das Spiel beginnt mit der Reichsgründung, der kultischen Einigung aller Stämme und besonders Ober- und Unterägyptens unter einem Priesterkönig. Aus den Landgemeinden der Clans werden nun Provinzen. Die bisherigen bodenständigen Clangottheiten, Min, Ptah, Ammon, Horus, empfangen im Reichsverband zusätzliche Gnadenkraft. In Horus, dem Genius des Pharao, des Menes, vereinigen sie ihre charismatischen Gaben. Ägypten pflegt und bewahrt das Erbe der Vergangenheit. Die Gründung des Reiches durch Menes bleibt durch die Jahrtausende ein aktueller Vorgang, mit seinen Motiven, Erwartungen und Verheißungen, die in die Tiefen der Zeit zurückreichen. Jeder kommende Horuskönig führt das rituelle Drama der Reichsgründung auf, als ob es sich im ersten Völkerfrühling ereignete. Im Mysterienspiel ist sie auf immer gegenwärtig.

Mit der kultischen Reichsgründung wurde eine Legitimität geboren, die fruchtbare Krisen und die Fremdherrschaft der Hyksos überstand: sie genoß den stillschweigenden Konsensus aller.

Im Reich war die Person des Pharao die Quelle aller religiösen und gesellschaftlichen Autorität. Im lebenden Pharao verkörpert sich

Horus, Gott des Lichtes, und im verstorbenen Osiris, der Gott des Totenreiches, der in seinem Sohne Horus aufersteht. Der Pharao ist insofern Sohn und Vater zugleich; er überbrückt die Generationen und vollendet den Kreis des Daseins von der Nacht des Todes bis zum Tag des Lebens. Auf der Tagseite wirkt er als Pionier der Zivilisation. In der Morgenröte der Kultur wird auf einem religiös inspirierten Kunstwerk die Vermählung von Ritus und praktischem Ethos gefeiert. Menes, der erste König, der die weiße Krone Oberägyptens und die rote Unterägyptens zugleich trägt, gewinnt wie ein ägyptischer Faust neuen Siedlungsboden, indem er einen Nilarm ableitet. Als theokratischer Hauseigentümer der Kulturlandschaft ist er für die Melioration des Bodens verantwortlich.

Mit jeder neuen Frucht feiert Osiris seine Auferstehung. Im Anfang der Kultur war der Pharao der repräsentative Mensch — biblisch gesagt „des Menschen Sohn". Im Ausklang der ägyptischen Geschichte wurde der Mensch mittelmäßig, war sein Geist mit praktischen und nützlichen Alltagsgeschäften ausgefüllt, nachdem Religion und Mythos zu Aberglauben, Magie und Priesterherrschaft degeneriert waren. Der Pharao wagte nicht mehr sich Horus, Sohn des Gottes, zu nennen. Er fühlte, daß ihm die Verbindung, die Kommunion mit der ursprünglichen göttlichen Daseinsmacht, fehlte.

An einem letzten Schöpfungstage wird das Werdedrama der Natur und des Menschen beendet sein. Dann fließen nur noch die tief zurückliegenden Quellen der göttlichen Schöpfungskraft des Atum, der in Osiris lebendig ist. Aber im Intermezzo der Natur und des Menschen wirkt das Göttliche als Rechtsordnung in die irdischen Bereiche hinein. Es ist die Ma-at, die rechtliche Weltordnung, Tochter des Sonnengottes Re, die das Irdische mit seinem göttlichen Ursprung verbindet.

Ma-at ist der Grundbegriff der religiösen ägyptischen Kultur, er liefert den Schlüssel zum Verständnis ihrer Verfassung. Der Horuskönig selbst ist in seinem Reich der Missionar der Ordnung und Gerechtigkeit.

Der Ungerechte drückt die Ordnung des Seins herab, aber der Gerechte kompensiert eine solche herabziehende Wirkung. Er führt das Steuer seines Daseins so, daß die Ordnungsbezüge um ihn herum wachsen. Insbesondere sollen Verwalter und Richter den materiellen Fortschritt und die geistige Kultur auf immer neuer Ebene ausgleichen.

Die Regeln der Weltordnung verbinden die Natur mit der Zivilisation. Die Feldarbeiten werden nach dem Laufe der Sonne geregelt. Mit dem Aufgang des Siriussternes befruchtet der Nil, der Fluß des Osiris, das Schwemmland des Tales. Selbst Seth, der Trockenheit und Unfruchtbarkeit verordnet und die Verwundbarkeit des Osiris erspäht, auch er hat noch ein Recht, zu sein. Im Schicksalsdrama der Menschen und Götter setzt sich Osiris durch seine Anfälligkeit in ein dramatisches Unrecht. Nachdem ihn Isis, die ägyptische Madonna, heilt, bleibt er nun noch Herrscher im Totenreich. Sein Sohn Horus, der ihn, ein ägyptischer Hamlet, an seinem Onkel Seth rächte, wird an seiner Stelle König der Tageswelt. Das Gesetz der Ma-at wirkt nicht etwa mechanisch ausgleichend, dem jus talionis, der Vergeltung, entsprechend. Vielmehr bestimmt es den inneren Rhythmus des Schicksals. Von der fünften Dynastie an offenbart es sich wachsend in der Stimme des individuellen Gewissens. Osiris vollendet das Werk der irdischen Richter, und sie alle fügen sich der Ma-at. Seiner Symmetrie gehorcht selbst die Landschaft des Nils: Oberlauf und Unterlauf, westlicher und östlicher Wüstengürtel, Versiegen und Fruchtbarkeit entsprechen sich und halten sich die Waage.

DAS MESOPOTAMISCHE QUELLGEBIET

Requisiten und Akteure des beginnenden Kulturdramas

Überblick

Das ägyptische Geschichtsdrama wird vom ersten bis zum letzten Akt von demselben Urvolk aufgeführt, und der Einbruch der Hyksos wird als ein Zwischenspiel einbezogen. Das sumerische Urvolk dagegen gestaltet als alleiniger Akteur nur das Präludium und den ersten Akt des mesopotamischen Geschichtsdramas, der im Typ dem ägyptischen Alten Reich entspricht. Die Sumerer müssen zunehmend das Mitspiel eines fremden Volkstums, der semitischen Akkader, über sich ergehen lassen.

In einem ersten schöpferischen Aufschwung bringen im „fruchtbaren“ Feld des Fertile Crescent die Sumerer und die Ägypter zusammen Religion, Kultur und Zivilisation auf die Welt.

Die den Sumerern folgenden Semiten kultivieren mit bewußtem Organisationstalent die Saaten, die die Sumerer aufgehen ließen. Sie fügen die Drachensaat von Bürgerkrieg, Eroberung, ökonomischer Konkurrenz, Militärtechnik, Koalitionskriegen und Politisierung von Religion und Kultur hinzu. Die Babylonier, Assyrer, Kanaanäer und Israeliten werden von Sündenbewußtsein, Furcht vor Dämonen und zornigen Göttern geplagt. Die göttliche Majestät erscheint oft in der fessellosen Wut der Elemente.

Die Indoeuropäer, deren unstete Heimat sich vom Pontus, Anatolien, dem Zagros, Elam, bis zu den Grenzen Westturkestans erstreckt, werden mit periodisch wechselnder Intensität von dem mesopotamischen Kraftfeld angezogen. Als kriegerische Hirten-Bauern, die mit Lebensunsicherheit zu rechnen haben, entwickeln sie die militärtechnische Zivilisation der akkadischen, der assyrischen, der amoritischen und aramäischen Semiten um einige Schritte weiter. Die Indoeuropäer zwischen dem Kaspischen Meer und dem Aralsee züchten das Streitroß; die Hettiter in Anatolien schmieden die ersten eisernen Waffen, und die Mitanni schalten sich als Lehrmeister einer neuen Heeresorganisation ein. Sie zeigen den Mesopotamiern, wie man Pferde für den Krieg züchtet. Die Indoeuropäer sind Spätkömmlinge in Mesopotamien; sie treten in das bereits von den Semiten eingeübte Spiel ein. — Aber sie entnehmen der vorsemitischen sumerischen Urkultur eine konstruktive Auffassung von Religion und Recht. Bei den Hettitern gilt nicht mehr das semitische Ius talionis, das Vergeltungsrecht. Die östlichen Indoeuropäer entwickeln später das Dharma, die westlichen den Nomos, Vorformen des Ius aeternum. Die Götter der Meder, Perser, der Inder und der Mitanni sind dem Anu, Enlil, Enki und der Inanna der Sumerer wesensverwandt, aber wesensverschieden vom wütenden Assur oder Jahwe, die beide die Völker wie Gras dahinmähen, mit denen ein zerknirschtes Volk immer wieder hadert.

Im Gegensatz zu der durch den Nil gefügten und durch Wüsten abgesicherten ägyptischen Kulturlandschaft ist Mesopotamien nach außen offen und regional geteilt. Die Sumerer, die wie „Fischmenschen" aus den Fluten steigen, siedeln auf angeschwemmtem Neuland von Flußmündungen, denen des Euphrat und des Tigris. Ihre Kulturlandschaft ist von sengender Hitze, von Trockenheit und plötzlicher Flut bedroht, zugleich von feindlichen Einfällen aus Elam, dem Zagros und der westlichen Wüste.

Über die einheitliche Nillandschaft wölbt sich das geschlossene religiös-politische Osirisreich. Die stets ungesicherte mesopotamische Siedlung ist dagegen von einer Göttervielfalt durchwirkt; in der Feier der Heiligen Hochzeit wird ein labiles Gleichgewicht zwischen den Schicksalsmächten und der Zivilisation der Stadtheimat periodisch zurückgewonnen. Das geschieht im Medium einer verwirrenden Vielfalt von Stadtherrschaften und Umstürzen. Von Sargon bis Darius wird in nördlich, südlich, östlich, westlich gelagerten Imperien der Stadtgott zum Eroberergott.

Das sumpfige Neuland Sumers hatte — im Gegensatz zur ägyptischen Urheimat — keine rückläufige Verbindung mit der Menschheitstradition der älteren Steinzeiten. Insofern ist der sumerische Schritt zur Kultur unvermittelt und überraschend; es dünkt die

Sumerer selbst, daß sie mit ihrer Zivilisation, mit Königtum, Pflug und Spitzhacke vom Himmel, aus der Region Enlils, herabgefallen seien. Von Eridu her befruchten und „laden“ die Sumerer ein weites kulturträchtiges Kraftfeld. Nach ihrem ersten Anstoß nehmen sie aus dem erregten Felde die Anregungen aus der älteren Steinzeit auf. Sie bringen Entwicklungsantriebe zum Austrag, die in den Randgebieten, in Syrien, Anatolien, dem iranischen Plateau, virulent waren. Nur vom sumerischen Ausstrahlungsherd aus ist es möglich, den Starrkrampf der neolithischen Zivilisation der nunmehrigen Randgebiete zu lösen. Im neuen mesopotamischem Kraftfeld gewinnt der geometrische oder „gegenstandslose“ Stil des Neolithikums, der in der Bandkeramik seine reine Sprache findet, eine dämonische Vitalität. Allerdings befreit er sich nicht zum Visionären, zur Schau mythischer Gestalten und Ereignisse.

Auf ihren sumerischen Ausstrahlungsherd waren die steinzeitlichen Randgebiete ausgerichtet, als sie die Grenzen ihrer Entwicklungsmöglichkeiten erreichten.

Ägypten wurde von den Auswirkungen der jungpaläolithischen Jägerkultur über das nordafrikanische „Kapsien“ hinweg betroffen. Mesopotamien war primär in das eurasische Kraftfeld des *Jungpaläolithikums* und der anschließenden, vorwiegend zivilisatorischen Perioden des Mesolithikums und des bäuerlichen Neolithikums einbezogen. Dieses Kraftfeld war lockerer gefügt als das spätere des Fertile Crescent, und sein religiös-künstlerisches Potential sank mit dem Mesolithikum. Mesopotamien war in der Vielfalt seiner regionalen und stammesmäßigen Charakterzüge den Bildungs- und Umbildungsprozessen des jungpaläolithischen Kraftfeldes voll ausgesetzt. Von daher rührt seine vibrierende Vitalität. Das auf sich selbst bezogene, tief in den tropischen Kontinent vorstoßende Niltal prägt den statuarischen Charakter des Ägyptertums.

In Mesopotamien gab der unkomplizierte Charakter der Sumerer den befruchtenden Anstoß. Der Einfache ist den anfänglichen Dingen nahe, während der Komplizierte sich in seinem Bewußtsein verfängt. Jener ist er selbst in allem, was er im Strudel der Dinge sieht und tut. Im Anfang ist Ungebrochenheit, Heiterkeit, Zuversicht — erst die Spätzeit kennt Lebensangst, Sünde und Enttäuschung. Klage- und Sündengesänge, die körperliche Leiden, Mattigkeit, Schicksalsschläge und Verfehlungen gegen die göttliche Ordnung der Dinge zum Gegenstand haben, finden sich erst seit dem Einbruch fremder Stämme in der nachsumerischen Literatur. Der Akteur der mesopotamischen Geschichte ist schließlich innerlich gebrochen und versucht, mit dieser Gebrochenheit auszukommen und innerhalb einer allgemeinen Lebensgefährdung sein Unvergängliches zu leisten. Auf der sumerisch-semitischen Bühne wird die „Unschuld" der Vorgeschichte zum Vorwurf und zum Memento; denn im Gegensatz zum kontinuitätsbeflissenen Ägypter bricht der Mesopotamier im postsumerischen Stadium mit dem gewaltigen Massiv der Vorgeschichte. Er erhebt sie damit kontrapunktisch ins Bewußtsein. Marduk, der Heiland, steht gegen Enki, Ischtar gegen Inanna. Der Ägypter dagegen bildete in einem einzigen jahrtausendewährenden Zuge den Charakter aus, dessen Substanz bereits im Kupfersteinzeitalter erkennbar ist.

Ein kulturelles Kraftfeld wie das des Fertile Crescent zieht zentripetale Bewegungen auf sich, die die Form von Karawanen, Infiltrationen, von Invasionen, ja von Völkerwanderungen annehmen. In Mesopotamien bildet der fruchtbare subtropische Unterlauf der beiden Flüsse, die Region der Dattelpalmen, die mit der Bodenschwelle bei Bagdad beginnt, den sumerischen Ausstrahlungsherd. Er ist sukzessiven Einbrüchen von Stämmen aus den Hochländern und den südwestlichen Wüsten ausgesetzt.

Durch die Wüste können schnellbewegliche Stämme ungehindert wie Piraten auf dem Meere manövrieren. Aber die Früchte der Natur und des Geisteslebens wachsen weder in der Wüste noch zwischen Bergrücken. Piratische Stämme erhalten sich durch die Jahrtausende frisch und unverbraucht. Im iranischen Randgebiet wie auch in Palästina deuten Spuren aus der älteren Steinzeit auf eine Kontinuität des Kulturzusammenhanges hin. So wurden bei Yarmo in den südlichen Vorbergen des Zagrosgebirges Hütten mit primitiven Jäger- und Sammlerwerkzeugen entdeckt, die der Periode der Töpferei noch vorausliegen. Erst in der Verbreitung der

Keramik kündigt sich ja der Beginn eines neolithischen Bauerntums an. Altsteinzeitliche Artefakte fand man in Höhlen, die den frühen Jägern und — späteren mesolithischen Sammlern — als Lagerplätze dienten: vom armenischen Bergland, bis nach Azerbeidjan und den Ausläufern des Alburzgebirges südlich des Kaspischen Meeres, sowie zwischen dem Namak und dem Kirmansee auf dem iranischen Plateau, das früher ein Binnensee war. Für den technisch-zivilisatorischen Fortschritt der neolithischen Bauernkultur auf dem iranischen Plateau sind wahrscheinlich frühere Jäger verantwortlich, die durch die Täler aufwärts zogen. Seit dem 5. Jahrtausend kannten dort die frühesten neolithischen Bauern die Zähmung von Rindern, Schafen und Ziegen, sowie frühe Formen des Ackerbaues.

Da sich das Hochplateau zunehmend in Salzwüste und Steppe verwandelte, zog sich die Bauernkultur nach Südwesten und Südosten zurück.

Als ihre kunstgewerbliche Signatur kann die „bunte Keramik" angesehen werden. Deren Domäne erstreckt sich im weitesten Bogen bis in die nordchinesische Ebene, wohin sie vermutlich einwanderte, über Afghanistan hinaus bis ins untere Industal. In Sumer ist die Buntkeramik für die Schicht von Al Ubaid charakteristisch.

Gegen Ende des 4. Jahrtausends wandern nomadische Hirtenvölker aus dem eurasischen Steppengürtel zwischen Anau und dem Aralsee in die iranischen Gebiete. Ihre kunstgewerbliche Signatur ist die „graue Ware", die für eine Weile die bunte Keramik der älteren Bauernkultur ersetzt. Sie wurde südlich des Kaspischen Meeres, d. h. jenseits des äußersten Randes des mesopotamischen Kraftfeldes ausgegraben, darunter flache Schalen auf geschwungenen Füßen und henkellose Kannen mit ausgezogenen schnabelförmigen Ausgüssen, wie sie für Steppennomaden charakteristisch sind.

In Sumer sind derartige Formen für die Urukperiode kennzeichnend. Die Urukleute besaßen aus Bronze gegossene Waffen und Werkzeuge. Ihr Einfluß erstreckte sich, wahrscheinlich durch die Dschungarische Pforte südlich des Balkaschsees, bis nach Nordchina und über die Kaspischen Tore nach dem Iran. Der Gurganfluß und Tepe Hissar zeugen von ihrer Ausbreitung.

Die genannte sumerische Al-Ubaid-Periode wird ins 4. Jahrtausend datiert. Der Hauptort dieser frühesten Periode ist Eridu, am ehemaligen Ufer des Persischen Golfes gelegen. Wie die Mythe erzählt, wanderte die Zivilisation Eridus nach Uruk. Sumer zog von weither ethnische Einheiten in einen erstmaligen kulturellen Ausstrahlungsherd, in dem sie zu einem kulturschöpferischen „Volke" zusammenschmolzen.

Anthropologisch werden die Sumerer folgendermaßen geschildert: als „Menschen mit Kurzschädeln und breitem Gesicht, einer zwar vorspringenden, aber geraden Nase, kleinem Mund und schmalen Lippen, mit einem kurzen Unterkiefer, nicht hoher Stirn und breiter, untersetzter Gestalt".

Der Kult des wohl ältesten sumerischen Gottes, des Enki, des weisen Gottes der Wassertiefen, der Künste und des Landbaus, erstreckte sich bis nach Bahrein, der Insel im südwestlichen Persischen Golf. Bahrein ist 700 km von Eridu entfernt.

Von Eridu, dem ältesten Zivilisationszentrum, verpflanzte Inanna, die Fruchtbarkeitsgöttin, die Gaben Enkis nach ihrer Stadt Uruk. Kultur und Zivilisation sprießen aus dem Geist der Liebe, dem metaphysischen Eros. Aus einem Liebesmahl gewinnen sie Existenz in einer Stadt der Menschen, in Uruk. Enki, von der Himmelskönigin bestrickt, schenkt ihr den Thron in dieser Stadt: „Bei meiner Macht, bei meiner Macht, ich will / Inanna, meiner reinen Tochter, schenken / das hohe Zepter ..., den erhabenen Tempel, / Will schenken Hirtenschaft und Königtum!" „Inanna nahm, die reine, alles an."

Im Eanna Uruks, dem Haus des Himmels, der ersten gotischen Kathedrale, wurde die Göttin der Liebe und Fruchtbarkeit verehrt. Ihr Tempel barg die Saat und die Ernte alles kulturellen Bemühens; er bildete die Mitte aller Lebensinhalte. Als dichter Kern strahlte er eine Atmosphäre aus, in der sich neue sumerische Stadtkolonien ansetzten. Die plötzlich hervorbrechende göttliche Fruchtbarkeit übertrug sich auf die menschlichen Mütter selbst.

Anders als im osirischen Memphis geht in Uruk in der Geburtsstunde von Religion und Kultur die himmlische Autorität vom maskulinen Himmelsgott Anu auf die urweibliche Inanna, seine Tochter, über, die erste Madonna der Kulturmenschheit.

Die kulturellen Gebilde lagern sich, ähnlich wie die physikalischen und die biologischen, um einen Kern herum, von dem die Strukturierung des Ganzen ausgeht und von Phase zu Phase geleitet wird. Dieser Kern drängt eine ganze Welt von Spannungskräften und Gestaltungsmöglichkeiten in sich zusammen: ein Herd, von dem ein Reichtum an Gestalten ausgestrahlt und in einem Kraftfeld beieinandergehalten wird.

Den Nukleus des mesopotamischen Kraftfeldes bildet eine religiös motivierte Tempelwirtschaft. Die Zelle, die sich um diesen Nukleus lagert, ist die Stadtgemeinde. Sie ist reich an mythischer Sicht und Erfindungsgabe, und ihre innere Kraft fließt gleichsam über. Sie tendiert zur Bildung von Schwesterzellen und Geweben. Zunächst schlossen sich in Uruk lose Dorfsiedlungen zusammen. Aus ihnen bildete sich der erste Stadtkern und der erste Bürgergeist. Auf jeder Stufe führt die Integrierung zu erhöhter Ausstrahlung. Die erste Frucht kooperativer Arbeit ist der Tempel der Göttin: die erste Kulturtat der Menschheit in Sumer. Der Tempel als ausstrahlender und beherrschender Kern der religiösen Stadtkultur ist die Domäne der Inanna, der Fruchtbarkeits- und Liebesgöttin. Sie ist zugleich die Mitte des numinosen und des menschlich-zivilisatorischen Kosmos. Dem Himmelsgott Anu, der transzendenten Autorität, die die Ausübung von Autorität dem Sturmgott Enlil überläßt, ist sie als Gotteskind verbunden; und mit dem weltlichen Herrscher der Stadt, dem Ensi oder Lugal, dem Steward der Tempelgottheit, ist sie vereint durch die im Frühjahr vollzogene Heilige Hochzeit, das Symposion des „Eros, der alles begonnen". Wie der ägyptische König in der Entselbstung des Todes zu Osiris, so wird der sumerische König in der Ekstase der Liebe zu Dumuzi. Wie im christlichen Mittelalter die Braut Christi, so nimmt in dieser Morgenröte der Kultur der Bräutigam der Himmelskönigin göttliche Substanz an. Die Menschheit selbst wird in die Substanz der Göttin verwandelt, da ja der Liebesvollzug stellvertretende Bedeutung hat.

In Uruk wird am Ende des 4. Jahrtausends die religiöse Tempelarchitektur zum Symbol der Mutter Gottes. Das Tempeltor gilt als die Himmelspforte, die zugleich die Tür zum Leben ist. Links und rechts der Schilfmatte, die die Tür verhängt, erheben sich die Schilfbündel der Inanna. Jedes Bündel besteht aus vier Schilfstengeln, die an ihrem oberen Ende in einen Ring eingebunden sind. Der Pferch der Muttergöttin, im Paläolithikum als Gitterstruktur dargestellt, taucht nun aus der sumerischen Marschlandschaft in Form antithetischer Schilfbündelringe auf. Diese symbolisieren mit der Schilfmatte dazwischen die verhangene Öffnung, den Schleier des göttlichen Geheimnisses. Das Heilige ist als Schilf im Irdisch-Nahen, im Heimatlichen des eigenen Bodens gegenwärtig. Die Göttin der Liebe eröffnet sich in der vertrauten Natur. Der Mensch ist ihr in Treu und Glauben verbunden: der Schönheit der wilden Ufergewächse, aus der er sich ein Heim erbaut. Das Öffentliche der Zivilisation breitet sich um die Intimität solcher ersten religiösen Begegnung aus.

Das kulturell-religiöse Schöpfertum des sumerischen Volkes manifestiert sich zuerst, plötzlich und in vollem Einsatz in der Gründung der Tempelstadt von Uruk. Sie ist die Urzelle seiner Kulturheimat.

Wie in Ägypten entsteht auch hier ein individuelles Volk mit einem bestimmten Gesicht und einer konkreten unverwechselbaren Gestalt aus einer Kreuzung wichtiger anthropologischer Rassen und ethnischer Gruppen. Frühzeitig zieht die werdende mesopotamische Kulturheimat die verschiedenen Rassenelemente bis weit in die Randgebiete hinein in den Gärungsprozeß komplexer ethnischer Bildungen. Im Mündungsgebiet des Euphrat und Tigris begegnen die Bauern Al Ubaids und Irans jenen nordöstlichen nomadischen Hirtenstämmen, die in der unbemalten, rotgestreiften und grauen Töpferware Uruks ihre Spuren hinterließen.

Ein Mythos aus früher Zeit kündet von dieser volksschaffenden Begegnung. Von ihm stammt vielleicht die biblische Erzählung von der Rivalität zwischen dem Hirten Abel und dem Landmann Kain. Dieser mordet den Günstling Gottes, und Gott schützt ihn trotzdem. Der genannte frühe Mythos Sumers schildert in einer Fassung den Wettstreit zwischen den Söhnen Enlils, des Gottes aller Kraft und

Wirksamkeit. Der Name des ackerbauenden Bruders ist „Enten", der des Hirten „Emesch". Tiefer greift eine andere Fassung jenes Rivalitätsmythos, wonach Hirt und Bauer sich um die Liebe der Inanna bewerben. Der Vorgänger des biblischen Kain heißt hier Enkimdu, der des Abel Dumuzi. Die jungfräuliche Göttin gewährt schließlich beiden den Segen ihrer Fluren. Sie vermählt sich zwar mit Enkimdu, der die heimatlichen Gefilde bestellt, Kanäle und Deiche baut und Früchte erntet. Aber sie gewährt dem Hirten das Wasser, um seine Herden zu tränken, und die Nachernte, um sie zu speisen. Der Hirt, der mit seinen Schafen bereits auf der Flucht war, wird von Inanna und Enkimdu gastlich zurückgerufen. Im Gegensatz zum biblischen Bericht beginnt diese Zivilisation mit Versöhnung, nicht mit Feindschaft und unstetem Wesen.

Die erste kulturelle Synthese verschiedenartiger ethnischer Einheiten und Ausblicke mündet in einem Höhendrang der konstruktiven Kraft. Das Haus der Göttin wird zum himmelanstrebenden Berg, zur Zikkurrat. In einer ersten gotischen Kathedrale thront die Madonna „vom Berg". Bereits der früheste Kalksteintempel der Muttergöttin mißt 80mal 30 Meter, und die folgenden, aus schmalen Lehmziegeln erbauten Tempel 80mal 50 Meter.

Auf einer 40 Fuß hohen Terrasse beherrschte der Bau die weite Ebene über Meilen hinweg. Seine Kanten waren nach den Himmelsrichtungen orientiert. Treppen, früheste mythische Symbole, führten zum höchsten Gemach empor. Der Bau ragte über Marschen, Sümpfe, Gewässer und Fluren, über Erde und Heimat; eine Erhebung, die den Boden mit Himmelshöhen verband.

Die Plattform dieses Tempels ist die erste Bühne des Menschheitstheaters. Sie erhebt Geschehendes ins Ungemeine und verwandelt Vorgänge und Handlungen in Ereignisse und Taten. Die auf dem Tempelturm vollzogene Heilige Hochzeit ist zum Mythos gewordene Geschichte und zugleich dramatischer Beginn des Schicksalslaufes eines neuen Lebensjahres der Stadtheimat (darüber Näheres im Kapitel „Die charakteristische Religion Mesopotamiens").

Die Pfeilerhallen und späteren Nischenwände des Tempels sind mit Stiftmosaiken in Schwarz, Weiß und Rot verziert, die Zickzackmuster bilden. Der dem anfänglichen Terrassentempel der „Madonna vom Berg", der Ninhursag, innewohnende Höhendrang entfaltete sich dann in den nördlicheren Stadtzellen zum Stufenturm, so in Kisch und Nippur. Der spätere berühmte babylonische Turm ist eine Nachbildung von Epigonen.

Innerhalb jenes dualen Kraftfeldes, aus dem die Kultur geboren wird, ersteht nun neben der ägyptischen, aus dem Osirisgeist des ewigen Lebens geborenen Kultur die sumerische aus dem Muttergottesgeist der ewigen Liebe.

Der sumerische Kulturanstoß und die Bereitschaft Mesopotamiens

Die sumerische Kultur empfing ihren Anstoß in Al Ubaid.[1] Diese Siedlung lag einst am Ufer der Euphratmündung; heute findet sich von ihr noch ein kleiner Erdhügel. Die hereinkommenden Sumerer siedelten auf Neuland, das mit ihnen zu existieren begann, denn es bildete sich damals durch das Austrocknen von Flußmarschen. Eine winzige Gruppe von Neuankömmlingen drang in das weite und vielgestaltige Gebiet Mesopotamiens ein, einem erregenden und

[1] Anton Moortgat, Geschichte Vorderasiens bis zum Hellenismus, München 1950 (Bruckmann), faßt die Bedeutung der Sumerer als Pioniere der menschheitlichen Kultur folgendermaßen zusammen: „Wie dem auch sei, ob die Sumerer schon in der Steinkupferzeit im Lande waren oder erst nach der Obed-Periode dahin gelangt sind, ihre Taten auf kulturellem Gebiet, gerade während der sprunghaft sich entwickelnden Frühgeschichte, sind maßgebend geworden für ganz Vorderasien auf viele Jahrhunderte, ja Jahrtausende hinaus." Soweit sich die anthropologischen Merkmale der Protagonisten der Primärkultur noch nicht feststellen lassen, sollen sie nach einer gebräuchlichen Nomenklatur als Protosumerer eingeführt werden. Mit dem Präfix Proto wird das ethnische Agens bezeichnet, das an der Erzeugung kultureller Strukturen als Vorgänger des Akteurs beteiligt ist, der schließlich in das ausgebildete kulturelle Kraftfeld als Kulturnation hineingewachsen ist. Der Sukzessor wirkt in den Fußstapfen seines Prädezessors, und sie sind von derselben Aufgabe beansprucht, und die Vermutung spricht dafür, daß sie sich aus verwandten ethnischen Einheiten rekrutieren. Wenn sich ein Feld kultureller Strukturen heranbildet, wird der „ganze" Mensch beansprucht, bis in seine psychosomatische Konstitution und Erbsubstanz hinein.

befruchtenden Sperma vergleichbar, das die überdimensionale Peripherie eines Eies an irgendeinem vom Ganzen aus zufällig erscheinenden Orte durchstößt. Jedenfalls ruft es nun in einer bebenden und wartenden Matrix einen inneren Aufruhr hervor. Auch erstarrte Strukturen aus den Steinzeitperioden wechseln somit in einen Aggregatzustand der Bildsamkeit über, und ein weites Gebiet geht schwanger mit Erwartungen, neues Geschehen bricht aus ihm hervor.

Die sumerische Kultur setzt in Al Ubaid in dem Augenblick ein, in dem das frühreife nördliche Mesopotamien in seiner sogenannten Tell-Halaf-Stufe neben dem Stein bereits das Kupfermetall bearbeitete. Ausgrabungen aus dem 5. Jahrtausend stoßen auf einen außerordentlichen Fortschritt der Zivilisation. Die menschheitliche Entwicklung ist in weiten Gebieten des nördlichen Mesopotamiens in Fluß, und zwar um Assyrien herum, in Tell Halaf, am Chabur, einem Nebenfluß des Euphrat, in Karkemisch, ungefähr 100 Meilen westlich davon, in Tell Chagar Bazar, 50 Meilen gen Osten, und in Tepe Gawra und Tell Arpatchiya. Überall zeigen sich Spuren schaffender Kräfte. Zum ersten Male in der Geschichte der Menschheit werden Töpfe in regulierbaren Öfen gebrannt, und zwar mit Vorrichtungen, die den Rauch ableiten. Künstlerisch geformte Töpfe werden vielfarbig verziert; und die schwarzen und tief dunkelroten Farben sind bevorzugt. Die früheste Technik wird aus einem künstlerischen Willen angeregt und gespeist. Es ist bemerkenswert, daß die nun erfolgende Erfindung der Drehscheibe in der Al-Ubaid-Periode zunächst einen Verfall des künstlerischen Ausdrucks mit sich führte. Die Technik der Drehscheibe ist ja die erste Vorform von Automatisierung und Serienarbeit.

Die Sendung der Sumerer lag aber nicht primär auf dem praktisch-technischen Gebiet. Sie betraten die Bühne des Geschehens mit den religiösen Vitalenergien eines schöpferischen Volkes. Eine primäre religiöse Erschütterung gab den Anstoß zu sensationellen Fortschritten der Menschheitszivilisation auf einer höheren Ebene aller Schaffenskräfte. Vor allem wurde die technische Lebensausrüstung den religiös motivierten Ansprüchen einer autarken Tempelwirtschaft angepaßt. Die Aufgabe, vor die sich die Sumerer gestellt sahen, war den Aufgaben des mesopotamisch-iranischen Kupfersteinzeitalters gegenüber ein Novum. Es ging nun darum, ein tieferes religiös-kulturelles Streben mit einer unvergleichlich entwickelten und ausgebreiteten zivilisatorischen Praxis, des Handwerks, der städtischen Verwaltung und der wirtschaftlichen Kalkulation, ins Gleichgewicht zu bringen. Im Nordosten und im Iran, insbesondere in Susa und Elam, konnten sich vorsumerische künstlerische Formen eine Weile noch weiter entfalten.

Als sich in Al Ubaid eine Kunstkeramik entwickelt, behauptet sie einen eigenen frühsumerischen Stil. Die Tiermotive von Susa und Persepolis treten zurück. Ein blasses Grün wird als Farbe verwendet und der feine Ton mit geometrischen Figuren bemalt. Feingearbeitete Fruchtbarkeitsgöttinnen aus Ton mit katzenartigen Köpfen über zarten Gliedern finden sich ähnlich in Afghanistan und, um 2500, im Industal.

Die mesopotamische Steinzeit

Die mesopotamische Matrix, in die das befruchtende Sumerertum eindringt, repräsentiert ein vielförmiges Zeitenmassiv. Es reicht vom Neandertaler und frühen Homo sapiens des Karmelberges in Palästina bis zum jungpaläolithischen Höhlenbewohner, vom syrischen Erbauer der megalithischen Monumente im Neolithikum bis zum seßhaften Bauern und beginnenden Städter der Kupfersteinzeit und schließlich bis zum Pionier der Bronzeschmiedkunst. Somit umfaßt es alle Vorstufen des Kulturmenschen in einzigartiger Kontinuität. Die Sumerer wie auch die Ägypter sind in der glücklichen Lage, daß sie sich das Instrumentarium ihrer Kultur aus einem Extrakt der ganzen Vorgeschichte fügen können.

Die früheste Andeutung einer „Kultur“ findet sich südlich von Nazareth in einer Höhle aus dem mittleren Paläolithikum. Hier wurden Steinwerkzeuge vom Typ des Levallois-Moustérien entdeckt, die auf etwa 150 000 bis 120 000 Jahre zurückgehen. Diese kleinasiatische Periode entspricht der europäischen Zwischenzeit zwischen der Riß- und der Würmvergletscherung. Ihr Klima war trocken und warm, im Gegensatz zum kalten und nassen Klima der Eiszeit. Steinwerkzeuge fanden sich schon in der vorausgegangenen Pluvialperiode, und zwar in Höhlen, die vor 230 000 oder 180 000 Jahren benutzt wurden. Aber jene Levallois-Technik läßt einen bemerkenswerten Fortschritt der Geschicklichkeit erkennen: Der frühere Faustkeil wird durch kleine flexible und differenzierte Klingen ersetzt. Das handwerkliche Denken lockert sich. Der Mensch beginnt, Arbeitsstadien vorwegzunehmen und Funktionen herauszulösen, die mit einem Plan verbunden sind. Wie in Palästina finden sich im Irak Reste altsteinzeitlicher Höhlensiedlungen, z. B. bei Kerkuk eine Siedlung des Moustérien, bei Hazer-Merd eine ähnliche, die an die palästinensischen erinnert, und außerdem eine dem westlichen Aurignacien entsprechende bei Zarzi. Alle derartigen Siedlungsreste fanden sich zwischen den Nebenflüssen des oberen Tigris, nämlich der Diyala und dem kleinen Zab, zusammen mit Resten aus dem Neolithikum. In dem Gebiet nordwestlich von Kerkuk wurde übrigens auch die neolithische vorkeramische Siedlung von Jarmo ausgegraben, die Lehmfiguren von Tieren und einer Muttergöttin barg. Die 12 Skelette, die Miss Garrod und T. D. McGown bei Nazareth fanden, weisen zugleich auf eine Begegnung sehr verschiedener anthropologischer Rassen hin. Solche vielfältige Begegnung bestimmt in Zukunft das Schicksal des vorderasiatisch-mesopotamischen Gebietes.

Im Fertile Crescent zwischen Nil und Tigris treffen sich die Kontinente. Es wird angenommen, daß der Homo sapiens vor 150 000 Jahren von Südosten her in Palästina erschien. In diesem Falle trieb er den anthropologisch primitiveren Neandertaler vor sich her. Schließlich kreuzten sich beide, z. B. in der Gegend des Karmelberges. Die Bedeutung des Geschehens ist dem Genius loci angemessen.

Die erste religiös-künstlerische Kultur des Homo sapiens erblühte zwischen 30 000 und 15 000 v. Chr. in den jungpaläolithischen Jagdgründen Südwestfrankreichs und Kantabriens. Die vorderasiatischen Höhlensiedlungen aus dieser Zeit weisen bisher keine vergleichbaren Kunstwerke auf.

Das frühe Mesolithikum, das den Auftakt zur Bauernzivilisation der Menschheit bildet, wird nach einer Ausgrabungsstätte in Palästina „Natufien“ genannt. Es erstreckt sich von etwa 8000 bis 6000 v. Chr. In Ägypten ist dieser Stufe die „Kultur“ von Helwan südlich Kairo zugeordnet. Ihre Träger repräsentierten wohl den gemeinsamen Stamm, aus dem sich später die Hamiten und die Semiten herausgliederten. Der Rasse nach sind diese Stämme des Mesolithikums frühe Mediterrane. Zu ihnen gehören die Leute der Badari-Kultur Ägyptens. Die Natufien-Leute halten den Hund als Begleiter, aber es fehlen ihnen noch die Zuchttiere. Sie beginnen, den Boden mit einer primitiven Hacke zu bearbeiten. Ihr Erntewerkzeug ist eine Sichel aus Knochenmaterial, in die Feuersteinklingen eingesetzt sind. Der Griffel der Sichel ist mit einem Tierkopf verziert. Außerdem benutzen sie eine Vielfalt minuziöser Werkzeuge aus Feuerstein. Sie sind noch Jäger, aber sie beginnen zaghaft Pflanzen zu züchten.

Tongefäße erscheinen erst nach 5000 v. Chr. Das Neolithikum erreicht Nordeuropa vom Fertile Crescent aus, und zwar nicht vor der Mitte des 3. Jahrtausends. In Palästina wie im Iran begann der frühe Mensch in Dörfern zu siedeln, bevor er die Töpferei erfand. Tongefäße wurden um 5000 ebenfalls bei Karthum in Ägypten hergestellt.

Dorfsiedlungen, die der Erfindung der Töpferei vorangehen und die mit Wällen umgeben sind, wurden in Jericho, dann auch in Jarmo östlich des Tigris ausgegraben. In Jericho wurden zudem aus der Periode, die der Töpferei voraufgeht, Figurengruppen aus Lehm gefunden, die Vater, Mutter und Kind, vielleicht eine göttliche Familie, darstellen.

Zugleich wurden aus derselben Periode Palästinas, besonders in Transjordanien die ersten Zeugen der megalithischen Kultur gefunden, die von dort aus Nordwesteuropa zwischen dem 5. und 3. Jahrtausend erreichte und sich bis nach Südindien, ja den Osterinseln ausbreitete. Solche Konstruktionen, zu denen die frühägyptischen Mastabas gehören, bezeichnen den Beginn der Steinarchitektur. In Palästina, Südspanien, der Bretagne und im Westen Großbritanniens bestehen sie aus Reihen großer Steine, Menhire genannt, aus Steinkreisen und aus Dolmen. Diese bilden Kammern und Korridore, die mit flachen Steinen überdeckt und oft unter einem Hügel aus Stein oder Erde vergraben sind. Die Dolmen Palästinas gehören in die Zeit zwischen 6000 und 4500 v. Chr., während die europäischen in die spätere Bronzezeit fallen.

Der Übergang zur Kupfersteinzeit

Der Übergang vom neolithischen Dämmerzustand zu einer differenzierten praktischen Intelligenz kündet sich um 4500 v. Chr. im Beginn der Kupferbearbeitung an. Dieses Metall ist einer feinen Modellierung zugängig, es ist ausdrucksfähig.

Man kann das Mesolithikum und das Neolithikum füglich als ein zivilisatorisches Interregnum zwischen schöpferischen religiös bedingten Kulturen, der Jägerkultur der jüngeren Altsteinzeit und den ersten Volkskulturen des Fertile Crescent, zusammenfassen. In einem solchen Interregnum oder Zwischenstadium geht es darum, sich gleich einem Schiffbrüchigen, der auf ein bisher unentdecktes Gestade ausgesetzt ist, eine materielle Existenzmöglichkeit aufzubauen. Das menschliche Geschlecht muß überleben; die Not und der Lebenswille pressen aus ihm praktische Fähigkeiten heraus. Der dermaßen Ausgesetzte gleicht dem Kolonialen, der durch rauhe und ungeistige Pionierarbeit und in unvermeidlich utilitarischer und musischer Gesinnung ein Gleichgewicht zwischen physischer und geistiger Existenz zu erreichen sucht.

Als die Stunde Ägyptens und Sumers schlug, schaffte sich ein kulturschöpferisches Volk, das von da ab religiös und geistig aus dem Vollen lebt, eine ganze Welt zivilisatorischer Lebensausrüstung. Was vorher mühselig und dumpf aus der Not geboren wurde, das wird nun vergleichsweise mit improvisatorischer Leichtigkeit erdacht und konstruiert.

Die herkuleische Anstrengung des Mesolithikums und Neolithikums reicht bis zur Erfindung der Metallbearbeitung in den Gebirgen Anatoliens und Armeniens. Die legendär-zweideutige Figur des Dädalos, des Hephaistos, „Wielands des Schmiedes" erhebt sich schließlich an der Grenze zwischen Vorzeit und Kultur, eines Außenseiters aller bisherigen Gesittung, der über gefährliche Geheimwissenschaft verfügt.

Es wird also seit dem Ende der ersten jungpaläolithischen Jägerkultur nötig, die Gesamtexistenz auf eine neue zivilisatorische Basis umzustellen. Nach der letzten Eiszeit und seit der folgenden Wärmeperiode werden neue Werkzeuge erforderlich, um wuchernde Wälder zu roden, austrocknende Böden zu bewässern und einer vermehrten und sich verdichtenden Bevölkerung einen genügenden Nahrungsspielraum zu schaffen.

Der Jäger der jüngeren Altsteinzeit lebte im Paradies seiner Jagdgründe aus einer Fülle der Natur heraus. Er übte, wie Jahrtausende später noch einmal der berittene und büffeljagende Indianer Nordamerikas, alle seine Sinne, die Frische seiner Auffassungsgabe und die Gewandtheit seines Körpers, und er begegnete dem Tier in einer rituell-religiösen Phantasiewelt, die der des heutigen Stierkämpfers verwandt ist. In der Wirklichkeit, in der er sich auslebte, hatte seine künstlerische Phantasie Spielraum, Gestalthaftes zu schauen. Die „zivilisatorische" Lebensfürsorge befand sich mit dem religiös-künstlerischen Gestalten des Zauberers, der in Tiermaske tanzte, des Höhlenmalers und des Bildners von Statuetten früher Fruchtbarkeitsgöttinnen im Gleichgewicht.

Der Epigone des Meso- und des Neolithikums muß dann in den veränderten Landschaften der Nacheiszeit mit mühseliger Arbeit in Landbau und Viehzucht und einer härteren gesellschaftlichen Organisation die minimalen Voraussetzungen für ein religiös-künstlerisches, d. h. ein volles menschliches Dasein zurückgewinnen.

Der Neolithiker spezialisiert sich als Jäger, Pflanzer und Hirte, als Töpfer, als Krieger, später als Schmied; und der Stil seiner Selbstäußerung, in der Verzierung von Gefäßen oder in später Wandmalerei, ist wie seine Notstandsarbeit *abstrakt* und direkt. Die Darstellung ist auf wesentliche Linien und Funktionen reduziert, und sie nähert sich dem Kommunikativen einer Schrift. Die Linien lassen das dem praktischen Menschen überflüssig Erscheinende aus, und ihre innere Notwendigkeit drängt sich einer Zwangsvorstellung vergleichbar auf, ohne der Phantasie Spielraum zu gewähren — sie sind dermaßen „gegenstandslos". Dieser Prozeß wird durch eine erstmalige gesellschaftliche Mobilisierung der Frau gefördert.

Die Perioden der Kupfersteinzeit

Auf der Seite der „materiellen Zivilisation" kündet die Benutzung des Metalls, zuerst des Kupfers, den Auftakt zu einer ersten Hochkultur an. In der frühen Kupferzeit werden immerhin noch bis ans Ende des 3. Jahrtausends Messer und Pfeilspitzen aus Feuerstein hergestellt.

In Palästina werden drei aufeinanderfolgende Perioden der Kupfersteinzeit unterschieden: die siebente Schicht von Jericho; die Periode von „Chassul", die der frühesten Amrah-Kultur Ägyptens und dem späten Halaf sowie dem frühen Al Ubaid in Sumer entspricht (um 3400 v. Chr.); und schließlich die Kulturschichten von Jesreel und Beerseba. Die aus Lehmziegeln errichteten Hauswände von Chassul zeichneten sich durch farbige Freskomalereien aus. Berühmt ist hier ein vielfarbiger achtstrahliger Stern — Vorform einer gotischen Fensterrose. Er ist vollendet gegliedert und in konzentrischen Schichten aufgebaut. Die gegenstandslose abstrakte Kunst des Neolithikums überhöht sich somit ins Architektonische. Ein struktureller Reichtum beginnt, der konstruktive Wille erobert sich neue Dimensionen.

In Arpatchiya im oberen Tigrisgebiet wurde ein handgefertigter bunt-farbiger Teller der Kupfersteinzeit gefunden. Eine „gotische Rose" mit 32 roten, von einem schwarzen Kern ausstrahlenden Blättern dekoriert die Innenseite. Diese Blätter sind von zwei Zonen umkreist. Die innere besteht aus zwei, die äußere aus drei konzentrischen Kreisen. In ihnen reihen sich weiße Kreuze auf einem dunklen Hintergrund aneinander. Eine Zickzacklinie greift abschließend um die ganze Komposition herum. Die Abstraktion sucht in ihren

Grenzen und mit ihren Mitteln ins Architektonische aufzusteigen. Solcher Trieb findet erst in der vom sumerischen Bauwillen angeregten Tempelarchitektonik Al Ubaids seine Erfüllung. Der Tempelbau ist die Signatur des sumerischen Geistes. Ein sumerischer Charakter macht sich zuerst, rein und vielfältig, in Eridu bemerkbar.

Der Al-Ubaid-Kultur gehen örtliche Kulturen in Hassuna, Samarra und Halaf voraus. Diese Siedlungen bestehen jeweils aus vielen Siedlungsschichten, wobei sich Halaf durch eine Vollständigkeit aufeinanderfolgender Niveaus auszeichnet. In den ältesten Schichten Arpatchiyas läßt sich die Stufenfolge von Samarra, das südlich nach dem Diyala zu liegt, bis Halaf — am oberen Khabur — nachweisen. Die Schichten dieser Fundstätten entsprechen sich in ihren keramischen Ornamenten. Hassuna, zwischen Mussul und Assur gelegen, steht am Beginn, da seine ältesten Schichten von der Kupfersteinzeit bis in das Neolithikum zurückreichen. Die jüngste Schicht von Halaf zeigt eine Kultur, die — in voller Vitalität und Blüte — plötzlich abbricht. Auf den Bruch folgt eine Architektur und Keramik, die in ihrem Typ der Al-Ubaid-Stufe zugehört.

In Hassuna läßt sich verfolgen, wie Nomaden, die vielleicht im 5. Jahrtausend v. Chr. einwanderten, nunmehr seßhaft werden. Ein Genius loci verwandelt wandernde Nomaden in Kulturträger. Das immer wieder stimulierte mesopotamische Kraftfeld saugt Stämme aus den nördlichen und nordöstlichen Bergen und aus den südöstlichen Wüsten an. Kühne und visionäre Menschentypen fühlen sich hier zu Hause. Sie stehen zur engeren Wahl.

Von der dritten Schicht an regt sich in Hassuna eine Bautätigkeit. Außerdem verfertigt man Tonwaren, die sich aus rohen Formen zur kultivierten Stufe von Samarra und Halaf entfalten. Nun wird in der vierten und fünften Schicht auch die erste Erdmutter zaghaft modelliert. Abstrakte Ornamente zeigen eine erste Andeutung von Schrift.

Der Boden der mesopotamischen Kulturheimat beginnt somit, sich als fruchtbar für aufsprießende Volkskulturen zu erweisen. Die Hassunaleute wachsen über die Dumpfheit, Mühsal und Lebensenge hinaus, in der der neolithische Mensch außerhalb des Fertile Crescent weiterhin befangen bleibt. Ihr Sinnen und Trachten schwingt sich allmählich in religiös-künstlerische Phantasieräume auf. Es ist, als ob ihre Glieder sich von einem metaphysischen Schlummer lösen, bis schließlich im sumerischen Eridu und Uruk der Dämmerzustand mit einem Male weicht und das Mysterium magnum der Religion alle vitale und geistige Energie auslöst. Erst so wird das Erbe des Jungpaläolithikums gerettet und konsolidiert.

Mit Samarra beginnt wie angedeutet eine entschiedene und überzeugende Formgebung. Visionär-Figürliches setzt sich gegenüber der gegenstandslosen Abstraktion des Neolithikums, wie sie in Hassuna noch vorherrscht, zunächst in der Verzierung von Tongefäßen, dann in der Steinschneidekunst der Siegel (zunächst von Stempelsiegeln) durch. Dabei unterliegt das Figürliche immer noch einer zunehmenden Schematisierung. In nordöstlichen Gebirgen und Steppen sind Tierdarstellungen heimisch. In ihnen klingt wohl noch die Kunst der jungpaläolithischen Jägerkultur nach. Ein Thema Samarras weist auf iranische Vorbilder in Susa und Bakun hin, und zwar ein Wirbel von vier Hirschen mit stromlinienförmigen Hörnern, die einen mittleren Rhombus umkreisen. In diesen ist ein Kreuz eingezeichnet. Jener Wirbel ergibt ein Malteser-Kreuz. Die Hirsche sind wiederum von einem Kreis aus schrägen Strichen umfaßt. Ein zweites eindrucksvolles Motiv findet sich auch in der iranischen Keramik von Tepe Djowi: eine girlandenförmig angeordnete Reihe tanzender Figuren, die sich die Hände reichen, — wahrscheinlich vollführen sie einen rituellen Regentanz. Vielleicht tanzen sie vor dem Altar des Wettergottes, dessen Körper in Elam in Schlangen übergeht. Die Schlangenstele des Untasch-Chuban in Susa z. B. weist auf einen frühen iranischen Schlangenkult hin. Die Figuren Samarras sind von schriftartigen Schlangenlinien begleitet.

Solche figürliche Tiersymbolik findet mit der Herrschaft der Al-Ubaid-Periode in Mesopotamien ein jähes Ende. In der letzten Schicht von Hassuna erscheinen die Hörner von kreuzförmig angeordneten und sich im Kreise drehenden Hirschen in Form von Schlangenlinien. Girlandentänzerinnen finden sich auch in Ninive, Arpatchiya, Sialk und Susa.

Der auf Amarra folgenden Kulturperiode von *Halaf* ist die von Arpatchiya und Chagar Bazar zugeordnet. Nunmehr wird Metall bearbeitet, und Tongefäße werden vielfarbig verziert. Buntkeramik entstand auch im iranischen Gebiet zwischen Sialk, Anad und Persepolis.

Halaf und Arpatchiya sind reich an Tiersymbolen. In Arpatchiya ist ein eigenes religiöses Fluidum bemerkbar. Vielleicht war es ein Wallfahrtsort, an dem sich kostbare Gaben ansammelten. Bereits in dieser vorgeschichtlichen Zeit regt sich ein religiös motivierter Bauwille. Seine Werke liegen außerhalb des Bezirks utilitarischer Zwecksetzung. So fand man in Arpatchiya die sogenannten „Tholoi", gewölbte bienenkorbartige Rundbauten mit einem langen rechteckigen Vorbau; wie die späteren sumerischen Tempel waren sie auf Fundamenten errichtet. Sie enthalten weder Altäre noch Opfertische. Sie werden zuerst auf Zylindersiegeln von Uruk abgebildet. In den Tholoi wird auch zum ersten Male die architektonische Form des Gewölbes konzipiert, und diese Konzeption ist technisch gemeistert. Der Raum wird somit zu einem Schauplatz mit sukzessiven Bedeutungsakzenten. Er kehrt gleichsam in sich selbst zurück. Im Dom wird Räumliches zum Echo einer inneren Unendlichkeit. Die Leerheit des unendlichen Raumes wird gleichsam entlarvt. Der Tholos als solcher überlebt übrigens nur in erstarrter Form im südlichen Mittelmeer. In Mesopotamien bricht diese Form in die des sumerischen Tempels auf. Das in Arpatchiya angeschlagene religiöse Motiv triumphiert in Eridu als Motiv alles Gestaltens.

Die Muttergöttin wird in dieser Periode aus Ton, seltener aus Stein gebildet. Sie erscheint in einer Fülle von Formen. Mit dem Beginn der sumerischen Kultur tritt dann aber das Sinnlich-Irdische der gebärenden Urmutter, der Eva des ganzen Geschlechtes, zurück. Göttinnen, die keine Menschenköpfe tragen, deren Macht sich von der Unterwelt bis zum Sternenhimmel erstreckt, sind vom Schauer der Transzendenz umwittert. Sie erscheinen in Symbolen.

Die Muttergöttinnen in Arpatchiya dagegen sind oft noch in der kauernden Haltung der Gebärerin dargestellt. Diese Haltung ist in einigen Beduinenstämmen des nahen Orients üblich. Übrigens trägt ein weiblicher Torso oben auf der linken Schulter ein Malteser-Kreuz. Dieses erweist sich somit als ein frühestes religiöses Symbol, und zwar als ein Symbol der Himmelskönigin und Erdmutter.

Ein Hauptsymbol der Muttergöttin ist in Arpatchiya, wie später besonders auch in Kreta, die sakrale Doppelaxt, außerdem auch das Bucranum, der Stierhörnerkopf. Die Doppelaxt läßt sich zugleich als Kreuzung von Stierhörnern oder Mondsicheln auffassen, die von ihrem Treffpunkt her ausstrahlen. Solche Figurensymbole werden dann schriftartig schematisiert: zu heiligen Zeichen oder Hieroglyphen vereinfacht und rhythmisch wiederholt. Der Stierkopf wird auch aus Knochen oder Stein konstruiert.

Die nordmesopotamische Ouvertüre zur sumerischen Frühkultur bricht dann ohne Überleitung ab. Motive wie die Doppelaxt und die Stierköpfe, wie Göttinnen mit überbetonten mütterlichen Merkmalen, wie Tierwirbel in Form von Swastikas (in Samarra) oder Malteserkreuzen, oder wie Girlandentänzerinnen — all diese Requisiten verschwinden von der Bühne des Geschehens in dem Augenblick, in dem die Protosumerer Eridus „die Bretter" betraten. Nur im Iran setzt sich jene vorsumerische Entwicklung fort. So entspricht die dritte Schicht Sialks, eines berühmten Vorortes frühiranischer „Kultur", der letzten Schicht von Halaf und Arpatchiya. In der nun folgenden Periode verhält sich der Iran „konservativ", während das Euphrat-Tigris-Gebiet in die Geburtswehen der sumerischen Hochkultur einbezogen wird.

Hier finden sich in der letzten Schicht von Halaf sowohl wie in der dritten Schicht von Sialk Siegel in der Form von runden Stempeln vor. Sie weisen darauf hin, daß der Mensch des späten Kupfersteinzeitalters beginnt, Züge eines individuellen Eigentümers, des späteren Städters, zu entwickeln. Kooperation im religiösen Bau, Arbeitsteilung im Metall- und Töpferhandwerk und Ausbildung einer persönlichen Eigensphäre entwickeln sich miteinander. Frühzeitig kehren auf Siegeln, Vasen und Skulpturen bestimmte Bildsymbole wieder. In ihnen setzt sich eine Thematik durch, in der sich die Begegnung des ersten Kulturvolkes mit den Dingen dieser und „der andern Welt" niederschlägt. Sie drücken den Charakter aus, auf den das werdende Kulturvolk in seiner jeweiligen Phase festgelegt ist und, an dem es weiterbildet. Sie setzen sich mit einer Art Naturnotwendigkeit durch. Das Menschliche erstreckt sich in jeder Metamorphose in eine Zeichenwelt hinein, in der die neue Gestalt Signatur und Identifikation gewinnt. Es erkennt sich dort in einer unzweideutigen und doch bedeutungsreichen Linienführung, einem Stil. Jenes Menschliche an uns, das vor 6000 Jahren in rhythmischen Sukzessionsstufen abgelegt wurde, identifizieren wir immer noch und immer wieder in den Symbolen, deren sprechende Lebendigkeit bleibt.

Echte Symbolzeichen bieten einen Spielraum für neue überraschende Selbstaufschlüsse, aber keinen Raum für Willkür. Sie lassen sich von Inkompetenten weder abändern noch kombinieren. Sie sind, wie, wo und wann sie sind, notwendig, und ihre Notwendigkeit leuchtet ein. In der Geburtsstunde der Kultur hält sich das Bewußtsein in den Grenzen des Seins, und der Selbstausdruck ist unfehlbar richtig.

Das Volk von Al Ubaid

Es sind die Al-Ubaid-Stämme, die in Eridu den ersten Frühling der Kultur erleben. In der kulturellen Schicht, in der sie zuerst auftreten, macht sich im Vergleich zu den genannten früheren Schichten des nördlichen Mesopotamiens eine Vergröberung der Erzeugnisse besonders auf dem Gebiet der Keramik bemerkbar. Zunächst scheint es an Phantasie und Originalität zu fehlen. Frühere geometrische Motive werden in einfarbiger Darstellung schematisch wiederholt. Die faszinierenden Tiermotive der vorausgehenden Stufen werden nicht wieder aufgegriffen. Von Metallbearbeitung findet sich noch keine Spur.

Aber alsbald zeigt sich, daß das Volk von Al Ubaid zu Höherem bestimmt ist: Es gab sich seine Signatur in den kultischen Tempelbauten Eridus. Diese Tempel sind mit einem Male reich gegliedert, harmonisch proportioniert und überhaupt elegant ausgeführt. Derselbe Stil der Baukunst dringt alsbald quer durch Mesopotamien, bis Uruk, Uquair, Brak und Gawra.

Die Al-Ubaid-Kultur beginnt in Gawra mit dem 19. Niveau. Nach dem 17. Niveau werden die frühsumerischen Bauten in Gawra durch Tholoi ersetzt, wobei sich der Halafeinfluß noch einmal regt; indes seit dem 13. Niveau erlebt die Al-Ubaid-Architektur in Gawra ihren Höhepunkt. Vielleicht waren hier die Heiligtümer zweier Gottheiten, vermutlich der Inanna und des Dumuzi (sumerische Urform: „Dumu zid abzu", d. h. der treue Sohn des unterirdischen Süßwasserozeans; semitische Form: „Tammuz") vereint.

In den Bauten der Al-Ubaid-Phase künden sich frühzeitig Formelemente der späteren gotischen Kathedralen an: im Äußeren Pilaster und Nischen, die an Strebepfeiler, im Inneren Streben und Nischen, die an Seitenkapellen gemahnen, und im Ganzen ein Zug zur Elevation des Himmelsdomes, der das Irdische mit dem Transzendenten vermählt. Im Inneren deutet sich bereits die Form des Kirchenschiffes an.

Der älteste Tempel in Eridu enthält bereits einen Altar und einen Opfertisch — den späteren Tisch der Messe. Im Laufe der Zeiten sind hier an geweihter Stätte 18 Heiligtümer übereinandergebaut. Jedes erwächst aus dem Komplex alles Vergangenen. Der aufstrebende „babylonische" Turm der dritten Dynastie von Ur überhöht sie alle. Sie erheben sich an-, durch- und übereinander.

Ein geistiger Freiheitsdrang hat offensichtlich den magischen chthonischen Bann der einleitenden Perioden der Zeit der Tholoi, der Stierköpfe und Doppeläxte gebrochen. Ein erster Akt der Kulturwerdung zeitigte in seiner langen Dauer 14 Heiligtümer, die sich übereinander erhoben. Die Al-Ubaid-Periode hat mehr Saecula, als das europäische Mittelalter umspannt. Der erste Anlauf hatte einen langen Atem.

Das „Volk" von Al Ubaid, das sich kurz nach 5000 v. Chr. an der Peripherie Mesopotamiens ansiedelte und dessen Urheimat wohl jenseits des iranischen Plateaus lag, drang zunächst in die ältere Vorkultur von Halaf ein, bis es dann plötzlich imstande war, Mesopotamien nach seinem Geiste zu gestalten. Damit brach die Kultur der Leute von Halaf, die noch im Vollbesitz ihrer formenden Kräfte waren, auf einmal unvermittelt ab.

Nunmehr ist Mesopotamien imstande, sich jugendfrisch neuen Aufgaben zuzuwenden. Eruptive religiöse Vitalkräfte treiben nun einen „Fortschritt“ auf ganzer Linie aus der bisherigen Zivilisation heraus. So wurde zwischen 3300 und 3100 im Al-Ubaid-Gebiet die Töpferscheibe erfunden. Aus Schilfrohr wurden Dächer und Matten hergestellt. Der Kreis wurde in 360 Grade eingeteilt, das Jahr in 4 Jahreszeiten und 12 Monate, diese in Tage, die Tage in 12 Stunden, die Stunde in 60 Minuten. Die 60 wurde zur Grundzahl, die 8 im Strahlenkern zur heiligen Zahl. In Tell Halaf und Samarra entstand, wie gesagt, zwischen 3700 und 3300 eine hochqualifizierte bunte Keramik. Diese erfuhr aber mit der Serienfabrikation durch die Töpferscheibe eine Niveausenkung. Der religiöse Kunstwille manifestierte sich fortan in Siegeln, Skulpturen, Stelen und sogar Fresken.

Eine hohe Blüte erreicht die Kleinkunst in der Al-Ubaid-Periode, und zwar auf dem Gebiet der Siegeltechnik. Im Norden Mesopotamiens, besonders in Gawra, gehen die runden Stempel den Zylindersiegeln voran. In Gawra fanden sich ungefähr 600 Siegel mit reichen Tierdarstellungen. Es wurde da auch der „Mensch zwischen Tieren“ gezeigt — dies ist ja ein sumerisches Motiv.

Die Zylindersiegelkunst Uruks und weiterhin seiner — literarischen und dynastischen — Unterperiode, der von Djemdet Nasr, bezeugen zum ersten Male eine Konzeption von Situationen und Szenen. Geistiger Horizont und kompositorische Fähigkeit sind nunmehr erweitert und differenziert. Aussprache und Darstellung, Bericht und szenische Anordnung gewinnen eine eindringliche Suggestivkraft.

In plötzlichen Errungenschaften der Architektur und der Glyptik offenbart sich eine Eruption geistiger Kräfte. In Jahrtausenden der Menschwerdung müssen sich ungeahnte Reserven gebildet haben.

Aus der künstlerisch-rituellen Fähigkeit der Bildsymbolik differenziert sich nun die präzise technische Gabe heraus, Schriftzeichen zweckmäßig zu fixieren. Mit Schriftzeichen versehene Tontafeln dienten zuerst der Buchhaltung der Tempelwirtschaft. Schrift und zivilisatorische Mentalität entstehen miteinander.

Wie im ersten Teil ausgeführt, bleibt in Ägypten die zivilisatorische Ausrüstung von Arbeit, Verwaltung, Schrift und Recht den religiös-kulturellen Lebensantrieben enger verhaftet, als dies in Mesopotamien der Fall ist. Hier bewahren sich die praktischen Interessen einen Spielraum, der schließlich in der persischen und hellenistischen Endperiode der neuzeitlichen Säkularisierung nahekommt.

Die in Mesopotamien erfundene Schrift, die sich kurz vor der Djemdet-Nasr-Periode vom Bildhaft-Gegenständlichen entscheidend befreit, ist eminent praktisch. Indes sind die Mesopotamier wohl „praktischer", aber jedenfalls nicht „kultivierter" als die Ägypter.

Den Gipfel praktischer Routine erreichen am Ende die Phönizier mit ihrer Buchstabenschrift. Diese übersetzt alle Dinge auf allen Wertstufen in austauschbare Zeichen. Die Phönizier selbst sind geistig unbeschwert; sie kreuzen auf allen Meeren, handeln mit allen Waren, siedeln überall und brauchen keine Heimat mehr.

Wenn die Mesopotamier, die Hebräer, die Iranier, die Inder, die homerischen Griechen ihre Epen und heiligen Mythen aufzeichneten, war die schöpferische Zeit der Literatur schon vergangen. Insbesondere sind auswechselbare Zeichen kein geeignetes Medium, um den Blick für die Konturen und Nuancierungen des Wirklichen zu üben. Sie sind Katalysatoren der lebendigen Sprachenentwicklung.

Die Geburtswehen der Kultur Mesopotamiens setzen in drei Wellen ein, die vermutlich mit drei Einwanderungsstößen verbunden sind: auf die Leute von Al Ubaid oder Eridu folgen die von Uruk und schließlich die von Djemdet Nasr.

Dabei setzt der primäre Vorstoß der Leute von Al Ubaid die Matrix Mesopotamiens in jenen Erregungszustand, der überhaupt zur Geburt führt. Die ersten Geburtswehen pflanzen sich von Eridu, aus einem winzigen Hügel bei Ur, bis nach Assyrien fort. Der Volksname „Sumerer" besagt „Bewohner des Südlandes". Unter ihnen treten die Urukleute stärker ins Relief, weil sie für einige sensationelle Fortschritte wie die Erfindung der Schrift, der Rollsiegel, des Wagens und einer wirtschaftlichen sozialen Organisation verantwortlich sind. Der erste entscheidende Vorstoß in die unbekannten Regionen der Kulturexistenz gelingt jedenfalls dem Al-Ubaid-Volk. Mit ihnen wird das Mysterium einer Volkwerdung aus religiösmythischen Ursprüngen Ereignis. Der Mensch gewinnt nun als Kulturwesen eine Physiognomie.

Anthropologisch-rassenmäßig lassen sich die Sumerer nicht eindeutig bestimmen. Im Beginn der Al-Ubaid-Periode überwiegt der mediterrane Rassentyp; er wurde bereits im ägyptischen Kapitel geschildert. Ihm gehören die prähistorischen neolithischen Bauern des Ostmittelmeeres und Balkans an. Wie in Ägypten wird die Bevölkerung Mesopotamiens zunehmend mit dem kurzköpfigen gedrungenen Typ des armenischen und des iranischen Hochlandes und der nordöstlichen kaspisch-aralischen Gebiete durchsetzt. Mit den Kulturaufgaben verschiebt sich der dominierende konstitutionelle Typ, und umgekehrt. Die eindringenden Rassen, ein anthropologisches Rohmaterial, transformieren sich im Gebiet der paradiesischen südlichen Fruchtbarkeit, ihrem gelobten Lande. In den genannten drei Geburtswehen der Kultur kondensiert sich der Grundstock des sumerischen Volkes. Aus ihren Ursprungsgebieten bringen die Einwanderer auch Eigenes mit, das in diese Kondensation eingeht, jeweils etwas vom Genius loci ihrer früheren Heimat, etwas vom Geist der Berge mit ihrem Höhendrang, vom Geist der transkaspischen Steppen mit ihren visionären Weiten. Sie wissen etwas von den Metallschätzen der Berge und dem Tierleben der Steppen.

Die Al-Ubaid-Kultur, die erste Phase in den Geburtswehen der Kultur, endete in einer „biblischen Sintflut". Sir Leonard Woolley (Excavations at Ur, London 1955) entdeckte unter der Kulturschicht von Uruk eine 11 Fuß tiefe Schicht von Schlamm, der eine 25 Fuß tiefe Überschwemmung entsprechen würde. Diese hätte das flache Land Mesopotamiens über ein 300 Meilen langes und 10 Meilen breites Gebiet hinweg bedeckt. Zumindest steht fest, daß eine „dicke sterile Ablagerungsschicht, die wohl nach einer Überschwemmung zurückblieb" (Moortgat), die Jungsteinzeit und die Frühgeschichte der Al-Ubaid-Periode Urs trennt. Daß ursprüngliche Mythen einen Wirklichkeitskern enthalten, konnte mehrfach bewiesen werden.

Der sumerischen Legende entsprechend lebten die Menschen vor der Flut — d. h. in der Al-Ubaid-Periode — in Schilfhütten. Die Urukleute stammten wohl aus den metallreichen anatolisch-armenischen Gebirgsländern, während die Herkunft der Al-Ubaid-Leute nach Belutschistan hinweist. Das Urukvolk siedelte sich nach der „Sintflut" in den Überresten der älteren Al-Ubaid-Kultur an. Es setzte diese mit neuen Impulsen fort. In die erste Szene des ersten Aktes des Dramas der Kulturwerdung wurde so eine zweite Szene und dann eine dritte hineinkomponiert, die Aktion komplettierend.

Im Gegensatz zu Ägypten vollzieht sich die Volkwerdung in einem Flußmündungsgebiet; es hat nach Arabien und Syrien hin keine Grenzen. In einem Horizont ohne Ende bleibt jede politische Einheit provisorisch. Sie wird in Sumer durch die Zelle des Stadtstaates, nicht — wie in Ägypten — durch den Körper eines Reiches verbürgt.

Sprachlich gehörten die frühen Bauern von Al Ubaid wahrscheinlich der japhetisch-präindogermanischen Sprachgruppe der Mediterranen an, deren Einfluß sich bis zum Kaukasus und dem drawidischen Südindien sowie dem hamitischen Afrika erstreckt.

Die sumerische Sprache selbst ist dabei einzigartig. Sie kann bisher keiner anderen Sprachgruppe zugeordnet werden. Vermutlich entstand sie in der einmaligen menschlichen Erschütterung der genannten Geburtswehen. Sie enthält einen Grundbestand an „Schicksalsworten" wie gisch-char, was ungefähr „Plan der kommenden Dinge" bedeutet; oder nam-tar, was mit „Schicksal" übersetzt wird. Schriftartige Bildsymbole der Frühzeit enthalten tiefe religiös-mythische Konzeptionen.

Man muß annehmen, daß das werdende Volk für das, was ihm widerfährt, auch eine Sprache findet. Es gerät in die Wirbel von Aufgaben, die ihm die Mächte dieser und der „anderen" Welt stellen — die Menschen sollen ja mit ihrer Zivilisation die „Götter entlasten". Für das neuartige Erlebnis einer lawinenartig wachsenden Volkskultur konnten lose verbundene neolithische Stämme überhaupt keine sprachlichen Ausdrucksmittel bereitstellen. Die Welt der religiösen, mythischen, utilitarischen und dichterischen

Volkssprache entstand einmal vor 6000 Jahren mit der Geburt eines Volkes, und sie war vorher als in sich wachsende Sprachwelt überhaupt nicht da.

Die erste kulturelle Selbsterfahrung, die plötzliche Geburt des Urvolkes, reflektiert sich im Mythos Enlils, des aktiven Schöpfergottes, auf den sich die Zivilisation Sumers zurückführt. Mit seiner Spitzaxt bricht er die Erdkruste auf, damit die menschlichen Pioniere das Tageslicht gewinnen. Die Menschen werden geschaffen, damit sie für die Götter den zivilisatorischen Raum ausbauen. Enlil gibt ihnen das Bewußtsein einer Solidarität, und sie wirken unter selbsterwählten demokratischen Oberen, den Ältesten, kooperativ an gemeinsamen Aufgaben.

In Eridu wird in solcher religiös bestimmten Zusammenarbeit ein erster Tempel errichtet: ein winziger rechteckiger Kultraum mit Altar und kleinem Vorhof; das Ganze bedeckt nur wenige Quadratmeter. Diese Menschen beginnen hier spontan aus sich selbst. Es gibt hier in Eridu keine Vergangenheit, keine frühere Schicht etwa eines Mesolithikums, wie z. B. in Jericho oder Tepe Gawra. In diesem Neuland gibt es weder Stein noch Holz. Hier wachsen Horden von Jägern und Fischern in neue Aufgaben, der Bewässerung und Pflanzung, hinein. Die Pflanzen, die sie kultivieren, und die Tiere, die sie zähmen, sind in diesem Neuland nicht beheimatet: sie stammen aus fernen Ländern. Dieses Neuland gehört Ea zu eigen, dem Gott der frischen Wasser, der mit Enki, dem Erdgott und Schöpfer der erdgebundenen Zivilisation, zusammenwächst. Die Menschen sind seine Diener und Treuhänder. Auf Schritt und Tritt sind sie auf seine Intervention angewiesen. Im Gegensatz zur ägyptischen Sekurität tappen sie in einer unsicheren Atmosphäre. Sie fühlen sich darauf angewiesen, daß ein Göttliches mit immer neuen Zuwendungen eingreift, damit sie zusätzlich Erfindungskräfte mobilisieren.

Die sumerische Früh- und Vorperiode von Al Ubaid schreibt die Fortschritte der Zivilisation dem Eingreifen göttlicher Mächte zu. Der frühsumerische mythische König Gilgamesch vereinigt in sich Züge des Dädalos, des Prometheus und des Herkules; seine zivilisatorischen Taten sind von einem metaphysischen Pathos beschwingt. Religiöse Vitalenergie und Lebenssicherung sind von einem sprunghaften Anwachsen der Bevölkerung begleitet. Im letzten Friedhof von Eridu wurden bereits tausende von Gräbern gefunden. Nun rücken die Feldparzellen näher aneinander. Ein Kulturland wächst zusammen, das arbeitsteilig bewässert wird. Sein überschießender „Kapital"ertrag wird in Getreidesilos dem Gotte „zu treuen Händen" zurückerstattet, der Saat und Ernte segnete. Der Ernteertrag wird als Kapital, als wirtschaftlicher Gnadenschatz, im religiösen Gemeinschaftshause deponiert und verwaltet. Die wirtschaftliche Sicherung gegen die animalische Lebensnot wurzelt in heiligem Boden. Seine Früchte sind der Liebe und Fruchtbarkeit der Inanna, der Erdmutter, zu verdanken. Sakrale, menschliche Berechnung übersteigende Kräfte wohnen auch den Werkzeugen der Kultivierung inne. Dem Feuerstein, der als Schneide in die Sichel eingefügt wird, hat der Gott Ninurta die Anfälligkeit für Umformung und Schärfung als Strafe dafür auferlegt, daß er als unbehauener Stein den Gott angreifen wollte. Andrerseits bot die Göttin Nidaba im Schilf der Marschen den Sumerern einen typischen Baustoff dar, der reichste Verwendung fand. Aus Schilf wurden die Flöte des Schafhirten, die Wand und Tür seiner Hütte, der Griffel des Schreibers, der Schilfbündelring und der Pfosten des Tempels — Symbole der Urgöttin — konstruiert. Im rauschenden Schilf lauscht der Sumerer heimatlichen Tönen, das Schilfsymbol ist ihm nah und vertraut. Dieser Grundstoff zivilisatorischer Arbeit wächst ihm aus seiner eigenen Heimat zu. Die Göttin reicht ihm das Schilf aus ihren Marschen.

Der Erdgottheit heilig ist auch noch der Ziegel: ein Lehmklumpen, der in einen hölzernen Rahmen gepreßt ist. Der spätere Priesterkönig vollzieht den Ritus der Ziegelbereitung. Dieser Ritus wird in Hymnen gepriesen.

Wie im Städtebau der Ziegel, so ist im Verkehr das Segelboot das allgegenwärtige und symbolische Zivilisationsgut. Wie der Ziegel und das Schilf, und zuvor der Feuerstein und die Spitzaxt, erhebt es sich in sakrale Sphäre. Es ist ja der Mensch vom Schlage eines Gilgamesch, ein prometheischer Mensch, der in einer von religiösen Schauern, mythischen Gesichten und Vitalenergien erfüllten Wirklichkeit seine materielle Lebensbasis zu erweitern hat. Das Boot geleitet ihn durch Landschaften, in denen die Grenzen zwischen zivilisierter Welt, Unterwelt und Überwelt kaum erkennbar sind. Dasselbe Segelboot, das unzählige Kanäle miteinander verbindet, erscheint in Grabbeilagen als Gefährt des Auferstehenden, das ihn nach den Schilfgestaden ewiger Wässer geleitet.

Die erste Erdbebenwelle der Kultur in Al Ubaid pflanzt sich in weite Umkreise fort. Um 2200 v. Chr. erreichen ihre Auswirkungen das Gebiet um Sesklo und Dimini in Südostthessalien. Hier liegt nun der Ausgangsherd der neolithischen Bauernkultur Griechenlands.

Es mag interessieren, an diesem Beispiel zu verfolgen, wie jener erste Geburtsstoß sich durch die Zeitentiefe hindurch fortpflanzt. Von einem sekundären Herd gehen zusätzlich Wellen aus, die für eine Metamorphose z. B. keramischer Formen verantwortlich sind. So hat sich von Sesklo und Dimini aus eine phantasiebeschwingte, das ganze Gefäßvolumen in dynamischen Spiralen und Mäanderformen überziehende Bandkeramik entwickelt. Außerdem finden sich Stein- und Tonplastiken der Muttergöttin mesopotamisch-syrischer Herkunft. Sie hält ihr Kind in den Armen. Auf 1500 v. Chr. wird die gebärende Urmutter Eileithyia datiert, deren Kulthöhle sich in Knossos auf Kreta findet. Sie wird von Homer besungen. Mit ihrer Hilfe wird in Delos Apoll geboren; ihr Symbol ist die Spindel.

So trägt die Ausstrahlung von Halaf und Al Ubaid her fortzeugend Früchte. Der erste Anstoß setzt eine Kettenreaktion von Anstößen in Bewegung.

Der von Sesklo aus weiterzeugende Anstoß endet auf dem europäischen Kontinent bei Theiss in einem Ausgangsherd donauländischer Bauernkultur.

Das mesopotamische Kraftfeld hat einen weiteren Fortpflanzungsraum als das ägyptische. Er schlägt seine Wellen bis in die thessalischen, die ägäischen und die donauländischen Regionen im Westen, und im Osten bis nach Belutschistan und über die Dschungarische

Pforte nach dem Industal. Die bunte Keramik, die Kenntnis der Tierhaltung breiten sich bis nach Nordchina aus. Ägypten ist weniger kommunikativ, es ruht enger in seiner eigenen Kraft. Diese durchdringt in Jahrtausenden die eigene Substanz. Aber immerhin kehren wichtige ägyptische Motive in der indischen Kultur wieder: die Mastaba (in der Stupa), das Lotossymbol, die Vergöttlichung von Tieren, die Wertschätzung von Tanz und Musik.

DER GESCHICHTLICHE GESTALTWANDEL DER PRIMÄRKULTUR

Die Urukperiode

In der Mitte des 4. Jahrtausends erfuhr das untere Mesopotamien die Erschütterung eines neuen schöpferischen Impulses; kurz vor 3000 v. Chr. erreichte dann die neue Kultur des Urukvolkes eine allseitige Blüte in Baukunst und Bildhauerei, in Kriegsausrüstung und Organisation, in Steinschneidekunst und Metallverarbeitung. Die vorausgehende Al-Ubaid-Kultur, die etwa um 4000 anhob, erreichte, wie gesagt, um 3500 eine höchste Stufe ihrer Architektur in einem Tempelbau, der den beschwingten Nischenstil entwickelte, einen Stil, der sich bis hinauf nach Tepe Gawra in Assyrien ausprägt.

Religiöse Ergriffenheit und kultureller Lebensaufschwung eines ersten Völkerfrühlings zaubern mit einem Male eine ganze zivilisatorische Gebildewelt wie aus dem Nichts her. In ihr fügt sich jedes in alles. Sensationell hebt sich für uns die Erfindung einer bildhaften Schrift hervor, die aus der Fülle der Wirklichkeit Gegenstände umgrenzt, umreißt und ablöst, so daß sie ausschließlich als Zeichen erinnert, vorweggenommen und verbunden werden können. Es werden somit Kulturheimat, Rinder, Esel, Schilf, Getreide, Tempel, Kanäle, Regen und Sonne in Bildzeichen übersetzt. Sie bieten dem frühen Menschen ein ablösbares Relief von Zeichen.

Der Weg vom Namen zum Ding ist noch erhalten, während ein Weg vom Namen zum Namen sich anbahnt.

Anders als die Schrift erreicht die bildende Kunst im frühen Uruk sofort eine hohe Stufe der Vollendung. Ohne merkliche Vorbereitung wird sehr bald Paradigmatisches herausgestellt. Ein visionärer Blick dringt in Tiefen und Weiten des Seins. So wurde im Bezirk des Inanna-Tempels von Uruk ein marmorner lebensgroßer Frauenkopf gefunden. Eine Heroin mit aristokratischen Zügen blickt da auf einer erhöhten Bühne des Daseins in einen Schicksalsraum. Sie erinnert an eine priesterliche Natur aus der griechischen Tragödie, eine Antigone oder Elektra.

Zum anderen wurde eine Kultvase aus Alabaster entdeckt. Auf ihr sind von Schicht zu Schicht die Welten dargestellt, die in der Glorie der Erd- und Himmelsgöttin gipfeln. Beide Kunstwerke werden auf etwa 2800 v. Chr. datiert. In ihnen bezeugt sich zum ersten Male der individuelle Genius eines Volkes, die schlichte Notwendigkeit eines Stiles. Die spätere schriftlich-literarische Formgebung setzt diese originäre religiös-künstlerische Vision voraus.

Das Kerngebiet der Urukkultur reicht nördlich bis zum Diyalafluß. Wo dieser in den Tigris mündet, neigen sich Euphrat und Tigris einander zu. Bis zu dieser Stelle maximaler Annäherung reicht das von den Sumerern dominierte Südgebiet Mesopotamiens. Das nordwestliche Zwischenstromland wird mehr und mehr von Semiten bevölkert, die in Wellen aus der westlichen Wüste einwandern. Scharf nach Nordosten hin, in Richtung auf den Van-See zu, schließen sich die Churriter an. Diese beeinflussen später mit ihren feudalen Zügen die assyrische und die hettitische Sozialordnung. Mythos, Kunst, Schrift und materielle Zivilisation der sumerischen Tempelstädte bleiben der Grundstock der mesopotamischen Tradition. Eine Vielheit rivalisierender Rassen, Stämme und lokaler Kulturen, die in wechselnder Symbiose leben, wird durch diese Tradition zusammengehalten.

In ihrem Charakter, der ja ihr geschichtliches Schicksal mit bestimmt, sind die Sumerer von den Ägyptern typisch verschieden. Ihre Herkunft aus Hochländern kündigt sich in einem Höhendrang an, der sich in aufstrebenden Bauten ausgibt. Den Sumerer treibt im Gegensatz zum statuarischen Ägypter ein Unbefriedigtsein mit dem Erreichten und Erreichbaren. Gilgamesch ist voll von metaphysischer Unruhe. Er zeigt sich widerspenstig gegen die Muttergöttin seiner Stadt. Es ist zwar die Bestimmung des Herrschers, sich mit ihr in einer Heiligen Hochzeit zu vereinigen, Gilgamesch bringt jedoch das bürgerliche Leben aus dem Gleichgewicht. Er nötigt den Einwohnern gewaltige Bauarbeiten auf, da er die Stadt mit einer Mauer umgeben will. Er wandert schließlich durch die Tierkreise, vom Löwen, der die Gestalten des Lebens verschlingt, bis zum Wassermann jenseits der Totenwässer. Er will von Ut-Napischtim, dem „Fernen", dem „unsterblichen" Noah der Sumerer, das Geheimnis von Leben und Tod erfahren. Dieselbe ruhelose Wißbegier nötigt ihn, den Geist seines Freundes Enkimdu, des Tiermenschen, aus dem Totenreich heraufzubeschwören. Er möchte die Gesetze der Erde kennenlernen. Immer wieder ist er von bösen Träumen geplagt, bangt um Gesundheit und Leben. Die Schlange, die später in der biblischen Geschichte die Eva verführt, raubt ihm das Kraut des ewigen Lebens. Er lebt durch unausgleichbare Spannungen, durch Leid, Verlust und Kämpfe hindurch. Der Ägypter dagegen ist seines Glaubens sicher, er ruht in seiner eigenen Macht.

Der Mesopotamier bedarf frühzeitig der Tugenden des Soldaten, um sein kulturelles Leben, ja sein Weiterexistieren nach innen und nach außen zu sichern. Er entwickelt ein Militärwesen, das dem ägyptischen überlegen ist. Das sumerische Heer besteht, wie spätere Stelen zeigen, aus leichter Infanterie, die mit Lanzen und Metalläxten zum Angriff und Helmen zum Schutz versehen ist, und aus schweren Verbänden auf Streitwagen. Diese werden von Eseln gezogen; von denen aus entsenden die Krieger ihre Wurfspeere. Ihre Räder sind noch solid — Speichen sind eine spätere Erfindung.

Den Kern der ersten Kultur bildet der Tempel. Bereits um 2600, in der Periode des Gilgamesch, läßt sich in Uruk der Gebäudekomplex eines Tempels der Inanna oder Innin, der Muttergöttin, nachweisen. Er ist Keim und Frucht einer landwirtschaftlichen, handwerklichen, kommerziellen, verkehrstechnischen und administrativen

Organisation. Diese universale Lebensausrüstung steht im Dienste der Göttin.

Im Tempelbezirk wohnten die Priester. Hier fanden sich auch die Unterrichtsräume der Priesterschule, und zwar war jede Erziehung religiös motiviert und ausgerichtet.

Die Bauanlage des Tempels der Inanna wurde für die Daseinsgestaltung der Uruk-Sumerer vorbildlich. Das Allerheiligste war von den Werkstätten der Siegel-Steinschneider, der Kupferschmiede und der Architekten umgeben. Hier fanden sich auch die Ställe für die Esel und die „Garagen" für die Gefährte, die dem Handel und Wandel dienten. Kaufleute, die aus Elam steinerne Handmühlen importierten, empfingen als Entgelt Land aus dem Tempelareal. Die Abrechnungen für Dienste, Ernteerträgnisse und Distributionen betrafen schon frühzeitig 3600 Posten. Sie wurden auf Tontafeln mit Griffeln aufgeführt. Die Sumerer übernahmen dabei die landwirtschaftlichen Bezeichnungen als „Fremdworte" von einer neolithischen Urbevölkerung.

Die erste Tempelzivilisation reicht bis auf 3200 v. Chr. zurück. Der englische Archäologe V. Gordon Childe kennzeichnete sie als einen theokratischen Sozialismus. Der Palastbezirk eines Stadtkönigs entwickelte sich erst später.

Die irdischen Belange unterstanden zunächst einem Steward der Göttin, dem „Ensi". Die zivile und die politische war in die religiöse Ordnung integriert. In sinngemäßer Abstufung arbeiteten alle an den Aufgaben, die ihnen zukamen. Sie waren in Gilden zusammengefaßt; ihre Ausrüstung, wie Transportesel, Pflüge und Hacken, sowie die Saatgüter erhielten sie von der Tempelverwaltung. Sie hatten Kanäle und Deiche in Ordnung zu halten, Felder zu bestellen und Brot in der Tempelbäckerei zu backen. Die Arbeitsfunktionen hatten ihre rituelle Komponente.

Das Gilgamesch-Epos erwähnt, daß das Weib des Ut-Napischtim, des „Fernen", dem Gilgamesch das Brot des Lebens bäckt, damit er seelisch und leiblich gesunde: „Als Gilgamesch nun an der Schiffswand lag und schlief, buk sie ihm Brote, legte sie ihm zu Häupten. Als er an der Schiffswand lag — er schlief den kultischen

Schlaf im kultischen Schiff —, tat sie ihm kund: ‚Ein Brot ist angerührt. Ein Brot ist geknetet, ein Brot ist genetzt. Das vierte ist weiß geworden, sein Röstbrot. Das fünfte wird hell. Das sechste ist gar. Das siebte . . .‘ — Da rührte er (der vergöttlichte Ut-Napischtim) ihn plötzlich an, auf schrak der Mensch.“ Nun sucht Gilgamesch auf dem Meeresgrund das Kraut, das die Quellen des Lebens hervorzaubert.

In Uruks Frühzeit ist alles Zivilisatorische, vom Pflügen bis zum Ernten, vom Saatkorn bis zum Brot mit religiösen Vitalenergien geladen. Nichts ist so „profan“, daß es aus der Heimat des Sakralen herausfiele. Eine „Welt der materiellen Interessen“ konstituiert sich erst, wenn der religiös-kulturelle Aufschwung verebbt.

Der Tempel gewinnt Form, bevor noch geeignete Werkstoffe bereitstehen. Man baut mit ungebrannten Ziegeln und errichtet sogar Säulen aus Lehm, wie sie die Amerikaner erst neuerdings wieder im Inanna-Tempel von Nippur auffanden. In der Geburtsstunde der menschlichen Religion und Kultur eilt die Formidee den materiellen Möglichkeiten voraus: „Es ist der Geist, der sich den Körper schafft.“ Die Entelechie kommt zuerst, und das „Stoffliche“ fügt sich. Sumer ist, wie Ägypten, arm an Werkstoffen; sie werden mühsam herbeigeholt und verarbeitet, um kühnen Baugedanken zu genügen. Gilgamesch ringt das Zedernholz einem Dämon der Berge ab.

Im Sturm und Drang seiner Frühzeit begegnet der Mensch dem Charakter der wachsenden Natur, Pflanzen, Steinen und Gewässern, den Sternen in den Weiten des Horizontes, dem Werden und Vergehen. Das, worauf er stößt, hat vor ihm noch keinen Namen. Er zuerst sucht es bildlich oder begrifflich zu fassen, und die Natur bietet ihm wie eine Mutter ihre nutzbringenden Gaben.

Primitiv und unzureichend ist auch der Werkstoff, aus dem die Mosaiken der frühesten Tempelwände gebildet sind. Kegelförmige Stifte werden aus Lehm gebacken. Sie werden dann gefärbt und rhythmisch gereiht, so daß sich teppichartige Muster ergeben. André Parrot schreibt, daß auf diese Weise „Fassaden und Säulen geschmückt wurden, wie wenn man sie mit ungeheuren vielfarbigen

Vorhängen behängt hätte" (Découverte des Mondes Ensevelis, 1952). Hier sind spätere assyrisch-achämenidische Fassadenornamente und persisch-arabische Teppichmuster vorweggenommen.

Im ganzen Aufriß entfaltet sich auf der Urukstufe der erwähnte „gotische Höhendrang" der sumerischen Architektur, der zuerst in Eridu bemerkbar wird. Der sumerische Akteur des menschlichen Dramas bringt ihn mit reichen Implikationen auf die Welt. Diese Baugesinnung überdauert die Jahrtausende. Entsprechend äußert André Parrot angesichts des Tempels von Uruk. «En face d'une telle architecture, comment ne pas retrouver l'impressionante préfiguration des basiliques chrétiennes. Car il n'y manquerait rien: narthex, nef cruciforme, bas-côtes, abside et chapelles voisines. Dans les puissants contreforts, on retrouverait les arcs-boutants; les deux entrées sont placées là où souvent elles existent dans la cathédrale, c'est à dire aux deux extrémités des bras du transept; les escaliers sont logés dans les tours.» (Zitiert aus: Archéologie mésopotamienne, Edit. Michel, Paris 1953.)

Der sumerische Bau ist vornehmlich — wie viele gotische Kathedralen — der Madonna des Himmels geweiht. Die Epiphanie der Göttin, die segnend ihre Arme ausbreitet und sich den Völkern triumphierend zeigt, glorifiziert die Architektonik ihres wohnlichen Seins. Ihre Szenerien fügen sich aus Portiko, Türpfosten, aus Schiff, Seitenkapellen, Säulenreihen und Nischen, aus Hochterrasse und Treppen.

Eine solche gewaltige Bautätigkeit beansprucht das Sozialprodukt und die geistigen und physischen Kräfte der ganzen, zahlenmäßig kleinen Gemeinschaft. Es ist für sie vital notwendig, das Haus der Fruchtbarkeitsgöttin und des Schöpfergottes zu bauen, denn diese müssen unter ihnen wohnen, um die Arbeit der Saat und Ernte anzuregen und zu segnen. So vereinte die Vision der Erde und Himmel vermählenden Tempelterrasse von Uruk 1500 Arbeiter 15 Jahre lang 10 Stunden täglich zu einer Bauarbeit, die als solche nur auf eine rituelle Darbietung von „Brot und Wein" hinauslief.

Es gab noch keinen Despoten und keinen organisierten staatlichen

Zwangsapparat und kein Reservat individueller Freiheit. Es gab auch kein Kollektivum, etwa von Land-, Bewässerungs- und Bauarbeitern, das einer fremden Autorität, etwa der Priesterverwaltung des Tempelbezirkes, ein eigenständiges Recht entgegengehalten hätte. Die frühen Sumerer wurden im Feuer eines durchbrechenden religiösen Glaubens aus losen Stammesverbänden, die in Wellen ankamen, in ein Volk verschmolzen. Dieses frühe Volk bildete mit seinen mythischen Visionen, seinem Tatendrang, seinen bebenden Erwartungen und seinen ersten, Göttern zugeschriebenen Leistungen zusammen eine Daseinsmacht, die den einzelnen und die einzelnen Gruppen in ihrem Banne hielt. Diese Daseinsmacht fand sich selbst gesammelt in ihrer Mitte: den Bauten und Institutionen des sakralen Tempelbezirkes. Er war der Mutterboden aller Kräfte und Verheißungen.

Der Verwalter der weltlichen Stadtgeschäfte, der Ensi oder Steward der Gottheit, handelte als ihr Treuhänder, nicht als eigenmächtiger Despot. In seinen Entschließungen mußte er den Rat der Ältesten anhören. Diese anfängliche „Demokratie" war in eine religiös-kulturelle Homogenität eingebettet (vgl. Jacobsen, Before philosophy, 1954).

Dem Herrscher obliegen ursprünglich praktische Tagesgeschäfte; er schlichtet Rechtsstreitigkeiten und sorgt dafür, daß sich die Steuerzahlung in billigen Maßen hält. Er ist kein Horus, sondern höchstens Gemahl der Göttin. Wie alle übrigen gehören auch die dem Ensi zugewiesenen Felder zum gemeinsamen Tempeleigentum.

Die praktische Alltagsexistenz erwächst aus einer Naturlandschaft, die sie durch Meliorationen ummodelliert. Eine Arbeitsteilung entwickelt sich, die der Lebensversorgung gerecht wird. Die naturgewachsenen Horden, Stämme und Sippen des Neolithikums werden durch die Berufsstände und Gilden der Steinschneider, Metallschmiede, der Hirten, Landleute und Bauarbeiter ersetzt. Die vitale Arbeitsenergie, die dem praktischen Alltag zufließt, entstammt jenem religiösen Erregungsherd bei Eridu und Uruk, dem Ursprung des sumerischen Volkes und *der* Kultur.

Die Entstehung des Zylindersiegels in Uruk

Das klassische Beispiel eines Zusammenwirkens künstlerischer und handwerklicher Motive, das von einer religiös-mythischen Phantasie beschwingt war, bietet die Herstellung des frühsumerischen Rollsiegels. Als kunsthandwerkliches Erzeugnis ist das Rollsiegel geradezu *das* — unterscheidende und eminente — Charakteristikum der religiös-mythischen sumerischen Kultur. Dieselbe Kombination von Motiven und Antrieben führt etwas später, kurz vor der Djemdet-Nasr-Periode, zur Erfindung der Schrift. Das Rollsiegel trägt bereits Züge einer frühen Bilderschrift: so impliziert er einen Reichtum syntaktischer Zusammenhänge, die die offizielle Schrift erst in Jahrhunderten ausdrücklich erwirbt.

In der Konzeption und Ausführung des Rollsiegels kreuzen sich wichtige Wege der werdenden Kultur. Der Priester ist es, der der Tempelwerkstätte den Auftrag erteilt. Er läßt einen rituellen Akt als Amulett gestalten, denn das Siegel dient nicht nur der Wirtschaftskontrolle, sondern wird auch um den Hals getragen. Der frühe Mythenerzähler treibt aus der mythisch-religiösen Wirklichkeit typische Situationen und vielsagende Begegnungen heraus, die der Kunsthandwerker in den Zylindersiegelrahmen hinein komponiert. Dieser knüpft an eine ältere Technik der Schilf- und Holzbearbeitung an. Seine wirtschaftliche Funktion erfüllt der Zylinder, indem er über den noch feuchten tönernen Siegelverschluß eines Behälters gerollt wird. So werden Eigentum und Inhalt beurkundet. Im Rollsiegel ist somit das uranfängliche Ineinander von Religion, Mythos, Ritus, Kunst, Handwerk, Technik und Wirtschaft, von Kultur und Zivilisation, „mit Händen zu greifen". Das Rollsiegel ist ein frühes Kulturerzeugnis — ein Kernstück der ersten Menschheitskultur — von intensiver und weitreichender Ausstrahlung. Es findet sich bis nach dem Nordosten Irans, bis nach Troja und bis ins obere Ägypten. Der Bildgehalt ist überall auf knappem Raum konzentriert und aufs feinste artikuliert. Die Linienführung schneidet akkurat und treffend in die Wirklichkeit ein; an realistischer Genauigkeit und Tiefe des Phantasieraumes überbietet sie die Möglichkeiten literarischen Sprachausdrucks. Die mythische Wirklichkeit wird „magisch zitiert".

Das Rollsiegel folgte, wie im Al-Ubaid-Kapitel erwähnt, auf das Stempelsiegel. Der Siegelschneider verwandte alle Arten von Gestein, hartes und weiches, seltenes und gewöhnliches. In den Darstellungen kehren Urbilder der sumerischen Wirklichkeit wieder. So begegnen sich zwei hohe Personen, vielleicht der Priester und der Ensi, vor einer Tempelfassade. Gegenstand anderer Siegelbilder ist ein Kampf zwischen Tieren. So legt ein reißender Löwe seine Tatze auf ein Rind. Tiere und Pflanzen werden als Opfergaben auf eine Tempelpforte zu gebracht. Weiterhin sind Tierfiguren kombiniert, indem ihre langen Hälse ineinandergeschlungen sind. Häufig finden sich zwischen den Tieren zweihenkelige Gefäße, die als Symbole der Muttergöttin gedeutet werden. Später werden Szenen aus dem politischen Leben gegriffen, besonders wird der siegreiche Abschluß kriegerischer Handlungen gefeiert. So werden Gefangene vor den Ensi gebracht, der die Lanze nach unten streckt.

Die späteren Zylinder der Djemdet-Nasr-Periode zeichnen sich durch rituelle Szenen aus dem Inanna-Dumuzi-Mythos aus. Nunmehr tritt auch das Schilfbündelsymbol der Göttin stärker in Erscheinung. Oft bildet ein kultisches Schiff die Bühne mythischer Vorgänge.

Der königliche Hirte, der Gemahl der Inanna, wird nun zur Hauptfigur neben der Göttin. Er interveniert im Kampf der Tiere. Zugleich nährt er die heiligen Herden vom Baum des Lebens.

Die Kleinkunst der Siegelschneider reduziert die Wirklichkeit auf ihren eindringlichen Bedeutungskern. Dieser bricht aus eigenen Gründen durch die reale Welt hindurch. Die Hand des Kunstfertigen geht den bedeutsamen Zügen des Wirklichen nach, sie wirkt modellierend an der Artikulation des Mythos mit. Zugleich gewinnt das Mythische im Handwerksprodukt empirische Faßbarkeit. Diese religiöse Kunst transskribiert uralte Tier- und Muttergottesdarstellungen in eine „zivilisierte" Sprache. Nunmehr gibt eine verzweigte Zivilisation einem vielfältigen Treiben wachsenden Spielraum.

Die Zylindersiegel werden schließlich nach mehr als 2000 Jahren von den Persern durch das Stempelsiegel ersetzt. In der akkadischen Periode, die mit Sargon beginnt, werden jene plastisch modelliert.

In ihrer Rollsiegelkunst wie in all ihrem Schaffen folgen die — semitischen — Akkader den Anregungen der Sumerer. Mit schärferem Bewußtsein organisieren sie das überlieferte geistige Erbe, das noch lebendig weiterzeugt. Sie schöpfen aus demselben geistigen Quell wie die Sumerer. Sie verfolgen die Impulse eines erdverbundenen archaischen Stiles zu neuer Allgemeingültigkeit, städtisch und imperial zugleich. Auf einem berühmten akkadischen Siegel wird z. B. der Adlerflug des Etana dargestellt: Aus der Höhe des obersten Himmels will Etana das Kraut des Gebärens holen. Aber er stürzt ab, wie später ein Ikarus, er gibt sich selbst angesichts des Zieles auf. Derselbe Etana war von den Göttern zum ersten sumerischen König bestimmt. Nunmehr wird dieser Mythos plastisch gestaltet. Das Siegelbild trägt nun übrigens häufig den Namen des Inhabers und dazu eine Votivschrift.

Beginn der Schrift und Übergang zur Djemdet-Nasr-Periode

Innerhalb des Tempels von Uruk, dieses ausstrahlenden Nukleus der ersten Kultur, wird von den Priestern der Inanna schließlich das zivilisatorische Kommunikationsmittel der Schrift entwickelt. Die Periode der ältesten, piktographischen Schrift datiert von etwa 3200 bis 2800, bis zum Beginn der sogenannten Djemdet-Nasr-Zeit, einer Unterperiode, in der die Zivilisation Uruks kulminiert. Von 2800 bis 2600 gestaltet sich die archaische Schrift dieser Unterperiode: nunmehr wird die Zahl der Bildzeichen reduziert; es beginnt eine phonetische Silbenschrift. Dann folgt zwischen 2600 und 2450 die klassische sumerische Schrift. Sir Leonard Woolley fand in Ablagerungen über den Gräbern von Ur Lehmtafeln mit einer Schrift, die geschwungene Linien und nicht mehr eingepreßte Keile aufwies. Diese wären dem Ausgang der Djemdet-Nasr-Periode zuzurechnen. Es folgt nun von 2450 bis 2150 die Sargonische Schrift, dann von 2150 bis 2050 die neusumerische und schließlich die frühe nachsumerische von 2050 bis 1700 v. Chr. Die Fortschritte der Schrifttechnik werden jeweils durch Handelskarawanen und diplomatischen Briefwechsel schnell verbreitet. Im ersten Drittel des 3. Jahrtausends ist die frühe „piktographische“ Bildschrift bereits bis nach Palästina und Syrien ausgestrahlt. Die älteste Probe einer alphabetischen Schrift — von semitischen Stämmen gepflegt — findet sich nach 1989 v. Chr. in der 12. ägyptischen Dynastie, und zwar bei Serabit-el-Khadem in der Nähe des Sinai. Dort wurden semitische Arbeiter von den Ägyptern in den Türkisminen beschäftigt. Die Semiten verwandelten die ägyptische Schrift in eine konsonantische. Die Griechen übernahmen später ihre Schrift von den Phöniziern, und sie führten die Vokale ein. In China findet sich die Schrift, und zwar immer noch eine Bilderschrift, erst im 11. Jahrhundert v. Chr. Im phönizischen Gebiet waren es — um 1500 v. Chr. — die Priester und Kaufleute Ugarits, die 29 der babylonischen Keilschriftcharaktere auswählten und jedem von ihnen einen phonetischen Wert zuordneten. Die Worte wurden dabei aus drei konsonantischen Wurzeln aufgebaut. Im Gegensatz zur primären Bilderschrift bedeutet nun das Zeichen nichts mehr für sich selbst; es war zum reinen Gebrauchscharakter reduziert. Eine solche Differenzierung und Funktionalisierung von Zeichen und Bedeutung erschien als letzte intellektuelle Frucht der mesopotamischen Zivilisation.

Zwischen ursprünglicher bildhafter Sprache und schriftlicher Aufzeichnung bestehen vielfältige Spannungen. Zunächst bewegt sich die Sprache in der Matrix mythischer Daseinsmächte und Wirkungszusammenhänge. Erst mit der schriftlichen Festlegung von Gedanken, Tatsachen und Handlungen wird die Nabelschnur durchschnitten, die das Sprechen, ein stets mit der Wirklichkeit gesättigtes und bis in seine syntaktischen Formen an ihrer Struktur orientiertes Sprechen, an jene Matrix bindet.

Es gibt bestimmte geschichtliche Epochen, wie die akkadische, die assyrische, die hellenistische und die spätrömische des 3. Jahrhunderts nach Chr., in denen jeweils „zivilisatorische“ Motive für eine schriftliche Aufzeichnung religiös-kultureller Traditionsgutes wirksam wurden: Die Aufzeichnung hat dann einen Sinn, der außerhalb des ursprünglichen Motivzusammenhanges liegt. Gedanken und Vorstellungen sollen in Umlauf gebracht, anderen Völkern vermittelt, sie sollen gelehrt und gelernt und in die allgemeine Bildung aufgenommen werden. Die aufgezeichneten Dokumente dienen dann der Apologetik und Propaganda, dem Schmuck einer Herrschaft, der Unterhaltung, und sie werden zum Objekt philologischen Scharfsinns.

Die ursprüngliche bildhafte Sprache folgt den inneren Kompositionsgesetzen der mythischen Wirklichkeit; sie ist, wie die schöpferische Rede Ptahs, selbst eine ihrer Wirkungskräfte.

Die fixierende Schrift dagegen entwickelt ihre syntaktischen Formen im Hinblick auf das Koordinatensystem zivilisatorischer Bedürfnisbefriedigung. Mit der gesellschaftlichen Gliederung in Berufsstände und politisch-wirtschaftlich-soziale Funktionen gliedert sich auch eine zweckentsprechende Sprache und Schrift, und die Schriftsprache wird nun zur Norm für die Bildsprache.

Die Sprache der Völker „atmet" — so könnte man sagen — sie fluktuiert von Phasen einer blutvollen Individualität, Vielförmigkeit und Phantasieweite zu solchen einer gleich- und regelmäßigen Umgänglichkeit und Mitteilsamkeit und wieder zurück zu Phasen individueller und konkreter Volkssprachen. So folgen auf die Koiné des Hellenismus und des Latinismus die literarisch und philosophisch fruchtbaren Sprachen der europäischen Nationen.

Die älteste Priesterschrift vom Ende des 4. Jahrtausends enthielt neben Bildern, die sich vom Relief der umgebenden Objektwelt abheben ließen, bereits praktische zweckmäßige Zeichen. So wurde ein Gefäß, das Gerste enthielt, mit zwei Strichen gekennzeichnet, und eins, das Bier enthielt, mit drei. In der Urukperiode gab es 31 Variationen von dem Zeichen für Schaf, in der Djemdet-Nasr-Zeit dagegen nur noch vier. Löwen und Gazellen wurden durch ihre Köpfe dargestellt, das zur Wirtschaft gehörige Schaf durch einen Kreis mit eingeschriebenem Kreuz bezeichnet.

Die 2000 Zeichen der frühesten Urukperiode wurden nach 3000 v. Chr. auf 800, um 2500 auf ungefähr 600 reduziert. Um mit den Zeichen — der Eindeutigkeit und Übersichtlichkeit zuliebe — zu sparen, wurde die Wirklichkeit zunehmend durch das logische Filter der Identität und der Zusammengehörigkeit gesehen. Ihre Bestände werden koordiniert und subsumiert. Sie behauptet aber in der sumerischen Zeit ihre Eigenmacht und bildhafte Einprägsamkeit. Frühe Schriftzeichen drücken z. B. aus, daß Pflug und Pflüger in einer konkreten, von Inanna und Dumuzi inspirierten Lebenstätigkeit instrumental zusammengehören. Die Schriftzeichen beginnen, ein syntaktisches Schema von einer Wirklichkeit abzulösen, in der das Abenteuer der frühen Existenz nachzittert. Sogar Symbole des Numinosen nehmen nun Zeichennatur an. Derselbe Bildausdruck wechselt zwischen Symbol- und Schriftzeichennatur; so wird der Stern zum Zeichen des Gottes überhaupt, der Schilfbündelring zu dem der Göttin Inanna. Auch den Zeichen für Boot, Kornähre, Stier, für Fisch und weibliches Geschlecht eignet die Strahlungskraft des religiösen Symbols. Diese Bildausdrücke reichen in Urzeiten zurück, in denen Religion, Kultur und Zivilisation noch dicht zusammengerückt waren.

Die Djemdet-Nasr-Periode

Verschieden von Ägypten beginnt Mesopotamien sein Geschichtsdrama mit Spieler und Gegenspieler. Es sind mit jeder neuen Szene und jedem neuen Akt zwei auf der Bühne: der Sumerer und ein Eindringling, den der Sumerer schließlich in seine Kreise zieht. In der Akkaderzeit erscheint schließlich ein Hauptakteur, der „zwei Seelen in seiner Brust trägt", eine sumerische und eine semitische. Die Auseinandersetzung zwischen dem Spieler und dem Gegenspieler dringt jeweils bis in die intimste Kammer des Glaubens, der mythischen Schau und des künstlerischen Gestaltens. Von daher charakterisiert den mesopotamischen Menschen eine innere Gebrochenheit, die schließlich in Bußpsalmen und Klageliedern Ausdruck findet. Der ägyptische Mensch ist dagegen im Ganzen ungebrochen, „aus einem Guß".

Einen ersten Bruch erfährt der — sumerische — Mesopotamier um 2800 v. Chr. Zum ersten Male seit der Kristallisierung eines frühsumerischen Volkes drängt sich ein zweiter ethnischer Akteur in das Drama der ersten Geburt der Kultur ein. Die Frühsumerer wandeln sich somit in das Volk der Djemdet-Nasr-Periode. Anthropologisch gesagt, führt eine Integration zusätzlicher ethnischer Gene eine Metamorphose des Urvolkes mit sich.

Dieses gewandelte Volk der Djemdet-Nasr-Periode ergänzt die zivilisatorische Lebensausrüstung der sumerischen Frühkultur, die aus religiösen Vitalenergien entsprang. Das Zeichen, an dem das Djemdet-Nasr-Volk erkennbar ist — gewissermaßen seine Visitenkarte oder Signatur —, ist eine von ihm produzierte Keramik, die in lebhaftem Schwarz und Rot gehalten ist. Sie wurde zuerst in Djemdet Nasr, 40 km nordöstlich von Babylon gefunden. Sir Leonard Woolley führt aus, daß die bunte Keramik dieser Periode unvorbereitet erscheint. Die Vermutung spräche wohl dafür, daß sie von Stämmen aus dem Iran mitgebracht wurde. Diese Neuerung ist mit einem partiellen Niedergang einiger Züge der vorausgehenden Uruk-Kultur verbunden. So wird der Grundrißplan der Tempel unsicher, die Dimensionen schrumpfen ein, und die Formen verlieren ihre exakte Proportion. Der Übergang macht sich von der 4. zur 3. Schicht der Eanna-Ausgrabungen bemerkbar; die Andersartigkeit der 3. Schicht fällt ins Auge.

Die Sumerer üben nunmehr eine wachsende Anziehung und Ausstrahlung auf das umgebende Siedlungsfeld aus. Eine mit Möglichkeiten geladene Position belastet ja die Umgebung, fordert sie heraus, und das ganze Feld tendiert nach einem neuen Gleichgewicht, in dem sich die neue Kraft fruchtbar ausgibt. Dabei stoßen die Sumerer unweigerlich auf die Semiten des Nordwestens und der arabischen Wüste, zunächst auf Vorläufer der Akkader. Zugleich gelangt das gebirgige Elam mit dem Hauptort Susa zu einer hohen Blüte der Kultur, von Sumer ähnlich angeregt wie später das „koloniale" ionische Kleinasien vom griechischen Mutterland. In Elam drängen Absenker sumerischer kultureller Impulse mit eigener Vitalität vorwärts. So entwickelt sich hier die Schrift von der anfänglichen piktographischen zu einer zukunftsvollen und praktischen phonetischen Form.

Im ganzen sumerischen Kraftfeld wächst die materielle Zivilisation, die ja der Schrift bedarf. Der Handel, „Wegbereiter der Zivilisation", verbindet nun weite Gebiete. Er setzt hochwertige Erzeugnisse und Unternehmungsgeist voraus, und er eröffnet selbst neue, abenteuerliche Wege in fremdes Leben und Sinnen.

Kultgefäße und Rollsiegel der Djemdet-Nasr-Zeit wurden in Iran, Kleinasien, Syrien und im Ägypten der Kultur von Negade II gefunden. Im späten ägyptischen Gerzeh findet sich ja bereits die frühe sumerische Nischenarchitektur. Der schriftkundige Verwaltungsbeamte wurde wohl auch von Mesopotamien übernommen. Auf der anderen Seite war auch Ägypten in den wachsenden Handelsbeziehungen ein gebender Partner. Aus dem Bereich der ägyptischen „Schwesterkultur" wurden jene „chthonischen" Gräberbauten und Begräbnissitten nach Mesopotamien verpflanzt, auf die die Ausgräber Urs stießen.

Erst mit der Djemdet-Nasr-Periode ist die sumerische Kultur voll „erwachsen". Der Existenzeinsatz der gewaltigen Gilgameschzeit erfaßt nun den Alltag praktischer Lebensverbesserung. Die Djemdet-Nasr-Periode bedeutet einen Anlauf zu einer Synthese der ursprünglichen religiösen Kultur und der hinzuerworbenen praktischen Zivilisation. Der geänderten Zielgebung zuliebe muß manches Ererbte vorläufig aufgegeben oder zurückgestellt werden. Das Erbe wird artikuliert und neu ausgerichtet. In der Bautechnik werden die ehemaligen massiven Bauelemente von schmalen handlichen Ziegeln, den „Riemchen", abgelöst. Die Bilderschrift wird zunehmend mit auswechselbaren phonetischen Silben durchsetzt.

Die Siegelschneidekunst erreicht, nach einem Rückfall in das gröbere Stempelsiegel, wie es im iranischen Hochland, besonders in Elam, überlebte, die Reife der sumerischen Glyptik.

Die Djemdet-Nasr-Zeit zeichnet sich in der Kleinplastik aus. Berühmt ist z. B. ein Hochrelief auf einem Steingefäß, das einen Löwen darstellt, der ein Rind überfällt. Ein elfenbeinerner Messergriff aus derselben Djemdet-Nasr-Periode wurde in Djebel-el-Arak in Ägypten gefunden. Er zeigt Kriegsszenen, Boote, kämpfende Tiere und, zwischen aufspringenden wilden Tieren, eine intervenierende Dumuzifigur. Dieses Kunstwerk erlaubt Rückschlüsse auf einen Kulturaustausch zwischen der ägyptischen Negade II und der Djemdet-Nasr-Periode.

Ein interessantes Licht auf die Lebensgewohnheiten der „zivilisierten“ Djemdet-Nasr-Leute werfen frühe Jagdszenen. In der Morgenröte der Menschheit war die Jagd das Lebenselement der jungpaläolithischen Jäger. Nunmehr wird die Begegnung mit dem Tier als Spiel und Muße geplant; sie ist nicht mehr ein unvermeidliches Schicksal, sondern Abenteuer eines zivilisierten Menschen, der von den Früchten seiner Zivilisation leben kann. Sie wird in der assyrischen Zeit zum Sport. Auf einer sumerischen Jagdstele wird im Steinrelief ein bärtiger Bogenschütze mit überbetonter — hettitisch anmutender — Nase auf der Löwenjagd gezeigt. Es scheint, daß sich für die Menschen der ersten Hochkultur paradiesische Erinnerungen an die Tierjagd ihrer paläolithischen Vorfahren knüpfen. Ein Zylindersiegel, das wohl der Göttin der Tiere geweiht ist, stellt — zum ersten Male in der Geschichte der Kunst — eine Bocksjagd im Gebirge dar. Die Jäger ziehen ein windungsreiches Gebirgstal entlang. Ein Muttertier ist erlegt und liegt auf dem Rücken, das Zicklein ist eingefangen, und der Bock, der eben über die öde Gebirgshöhe zu entkommen sucht, wird mit dem Pfeil erlegt. Wie schon in paläolithischer Tierplastik wendet er das Haupt zurück. Ein Pfeil steckt ihm im Halse. Die sumerischen Jäger sind bartlos, sie haben ein Vogelgesicht mit spitzer Nase und zurückfliehendem Unterkiefer. Sie gleichen den gedrungenen nackten Priestergestalten auf der — früher erwähnten — Alabastervase.

Die religiös-mythische Thematik und der eigene Stil der Djemdet-Nasr-Periode kommen z. B. auf einem berühmten Rollsiegel zur Geltung: Dumuzi bietet zwei antithetisch angeordneten und gegen ihn aufspringenden Widdern achtblätterige Sternblüten dar, die in acht Zweigen von seinen Händen ausstrahlen. Drei Schilfringbündel kennzeichnen die Nähe der Göttin, die — was auf einen semitischen Zug hinweisen mag — selbst nicht erscheint.

Ein anderes Beispiel ist die — bereits genannte — Alabastervase. Auf ihr erscheint die Göttin mit herabwallendem Haar und in langem Gewande — nicht wie in Syrien nackt. Sie triumphiert über einen Kosmos verehrender und opfernder Gestalten und trägt die Hörnerkrone; zwei Schilfbündel weisen sie aus. Hinter ihr tragen zwei Widder ihren Altar — ein Motiv, das später bis nach Kanaan nachwirkt. Über dem Altar erheben sich zwei Priester der Göttin. Von unten her steigen drei Bildbänder in die Höhe. Zum ersten Male ist hier eine Architektonik des aufsteigenden Seins konzipiert, wie sie Dante schließlich in vollendeter Klarheit erschaut. Alles Wachsen, Werden und Erzeugen bringt der Göttin seine Früchte zum Opfer — der Göttin, die die Glut des Werdens aus dem Eros anfacht. Die unterste Region des Seins ist die Domäne des Enki, der lebenspendenden Wasser, die das Korn sprießen lassen. Die Wellenlinie des Wassers und der Halm der Ähre sind Vision und Schriftzeichen zugleich. Auf der höheren Empore schreiten Rind und Schaf in rhythmischer Reihung der Göttin entgegen, die sie sich immer erneuern läßt. In ihrem Geiste sind sie fruchtbar und vermehren sich. In noch fernerer Höhe bringen die priesterlichen Repräsentanten der Menschheit in feierlicher Prozession der Inanna die Früchte zivilisatorischer Arbeit, die auf das Wachstum der tiefer liegenden elementaren Sphären angewiesen ist: die Fruchtbarkeit der Vegetation, der Fluren, der Herden und der Jagdgründe. Auf dem Rang, der alle überhöht, steht der Supplikant vor der Göttin selbst. Der Priester reicht der Inanna ein kegelförmiges Gefäß. Es ist mit Früchten angefüllt. Er nähert sich der Göttin in der Nacktheit der Kreatur. In eindringlicher Schlichtheit ist ausgedrückt, was der Mensch zu sagen hat.

Eine einfache Würde kann sehr wohl auf jenes Pathos der Selbsterniedrigung verzichten, die dem Orientalen zugeschrieben wird, der sich vor seinem Despoten auf den Boden wirft. Religiös ist der Mensch des Anfangs seiner selbst sicher. Seine Begegnung mit den kosmischen Mächten ist in Ordnung, sie begegnen ihm weder als Schreckgespenster noch als soziale Fürsorger.

Hinter dem Priester, der die Früchte darbietet, schreitet vermutlich der Ensi, der Steward und rituelle Gemahl der Stadtgöttin. Er trägt ein prunkendes Gewand, von dem nur ein Zipfel zu sehen ist.

Ein mit einem Schurz bekleideter Beamter hält seine geflochtene, in einer reichen Quaste endende Schleppe.

Die Kultvase, die mit all diesen Bildstreifen verziert ist, wird selbst hinter dem erwähnten Altar noch einmal als heiliges Symbol und Schriftzeichen dargestellt. Sie ist gleichsam in sich selbst eingeschlossen. Religiös-mythische Vision, künstlerischer Ausdruck, „zivilisatorische" Mitteilung in Form der Bilderschrift, architektonisch-syntaktische Anordnung des Ganzen, differenziertes Selbstbewußtsein eines kulturell-zivilisatorischen Status — alles das wird in einem Wurfe existent. Bewußtsein besteht primär im Gewahrwerden oder Innewerden eines geistigen Vordringens. Es ist Form eines Begnadetseins.

Die Djemdet-Nasr-Periode Uruks endet unvermittelt, nachdem der sumerische Mensch zu den Sternen ausgriff. In der darauf folgenden „frühen dynastischen" Periode von *Ur* entschwinden Charakteristika wie Buntkeramik oder jene Ziegel in „Riemchen"form. Man findet alle Gebäude gewaltsam zerstört. Sogar an den Namen der Götter wird gerüttelt. Vielleicht hat sich eine semitische Einwanderungswelle über das alte Kulturland ergossen.

Die Kulturstätte erholt sich, der neue Architekt benutzt nur einen auf der Oberfläche gewölbten plankonvexen Ziegel. Dieser gleicht einem Opferbrote.

Nunmehr beginnt sich die urtümliche Einheit des zentralen Tempelstaates zu lockern. Die ersten Risse zeigen sich. Man beginnt, neben den Tempeln profane Paläste und königliche Grabmonumente zu bauen. Ihre Bezirke werden mit gesonderten Mauern umgeben. Der Beginn der Königszeit bedeutet einen von der religiösen Urkultur herausgesonderten Fortschritt der „Zivilisation".

Die Periode der frühen Dynastien

Bedeutende Städte der Djemdet-Nasr-Periode waren Schuruppak (Fara), Eschnunna (Tel Asmar) und Kisch. Schuruppak und später Kisch zeigen in ihren Stratifikationen große Flutablagerungen, die dem Ende der Djemdet-Nasr-Kultur zugehören. Eine wohl während der dritten Dynastie von Ur in Keilschrift geschriebene Königsliste erwähnt fünf vorsintflutliche Könige in fünf Städten. Ihre Regierung habe sich auf 241 200 Jahre belaufen. Eine so phantastische Zahl entsprang vermutlich dem mythischen Zeitbewußtsein des frühen Kulturmenschen. Für ihn tauchten die aufwühlenden Ereignisse der Geburtswehen der Kultur in die Tiefen der Urzeit zurück. Der letzte der vorsintflutlichen Könige, Ubar-Tutu, regierte 18 600 Jahre lang in Schuruppak. Der babylonische Historiker Borossus, der unter dem seleukidischen König Antiochus I. das Amt eines Priesters des Marduk bekleidete, gibt eine Liste von zwölf Königen, die vor der Flut zusammen 432 000 Jahre regiert haben sollten. Nach der Flut „stieg die Souveränität wieder vom Himmel herab", so heißt es am Beginn der Liste. Die königliche Vorherrschaft über die sumerischen Städte fällt nun der Stadt Kisch zu. Eine sumerische Keilschrifttafel, die in Nippur gefunden wurde, erwähnt einen Ziusudra, den Borossus Xisouthros nennt. Er sei der letzte Priesterkönig gewesen und habe die furchtbaren Flutstürme überlebt. Nun weile er, da die Götter ihm die Unsterblichkeit der Seele verliehen, auf dem unzugänglichen Berge von Tilmun, dort, wo die Sonne geboren wird. Er wirke dort für immer als Heiland aller lebenden Wesen und als Same der Menschheit. In der babylonisch geschriebenen Fassung des Gilgameschepos wird er Utnapischtim, „Tag des Lebens", genannt. Eine Abschrift des Epos aus dem 7. Jahrhundert wurde übrigens in Ninive in der Bibliothek des Assurbanipal gefunden.

Die frühe dynastische Zeit reicht vom Ende der Djemdet-Nasr-Periode, ungefähr 2700 v. Chr., bis zum ersten Versuch einer imperialen Reichsgründung, der um 2350 von Lugalzaggesi, dem Ensi von Umma, unternommen wurde. Es war aber sein Besieger Sargon von Akkad, der die Idee eines Imperiums verwirklichte, das der selbstzerstörerischen Rivalität der Städtestaaten ein Ende bereitete. Das akkadische Imperium währte 200 Jahre. Es wurde von den Guti, wilden Barbaren aus Luristan im Zagrosgebirge, in Trümmer gelegt.

Den reichsten Einblick in die frühdynastische Religion, Kultur und Zivilisation verstatten die Königsgräber von Ur (um 2500 v. Chr.), die Sir Leonard Woolley 1926 bis 1931 ausgrub.

Die Ausgrabungen zeigen, daß die vorausgehende Djemdet-Nasr-Zeit in einer Katastrophe endete. Charakteristika des nun folgenden Stils zeigen sich außer in Ur auch in anderen Stadtstaaten wie besonders in Kisch, dessen König Mesilim als erster Herrscher namentlich bezeugt ist. Er war vielleicht ein Beduine aus der Wüste; und er gründete ein Palastkönigtum.

Das politische Verhältnis zwischen Ur, Kisch und außerdem Lagasch, der dritten Haupt-Stadt dieser Frühzeit, ist noch nicht bekannt. In Uruk wurden mächtige Mauern mit 900 Türmen ausgegraben, die aus plankonvexen Ziegeln errichtet sind, wie sie für die auf Djemdet Nasr folgende Periode charakteristisch sind. Uruk war ja die Stadt des Gilgamesch, von dessen Mauerwerk der Mythos berichtet. Er war wohl ein Zeitgenosse des Mesilim.

Ur war damals der politische Hauptort Sumers. Die genannte Königsliste besagt, daß Enlil, der Gott Nippurs, der sumerischen „ewigen Stadt", den König Mesanni-Padda von Ur mit dem Oberkönigtum belehnte. Der Gott Urs ist Nanna, der Mondgott, und seine Tochter ist Inanna. Die Fürsten sind Statthalter des Gottes. Ihre Mausoleen finden sich in 16 Schachtgräbern südöstlich des Nanna-Tempels. Mit ihnen sind bis zu 80 Gefolgsleute beigesetzt. Jeder von ihnen hielt einen Becher mit einem Betäubungstrunk. Leiern und Harfen wurden wahrscheinlich im Augenblicke des Todes noch gespielt. Ihre Kästen sind mit kostbaren Intarsien aus Muscheln und Stein verziert. Eine Leier zeigt eine ganze bunte Tiergesellschaft. Löwe und Bär, Fuchs und Schakal, Esel und Ziege und selbst ein Skorpion spielen Instrumente, tanzen und warten einander festlich auf.

Der Tod erscheint im Festgewand wie eine Lösung. Die Haltung der Toten hat sich nun seit Al Ubaid zum zweiten Male gewandelt. Zunächst verließen sie diese Welt streng ausgestreckt; dann in der Djemdet-Nasr-Periode ziehen sie die Glieder wie Embryos eng zusammen. Nunmehr aber neigen sie sich schlafend zur Seite, den

Rücken leicht gekrümmt, Knie und Hüften ein wenig gebeugt und die Hände oben über die Brust gelegt. Derselbe Mensch, der sich jetzt freier in seiner Zivilisation ergeht, der scherzen kann und dem das Tierleben zuerst seine komischen Seiten enthüllt, er beschließt nun auch sein Leben „mit Anmut und Würde“, bereits in der antiken Haltung, wie sie Winckelmann und Lessing rühmten.

Die Toten erwarten ja, mit Inanna und Dumuzi das eigentliche Leben in einer seligen Existenz zu beginnen. Sie nehmen erlesene Geräte und Speise und Trank mit sich. So enthielt das Grab des Mes-kalam-dug, der auf zwei goldenen Bechern und einer Lampe als „Heros des guten Landes“ inschriftlich tituliert war, eine ganze Sammlung von Kostbarkeiten. Zwischen seinen Händen faßte er einen Becher aus schwerem Golde. In einem andern Teil des Friedhofes waren zehn Frauenkörper sorgfältig in Reihen beigesetzt. Sie trugen erlesenes Geschmeide und Kopfschmuck aus Gold, Lapislazuli und Blüten. Nahebei fand sich eine kostbare Harfe mit einem Stierkopf verziert.

Nach allem bricht die Knospe menschlicher Kultur und Zivilisation um 2500 in ihre volle Blüte. Die erste Blume der Kultur ist einmalig und unnachahmlich.

Wir sehen vor unserem geistigen Auge, wie in Ur Dutzende von Verwandten und Hofleuten dem Priesterkönig mit Spiel und Musik in den Tod folgen, das Diesseits im Jenseits bejahend. Die Sitte einer letzten Solidarität entstammte vielleicht dem frühen Ägypten und überlebte wohl in der ersten Dynastie von Ur. Man könnte fragen: welches Recht der Anklage und Kritik darf sich ein späteres Zeitalter nehmen, in dem militärische Volksführer Hekatomben, ja ganze Nationen ihrem Ehrgeiz opfern?

Augenscheinlich fühlt sich das Individuum der frühesten Zeit in einer religiösen Glaubensgemeinschaft geborgen. Erst seit der Akkader- und der späteren westsemitisch-babylonischen Zeit beginnt es um sein individuelles Seelenheil zu bangen. Erst dann trennt sich auch eine partikuläre Sphäre des zivilen Rechtes und der arbeitsteiligen und berufstätigen Gesellschaft von der universalen des ursprünglichen Tempelstadt-Staates los. Den frühen Menschen begleitet das Gefühl heimatlicher Geborgenheit bis zum letzten Atemzug. In Ur schien der Tod des Individuums seine Schrecken verloren zu haben.

In der Geburtsstunde der Kultur „spricht Lebenslust aus allen Dingen". Sie tauchen in eine Aura von Verklärung. Erst in den Spätzeiten der Amoriter, der Chaldäer und Aramäer, der Assyrer und Juden verdüstert sich der Horizont. Nun betrachtet sich der Mensch oft hypochondrisch als ein Wesen, das von Krankheit und Ermattung gequält ist. Ein Gefühl der Gebrechlichkeit preßt aus ihm den Ruf nach „Erlösung vom Leben" überhaupt heraus. Gott wird zum unberechenbaren, Schrecken verbreitenden Tyrannen.

In der sumerischen Frühzeit, in Eridu, Uruk und noch in dem frühdynastischen Ur, fühlte sich der Mensch, metaphysisch exponiert, von den Liebesstrahlen einer jenseitigen Sonne betroffen, nicht von dem verzehrenden Brand der Verderbnis. Das Numen der anderen Welt begegnete ihm in den Gesichten der Inanna und des Dumuzi als erschütternde Macht der Liebe, die ihn auf die Laufbahn seines Wagnisses treibt, ihn ungewöhnliche Dinge tun läßt und ihn zu den Werken der Zivilisation inspiriert. Jenes Paar segnet in seiner Heiligen Hochzeit die Fluren, und es versöhnt die ganze Stadt mit dem Ablauf und Wechsel ihres Schicksals.

In jedem Frühjahr, wenn der Dumuzi-König das „Bankett der Götter" (wie die Stoiker es nannten) feiert, bestätigt sich das Leben der Bürger als ein Fest der Götter. Die Teilnehmer erreichen die Erfüllung ihres Daseins.

In den Beilagen der Königsgräber von Ur fand sich eine ganze Festausstattung einer letzten Zelebration: Trinkschalen, Instrumente, Spielbretter, Prunkgewänder und Geschmeide. Alles das zeugt von erlesenstem Geschmack, verfeinerten Sitten, von Grazie, Leichtigkeit und Ausgeglichenheit des Lebensstiles. So verläßt die Königin Schub-ad mit Laub bekränzt, einen goldenen Becher haltend, diese Existenz in Schönheit. Auf einem Zylindersiegel aus Lapislazuli war ihr Name verzeichnet. Ihre Kammer, mit kreisförmigen Bogen überwölbt, war der ihres königlichen Gemahls A-bar-gi benachbart.

Augenscheinlich gibt es in der Morgenröte der Kultur keinen abgetrennten und moralisch betonten „Ernst des Daseins". Spiel und Ernst gehen für den Entdecker der Kultur miteinander und ineinander auf. Die Arbeit der Menschen ist Phase, die wieder in das Spiel der Götter mündet. Im Spiel rückt der Mensch ins Mythisch-Ganze und -Ursprüngliche seiner Existenz; die Spiele, die in den Gräbern entdeckt wurden, haben auf das mythische Schicksal des Menschen einen faszinierenden Bezug. So enthält ein Spielbrett in einem Grabe den achtstrahligen Stern, außerdem das Pentagramm und verschiedene Kreuze; die Spielsteine weisen dieselben Zeichen auf. Wie in Ägypten wird Zug und Gegenzug des Daseins in dieser und der anderen Welt zum Spiel.

Die Musikinstrumente zeigten die Köpfe eines Stieres, einer Kuh und eines Hirsches, und es wird angenommen, daß beieinander gefundene Lyren ein musikalisches System des Daseins repräsentieren, aus Baß (Stier), Tenor (Kuh) und Alt (Hirsch) strukturiert.

Ur und der Ritus der Heiligen Hochzeit

Es gibt bereits in den frühen Kulturen Ägyptens und Sumers ein Spiel, in dem sich die ganze leiblich-seelisch-geistige Existenz des Spielers einsetzt: das kultische Drama. Seine Szenerie ist mit dem schöpferischen Auge der Phantasie gesehen und mit dem magischen Stab des Künstlers zum Leben erweckt; sie umfaßt über die Alltagswirklichkeit der Bürger hinaus ihre mythische Herkunft und ihren kosmischen Horizont. Insofern ist die künstlerisch-mythische Bühnenwirklichkeit des kultischen Dramas reicher an Dimensionen und Charakteren sowie an Schicksalen und Lebensmöglichkeiten als die Realität der jeweils faktisch gelebten Gegenwart. Aus dem Schmerz über einen faktischen Tod wird der Schmerz des Todes überhaupt, der erst der feierlich gesteigerten Lebendigkeit des Spieles als Möglichkeit endgültigen Vergehens gegenübertritt.

So wird im letzten Akt ihres Lebensdramas die Königin von Ur, Schub-ad, als Hohepriesterin zur Inanna selbst, zur Göttin der

Liebe, die im Mythos durch die sieben Tore der Totenwelt schreitet, von einem Schmuck nach dem anderen entblößt, und die doch wieder den Tag triumphierenden Lebens gewinnt. In einer Epiphanie bietet sie sich dann mit erhobenen Armen allen Geschöpfen dar.

Bildhaft-symbolisch wurde das Symposion der Heiligen Hochzeit auf frühen Rollsiegeln dargestellt, und zwar sogar in scherzhaft-heiterer Form: So waren Tiere einander beigestellt, die mit Saugrohren aus demselben Mischkessel trinken. Das Motiv des rituellen Banketts findet sich nur in der Anfangsperiode von Ur. Die Figuren sitzen hier, sie lagern noch nicht, wie viel später die Teilnehmer eines Platonischen Symposions.

Ur und die kosmischen Motive der Plastik

Das berühmteste Figurensymbol aus Ur ist eine „antithetische" Gruppe aufrechtstehender Ziegenböcke. Sie blicken vornübergebeugt in ein Dickicht (Lebensbaum). Die Vorderpfoten lehnen auf Baumästen, und die Zweige tragen achtstrahlige Blätter. Die Figuren sind über einen Holzkern aufgebaut und mit Gold, Silber, Lapislazuli und Muscheln geschmückt. Sie sind von einem religiösen Schauer umwittert. Ihrem geheimnisvollen Geschlecht entstammt wohl der Widder, der den Isaak des biblischen Abrahamopfers ersetzt und der sich auch im Dickicht fängt.

Ein anderes plastisches Kunstwerk aus dem frühen Ur gibt ein Bild des ganzen Kosmos. Es ist wie die früher beschriebene Alabastervase von Uruk in aufsteigenden Ebenen komponiert. In wenigen Jahrhunderten hat sich nun das „zivilisatorische" Leben in Krieg und Frieden weitgehend gelockert. Es hat sich bereichert und plastisch herausgebildet.

Die Rede ist hier von der sogenannten „Mosaikstandarte". Dieses Bildwerk verjüngt sich oben über drei Bildstreifen hinweg. Es hat die Form eines Holzkastens; seine vier Seiten tragen auf einem Grund, der mit Lapislazuli ausgelegt ist, Einlegearbeiten aus gravierten Muscheln. Die Schmalseiten enthalten sumerische Tiermotive. So fällt ein löwenköpfiger Adler einen Stier mit menschlichem Antlitze an. Eine Langseite zeigt — vermutlich — das Dankopfer nach einem Siege.

Auf der untersten Stufe werden Lasten auf Traggestellen oder auf der Schulter geschleppt und Gespanne von Wildeseln geführt. Die dabei beschäftigten Sumerer sind gedrungen und bäuerlich-grob, verschieden von den zierlichen und schlanken Ägyptern, und ihre dicken langen Nasen setzen sich in eine rückfliehende Stirne fort.

Auf der darüberliegenden Stufe werden Rinder, Ziegen, Schafe und auch Fische herbeigebracht, in naiv-frömmiger Prozession.

Zuhöchst sitzt, auf der Linken, der Lugal, überlebensgroß, im sumerischen Zottenrock, den Becher in der Rechten. Sechs Figuren sitzen ihm gegenüber, kleiner und einfacher gekleidet, im Fransenrock, den Becher vorhaltend und die Linke leicht erhoben. Hinter ihnen spielt ein Musikant auf der kostbaren Leier.

Auf der anderen Langseite sieht man Streitwagen mit zwei Kämpfern über Gefallene hinwegrollen; darüber zieht ein uniformiertes Heer mit Gefangenen in verschiedenen Gebärden. Zuhöchst erblickt man in der Mitte den Heerführer.

Der erwähnte Löwenadler erschien als Motiv bereits in Al Ubaid, wo er sich in die Schweife zweier voneinander wegschreitender Hirsche verkrallt, sie mit seinen Flügeln überdeckend.

Die plastische Kunst des frühen Ur ist kompositorisch durch aufsteigende Ebenen und inhaltlich durch ein Zusammenspiel von Ernst und Scherz, durch eine Heiterkeit des Lebenshorizontes charakterisiert. Dieselben Charakteristika kehren in der plastischen Gestaltung der Musikinstrumente wieder, die, wie gesagt, in den Königsgräbern als Beilagen gefunden wurden. Auf ihrer Stirnseite waren in Form von Intarsien die „Tiere als Musikanten" dargestellt. Die Ausführung — in Lapislazuli und farbigen Steinen — steigt in vier Ebenen an. Ein Beispiel bietet die Schmalseite des Schallkastens einer Lyra, von einem Stierkopf überragt; ein anderes die schmale Seite einer Harfe, die in einen Kuhkopf endet.

Der Schallkasten mit dem Stierkopf zeigt im obersten Feld Dumuzi zwischen zwei aufrecht gegen ihn gelehnten Stiermenschen. Im nächsten Felde trägt ein Schakal Speisetischchen herbei, auf dem die Köpfe eines Schweines und eines Schafes liegen, und ihm folgt ein Löwe mit Krug und Schale. Darunter schlägt ein Esel eine Harfe, die ihm ein Bär hält. Sie ist mit einem Stierkopf verziert, der dem Kopf des Instrumentes gleicht. Vor ihm musiziert ein kleineres Tier mit Tamburin und Klapper. Darunter erscheint ein Skorpionmensch, dem eine Gazelle mit Bechern in der Hand folgt. Hinter ihr steht ein hoher Krug.

Augenscheinlich gehört das Fabelleben der Tiere zu den primären Erlebnissen der erwachenden Kultur: Der Humor des Kreaturlebens hält seiner Tragik zumindest die Waage. Vielleicht wirken Reminiszenzen aus der alten Steinzeit nach. Im Zauberer, der in Tiermaske tanzte, und der in Höhlenbildern noch sichtbar ist, spielen Dämonie und Humor ineinander. Die Tiere werden unter der Regie des Dumuzi, des späteren griechischen Pan, in das Reich der Musen aufgenommen. Ihre Charaktere wandeln sich unter seinem Zauber. Selbst der Skorpion verliert seinen Stachel, und im sumerischen Paradies versöhnt sich die Tierwelt mit sich selbst.

Zuhöchst auf der Stirnseite des genannten Instrumentes, das mit einem Stierkopf mit weiten sakralen Hörnern gekrönt ist, blickt Dumuzi selbst mit großen staunenden Augen in die Weiten der Natur, und sein Gesicht wiederholt sich eindringlich auf den Köpfen der beiden begleitenden Stiere. Er umarmt sie, und die unheimlich anmutende Gleichheit des Gesichts vermittelt die Idee einer Dreieinigkeit. In erschütternder Naivität kommt sie zum Ausdruck.

Jene „Heiterkeit des Lebenshorizontes“, von der die Rede war, überstrahlt auch dunkle, gefahrvolle Szenerien des Daseins und Grausamkeiten des unmittelbaren Existenzkampfes. So sind gerade auf einem Spielbrett aus dem Friedhof von Ur vierfach übereinander liegende Felder mit Tieren bedeckt, die sich einzeln oder in Gruppen zerfleischen. Zum Beispiel verbeißen sich zwei Löwen in einen auf den Vorderbeinen stehenden Widder; ein anderer Löwe stürzt sich auf einen aufspringenden Hirsch (Todessymbole). Aber andere Felder zeigen dann die beiden „biblischen“ Widder, die sich auf den Lebensbaum stützen. Dieser wird von einem Stern überstrahlt, und den Hintergrund bildet ein Zelt mit einem achtstrahligen Stern.

Die dritte Dynastie von Ur

Zwischen der ersten und der dritten Dynastie von Ur liegt der Beginn imperialer Reichsgründung unter Lugalzaggesi von Uruk und Sargon von Akkad, die Invasion und Fremdherrschaft der Guti aus den Bergländern und das wohltätige Regime des Gudea von Lagasch. Nach dem Ende der ersten Dynastie von Ur wird Lagasch für mehrere Generationen zur führenden Stadt Sumers; die Kunst vergröbert sich in dieser Zeit. Unter Sargon macht sich ein Sinken der Lebensfreude bemerkbar, und die Existenz wird schmuckloser. Die nun folgende Herrschaft der barbarischen Guti währt bis ungefähr 2120 v. Chr.

Darauf wird Ur von Ur-Nammu regiert. Er untersteht dem Utuchegal, König von Uruk. Aber Ur-Nammu führt eine erfolgreiche Rebellion durch, und er begründet nunmehr die dritte Dynastie Urs. Ur wird damit für einige Zeit zur Vormacht Sumers. Ur-Nammu nennt sich zuerst „Oberherr von Uruk" und später „Der mächtige Mann, König von Ur, König von Sumer und Akkad".

Nun erleben die religiös-mythischen Motive der Kunstperiode der ersten Dynastie eine Renaissance. Sir Leonard Woolley nimmt an, daß die reichere mythologische Szenerie, wie sie nun in der Rollsiegelglyptik sichtbar wird, dem Mysterienspiel entstammt.

Das neue akkadisch-semitische Bevölkerungselement ist wohl für eine Auflockerung der figürlichen Gestaltung und überhaupt für eine neue dramatische Thematik verantwortlich. Da steigt — in der Siegelglyptik — der Sonnengott Utu aus der Tiefe einen Berggipfel empor. Feurige Strahlen lodern aus seinen Schultern. Er trägt die Hörnerkrone auf dem Haupte und in der Linken ein Sägemesser. Zwei Götter öffnen ihm die Tore der Sonne.

Auf einem anderen Siegel erscheint Enki, der weise Gott der frischen Gewässer und aller Zivilisation, innerhalb eines Rahmens. Links von ihm erklimmt ein Gott einen Berg, und weiter entfernt steht der Sonnengott auf einem geflügelten Löwen. Er hat ein Bein zum Steigen erhoben; eine Figur hinter ihm weist einen hohen Türpfosten vor, das Symbol der Göttin. Die Figuren erscheinen fein gegliedert und scharf konturiert. Die Komposition ist durchakzentuiert. Die erste Dynastie von Ur liebte runde und volle Formen. Übrigens entsteht um 2000 v. Chr. auch in der Literatur eine Gestaltungskraft, die bewußter und freier über ihre Mittel verfügt.

Die Städte Kisch und Lagasch, die dem frühen Ur zugeordneten Kulturträger

Die Mesilimperiode in Kisch

Ur ist bedeutsam durch die aufschlußreichen Ausgrabungen von Woolley. Deshalb wurde die Geschichte Urs über die Akkaderperiode hinaus verfolgt. Das *frühe* Ur löst die Urukperiode ab. Es steht indes als Kulturpionier nicht allein, sondern bringt die sumerische Urkultur mit einer Gemeinschaft sumerischer Städte zusammen zur Reife. Darunter setzt die Tempelstadt Kisch vielleicht sogar ein wenig vor der Konstituierung der ersten Dynastie von Ur mit ihrer Leistung ein.

Die Regierungszeit des Mesilim von Kisch, der wohl von westlichen Wüstennomaden abstammte, zeigt einen ersten fühlbaren semitischen Einschlag sumerischer Formgebung. Der Stil der Mesilimperiode folgt unmittelbar auf den der Urukzeit. Wie in der Keilschrift, so dominiert nun in der Glyptik ein linearer und flächiger Stil in abstrakter Raumgestaltung. Es scheint, daß sich das Geistige vom Bildhaft-Plastischen loslöst. Naive Weltverbundenheit entschwindet mehr und mehr in die Vergangenheit. Auch die politische Struktur neigt sich zum Organisatorisch-Unanschaulichen. An die Stelle einer gedrungenen religiös-kulturellen Tempelwirtschaft tritt allmählich eine fürstliche Verwaltung, die auf viele Städte übergreift. Vermutlich erstreckte sie sich bisweilen von Mari bis nach Eridu. In der Mesilimzeit wurde in Uruk eine riesige doppelte Stadtmauer gebaut, 9,5 km lang, und versehen mit 800 vortretenden Bastionen[1]. Sie umschloß enge Gassen, Felder und Gärten. Uruk war ursprünglich religiös „eingehaust"; es wurde nun bewußt und handgreiflich eingehegt. Im Grundriß des jetzt neu aufkommenden Langraumtempels zeigt sich ein Einfluß der Semiten: zwischen Gemeinde und Gott nimmt der Abstand zu. Der Grundriß richtet sich nicht mehr wie zuvor auf den Altar aus, vielmehr liegt der Eingang zum Hauptraum am Ende der Langseite. — In religiösen Bauten ist die Ordnung der physischen Struktur in die religiöse Konzeption und die Form des Kultus integriert. Denn die sichtbare Kirche ist die „Wohnung Gottes". — Es werden nun auch Kuppeln, echte Gewölbe und offene Hallen errichtet. Diese Bauglieder lassen sich wenigstens bis ins 25. Jahrhundert v. Chr. datieren.

In der Mesilimzeit blüht zum ersten Male die Steinplastik. Beim Diyalafluß im Schutt des Abbatempels von Tell Asmar wurden von Seton Lloyd zwölf Alabasterfiguren entdeckt: die sogenannten Beterstatuetten, zehn männliche und zwei weibliche. Fast alle stehen aufrecht. Dem „Mesilimstil" entsprechend sind diese Statuen stark geometrisiert.

Das Kunstwerk hatte in dieser Frühzeit eine eigene magische Lebendigkeit. Der Mensch selbst konnte den Kontakt mit der Gottheit nicht ununterbrochen mit gleichbleibender Inbrunst aufrechterhalten. Er mußte sich den Verrichtungen des Alltags widmen. Diese Figuren, mit denen sich der Gläubige identifizierte, verharrten für immer in der Haltung des Anbetenden und im Bann der religiösen Phantasiewelt. Mit ihrer Hilfe wurde die inbrünstige Götterverehrung nie unterbrochen, nie abgeschwächt. Die Pietät des empirischen Menschen fand ihr Gefäß in einer immer aktuellen Devotion. Solche Aktualität wird nur mit der Phantasie des Künstlers erreicht.

Die größten der betenden Figuren, eine männliche und eine weibliche, die der männlichen an Größe nachsteht, blicken über alle Einzelheiten hinweg in Räume des Überirdischen: Ihre weitgeöffneten

[1] Nach dem Gilgamesch-Epos ist sie das Werk des Gilgamesch selbst.

Augen scheinen geradewegs in die Geisteswelt zu schauen. Ihre Körper streben überlang in die Höhe. Die größte unter den männlichen Figuren hält einen Becher zwischen den Händen. Eine kleinere Figur kniet. In jeder Figur bilden die Umrisse von Schultern, Ellbogen und — aufwärtsgefalteten — Händen ein Pentagramm: alle Figuren sind in einem Rhythmus vereint. Sie sind im Banne einer Epiphanie. Es ist, als ob sie alle in ungewissen Fernen dasselbe suchten, und dabei sind sie von zwingender Gegenwärtigkeit, von unheimlicher Eigenmacht. In einigen Gesichtern spielt eine Komik: ein Wissen um die Unzulänglichkeiten derselben praktischen Alltagsexistenz, für deren Wohl sie doch stellvertretend beten. Einige scheinen sich zu mokieren und die Sphäre der kleinen Lebenssorgen zu durchschauen.

In den Kreis solcher Figuren gehört ein lächelnder Beter im sechsfachen sumerischen Zottenrock. Er wurde in Chafadji entdeckt. Alle diese Figuren besitzen anthropologisch Züge des Frühsumerers: eine dicke vorspringende Nase und eine niedrige rückfliehende Stirn. In sie setzt sich der gerade Nasenrücken fort. Aber diesen sumerischen Gestalten eignet bereits das eindringliche Sinnen der mehr und mehr nachdrängenden Wüstennomaden. Es ist, als ob hier der Geist zuerst bei sich Einzug hielte. Die Begegnung mit dem Transzendenten wird bewußt dargestellt. Die Position des Menschen reflektiert sich in seinem Bewußtsein, und in diese Reflexion schleicht sich ein Zug von Selbstironie ein.

Seit Anbeginn ist der Kunststil das untrügliche Monogramm, in dem eine ethnische Einheit das Stadium ihrer Entwicklung anzeigt. Dieses Monogramm ist nicht eine starr festgelegte Struktur, sondern es schwingt in einem Rahmen und bringt den aktuellen Stand langwelliger wie kurzwelliger, nur zeitbedingter Strebungen zum Ausdruck. Jedes „gültige“ Werk einer Epoche hat solchen Monogrammcharakter, aus dem sich unter anderem ablesen läßt, ob die Schaffenden naiv und ungebrochen in einer konkreten Wirklichkeit stehen oder ob sich eine Sphäre von „abstrakten“ Verwaltungsgeschäften zwischen Mensch und Ding einschiebt, ob das Leben in festen Bahnen verläuft oder auf Experimente aus ist. Der bildenden

Kunst gegenüber erlaubt sich der bewußte literarische Ausdruck einen Spielraum von Willkür: Die Mitteilung strebt danach, gefällig, aber nicht immer danach, in erster Linie wahr zu sein.

Der Kunststil der Mesilimperiode bringt in dauernd gültiger Gestalt die Wahrheit über einen bedeutsamen Entwicklungsschritt der frühen Kulturmenschheit zum Ausdruck: Zwischen 2600 und 2500 wird die leitende und weiter führende sumerische Thematik mit Motiven aus den angrenzenden arabischen Zonen bereichert. Eine erste fruchtbare „Kreuzung“ religiöser Volks- und Stammeskultur ist die Folge. Der ethnische Konflikt setzt sich in einen Zusammenstoß von Götterwelten fort, und der metaphysische „Himmel“ hat sich gleichsam in neue Konstellationen zu fügen; jeder ethnischen Zeitstelle eröffnen sich Einblicke in zugeordnete Sternbilder.

Bis zum Ende der Urukzeit lebten und wirkten die Sumerer in ihrem angeschwemmten Kernland, ihrer Kulturheimat zwischen Eridu und Nippur. Nun erfolgt eine Osmose mit Semiten der angrenzenden Zonen. Diese wohnen in Ziegenhaarzelten, schweifen kühn durch weite Wüstengebiete und richten sich nach den Sternen des Nachthimmels, der Venus, dem Sirius, dem Wagen und dem unwandelbaren Polarstern.

Im ganzen mesopotamischen Bereich müssen Unruhe, Zerstörung und Wiederaufbau ertragen werden, gleichsam wie Stürme des eigenen Herzens. Auch die menschliche Natur ist in diesem Bereich nie völlig gezähmt. Ihre Wildheit bricht immer wieder hervor, in den Einfällen der Gutäer, Westsemiten, Churriter, Hettiter, Kassiten, Elamiter, Aramäer und schließlich Meder und Perser.

Der Stil der Urukzeit (und Djemdet-Nasr-Zeit), die der Mesilimperiode vorangeht, ist naturnah, die Darstellung aus der Fülle und dem Bewegungsrhythmus des umgebenden Daseins gegriffen. Diesem war der Urukmensch naiv hingegeben. In der Mesilimzeit beginnt eine geistige Besinnung sich vom gelebten Leben zu distanzieren. So unterwirft sich in den geschilderten Beterskulpturen die menschliche Figur einer transzendenten Idee. Ihre Glieder bewegen sich nicht vermöge eigener Muskeln und Sehnen; ihre Proportionen sind nicht aufeinander abgestimmt. Sie gehorchen vielmehr einem Rhythmus, der über sie hinausreicht, weil er von Himmelssphären ausgeht. Zum Beispiel werden die Gestalten eines Kalksteinreliefs aus Chafadji, von dem mehrere große Bruchstücke erhalten sind, von Werner Speiser folgendermaßen beschrieben: Was in der [früher erwähnten] Alabastervase von Uruk „rundlich, kräftig, sicher war, ein Bein, ein Muskel, eine Bewegung, erscheint jetzt entweder zu dünn oder zu dick; die hölzernen Beine stehen nebeneinander, aber bewegen sich kaum, Muskeln zeigen weder Menschen noch Tiere, die Last der Gefäße beugt niemanden".

Wenn man den stilistischen Unterschied zwischen den beiden Perioden, der des Mesilim und der von Uruk (und Djemdet-Nasr-Zeit), auf die Formel „konstruktiv gegen organisch" bringt, dann kann man auch auf einen Wandel der Bautechnik Bezug nehmen. Die „organischen" Bauelemente der „Riemchen", kleiner flacher Ziegel, werden durch die abstrakt-geometrischen „plankonvexen" Ziegel ersetzt.

Im ganzen genommen sind aber die „abstrakten" Tendenzen nur Modifikationen eines im Grunde sumerischen Stiles. Dieser scheint sich im Verlauf der Mesilimperiode wieder stärker durchzusetzen. Darauf weisen Standbilder aus dem 25. Jahrhundert v. Chr. So deuten Figuren, wie das Weihbild des Ebih-il, eines hohen Beamten aus Mari, und das Weihbild eines Lammträgers — des ersten „guten Hirten" — auf eine Annäherung an den Stil von Uruk hin. Sie tragen wieder den Zottenrock, und ihre menschlichen Züge sind von innen her modelliert. Sie leben aus ihren eigenen Reserven und bewegen sich in den Angeln ihrer eigenen Existenz. Im Vergleich zu Ägyptern erscheinen sie erdenschwer. Es ist Enki, der Gott der Wassertiefen, der sie mit einem Wissen um die nächsten Dinge begabt.

„Zivilisatorisch" hat die Mesilimzeit bahnbrechende Fortschritte zu verzeichnen. Viel früher als in Ägypten erscheint hier bereits der Wagen, von vier Mauleseln gezogen. Die Räder sind solid, durch vier Planken gebildet, und ein langer Zügel läuft durch einen Führungsring über die stark gewölbte Deichsel.

Die Kultur von Lagasch

Zu der Städtegemeinschaft, die in der Nachfolge Uruks die sumerische Kultur weiterführt, gehört schließlich, neben Ur und Kisch, das überaus blühende Lagasch.

Die Ausgrabungen des Stadtstaates von Lagasch, die die Franzosen schon 1877 begannen, brachten Zeugnisse einer reifen sumerischen Kunst zutage. In Ur wurde die ihres Kopfes beraubte Statue des Entemena, Statthalters von Lagasch, gefunden, die als Weihgabe nach Ur gebracht wurde. Sir Leonard Woolley nimmt an, daß der Halsstumpf von den Vorübergehenden immer wieder berührt wurde, so daß er schließlich „poliert" worden ist.

Dieser Entemena von Lagasch ist im Zottenrock, mit gedrungenem muskulösem Körper und vor der Brust zusammengelegten Händen dargestellt.

Lagasch blüht 150 Jahre lang. Es befreit sich wahrscheinlich von der Oberherrschaft von Kisch in dem Augenblicke, als eine ehemalige Schankwirtin, Kubaba, in Kisch die Zügel der Regierung ergreift.

Lagasch treibt die materielle Zivilisation Sumers beträchtlich voran. Die Inschriften des ersten Fürsten, des Urnansche, der um 2480 regierte, berichten von Kanalbau, Handel und von umfangreicher Bautätigkeit. Auf einem Familienrelief trägt Urnansche mit den Mitgliedern seiner Familie, die namentlich benannt sind, Ziegel und Mörtelkörbe. Die Arbeit am kultischen Bau wird rituell geheiligt. Andere Inschriften melden von der Stapelung von Getreideüberschüssen im Vorratshause des Ningirsutempels, und von Meliorationen. Tempel in Lagasch sind Ningirsu, Baba, Nansche und Gatumdug, der „Mutter der Stadt", geweiht.

Aus der Zeit des Eannatum, des Sohnes des Urnansche, wurde von den Franzosen bereits in den achtziger Jahren des vorigen Jahrhunderts die sogenannte „Geierstele" ausgegraben, eines der ersten historischen Dokumente der Menschheit. Auf ihr, einem Siegesbericht, wird, noch in linearer Monumentalschrift, Mesilim von Kisch erwähnt. Es wird da vom Kampf gegen Umma gesprochen, dessen Herrscher Lugalzaggesi, der erste Imperialist, schließlich Lagasch zerstören sollte, und von Gefechten mit den Elamitern.

Auf einem Bruchstück streiten sich die Geier um die Köpfe von gefallenen Feinden, auf einem anderen werden die eigenen Soldaten feierlich bestattet. Ningirsu fängt die Feinde im Fischnetz. Die frühe Kultur zeigt ihren Untergrund von Gewalttätigkeit. Abgehauene Arme und Köpfe sind eine Beute der Geier, die sie in ihren Schnäbeln und Fängen davontragen. Der Sieger rühmt sich inschriftlich, daß er das Werk der Zivilisation achtet; es steht unter der Obhut des Gottes Enki. Er, Eannatum, sehe davon ab, die Bewässerungsanlagen des besiegten Umma zu zerstören. Dabei folgt er wohl der Anweisung des Gottes, für den er den Feldzug unternimmt.

Die Geierstele berichtet im Zusammenhang von Taten, Ereignissen und Verträgen, von den Vorfällen des Kampfes, dem Sieg und der Opferfeier. Dann werden Verträge feierlich beglaubigt und neue Grenzen zwischen Lagasch und Umma gezogen. Die Inschrift unterstützt und ergänzt das Bild, das primäre Dokument der Phantasie, die die Ereignisse in die Gegenwart zitiert. Die bildhafte Präsenz der Geschehnisse ist eine ergiebige Quelle literarischer Ausdrucksmöglichkeiten, die noch immer fließt, für jede Sprache jeder späteren Nation.

Mit Entemena, dem Sohn des Eannatum, wächst die Zivilisation in allen Dimensionen. Wirtschaft und Verwaltung bilden sich zu eigenen Systemen heraus. Zahlreiche Urkunden, Kontrakte, Siegel und Inschriften zeugen von sprunghafter Ausbreitung und Verdichtung von Handel und Gewerbe. Die Baustoffe Holz und Stein werden zunehmend importiert, Kanäle werden gegraben, der Landbesitz wächst.

Die Periode des Entemena gewinnt das Bewußtsein einer historischen Existenz, die sich über viele Generationen erstreckt. Es umspannt zum ersten Male einen kontinuierlichen Fluß von Ereignissen und Taten, von Gedanken und Werken. Eine Folge geschichtlicher Welten wird zum Lebenselement.

Der Erwerb eines „historischen Bewußtseins“ bedeutet eine Metamorphose der menschlichen Existenz. Ungefähr seit der Periode des Entemena bewegt sich der Kulturmensch in einem zusätzlichen Lebenselement. Von nun an sind die Gedanken und Werke auseinanderliegender Generationen, ja auch auseinanderliegender Kulturen in jedem Individuum, das das Niveau der aktuellen Kultur erreicht, gleichsam durch die Grundwasser der Erinnerung miteinander verbunden.

Vorher war der Generationszusammenhang instinktiv. Im Geistigen hinterließen nur Ereignisse, die das psychosomatische Ganze erschütterten, ihre lückenhaften Spuren. Die Vergangenheit war gleichsam in erratischen Blöcken präsent. Das menschliche Geschichtsdrama war noch nicht in den Fluß der intimen Erfahrungen, der „Erlebnisse“ einbezogen; sein „an sich“ war noch nicht zum „für sich“ geworden, um mit Hegel zu sprechen. Der Erwerb des historischen Bewußtseins und des geschichtlichen Existenzeinsatzes ändert die menschliche Konstitution von Grund auf. Der Mensch nimmt sich nunmehr seiner eigenen Geschichte an; er dichtet an seinem eigenen Drama fort. In Eridu war ein Geschichtsbewußtsein wenigstens so weit entwickelt, daß die ersten Sumerer, die das unter ihren Augen entstehende Schwemmland kultivierten, den Beschluß der Götter zu vollstrecken glaubten. Enki bediente sich der Menschen, um die Erde zu kultivieren, und das „Unzulängliche wurde Ereignis“.

In der Steinzeit lebten unsere Vorfahren im Rhythmus von Jahrtausenden. Dem Pulsschlag der Millenia waren wohl noch jene frühen Sumerer unterlegen, die die Regierung ihrer mythischen Könige auf Äonen befristeten. Im Grabe der Vergangenheit spielen Zeitunterschiede keine Rolle mehr.

Die aufeinanderfolgenden Generationen sind jeweils auf verschiedenen Ebenen über die Abgründe ihrer abreißenden Lebenszeit hinweg miteinander verbunden und ineinander gelagert. Auf einer höchsten Ebene, die erst in der Frühkultur Ägyptens und Sumers erreicht wird, ist diese Verbundenheit von einem Geschichtsbewußtsein getragen und durchdrungen. Biologisch erhält sich in einem Stamme, später einem Volke eine Genkombination. Instinktmäßig wachsen Gewohnheiten, Gebräuche und Sitten gleichsam wild durch die Generationen weiter. An der Grenze des Geistigen, aber eng mit der psychosomatischen ethnischen Konstitution verbunden, wuchert das Geflecht der Sprache durch die Jahrhunderte und Jahrtausende, indem es hartnäckig und eigensinnig an seinem Formenschatz, an Richtung, Idiom und Sprachgewohnheit festhält. „Normativ“ verpflichten sich die Generationen eines Kulturvolkes auf eine bestimmte Architektonik ihres Daseins, eine Weltordnung, die sittliche, religiöse, rituelle, wissenschaftliche und soziale Gesetze einbeschließt. Vom historischen Völkerschicksal heben sich zunächst einzelne mächtige Ereignisse, innere Erschütterungen, Begegnungen, Wanderungen, Neugründungen heraus, die ihre eigenen Wellen schlagen. Aber schließlich erwächst das Bewußtsein einer inneren Verbundenheit mit der Tradition, und die schriftliche Überlieferung ist imstande, zunehmend Leerstellen in der rhythmischen Abfolge der Geschehensreihen auszufüllen. In das individuelle Bewußtsein reicht zunächst der Rhythmus des Geschehens hinein, von dem dieses eben erwachende Bewußtsein weiter getragen wird.

In einer Kegelinschrift des Entemena, auf ungefähr 2400 v. Chr. datiert, wird der praktisch ethische Einsatz für Gegenwartsaufgaben in den Bühnenraum des Geschichtsdramas eingefügt, erweitert sich der Horizont der eigenen Taten in den vergangenen. Entemena berichtet nämlich, daß er mit Hilfe der Götter die Grenzen zwischen Lagasch und Umma noch einmal festsetze. Er weist auf die Vorgeschichte zurück, auf Auseinandersetzungen mit Mesilim von Kisch und auf Erfolge seines Vaters Eannatum. Der Gott Enlil habe ihn angewiesen, dem Ningirsu und der Nansche einen Kanal zu bauen, der den Tigris mit dem „Großen Flusse“ verbinde. Kult, Tempelbau, Meliorationen und kriegerische Unternehmen füllen die Bühne des Geschehens. Grenzen sind gezogen gegen das, was kommen wird. Konkret menschliche Begegnungen in einer Kulturheimat sind der Erinnerung wichtig und teuer geworden. Menschliche Vorfälle fügen sich nun in die rhythmischen Kreise siderischer Geschehnisse. Die Umläufe und Konjunktionen von Venus, Sonne und Mond und vom Sirius am Eingang der Milchstraße bilden schließlich in der babylonischen Ära den weitesten Raum allen Schicksals.

Die erste Krise der Tempelstadt in Lagasch

In Lagasch steigert sich ein kulturelles Selbstbewußtsein mit dem Anwachsen des materiellen Wohlstandes. Die profanen Bereiche, die im Schoße des Tempelstaates entstanden, beginnen sich mit einem eigenen Momentum fortzuentwickeln. Unter der Regierung des Entemena lockert sich das Verhältnis zwischen dem zivilisatorischen Bereiche, der seit Anbeginn unter der Obhut des Ensi, des Fürsten und seiner Palastverwaltung steht, und dem religiös-kultischen Tempelbezirk. Erst mit einer solchen nachträglichen Abscheidung ist die Möglichkeit gegeben, Religion und künstlerische Kultur bewußt als etwas Besonderes zu fassen. Das alte System zeigt seine ersten Risse. Zunächst regieren nach dem Tode des Entemena die Priester. Sie setzen sich dem weltlichen Fürsten entgegen. Die alte Stadtorganisation verliert ihr Gleichgewicht. Schließlich fällt sie einem überstädtischen Imperium zum Opfer. Autonome Kulturstädte werden nun zu Verwaltungsbezirken oder Provinzen degradiert.

Zwischen „innenpolitischem“ und „außenpolitischem“ Strukturverlust besteht ein Circulus vitiosus. Die Städte Lagasch, Umma und überhaupt alle sumerischen Stadtstaaten rieben einander in unaufhörlichen Fehden auf, da sie nicht mehr in sich selbst ruhten. Innere Auflockerung und allgemeiner Zwiespalt forderten expansive Gelüste und imperialen Zusammenschluß heraus; Lugalzaggesi von Umma machte von dieser Konjunktur zuerst — um 2350 — Gebrauch, und ihm folgte Sargon von Akkad mit dem entschiedenen Schritt zur Reichspolitik.

Die Geburt der Kultur endet zunächst in Sumer sowohl wie in Ägypten in einer Krise: Das neugeborene Kulturvolk ist in geographische und ethnische Landschaften verpflanzt; es muß sich den Gesetzen dieser Realität fügen, ihnen nachgeben, sie benutzen, so daß es sein eigenes Wesen maximal durchsetzt und entfaltet. Durch Jahrhunderte, ja Jahrtausende bleibt es trotz aller Kompromisse und Zugeständnisse an die Unzulänglichkeiten der menschlichen Natur seinem Wesen treu. Die kühne Gestalt, die geboren wurde, behauptet sich in der Realität als lebensfähig. Die späten Generationen werden noch von den ungewöhnlichen Kräften getragen, die am Anfang ihr Schicksal herausforderten.

Die Krise der Geburt hatte in der ägyptischen Umgebung einen andersartigen Charakter. Dort war es die Nekropolis, die Architektur, Kunsthandwerk, Landwirtschaft und Bewässerungstechnik förderte und integrierte. Im Augenblick der ersten Krise wurde dieses religiöse Gewerbe- und Verwaltungszentrum von seiner ländlichen Ernährungsbasis getrennt. In Sumer ging der Trennungsstrich mitten durch die Tempelstadt hindurch, die das kultivierte Land in sich einbeschloß, und die Krise war eine interne Krise des Stadtstaates, die auf die Städtegemeinschaft übergriff.

Ursprünglich waren die zivilisatorischen Aufgaben innerhalb des religiös ausgerichteten Gemeinschaftslebens in Sumer an einen Steward des Gottes delegiert, und dieser ist es, der sich — notgedrungen — aus der Einheit herauslöst.

Der vierte Nachfolger des Entemena, ein Priestersohn, wird zum Latifundienbesitzer. Er sequestriert sieben Güter, die 650 Morgen umfassen. Seine Frau verfügt über 250 Morgen Ackerland. Solche Besitzkontraktion störte sicherlich den Güterkreislauf des gesellschaftlichen Körpers.

Die entstehenden Schäden suchte Urukagina durch eine erste soziale Reformgesetzgebung auszugleichen. Es taucht die Konzeption der aequitas, des Ius aequum auf, einer Rechtsgestaltung innerhalb der tatsächlichen Lebensregungen, die unvorhergesehene Richtungen einschlagen und in Konfliktsituationen geraten. Hier handelt es sich darum, die widerstrebenden Interessen mächtiger Priester, des einfachen Volkes und der Steuerverwalter zu schlichten. Urukagina ist unvermeidlich in diesem ersten Interessengetriebe als weltlicher Herrscher selbst Partei. Seine Gesetze sind indes an humanem Geist denen des späteren und berühmteren Epigonen Hammurabi überlegen.

Eines der zugehörigen Schriftdokumente aus dem Lagasch des Urukagina enthält einen Vertrag mit Ningirsu, dem göttlichen Oberhaupt der Stadt. In ihm verpflichtet sich Urukagina als Treuhänder des Gottes, dem Leben im Großhaushalte des Ningirsu und der Göttin Baba seine rechtliche Ordnung zurückzuerstatten. Nach sumerischer Auffassung ist der Mensch dazu bestimmt, den Gott von der zivilisatorischen Arbeit zu entlasten. Es ist dann die Aufgabe des Ensi, den ihm anvertrauten Großhaushalt: Felder, Bewässerungsanlagen und Herden, Handel und Wandel zu hegen und zu pflegen. In seinem „Vertrag mit Ningirsu" spricht Urukagina von dem Unheil, das es zu kurieren gilt: „Die Rinder der Götter wurden zur Bewässerung der dem Ensi verliehenen Äcker verwandt, die guten Felder bildeten das Lehen, den Ort der Freude des Ensi. Esel und schöne Rinder ... nahmen die Priester weg, das Korn verteilten die Priester den Leuten des Ensi. Der Priester irgendeines Ortes riß im Garten der Mutter eines Armen die Bäume an sich und nahm die Früchte weg. Wenn ein Toter ins Grab gelegt wurde, nahm der Priester 7 Urnen Bier als sein Getränk, 420 Brote und 120 Sila Korn als seine Speise, ein Kleid, ein Böckchen und ein Bett für sich." In dem Augenblick, in dem die ursprüngliche Einheit von Religion und materieller Zivilisation zerbricht und in dem die Praxis des Alltags — oft wider ihren Willen — auf sich selbst verwiesen ist, findet menschliche Selbstsucht eine Chance, altes Kulturgut zum Mittel für den Eigennutz zu verwenden. Sogar die priesterlichen Sachwalter des Tempelgutes unterliegen solcher Versuchung. So zerstört die religiös-kulturelle Gemeinschaft sich selbst. Die Priester der Stadt Lagasch, die sich von den Gesetzen des Urukagina benachteiligt fühlten, sollen sogar verräterische Verbindungen mit dem Landesfeind Lugalzaggesi eingegangen sein. Dieser verwandelte schließlich ihre Heimat in einen Trümmerhaufen. Der erste Wehruf der Menschheit, das Original zur biblischen Literaturgattung der Klagepsalmen, kündet von dieser Katastrophe, vom Verlust der Heimat. Eine sakrale Stadt fällt dahin, und die Götter selbst verlassen sie. In dieser ersten Götterdämmerung sinkt eine alte Kultur in den Abgrund. Der Mensch verliert ein Paradies, das zudem vor seinen Augen zerstört wird.

In dem erwähnten Klageruf klingt der Fall eines „Himmlischen Jerusalems" an: „Die Leute von Umma ... raubten das Silber und die Edelsteine, sie haben das Blut im Palast Tirasch vergossen, im Heiligtum Enlils und im Heiligtum Babas haben sie Blut vergossen ... Die Leute von Umma haben damit, daß sie Lagasch verheerten, eine Sünde gegen Ningirsu begangen. Die Macht, die ihnen zuteil geworden, wird ihnen genommen werden. Eine Sünde Urukaginas, Königs von Girsu, besteht nicht. Aber Lugalzaggesi, Ensi von Umma — seine Göttin Nisaba trage diese Sünde auf ihrem Haupte."

Das für „Sünde" gebrauchte sumerische Wort läßt sich genauer mit „Eingriff" übersetzen: Die Göttin von Umma griff verletzend in das Ordnungsgefüge der Stadt des Ningirsu ein. Durch die Zerstörung seiner Stadt klafft im Corpus mysticum des Gottes eine offene Wunde.

Es besteht bei aller Rivalität ein religiöses Gemeinschaftsgefühl unter den Völkern Mesopotamiens, das bis in die Perserzeit überlebt. So wird es dem gewaltigen Herrscher Sanherib von seinen eigenen assyrischen Untertanen als unverzeihliche Sünde angerechnet, daß er 689 die traditionelle religiöse Metropole Babylon zerstört, ihre Tempel vernichtet und die Götterstatuen hinweggeschleppt. Bereits einem Tukulti-Ninurta I. (1235 bis 1198) wurde derselbe Frevel von seinen Landsleuten schwer verübelt. In Mesopotamien erreicht auch der blutigste Gewaltherrscher dort die Grenzen seiner Macht, wo er sich über die religiöse Scheu seiner Völker hinwegzusetzen sucht.

Ausblick auf die imperiale Zeit Mesopotamiens

Lugalzaggesi von Umma suchte einem bedrohlich anwachsenden akkadischen Einflusse durch eine Art von Präventivkriegen zu begegnen. Er rühmt sich, Enlil habe ihm „die Länder unter seine Füße niedergeworfen und die Wege vom Anfang bis zum Untergang der Sonne, vom Unteren Meer über Euphrat und Tigris bis zum Oberen Meer geebnet". Er befriedet ein weites sumerisches Kulturgebiet und stiftet einen imperialen Sicherheitszustand. Über diesen wacht er als „der gute Hirte". Enlil soll den Willen Anus, des Himmelsgottes, dahin lenken, daß sich seine Völker vermehren und daß ihnen die „Zitzen des Himmels" reichlich fließen.

Aber am Ende wird er von Sargon von Akkad besiegt, der ihn am Tempelportal Enlils in Nippur gefesselt zur Schau stellt. So ungewiß ist die Gnade des Gottes, so wankelmütig das Schicksal!

Der Gott entzieht sich dem menschlichen Drama, in das er als Teilnehmer hineingezogen werden sollte. Das Numinose läßt sich nicht dosieren und benutzen. Alles Sein und Dasein ist allzumal erschüttert, wenn es der Begegnung mit dem Numinosen und seiner eigenen radikalen Exponiertheit gewahr wird.

Die berühmtesten Fürsten des semitisch-akkadischen Imperiums sind Sargon — willensstark und abgeklärt, vermutlich in einem bei Ninive gefundenen Bronzekopf porträtiert — und dessen Enkel Naram-Sin. Eine Siegesstele im Louvre zeigt diesen Enkel als vergöttlichten Führer mit Hörnerkrone. Er erklimmt an der Spitze seiner Truppen einen von Sternen überstrahlten Bergkegel, überlebensgroß wie ein Pharao schreitet er empor.

Sargon ist von der Göttin der Liebe zu seiner Herrschaft erkoren, und seine Geburt verliert sich, wie ein Jahrtausend später die des Moses, ins Mythisch-Legendäre. Ischtar Anunitu — die akkadische, kriegerische Form der Inanna — soll ihn geboren und dann, wie es dem Moseskinde geschah, in einem Rohrkörbchen im Flusse ausgesetzt haben, und zwar im Euphrat. Dann zog ihn Akki, ein Bewässerer der Gärten, auf. In der Jugendgeschichte des indischen Gottes Krishna klingen ähnliche Motive an.

Die akkadischen Herrscher Naramsin und Scharkalischarri führten das Gotteszeichen vor ihrem Namen, sie walteten nicht mehr als Stewards einer Tempelstadt. Sargon begann seine Laufbahn als Beamter am Hofe des letzten Königs von Kisch, des Ur-Zababa. Er war ein Semite. Von Kisch strahlt die sumerische Kultur nach Mari am nordwestlichen Ufer des Euphrat aus, nach der westlichen Wüste und Palästina zu. Mari wird ein Brückenkopf sumerischer Kultur und Umschlagplatz von Handel und Verkehr. Hier treibt die alte Kultur luxuriöse Blüten. Seine eigene Residenz baut

Sargon an der engsten Stelle zwischen die beiden Ströme. Er versah sie mit einem Tempel für Zababa, den Kriegsgott von Kisch, und einem anderen für die kriegerische akkadische Ischtar Anunitu. Am Euphratufer errichtete er einen großen Kai für Seeschiffe von Südarabien und Tilmun. Ein Sargontext betont die zivilisatorische Sendung seines Reiches: „Von der Grenze des Meeres band er die Schiffe von Meluchcha, die Schiffe von Magan und die Schiffe von Tilmun am Kai von Akkad fest. Sargon der König, betete in Tutul Dagan an ... Das obere Land gab Dagan ihm, Mari, Jarmuti und Ibla bis zum Zedernwald [wohl des Libanons] und den Silberbergen [des Taurus]. Sargon, dem König, ließ Enlil keinen Feind erstehen. 5400 Krieger essen täglich vor ihm ihre Speise." Sargon führt sie der Sage nach siegreich bis nach Puruschchanda in Kappadozien. Der königliche Feldherr selbst ist mit Bogen und Pfeil bewaffnet. Der Krieg wird in lockeren Formationen geführt, diese sind beweglich, verglichen mit der schwerfälligeren sumerischen Phalanx.

Von Naramsin geht die Rede, daß er das Land Magan, das in Ägypten zu suchen sei, eroberte. Dieser Enkel Sargons errichtete seine gewaltigen festungsartigen Paläste im vorgezeichneten Stile des Absolutismus. Die Konstruktion tritt an die Stelle der organisch gewachsenen älteren sumerischen Tempelstadtanlage. Die Ziegel, die man zu brennen beginnt, tragen den Namensstempel des Königs. So sind selbst die Ziegel politisch abgestempelt.

Der imperiale Palast, in Tell Brak am östlichsten Quellfluß des Chabur gelegen, besitzt zehn Meter dicke Mauern und fünf Höfe. Er ist über einem Tempel der Djemdet-Nasr-Periode errichtet und umschloß wahrscheinlich auch eine Kapelle des „Kaiserkultes" — welch ein Wandel der Zeiten!

Ein anderer befestigter Palast am Diyala verfügt über Waschräume, hygienische Einrichtungen, Abflußkanäle, Boudoirs, tönerne Fenstergitter, die zur Kühlung dienten, Korridore, Empfangsräume und Privatwohnungen mit allem Inventar.

Die Welt steht an der Schwelle des „Modernen", und ein Bedürfnis nach Komfort sucht sich seine materielle Ausrüstung. Die

Gaben der Zivilisation werden nun um ihrer selbst willen genossen. Selbst in die Verteidigung schleicht der Luxus ein. Auch zehn Meter dicke Mauern konnten dem Akkaderreich keine Dauer verleihen. Sie haben den Lebensgenuß nicht gesichert, denn diese ganze Kulturwelt fiel dem barbarischen Einfall der Guti zum Opfer.

Bereits unter dem Sohn des Naramsin, dem Scharkalischarri, dessen Thronname „König aller Könige" lautete, begann ein innerer Verfall. In jener Zeit konnte sich das sumerische Uruk von neuem erheben. Die allgemeine Verwirrung lockte auch die Guti aus dem Zagrosgebirge an. Der sumerische Süden, besonders Lagasch, hatte wohl in geheimer Verbindung mit den Feinden der Akkader gestanden. Die akkadische Hauptstadt wurde so zerstört, daß keine Spur von ihr übrigblieb.

Nach dem Barbareneinfall der Guti erheben sich die Sumerer noch einmal. Sie beschließen nun in einem letzten Akt die Geschichte ihres Volkes. So herrscht gegen 2150 in Lagasch der berühmte, kunstsinnige und hochkultivierte Sumerer Gudea, den man als Restaurator altsumerischer Sitten betrachten kann. Aber das friedliche Lagasch muß dann den kriegerischen Königen der 3. sumerischen Dynastie von Ur Platz machen. Ihr Einfluß erstreckt sich bis zum Mittelmeer. Könige wie Urnammu, Dungi und Bur-Sin errichten Bauten imperialen Ausmaßes. Aber dieses nachsargonische Sumererreich währt nur etwa 75 Jahre.

Ibbisin, der letzte König von Ur III, fiel um 1950 den Elamiten in die Hände. Auswärtige Mächte, die teilweise assimilierten Elamiter und die Westsemiten der Wüste, erobernde Beduinen, übernehmen nun die Führung über die alten Stadtstaaten: die Elamiten von Larsa, die Westsemiten von der Ischtarstadt Mari am mittleren Euphrat aus. Beide Gruppen kämpfen um die Hegemonie. Schließlich gelingt es Hammurabi von Babylon, dem westsemitischen Staatsmann, die sumerisch-akkadische Welt für kurze Zeit wieder zu vereinigen. Isin, das von Isbi-irra, einem Westsemiten aus Mari, besetzt wurde, behauptete in den drei Jahrhunderten der Wirren und Rivalitäten einen gewissen Vorrang, bis der Elamite Rimsin aus Larsa, ein bedeutender Feldherr, Larsa und Isin vereinigte.

Die Dynastie Hammurabis fiel aber im 16. Jahrhundert dem Barbareneinfall der Kassiten zum Opfer. Das damit erreichte politische Vakuum ermöglichte dann den Bewohnern des oberen Tigris, den Assyrern, ein eigenes Reich zu gründen. So bewegt sich die mesopotamische Geschichte durch Katastrophen und Neugründungen hindurch, bis schließlich im Perserreich eine Art kultureller Entropie alles mit allem ausgleicht.

Die Auflockerung der Urkultur im Akkaderreich

Mit Sargon und seinem akkadisch-sumerischen Weltreich wird, aus Urquellen der sumerischen religiösen Kultur angeregt, das erste semitische Volkstum mit seiner Sprache geboren. Das Akkadische ist ein Reis, auf den sumerischen Stamm gepfropft. Die Symbiose sendet Antriebe eigenen Wachstums aus sich heraus. Wie später noch die Israeliten, so leben die Akkader in Stämmen, und Sargon verläßt sich auf deren Loyalität. Diese ist nicht auf das begrenzte Gebiet irgendeiner Stadtheimat beschränkt. Sargon herrscht über ganze Regionen und schließlich bis zum Kaukasus, Taurus und bis Syrien.

Innerhalb der Weite des Reiches löst sich die ehemalige theokratische Tempelkultur in ihre Elemente auf. Der Fürst wird zum Großgrundbesitzer, und er gründet mit Hilfe eines stehenden Heeres eine Hausmacht. Öffentliche und private Rechtssphäre, Gesellschaft und Staat sondern sich. Beamte bilden einen eigenen Stand, und sie verwalten Stadtgebiete, die damit zu Provinzen geworden sind. Die rationale Ordnung einer auf sich gestellten Zivilisation kündigt sich an. Aber das akkadische Reich währt nur von 2350 bis 2150, und seine Herrscher sterben meist eines unnatürlichen Todes. Sie besitzen nicht die religiöse Legitimität der ägyptischen Osirisherrscher.

Welche Unruhe im sumerischen Kulturland, welche Stabilität in Ägypten! Mesopotamien erscheint frühreif. Voreilig entwirft es seine Reiche mit imperialer Verwaltung und Kriegführung, dazu individueller Religiosität und ziviler Rechtspflege. Die Literatur wird bewußte Kunstpflege, und die sumerische Sprache wird philologisch zergliedert und sogar kanonisiert; man stellt Wortlisten und Glossarien auf und fügt den sumerischen Vokabeln die akkadischen Äquivalente bei. Es wird in zwei Sprachen gedacht und reflektiert. Die gleichzeitigen Ägypter dagegen wirken aus einem unreflektierten Glauben. Es gibt da keine Volkselemente, die sich aneinander verglichen, keine entsprechenden ethnischen und sprachlichen Spannungen. In Mesopotamien erleichtert die Vielgestaltigkeit des Volkstums eine frühzeitige Differenzierung von Religion, Literatur und Wissenschaft, Wirtschaft und Politik. Die sumerischen „Urdinge“ werden von den Akkadern geistig verarbeitet und praktisch organisiert.

Die Akkader und die erste „Götterdämmerung“ in Mesopotamien

Seit der akkadischen Zeit führt der Weg zur ursprünglichen Begegnung mit Gott, Natur und Schicksal zunehmend durch Schichten des Konventionellen hindurch, in denen sich frühere Begegnungen abgelagert haben. Die Geburtswehen der Kultur sind in Mesopotamien plötzlicher, gedrängter und kürzer als in Ägypten. In beiden Fällen pulsiert die erste Quelle schließlich in einem abgeleiteten Flußsystem. Auf jeden Fall zehren noch die Zivilisationsreiche der Assyrer, Perser und Seleukiden von der geistigen Substanz Sumers. Selbst in der Spätzeit geht über die Welt von Staat, Gewerbe und Handel, von Wissenschaft, Literatur und Theologie noch der Stern der Ischtar auf. Die ursprüngliche Begegnung mit dem Sein aktualisiert sich in Renaissancen des Glaubens, indem der innere religiöse Vulkan der Eriduzeit periodisch wieder ausbricht. So wird das westsemitische Babylonien von dem Glauben an Marduk erschüttert. Der hervorbrechende Glaube pflanzt sich in einem solchen Falle in Wellen durch das Gebiet der Zivilisation hindurch fort und erfrischt alle Impulse. Im Ergebnis bietet die Menschheitszivilisation das Bild eines gleichmäßigen und geradlinigen Fortschrittes. Aber diese Entwicklung wird periodenweise durch ausbrechende religiöse Vitalenergien vorangetrieben. In die Periode der persischen und der abschließenden hellenistisch-römischen Herrschaft fällt die Geburt der letzten mesopotamischen Religionen, des Parsismus, der israelitischen Propheten und des Christentums.

Im akkadischen Reich macht sich zuerst eine Götterdämmerung im ganzen Kulturbereich bemerkbar. Nunmehr treten siderische Götter aus angrenzenden Wüstenregionen die Herrschaft an: der Sonnengott Schamasch, Ischtar, die Göttin des Venussternes, und der Mondgott Sin. Die in der Wüste wandernden Nomaden blickten auf zur Venus, dem im Strahlenfeld der Sonne aufgehenden Morgenstern. Ihm war das Horn des abnehmenden Mondes zugekehrt. Als Abendstern leitete Venus die Nacht der Liebe ein. „Geheiligt" ist auch bereits der Name des Dagan, des Gottes der westlichen Wüste. Zu ihm werden einst die Philister beten. So brechen neue Götter in die Domäne des Enlil von Nippur ein. Ähnlich wie der ägyptische Sonnengott Ammon-Re Züge des Osiris, nimmt Schamasch solche des Tammuz an — als Sonne, die des Nachts den Herrschaftsbereich des chthonischen Gottes durchzieht.

Der Rhythmus der himmlischen Region greift merklich in den des Tageslaufs ein: er bestimmt die Zeiteinteilung. Die Zahl 60 wird zur Grundzahl der Rechnung: denn in 60 Tagen erreicht der Venusstern vom heliakischen Morgenaufgang aus die größte Entfernung von der Sonne.

Eine Hymne preist das stete Walten der Nanā, der Göttin des Venussterns: „Die Nanā, die Sonne ihrer Menschen, fleht an, besingt ihr Hintreten! — Wie der Mond ist sie anzusehen — sie, die ihren Schatten spendet, von Strahlenglanz erfüllt ist ... Ein Zepter des Lebens dem Hirten, Jahre des Rechts und der Stetigkeit ..."

Schamasch schließlich ist es, der alles kulturelle und praktische Leben in die himmlischen Rhythmen einbezieht, als „Aufheller der Finsternis, Erleuchter des Dunkels, der die Dunkelheit aufbricht, die weite Erde erleuchtet, den Tag erhellt, die Mittagsglut auf die Erde herabsendet in den Mittagsstunden; der die Tage verkürzt, die

Nächte länger werden läßt ... Die den Lebensodem haben, die weidest du allzumal; du bist ihr Hirte, seien sie droben oder drunten ... Er, dessen Familie fern ist, dessen Ortschaft weit abliegt, der Hirt tritt an dich heran mit dem Ertrag der Steppe ... Der reisegewohnte Kaufherr, der Händler, der den Beutel trägt, wendet sich an dich, wie auch der Fischer der verdeckten Tiefe. Der Jäger, der Schlächter, der das Vieh zurückholt ... auf der Straße, in der Steppe wendet sich der Herumstreichende an dich, der umherirrende Tote ...“ (aus dem Ende des zweiten Jahrtausends).

Immer noch fühlt sich die Staatsmacht vor Gott, angesichts eines ius aeternum, für die Ordnung und das Gedeihen der irdischen Verhältnisse verantwortlich. Die Maßnahmen der Sozialgesetzgebung sind aufeinander abgestimmt: man fördert durch Meliorationen die Prosperität, und man gleicht die Lasten der Besteuerung aus. Das Recht ist ein Ius aequum, Billigkeitsrecht, wandlungsfähige und doch feste, auf göttliche Normen bezogene Struktur eines werdenden und wachsenden Daseins, des Daseins eines kulturschöpferischen Volkes.

Die Gesetzesstele Hammurabis, 1920 gefunden, verkündet das Gesetz des sozialen Daseins, das das Handelsrecht, Zivilrecht und das Strafrecht enthält. Marduk, der Sonnengott Schamasch und die Große Muttergöttin werden als Garanten angerufen. Das Monument, ein konischer Zylinder von 2,25 m Höhe und fast 2 m Umfang an der Basis, enthält vorn oben ein Relief, das den König in anbetender Haltung, ohne Hörnerhaube, vor dem Schamasch, dem Gotte der Sonne und des Rechtes, zeigt; Flammen strahlen aus den Schultern des Gottes. 3600 Zeilen Text bedecken in Kolumnen den harten schwarzen Stein.

Im Nachwort zu seinem Gesetzeskodex betont Hammurabi, daß er einen religiösen Zivilisationsauftrag zu erfüllen sucht: Für die Schwarzhaarigen suchte er Stätten der Wohlfahrt. Drückende Drangsale linderte er. „Mit der Einsicht, die Ea mir als Los gegeben, mit der Tüchtigkeit, die Marduk mir verliehen, tilgte ich aus die Feinde oben und unten, löschte ich aus die Widerstände dem Lande zum Wohlgefallen, die siedelnden Menschen ließ ich ruhen auf (friedlichen) Auen ... Die großen Götter haben mich berufen. So bin ich der Hirte, der heil erhält, dessen Stab gerade ist ... In meinen Schoß habe ich die Menschen des Landes Sumer und Akkad genommen. Durch meine Lebenskraft erhielten sie Fülle. In Frieden sorge ich für sie."

Aus der Fassung der Paragraphen läßt sich entnehmen, daß die zivilisatorische Sorge einer reich gegliederten Gesellschaft dient. Diese zivilisierte Rechtsentwicklung hat ihre Tradition: 1948 wurden die Fragmente eines Rechtskodex des Bilalama von Eschnunna und 1952 die der Ur-Nammu von Ur bekanntgegeben.

DIE VOLLENDETE GESTALT DER SUMERISCHEN KULTUR

Errungenschaften der religiösen Zivilisation Sumers

Das religiöse Universum Sumers hat die Labilität des politisch-ökonomischen Geschichtsdramas in sich aufgenommen; es öffnet sich seiner Unrast: Die „Ratschläge" der Götter treiben wie Keime im irdischen Boden; die Gottheit tritt mit Vorschlägen und praktischen Anweisungen auf die Bühne des Geschehens.

Ein berühmter Mythos ist von S. N. Kramer (Sumerian Mythology, Philadelphia 1944) „Inanna and Enki: The Transfer of the Arts of Civilization from Eridu to Erech" benannt. Er berichtet, daß Enki die göttlichen Schicksalsentscheidungen verwaltet, die den Gehalt und die Aufgaben, die Gliederung und Integration alles zivilisatorischen Tuns bestimmen: „all the divine decrees that are fundamental to civilization". Diese wirkungsvollen Richtlinien oder Entelechien sind nicht von ihm geschaffen — sie sind ihm nur zu treuen Händen überliefert. Sie gleichen Samen der göttlichen Weisheit, die Enki miteinander zur Reife bringt.

Enki ist von Enlil, dem Gott des heiligen Nippur, beauftragt, die Zivilisation seines Reiches von Stadt zu Stadt zu übertragen. Das Schicksal der menschlichen Zivilisation wird von Anu, dem Himmelsgott, und dem unter seinem Vorsitz tagenden Rate der sieben Hauptgötter bestimmt. Ein Mythos berichtet von dem Entscheid, die Zivilisation in Eridu aus hundert Keimen oder Entelechien aufwachsen zu lassen: aus den „hundert erhabenen Anweisungen", über die Enki verfügt. Sie bilden gleichsam die Partitur aller Zivilisation.

In einem anderen Mythos, der mit dramatischer Lebendigkeit die Reise der Inanna von Uruk nach Eridu erzählt, liefert Enki der Inanna in einem heiligen Bankett jene Anweisungen oder Entelechien aus, weil die Göttin sie nach Uruk verpflanzen möchte. Unter ihnen werden genannt: menschliche und göttliche Herrschaft, die heilige und immerwährende Krone, der Thron, das hohe Zepter, der heilige Schrein, das Hirtenamt, das Amt des Königs, die priesterlichen Ämter, Wahrheit, Abstieg in die Unterwelt, Aufstieg, die Flut, Sintflut, Liebe und Preisgabe, Sprache des Rechts, die Kultkammern, Musik, der Rat der Älteren, Macht, Feindschaft, Zerstörung von Städten, Klagen, Auffrischung der Herzen, Falschheit, Rebellion, Güte und Gerechtigkeit, Handwerk des Tischlers, des Metallarbeiters, des Schreibers, Schmieds, Lederarbeiters, Maurers und Korbflechters, Weisheit und Verständnis, Reinigung, Furcht und Aufschrei, die entzündende und die verzehrende Flamme, Müdigkeit, Siegestriumph, guter Rat, das bekümmerte Herz, Urteil und Entscheidung, Übermut, Musikinstrumente ...

Demnach ist in das Geflecht der Zivilisation Gutes und Böses, Förderliches und Schändliches, Hohes und Niedriges eingewoben. Das „Getriebe erhält sich" auch aus Motiven, die einander widerstreben. Die Zivilisation beginnt „unschuldig" und mit gutem Gewissen. Ihr wird kein Moralspiegel vorgehalten. Ein reich abgestuftes Relief der Existenz treibt sie hervor. In Landbau, Gewerbe, Herrschaft und Tempeldienst werden Wechselfälle menschlichen Schicksals zum ersten Male erfahren. Das Menschliche flicht sich ein Netz seiner Existenz, in dem es sich verfängt.

Die „Kommunion" zwischen religiös-mythischer Wirklichkeit und irdischer Zivilisation bricht nirgends ab. Beide reichen ursprünglich ineinander hinein. Sie unterliegen *einem* Schicksal. So „saugt" der Untergang einer Stadt „an der Sphäre" ihres Gottes. Beide sind wechselseitig in Mitleidenschaft gezogen. Die Bürger trinken dann schuldlos vom Kelch des Leidens. Aber sie setzen anfangs auch keine moralische Weltordnung voraus, die etwa ihr Leiden als Exempel statuierte. Es bleibt ihnen keine Lebenserfahrung erspart.

Die Entelechien der Zivilisation präexistieren aber im göttlichen Denken. Alles Unsichere und Vergängliche agiert im Vordergrund eines Unvergänglichen. Dieses beschloß die Zivilisation Urs und Nippurs in sich, bevor sie historisches Ereignis wurde. So reist noch vor der Schöpfung der Menschen der Mondgott Nanna von seiner mythischen Stadt Ur nach Nippur, dem heiligen Sitz des Enlil, um dessen Segen für das Gedeihen Urs zu empfangen. In diesen metaphysischen Städten existieren noch keine Menschen. In einem „Bankett der Götter" gibt Enlil dem Nanna von Ur: „Wasserfluten für den Strom, Getreide für die Felder, Gras und Schilf für die Marschen, Honig und Wein in den Palmenhainen und Weinbergen, und langes Leben im Palast". Der Mythos strömt mit Leben über; der Stadtgott wird mit Jubel empfangen, Freude vereinigt alle Wesen, und die Bäume wachsen aus reiner Lust.

Noch nach tausend Jahren trägt der babylonische Marduk die Züge des Enki. Die sumerische Zivilisationsmetaphysik bleibt für Mesopotamien maßgebend. Leben und Treiben auf Erden ist von göttlichen Kräften angeregt und durchdrungen. In einer akkadischen Gebetsbeschwörung heißt es: „Marduk, Herr von Häufung und Überfluß, der da Fülle regnen läßt, Herr der Gebirgsquellen und Meere, der die Berge überschaut, die Quellen und Bäche frei fließen läßt, die Flußläufe in Ordnung hält; der Brotfrucht und Haustiere überwacht, Korn und Hülsenfrüchte geschaffen hat, der Grün sprießen läßt: Du schaffst das Brot für Gott und Göttin, bist Schöpfer auch des Brachlandes um ihretwillen." In diesem babylonischen Beschwörungsgesang ist Marduk zugleich der universale Heiland aller Leiden der Zivilisation, die anfänglich nicht beklagt wurden, Nothelfer gegen böse Träume, Kopfschmerzen, Fieberzustände, Hexereien, Spuk und Missetaten.

Die von Enki geschaffene Stadt Eridu gilt dem mythischen Bewußtsein als Kern und Vollendung von Zivilisation und Kultur.

Sie ist das Haus Gottes, das alles zivilisierte Leben abgrenzt und schirmt. Im Bankett der Götter zu Nippur wird die Schöpfung dieses göttlichen Hauses des Enki gefeiert. Anu, der Himmelsgott, verleiht der Versammlung seine Majestät. Enlil weiht die Stadt und segnet sie; er verkündet den sumerischen Göttern, den Anunnaki: „Mein Sohn, der König Enki, hat ein Haus gebaut. Er hat Eridu, einem Berg gleich, von der Erde erhoben. Er hat das Haus aus Silber erbaut, mit Lapislazuli geschmückt und mit den sieben Gesängen der Lyra ausgerichtet." Ganz Sumer, nach den Weisungen des Schicksals (the „exalted decrees of fate") gestaltet, wird hymnisch als das „Haus" dieser Zivilisation gepriesen: „Dein König ist der Große Berg, der Vater Enlil. O Haus von Sumer, mögen Deine Ställe zahlreich sein, Deine Kühe sich vermehren." Der sumerische Stadtplan von Khafajah reflektiert die religiös-kultische „Einhausung" eines zivilisierten Bürgerlebens: die Siedlungen des werktätigen Volkes sind in ein Tempeloval einbezogen. Alle Straßen vereinigen sich im Mittelpunkt des Tempelturms. Der vordere Hof dieses Tempels umfaßt Werkstätten, Wirtschaftsräume, Büros und Viehgatter. An die äußere Mauer lehnen sich die Wohnräume der Bürger, an die höhere, innere die der Priester und Priesterinnen und die Schatzkammern. Im Inneren führt eine Freitreppe von einer Terrasse zum Tempel in Herdhausform: hier findet sich das Bild der Inanna. Wenn ein anderer Stadtgott sich der Stadt nähert, dann bittet er den Torwächter, „das Haus zu öffnen".

Als der Mondgott Nanna in seinem Boote, das als Zivilisationsgüter Bäume, Pflanzen und Tiere enthält, von seiner Stadt Ur aus fünf Städte besucht, darunter Larsa, Uruk und Nippur, bittet er am weißen Kai von Nippur den Torwächter: „Öffne das Haus, o schützender Genius des Ortes, öffne das Haus, Du, der Du die Bäume aufsprießen läßt."

Die in Sumer eingehauste Zivilisation ist zugleich universal; Enki hat sie dem ganzen Menschengeschlechte gestiftet. In einem Mythos, von Kramer betitelt: „Enki and Sumer; the Organization of the Earth and its cultural processes", wird Sumer als das Land gerühmt, „dessen Volk weithin leuchtet und Standhaftigkeit besitzt" und das den erhabenen und unerreichbaren Anweisungen des Schicksals folgt, selbst unergründlich tief in seinem Herzen. In seinem Heim wohnen die Anunnaki, die Götter, und verordnen weiterhin sein Schicksal. Sein Tempel erstreckt sich wie ein Hals von der Erde zum Himmel. Enki bringt von dort die Zivilisation nach Meluhha, dem „schwarzen Berg", den man an der Ostküste Afrikas vermutet, und er segnet dessen Bäume und Gräser, seine Ochsen und Vögel, sein Silber und sein Gold, seine Bronze und sein Kupfer, und seine Menschen.

Auf Zylindersiegeln aus der zweiten Hälfte des dritten Jahrtausends ist Enki dargestellt, wie er in seinem Boote dahinfährt, mit Strömen, schwimmenden Fischen und sprossenden Pflanzen. Auf einem anderen Siegel nähern sich ihm vier Gottheiten, unter denen einer ihm einen Pflug darbietet.

Enkis Hauptwerk ist die Kultivierung der Marschen, Bewässerung und Wiederherstellung zerstörter Städte. Außerdem hält er als Richter die Rechtsordnung aufrecht. Auf einem Siegel erscheint ein Mann im Vogelkleid als Sünder; er wird vom Götterboten dem Enki vorgeführt, der den Richterstuhl einnimmt.

Die hauptsächlichen Zivilisationswerkzeuge, Hacke und Pflug, gehen aus der Hand Enlils hervor. Dieser vollzieht den Willen des majestätischen Himmelsgottes Anu, griechisch gesagt des Uranos. Enlil würde dem griechischen Kronos entsprechen.

Enlil schafft die Kulturträger Emesch und Enten, die vielleicht in den Gestalten der biblischen Brüder Kain und Abel wiederkehren. Emesch ist der Genius des Korns, der Bäume, der Halme und des Herbstes, Enten ist der Schutzpatron der Lämmer, Ziegen, Kälber, Schafe, Esel und zudem der Vögel. Im Wettstreit zwischen beiden siegt Enten, aber am Schluß wirken sie vereint. Enlil selbst bestätigt in Nippur diesen Bund.

Auch ein anderer Mythos erkennt dem Genius des Landbaues den höheren Rang zu. Dieser wird hier Enkimdu genannt. Aber am Ende arbeitet auch er mit dem Hirtengott Dumuzi zusammen. Inanna erwählt den Gott der Fluren zu ihrem Partner für die Heilige Hochzeit, obwohl ihr Bruder Utu, der Sonnengott, in sie dringt, ihr Herz doch dem Schäfer zuzuwenden. Der Gott der Fluren bietet dem Schäfer in versöhnender Geste das Gras der Weiden, das Getreide der Felder und das Wasser seines Flusses Unun zur Nahrung für seine Herden dar. Der Segen der Erde kommt beiden zugute.

In einem dritten Mythos wetteifern Bruder und Schwester um den gleichen Vorrang: Lahar, der Schäfer, und Aschnan, die Göttin des Korns — eine Vorgängerin der Persephone. Beide werden in der intimen Kammer der Schöpfung geboren, damit Anu und seine Kinder, die Anunnaki, die Speise der Götter erhalten. Es wird also um der „consumatio dei" willen produziert. Aschnan waltet in ihrem eigenen Heim. Pflug und Joch sind für ihre Zugtiere bestimmt. Beide, Lahar und Aschnan, beseelen Pflanzen und Tiere und verwandeln wildes Land in einen Garten. Sie schenken Überfluß und die Lust des Lebens. Aber in dionysischer Trunkenheit, im Übermut beginnen sie zu streiten. Es geht nicht um einen größeren Anteil am Arbeitsertrag, sondern um die Ehre der höheren Leistung und Sendung.

Aber die Ehre gebührt schließlich nicht der Aschnan; denn das Werkzeug, der Pflug, ist nicht von ihr erzeugt, sondern nur ihrer Verfügungsgewalt übergeben; sein Ursprung reicht bis in die Urgeschichte und tief in die Genealogie der Götter zurück. Die Sumerer glaubten ja, daß die Zivilisation göttlichen Ursprungs sei und auf Erden nur ihrer praktischen Auswirkung, ihrem höchsten Wirkungsgrade zugeführt werde. Diese Aufgabe wird von den Heroen der Zivilisation, Lahar und Aschnan, an die Menschen weitergegeben; sie geht von Anu, Enlil und Enki aus und wird dem Ensi anvertraut.

Die Werkeuge, mit denen das „sumerische Haus" errichtet wird, sind aus mythischer Urzeit überkommen. Die Urahnen der Spitzhacke sind in der alten Steinzeit Faustkeil und Klinge. Mit den Augen der mythischen Phantasie sehen die Sumerer die Wahrheit, daß die Werkzeuge ein prometheischer Erwerb des Menschengeschlechtes sind, nicht einer individuellen Volkskultur: die zivilisatorischen Güter werden quer durch die Kulturen hindurch in mythischen Zeiträumen, in Schritten von Jahrzehntausenden erworben.

Göttliche Kräfte fügen die langwelligen und fernzielenden zivilisatorischen Rhythmen und die jeweilige Periode der individuellen Volkskultur ineinander; im Augenblick der Geburt der Kultur staut sich die Unendlichkeit der vergangenen Zeiten, in denen sich der Mensch anthropologisch formierte, und „tausend Jahre werden ein Tag".

Die „Erschaffung der Spitzhacke" wird den frühen Sumerern entsprechend zum Mythos. Dieses Werkzeug ist von Enlil geheiligt. Es entzieht sich als Ausstattung des Genus humanum, das selbst zur geschaffenen Kreatur gehört, jeder menschlichen Besitzergreifung. Von Faustkeil, Klinge, Spitzhacke, Doppelaxt fällt die Alltagsumgebung praktischer Zwecksetzung ab; sie leuchten mit festen Umrissen als Embleme des Gottes, der über dem Schöpferdrama wacht. Der Mythos, den Kramer „The Creation of the Pickaxt" betitelt, preist die Wirkungsmacht des Werkzeuges. Seine Schneide sei „ein einhörniger Ochse, der eine mächtige Mauer ersteigt". Enlil gibt die geweihte Axt den Anunnaki, den Göttern in seiner Begleitung. Diese überreichen die kostbare Gabe den Sumerern, dem Volk der „Schwarzköpfigen", damit sie das Haus der Zivilisation bauen. Mit dieser Axt werden Gehölze gerodet, Kanäle gegraben und Feinde besiegt. Wie später die kretische Doppelaxt, ist sie mit ihrer horn- oder mondsichelförmigen Schneide eine Signatur der frühesten Zivilisation, der zauberische, pneumatische Kräfte innewohnen.

Die charakteristische Religion Mesopotamiens

Die Grunderfahrung der ägyptischen Religion des Osiris ist der Triumph des lebendigen Gottes, die der komplementären sumerisch-mesopotamischen Religion seine Passion. Einmal liegt der Akzent darauf, daß das Existierende sich in seiner radikalen Exponiertheit behauptet, und das andere Mal darauf, daß das Existierende radikal exponiert ist, daß es mit seinen natürlichen und historischen Szenerien, seiner Erbausstattung von Jahrmillionen, seinen Werken und Projekten wie Schnee vor der Sonne des unberührbaren und unerreichbaren Seins dahinschmilzt. Der ägyptische Gott gleicht dem Christus triumphans, der über der Madonna thront. Die Lebendigkeit des schöpferischen Aktes demonstriert, daß der Tod nicht das letzte Wort hat. Das Gesetz, daß alles am Ende stirbt, gilt nur konditionell, nicht absolut — nur unter der Bedingung, daß alles lebt.

Die Muttergöttin Mesopotamiens

Es ist eine Hierarchie männlicher Gottheiten: Anu, Enlil und Enki, denen Sumer die *Errichtung* seines „Hauses" verdankt. Aber die *Einhausung* selbst ist weiblich. Weiblich ist alles, was Göttern, Menschen und allen Wesen zur Heimat wird; was sie, wie Hegel sagt, sich „bei sich zu Hause" fühlen läßt: Schönheit, Liebe, Fruchtbarkeit und Schicksalsverbundenheit. Metaphysisch männlich ist die Sonne der Transzendenz, vor der alles Seiende erbarmungslos dahinschmilzt — weiblich die Poesie des Entstehens und Vergehens, die sich immer erneuert, und die zugehörige Sympathie aller Wesen. Das erste religiöse Symbol der Menschheit ist ein Pferch. Pforte und Umhegung zugleich; es findet sich in wechselnder Gestalt auf paläolithischen Höhlenzeichnungen.

In Sumer ist es die Göttin Inanna, die den Kampf mit den Elementen versöhnend abschließt und den Pionieren der ersten Kultur in ihrer Tempelstadt Uruk eine Heimat bereitet. Dort birgt sie die Werkzeuge und Vorschriften der Zivilisation, die sie dem Enki ablistete.

Die Geschichte Mesopotamiens wird von da an in wechselnden Perioden von der Muttergöttin bestimmt. Sie „ist", bevor Seiendes aus ihr geboren wird, und in ihr Sein fällt alles Daseiende zurück. Sie ist das Grundmotiv in der Symphonie des Geschehens, das triumphal anschwillt.

Die imperialen Herrscherhäuser der Akkader, der Babylonier, Hettiter, Assyrer und Perser bevorzugen zwar zeitweise einen männlichen Sonnen-, Wetter- oder Kriegsgott; am Ende siegt doch Ischtar über Marduk und Schamasch, Anahita über Ahuramazda. Die jüngere Schwesterkultur Mesopotamiens, Indien, huldigte zunächst dem arischen Indra. Aber schließlich siegen Parvati, die

Göttin der Berge und Flüsse, die Tochter des Himalaja, und Prajnja Paramita, die vergeistigte Madonna der Buddhas und Bodhisattvas. Diese war, gleich einer ägyptischen Gottheit, aus der Lotosblüte geboren. Auf einem Lotosthrone sitzend, sendet sie die Strahlen der Weisheit aus.

Ideen über die dämonische Frühgestalt der Göttin

Erst seit der Urukzeit nimmt die Göttin menschliche Züge an. Vorher erscheint sie als ungeheure und dämonische Elementargestalt, die Himmel und Erde in sich birgt, gesichtslos oder — als Schlange oder Löwe — in der Maske tierischer Elementarkräfte.

In den frühesten Bildnissen des Jungpaläolithikums, das sich kontinental vom franko-kantabrischen Kreis über Mähren, Süditalien, Südindien bis nach Sibirien erstreckte, zeigt die Fruchtbarkeitsgöttin überhaupt kein Gesicht. Die Bildnisse sind Epiphanien ihres Waltens: In der ägyptischen Badarizeit hält die Große Mutter ihre Brüste; in der folgenden Amrahperiode regieren die kuhköpfige Hathor und die schlangenförmige Uatcet. Dann blickt Bastet, wie die frühe Göttin Eridus, aus Katzenaugen — sie als Göttin des Mondes. Die gewaltigste aller Erscheinungsformen der ägyptischen Göttin ist die löwenköpfige Sachmet. Von ihr strahlt die Glut der Wüste aus.

Eine beherrschende Gestalt des frühsumerischen Mythos der Urgöttin ist die schlangen- oder drachenförmige Kur oder Tiamat. Sie war nach dem Mythos da, bevor es noch Natur und Zivilisation, ja bevor es noch Götter gab. Die Schlange haust am Horizont als Milchstraße des Himmels und in der Tiefe als Ozean, der alle Kreaturen gebiert. Meerbeherrschende Völker wie die minoischen Kreter, die Phönizier, die Karthager und sogar noch die Venetianer huldigen der Muttergöttin: Tintorettos Gemälde im Dogenpalast zu Venedig (1581 bis 1585) zeigt die Madonna des Himmels als die Beherrscherin der Meere.

Als ozeanische Urmacht erscheint Tiamat in einem religiösen Weltschöpfungsepos, das in der ersten Hälfte des zweiten Jahrtausends in akkadischer Sprache geschrieben wurde. Sein Titel lautet: „Enuma elisch" — „Als droben". Im ersten Jahrtausend setzten assyrische Kopisten in diesem Epos ihren Gott Assur an die Stelle des älteren Marduk. Vor Marduk war aber ursprünglich der sumerische Enlil, der Sturm- und Wettergott, der streitbare Gegner der Tiamat.

Das sumerische Epos berichtet von der Tötung des Drachens Kur, der unter der Erdkruste die Urwasser behütet. Der Drachentöter ist Ninurta, der Kriegsgott und Sohn des Enlil. Durch die Zerstörung der Kur finden die Urwässer die Bahn frei. Sie ergießen sich über die Erdoberfläche und verheeren alle Bewässerungsanlagen, so daß Hungersnot entsteht. Ninurta zähmt aber die Grundwasser der Tiefe, indem er über die tote Kur einen Wall von Steinen anhäuft. Sein Sieg erweckt die Liebesbegierde der Erdmutter, Ki, Nintu oder Ninhursag genannt. Ninurta blickt in Erwiderung „mit dem Auge des Lebens" nach ihr. Die durch Liebesvereinigung gesegnete Ninhursag gebiert nun Kräuter, Wein, Honig, Bäume, Gold, Silber, Bronze, Rinder, Schafe und alle vierbeinigen Kreaturen.

In der Unterwelt der Toten wird, im Gegensatz dazu, die Göttin Inanna all ihrer Fruchtbarkeit beraubt, als auf Geheiß ihrer schaurigen Schwester, der „reinen" Ereschkigal, die Anunnaki, die sieben Totenrichter, die „Augen des Todes auf sie werfen". Es ist „das Auge des Lebens", das die Fruchtbarkeit erweckt.

Im späteren Mythos erscheint Tiamat als der schlangenartige Urozean, ein Ungeheuer, das alle Wesen gebiert. Sie bringt auch den Apsu, den Süßwassergott, den Urerzeuger, ihren eigenen Gemahl, und dessen Diener Mummu, den Gott der Nebel und Wolkenbänke, zur Welt. Unter dem Regime der Tiamat existieren weder Götter noch Weltgefüge. Ein solches kommt erst dem Enki, dem Gott der Zivilisation, in den Sinn. Vorerst ist es Tiamat, die in ihrem Leibesinneren die Tafeln des Schicksals verborgen hält. Diese sind noch nicht in Enkis hundert Regeln oder Anweisungen der Zivilisation abgeklärt und aufgegliedert. Die Schicksalsmächte schlummern vorläufig in den Elementen des Urozeanes. Die Kosmogonie bereitet sich in einer Traumvision vor; das Existierende liegt im Bann der Tiamat. Jede Aktion ist gelähmt. Embryonisch dämmernde Möglichkeiten und Gestalten gewinnen erst durch den gewaltsamen Eingriff eines Enki oder Marduk die Bühne fortschreitender Handlung und schicksalhafter Begegnung.

Tiamat gebiert fortan verschiedene Götterpaare; Apsu tritt als Erzeuger zurück. Diese frühe Kosmogonie verfolgt die Entstehung des Schwemmlandes am Persischen Golf. Meer- und Flußwasser begegnen sich dort an der Mündung der beiden Ströme. Die Landschaft, in der sich die Geburt der sumerischen Kultur vollzieht, ersteht aus dem Leib der Urgöttin. Lahmu und Lahamu, das erste Paar, sind die Wirkungskräfte der Anschwemmung, aus dem sich fruchtbares Land entwickelt. Anschar und Kischar, die folgende Generation, umreißen vom Himmel zur Erde den Horizont des Neulandes. Ihnen folgen Anu, der Himmelsherrscher, und dessen Sohn Ea oder Enki, Gott der Süßwasser und der Erde. Diese gewinnen gegen das uranfängliche weibliche Element ein Gegengewicht.

Nun wenden sich die neuen Götter gegen ihre Urmutter Tiamat. Sie stören ihren ruhenden Leib auf und tanzen in dessen Tiefen. In ihnen ist noch der Himmel gegründet. Tiamat lebt aus ihrem Leib; ihr fehlt ja ein planender und ordnender Kopf. Das Seiende ist in der Ruhe des Somatischen geborgen, es dämmert dahin. Apsu wehrt sich gegen die tanzenden Götter und verteidigt den Urfrieden. Das Spiel wandelt sich in den Ernst des Konfliktes. Ea-Enki bezaubert den Apsu. Er versetzt ihn in hypnotischen Schlaf, indem er die „Konfiguration" des Alls vor ihn zitiert. Er nimmt ihm Strahlenmantel und Krone und tötet ihn. Auf den Süßwassern des Apsu errichtet er darauf das irdische Haus der Zivilisation. In diesem wird der Gottessohn Enlil, für den später Marduk eintritt, geboren. Klugheit und heroische Kraft vereinen sich in diesem Gottessohn.

Aber jetzt ist Tiamat selbst endgültig aus ihrem Schlummer erweckt, und sie entfaltet ihre ganze ungeheure Macht. Anu, der Himmelsherrscher, ist ihr nicht gewachsen. Er bittet den älteren Gott Anschar um Hilfe. Dieser schlägt Marduk vor, er allein sei Retter und Heiland. Dieser jüngste Gott stellt aber die Bedingung, daß ihm von nun an im Götterrat die alleinige Entscheidung zufalle. Mit Stürmen, Blitzen und Fluten bewaffnet sendet Marduk darauf seine Geschosse in den gähnenden Rachen der Tiamat; er durchstößt ihr Herz. Aus der Hälfte ihres ozeanischen Leibes formt er den Himmel, seine eigene Behausung, so daß er wiederum im Element des Weiblichen geborgen ist. Aus dem Blute des zweiten Gemahls der Tiamat, des Kingu, wird nach Enkis Anweisung die Menschheit geformt. Sie soll mit ihrer Arbeit die Götter freisetzen.

Der Götterkampf klingt darin aus, daß eine berückende Vision der zivilisatorischen Weltordnung die chaotischen Urmächte in die Verzauberung lähmenden Schlafes zurückverbannt. Zugleich befreien sich die Genien der religiösen und künstlerischen Inspiration. Nun werden aus dem abgetöteten Leib jenes primordialen Seins die Arbeiter der Zivilisation gebildet, die der Notdurft der Existenz dienen. Dem neuen Zeitalter Sumers kehrt die Muttergöttin ihre menschlichen Züge zu: Sie hat gleichsam ihre monströse Maske abgestreift. Schließlich triumphiert sie unter assyrischen Königen selbst über Assur. Im Getümmel blutiger Schlachten wird sie als Herrin des Schicksals ausgerufen, die allein alle Probleme löst.

Inanna als Mutter von Göttern und Menschen

Auf der neuen Ebene der menschlichen Zivilisation behauptet die Mutter der Urzeit als Inanna ihre Herrschaft über die Götter.

In einer sumerischen Hymne (Nr. 7) [1] singt Inanna von sich selbst: „Mein Vater [Anu] hat mir den Himmel gegeben, hat mir die Erde gegeben: die Himmelsherrin bin ich. Mißt sich einer, ein Gott, mit mir? Den Himmel hat er mir als Krone aufs Haupt gesetzt, die Erde als Sandalen an meinen Fuß gelegt, den leuchtenden Göttermantel hat er mir umgetan, das strahlende Zepter in die Hand gegeben, die Götter sind wie ängstliche Vögel, ich aber bin die Herrin."

Sie waltet über die Geschicke der Götter und Menschen als Göttin der Schönheit und Liebe. Sie ist Athene und Aphrodite in einem.

In einem altbabylonischen Lied (Seite 235) wird sie gerühmt: „mit schwellender Kraft und Liebreiz angetan. Leben ist ihr Mund. Wo sie hinsieht, ist Heiterkeit geschaffen, Lebenskraft, Pracht, Fortpflanzungskraft von Mann und Weib."

[1] Aus „Sumerische und Akkadische Hymnen und Gebete", eingeleitet und übertragen von A. Falkenberg und W. von Soden, Zürich-Stuttgart 1953.

Sie neigt sich, wie die christliche Madonna über den Hilfsbedürftigen und heilt die Wunden der Seele. Sie ist die nieversiegende Quelle aller Vitalität. Zeiten und Sitten wandeln sich, und sie ist den späten Menschen des 2. und 1. Jahrtausends immer noch erreichbar, deren Gemüter von Dämonenfurcht und Sündenbewußtsein belastet sind. Ein Gepeinigter, dem „Bilder ins Grab gelegt wurden, um ihm den Lebenshauch abzuschneiden", fleht zur Ischtar: „Ich bin verstört und verwirrt, wie mit Pflöcken geschlagen ... Auf deinen Befehl, o Ischtar, werden die Menschen in ihrer Ordnung erhalten, kommt der Kranke wieder zum Leben: ihm, der dein Antlitz anschaut, wird seine Sündenschuld getilgt. Auf deinen Befehl erblickt der Blinde wieder das göttliche Licht ..." (Seite 337).

Als Himmelskönigin hüllt die Göttin alle Kreaturen in ihren schützenden Mantel. Sie gebiert die Gestirne und das Licht, und sie wohnt im Abend- und im Morgenstern, als Venus über der Mondsichel. „Mit großem Schrecken angetan, kommt sie aus dem Inneren des Himmels" (Seite 86, Lied auf Baba). „Aus dem Inneren des Himmels hast du dir die göttlichen Kräfte geholt." „Am Abend ist sie der fremdartige Stern, der den heiligen Himmel mit vollem Lichte erfüllt" (Seite 93). „... Die Männer reinigen sich, die Frauen schmücken sich, der Stier im Joch hebt den Kopf nach ihr ... Die Herrin des Morgens, die Heldin, die vom Himmel kommt — alle Länder fürchten sich vor ihr" (Seite 95). Denn nach dem Frieden der Nacht, die der Liebe gewidmet ist, beginnt am Morgen unerbittlicher Kampf. „Zur Nachtzeit sendet sie Licht aus wie der Mond. Am Mittag sendet sie Licht aus wie die Sonne." Zur Nacht „führt man Tänze bei Festen auf, der junge Mann freut sich mit der Gattin ... Die Lebewesen der Steppe, alle Vierfüßler unter dem weiten Himmel, Obstpflanzung und Garten, Beet und grünendes Röhricht, die Fische des Teiches, die Vögel des Himmels, alles wartet auf seine Herrin, wo es des Nachts ruht ..." Die Daseinsfreude, die auf ägyptischen Grabbildern den Toten in das Osirisreich begleitet, ist in Mesopotamien, unter dem Zeichen des Venussterns, von der Himmelskönigin inspiriert.

Die Macht des Ewig-Weiblichen ist aber unbegrenzt; sie verliert sich wie einst die der Tiamat ins Dämonisch-Ungeheure — in die Bereiche des Unkontrollierbaren. „Wenn ich", sagt Inanna von sich selbst (Seite 228 f.) „die Hand ausstrecke, reicht sie bis an den Himmel, wenn ich den Schritt setze, mißt er die ganze Erde aus ... Wer entkommt, wenn ich den Blick auf ihn richte? ... Den Priester, den König setze ich ein, den König lass ich die Königskappe tragen, dem Hirten geb ich den Hirtenstab ... Die Herrin, die das große Fangnetz auf der Steppe, in der Öde liegen läßt, das enge Netz, das die Steppe bedeckt, bin ich ... Ich reize die Ehefrau gegen den Gatten auf, ich verfeinde das Kind mit der Mutter ... Schwarz mach ich zu weiß, weiß mach ich zu schwarz ... Ein scharfer Pflug, der die Brust der weiten Erde aufreißt, bin ich ..."

Im 9. Jahrhundert wird Ischtar einem Assurnasirpal II., dem grausamen und zugleich kunstliebenden assyrischen Großkönig, zum Genius der Geschichte. Selbst in den Katastrophen der Reiche und Völker bleibt sie in ihrem Element, sie, „die größte der Gottheiten, die ihre Feinde beherrscht; die vorangeht, die Meere aufrührt, die Berge erbeben läßt" (S. 260). In der Wut des Kampfes offenbart sich ihr Numen tremendum. In einer Gebetsbeschwörung wird Ischtar der „Stern des Kampfgeschreis" genannt (Seite 328), der „die einträchtigen Brüder einander schlagen läßt, der aber auch immer wieder einen Freund schenkt". Sie ist es, „die alle Herrscher meistert, das Leitseil der Könige ergreift, die den Schleier aller Mädchen öffnet". Der Rausch der Vernichtung ist nur einer ihrer Charakterzüge, nur eine Seite ihrer Majestät. Die „terribilità" gehört zu ihrem stürmischen Temperament. Im Schicksal der Völker ist ihr Atem spürbar; dabei ist und bleibt sie der Genius der begrenzten Heimat. Sie flieht aus ihrer zerstörten Stadt wie ein „aufgescheuchtes" Wild. Der irdische Verlust findet in Mesopotamien in metaphysischen Fernen ein Echo. Das Göttliche wird in die Passionsgeschichte des Irdischen gezogen, in die Schrecknisse und Verzückungen des Werdedramas. Das Absolute nimmt am Relativen teil, auch wenn dieses an ihm zerschellt. Es erregt in ihm Stürme des Geschehens, eröffnet Tiefen des Leidens. Wenn immer eine der Stadtheimaten Sumers in Trümmer sinkt, steht Inanna „schreckliche Angst aus". „Der Feind ist mit Schuhen an den Füßen in mein Gemach eingetreten, der Feind hat mich mit seinen ungewaschenen Händen angefaßt" (Seite 183). „Wie eine schnellfliegende Fledermaus schlüpfte ich in die Mauerspalten. Wie einen Vogel hat man mich aus dem Haus wegfliegen lassen ... Nachdem ich fortgegangen, ruft mein Haus dauernd nach mir, ruft mein Mauerwerk von Isin dauernd nach mir. Ich will es nicht mehr betreten, sagte ich zu ihm, die dort genossene Wonne würde mich verzehren. So hast du, o Herrin, dein Gemach zerstört, so hast du dich selbst daran vergangen."

In Lagasch ist die Göttin der sumerischen Kulturlandschaft frühzeitig auf einer Kultvase des Entemena dargestellt. Sie wird hier Nisaba, Göttin des Ackerbaus, genannt. Mit großen visionären Augen, vor denen kein kreatürlicher Blick standhält, blickt sie in die Weite des metaphysischen Raumes. In der Mitte ihrer Hörnerkrone thront der sumerische Vogel Imdugud, der Schrecken der Schlachten. In der Rechten trägt sie einen schwer herabhängenden Fruchtkolben der Dattelpalme. Reiches Haar quillt über ihre Schultern. Sie ist von dämonischer Schönheit und eindringlicher Präsenz. Ihre Gegenwart füllt die Bühne allen Daseins. Das Haar greift polypenartig um die Schultern; sie scheint alles Wirkliche einzusaugen und in Bann zu halten. Von denselben Schultern strahlen dreifaltige Bündel von Früchten aus. In ihrem Umriß ist ihre Gestalt gedrungen. Sie gleicht einem Keim, dem alles Naturleben entsprießt. Aus ihrer Verhaltenheit bricht alles Wachsende explosiv hervor. Ihr weiter Mund ist leicht geöffnet.

In einem sumerischen Hymnus wird Nisaba als die Herrin besungen, die „die gute Schicksalstafel des Landes hält" (Seite 65). Sie ist es, „die mütterlich hegt ... die die verlassene Stätte wieder aufbaut". „Den großen Göttern bist du das Leben ihrer Väter, ihr göttliches Brot bist du ... Nisaba, des Königtums Fundament festigst du ... Nisaba, wo du es nicht festsetzt, baut der Mensch kein Haus, baut er keine Stadt. Wo du nicht nahe bist, baut er keine Hürde, macht er keinen Pferch, erfreut der Hirte nicht sein Herz beim Schalmeienspiel ... Nisaba, wenn dein Herz dich antreibt, machst du alles weit, ordnest die Teiche wie den himmlischen Teich ... läßt die Frucht im

Mutterleibe groß werden, schenkst der Mutter die Liebe zu dem Kind.“ Im späteren Lied an Baba von Isin heißt es (Seite 101): „Tigris und Euphrat mögen dir den Überfluß der Karpfenflut bringen, die Fluren mögen dir duftende Kräuter wachsen lassen, die Freude bringen, in den Baumpflanzungen und Gärten mögen sich dir Honig und Wein neigen.“

Das geistige Band der sumerischen Kultur im Inanna-Dumuzi-Mythos

Die numinose Gegenwart der Göttin bekundet sich im Zauber der Liebe. In der Liebe zelebriert das Wirkliche das Fest seiner Transsubstantiation. Es exponiert sich den Strahlen, die aus einer anderen Welt einfallen, die es im Kern seines Wesens treffen und außer sich selbst geraten lassen.

Anders als in Ägypten ist es in Mesopotamien das Weibliche, das die vergänglichen Wesen in ihren ursprünglichen Zustand zurückzaubert und damit erst zu sich selbst bringt.

In Mesopotamien inspiriert die, die gebiert, den Erzeuger; sie feiert *ihr* Fest der Liebe.

Dieses Fest ist Beginn, Mitte und Ende alles kulturellen Schaffens und jeder zivilisatorischen Tat. Es initiiert, wie das Symposion des Plato, das Denken und Handeln. Jede Liebe ist ein Fest, und der „Hieros Gamos“ ist das Fest, in das alle Feste münden und aus dessen Reservoir sie gespeist sind: die immer wieder erklommene Höhe des Lebens.

Bereits auf jenem frühen sumerischen Bilddokument, der erwähnten Alabastervase von Uruk, gipfelt der Bund aller Wesen, von Ebene zu Ebene feierlicher, im höchsten Feste der Göttin.

Sie überstand seit der Eiszeit, jüngeren Steinzeit und Bronzezeit den Wechsel der Religionen und Kulturen, und sie triumphiert über sie alle auf der höchsten Empore des Seins. Dort begleiten sie das sumerische Emblem, der Schilfbündelstab, und die Früchte alles Bemühens und Wachsens.

Der erste monumentale Tempel der Menschheit, in Uruk, war ihr gewidmet: das Haus der Himmelskönigin. Die Schar derer, die sie —

the „Lady of Heaven" — lieben, wechselt in der bunten Prozession der Zeitalter, und *sie* bleibt.

Der Gemahl der Tiamat, Apsu, der Vater aller Götter, wird im Schlaf von Enki getötet. Den Tod erleidet auch Dumuzi, der Geliebte der Inanna. Jene Tiamat überreicht ihrem zweiten Gemahl, Kingu, die Schicksalstafeln. Aber auch ihm naht das Ende. Der Liebende ist vergänglich, und sie erhebt sich zu höherem Triumph, aus Tiamat wird Inanna.

Deren Partner ist Dumuzi, der „gute Hirte". Auf Siegelbildern wird er im sumerischen Netzrock dargestellt: er biegt die Äste des Lebensbaumes herab, um die Ziegen zu nähren, drückt Rinder schützend an seine Brust, ringt als Stiermensch mit einem Löwen, steht als Palmbaum zwischen anspringenden Ziegen, die die Blätter abweiden und hält Tierdämonen von sich ab. Von Dumuzi, der von Enki selbst zum Hirten der gezähmten Tiere eingesetzt ist, wird gesagt, daß er wie der sumerische Frühling aufblüht, der jäh dem Winterregen folgt. Aber dieses plötzliche tropische Erblühen wird in wenigen Wochen von der unbarmherzigen Steppensonne hinweggezehrt. Dürre und Tod haben aber nicht das letzte Wort. Die mütterliche Fruchtbarkeit der Erde bleibt unerschöpft und wartet auf ein nächstes Frühjahr. Sengende Hitze und jähes Aufschießen der Vegetation rühren nicht an das Innere der Natur. Der Taumel der Erscheinungen bleibt Vordergrund, er reicht nicht in den Schoß der Natur.

Vergänglich ist auch die ganze Genealogie der Gatten der Liebesgöttin, die dem mythischen Dumuzi folgen: die Ensi, und später die Könige der Stadt, die sie als Schutzpatronin umhegt. Die Göttin bleibt, die Liebesvereinigung kehrt immer wieder, und der Dumuzipartner stirbt in jedem Frühjahr. Jede Heilige Hochzeit ist Ende oder Erfüllung, und Neubeginn, erstmaliges Ereignis. Die Gestalt des Osiris ist statuarisch, die des Dumuzi ist von der Unmittelbarkeit und Gebrechlichkeit der Lyrik, der Liebe bewegt.

In Ägypten ist Osiris unnahbar, in Sumer Inanna: der Geliebte kommt zu ihr, wird ihr entrissen, sie klagt um ihn, und sie erlöst den Leidenden aus dem Totenreich. Sie kann ihm sein Schicksal nicht ersparen. Sie beweint den Verlust des göttlichen Kindes. Sie ist Geliebte und Mutter zugleich, weniger als die ägyptische Isis gebärdet sie sich als Schwester. Der Pharao wird als Horus von Ammon-Re erzeugt, während der mesopotamische Tammuz-König von Inanna geboren wird und dann mit ihr die Heilige Hochzeit begeht. Er sucht sie auf dem Turm der Zikkurrat auf. Ihre Liebe beschwingt ein neues Lebensjahr der ganzen Stadt. In einer Hymne auf Schulgi, den König von Ur, heißt es: „Du bist für die Liebesfreude der Inanna erschaffen." So offenbart sich die Göttin von Isin in „Eanna, ihrem Tempel, und erfüllt das Herz ihres Partners mit Freude. Auf ihrem geweihten Lager hat sie sich mit Majestät dem König genähert".

Inanna bestimmt, im Gegensatz zur ägyptischen Isis, das Schicksal ihrer Stadt und ihres königlichen Partners. Sie ist, als Tochter des Himmelsgottes Anu, der ausstrahlende Mittelpunkt der Hymnen, Riten und Bilddarstellungen, die den Komplex der sogenannten „Heiligen Hochzeit" ergeben [1]. Die physische Vereinigung mit dem Partner des Neujahrsfestes ist im Falle des Iddindagan, Sohn des Gottes Dagan, von Isin, und des Schusin von Ur textlich bezeugt. Es kommt nicht auf den geschlechtlichen Charakter der Liebe an, sondern darauf, daß die vitalen Krisen und Gezeiten des Naturlebens ein Ingredienz der Schicksalsvereinigung bilden, daß das Sakrale an sie rührt und sich als das Wirklichste vom Wirklichen in sie hinein erstreckt. In Sumer ist die Göttin das wirkende Ens realissimum, und ihre Liebe ist weniger ungetrübt als die der Isis oder der christlichen Madonna, da sich ihr Wirken in die Unterwelt hinein und bis ins Getümmel der Schlachten erstreckt. Sie bleibt, während die Gestalt ihres Partners — im Hymnus oft mit Dumuzi gleichgesetzt — wechselt. „Die gute Göttin, die Himmelswonne, die Heldin, die aus dem Himmel kommt ... berät sich mit An auf dessen hohem Sitz; unter den jungen Männern, den Helden, sei sie allein genannt ...

[1] vgl. A. Falkenstein und W. von Soden, Sumerische und Akkadische Hymnen und Gebete, 1953, aus den „sumerischen" Texten Nr. 18 ff. Außerdem E. Chiera, Sumerian Religious Texts Nr. 1. S. N. Kramer, Sumerian Literary Texts from Nippur, Nr. 66. H. de Genouillac, Textes religieux Sumériens Nr. 88.

Das Volk, die guten Schwarzköpfigen, beugen sich ihr, der Jüngling, der des Weges zieht, richtet nach ihr den Weg ein ... Der König, der Gott, weilt [im Palaste] mit ihr, daß sie das Schicksal der Länder entscheide."

In der Feier der Heiligen Hochzeit fließen mythische Ereignisse und tatsächliches historisches Geschehen zusammen. In jedem Frühjahr mündet die Chronik des tatsächlichen Lebens und Tuns der Stadtbürger in das Mysterienspiel. Mit seinen Impulsen begeistert und bereichert sich das weiterführende Tun des nächsten Jahreszyklus. Göttliches, natürliches und kulturell-zivilisatorisches Geschehen werden periodisch in das Mysterienschauspiel der Heiligen Hochzeit zusammengedrängt. So gewinnt das makrokosmische Werdedrama eine Bühne. Für eine Weile wird Geschichte religiöses Kunstwerk, und die Aufführung inspiriert weitere Akte des Geschichtsdramas. Das Geschehen, in dem sich Schwäche und Stärke, Torheit und Weisheit, Verbrechen und Güte mischen, geht durch Stadien der Integrität hindurch. Es reinigt sich im Spiel.

Der Aufbau des Festspiels sei kurz umschrieben. Der König wächst in die Rolle des Dumuzi hinein. In der todbringenden Jahreszeit, wenn die Sonne alles Grün versengt, verliert er seinen majestätischen Glanz, ja sogar den Schutz seiner königlichen Insignien. Er beweint die Leiden aller Kreatur und die nahende Herrschaft des Chaos, der Tiamat. Als Dumuzi ist er nun selbst im Berg der Unterwelt gefangen, nachdem ihn das Höllentor verschlang.

Auf akkadischen Siegeln steigt ein auferstehender Gott aus dem Berggefängnis empor, in der Hand die Säge. Flügel flammen und strahlen von seinen Schultern aus. Er erklimmt den steilen Hang der Tageswelt. — Das mythische Motiv des aufsteigenden, die Tore aufbrechenden Schamasch beharrt bis in die biblische Zeit hinein. Simson, dessen Name Schemesch (nach Alfred Bertholet, Die Religion des Alten Testamentes, Tübingen 1932) auf den „Sonnenheros hinzudeuten scheint", wird von einer „Dirne", einer Botin der Liebesgöttin, die halbe Nacht im finsteren Gemach gehalten und von außen von den Feinden belagert. Dann bricht er durch das Tor und erklimmt die Höhe des Berges (vgl. Buch der Richter, 16, 1 ff.): „Simson begab sich nach Gaza, und als er daselbst eine Hure sah, kehrte er bei ihr ein. Als aber den Leuten von Gaza die Kunde hinterbracht wurde: ‚Simson ist hierher gekommen', stellten sie sich ringsum und lauerten ihm den ganzen Tag am Stadttor auf. Während der ganzen Nacht aber verhielten sie sich ruhig, indem sie sich vornahmen: wenn der Morgen anbricht, wollen wir ihn töten. Da blieb Simson bis in die halbe Nacht liegen; dann stand er mitten in der Nacht auf, erfaßte die Flügel des Stadttores samt den beiden Pfosten und hob sie zugleich mit dem Riegel aus, legte sie auf seine Schultern und trug sie auf die Spitze des Berges, der Hebron gegenüberliegt."

Die Lage, aus der Dumuzi mühsam befreit wird, erscheint quälender und grausiger als der Tod der Vernichtung: Die Unterwelt wird mit einer Phantasie geschaut, die an die des „Höllenbreughels" gemahnt. Lemuren und Spukgestalten ängstigen den Gefangenen, und er fürchtet, sich im Scheinwesen zu verlieren. Alle Gestalten schrumpfen ein, die Farben bleichen, aller Glanz erstickt im Staube. In dieser Pein wird der Geliebte von Inanna getröstet; und dies ist die seltene Gelegenheit, in der sie ihm, wie eine ägyptische Isis, schwesterliche Gefühle bezeigt. Er antwortet ihr vom Haus der Qualen, als er ihre Klage vernimmt: „Erlöse mich, meine Schwester, tadele mich nicht, meine Schwester. Ich bin nicht mehr ein Mann, der den Anblick des Lichtes genießt. Ich schlafe in Ängsten, ich verberge mich unter Feinden. Ich bin unfähig, mich selbst zu befreien." (Übersetzt aus dem Englischen, vgl. A. T. Clay, Babylonian Records, transl. by Th. Jacobsen.)

Das Stadtvolk eilt — so bestimmt es die Regie — verstört durch die Straßen. Sie suchen Marduk, den Gottkönig Babylons. Er wird in seiner Stadt zurückerwartet. Sie rufen angsterfüllt: „Wo wird er in Fesseln gehalten? Sie haben ihn in den Berg hinab entführt."

Mit ihnen, dem Chorus der Stadtbürger, weint die liebende Göttin: „Um den Fernen (S. 185), um meinen Sohn, den Fernen, erhebe ich Klage, um meinen Damu, den Fernen." „Klagend geht mein Herz nach der Steppe (S. 186). Die die Feindländer zerstört, die Herrin von Eanna bin ich, die Mutter des Herrn, Ninsuna bin ich, die Mutter des hohen Jünglings, Geschtinanna bin ich. Klagend geht mein Herz ... nach dem Orte, an dem mir das Schaf das Lamm gab, ... zum Gott dieses Ortes, dem Fernen.“ Die „Mutter Gottes“ beweint „das Lamm Gottes“. In tödlicher Gefahr schweben zugleich Felder, Staaten, Schilf und Binsen, die Obstgärten und Bergwälder, eine ganze Kulturheimat. Die „lebendigen Schätze des Alls“ drohen von der Ebene der lichten Existenz abzugleiten, und die Liebe möchte sie dort für immer halten.

Aber Inanna hat die Macht, ein neues Jahr des Lebens einzuleiten. „Die Herrin des Abends“, die im Abendstern wohnt, „die bis ans Ende des Himmels groß ist, ist stark ..., unerreicht in Jugendkraft“ (S. 99). Sie befreit den Gottgemahl aus den Fesseln des Totenreiches: „Der König nimmt leuchtend wie die Sonne ihr zur Seite Platz auf dem Throne. Im Überflusse, in Wonne und Freude tritt er vor sie und rüstet ihr Festmahl.“ „Die Schwarzköpfigen, die Sumerer, treten vor sie, unter den Klängen des Algar-Instrumentes, das den Orkan überdröhnt“, und dem Ton der süßen Leier. Lipitischar von Isin wünscht sich, daß der Augenblick ewig dauere: „Für lange, für immer hat sie mich umarmt“ (S. 129). Er sieht sich selbst als Dumuzi, als „der Vogel Imdugud, der mitten ins Bergland schaut, oder als ein Wildstier, der vorangeht, gegen den sich niemand stellt, ein Wisentstier, leuchtend mit buntem Auge.“ Derselbe Fürst gelobt, als Landpfleger, Weiser und Richter seines Amtes zu walten.

Am Mysterienspiel der Heiligen Hochzeit nimmt sonach die ganze Stadtheimat teil. Wirklichkeit und Ritus durchdringen und stimulieren sich von Stufe zu Stufe. Heilige Hymnen und Lieder werden gesungen, Musik ertönt. Das Schauspiel wird in anderen Kunstwerken, auf Siegelbildern und in Psalmen, festgehalten. Am Mysterienspiel nehmen viele Künste teil. Standbilder und Embleme der Gottheiten werden in Schiffswagen mitgeführt. Die ganze Stadt mit Fluß, Straßen, Mauer und Toren verwandelt sich in die Szenerie des Mysterienspieles.

Auf früheren Siegeln aus Uruk steht der König in der Mitte jener Barke, die ihn zum Heiligtum der Inanna trägt. Er ist mit dem rituellen sumerischen Netzrock bekleidet, die Königsbinde um die

Stirn. Auf einigen Darstellungen erscheinen die Priester, die ihm dienen, als Lammträger und gute Hirten. Diese ikonographischen Symbole werden in Jahrtausenden vom Christentum übernommen. Dem Auferstehenden werden auf Siegelbildern Türen geöffnet; er wird aus dem Berg der Unterwelt von Flammenflügeln emporgetragen. Ein Beter begrüßt ihn mit erhobener Rechten, in der Linken ein Zicklein tragend.

Daseinsnähe und Daseinsunsicherheit der mesopotamischen Religion

Die sumerisch-mesopotamische Welt ist komplementär zur ägyptischen. Beide zusammen, der Sumerer und der Ägypter, integrieren die Gestalt des erwachenden Kulturmenschen. Die religiöse Metaphysik Ägyptens verhält sich zu der Mesopotamiens analog wie — unter modernen Bedingungen — die ontologische Metaphysik Hegels zur existentiellen Kierkegaards. Der Sumerer zieht sein metaphysisches Schicksal in seinem Daseinseinsatz aus sich. Er exponiert sich in seiner zivilisatorisch-„ethischen" Tat, in seinem gegenwärtigen Aufgabenkreis, den transzendenten Mächten. Die irdische Zivilisation wird zum umstrittenen Vorposten des metaphysischen Reiches; die Stadtheimat und ihr Geschick ist die verwundbare Grenze dieses Reiches, der sich die Aufmerksamkeit der göttlichen Mächte in Güte und Zorn zuwendet. Enki selbst baut diesen Grenzbezirk an, in dem das Unvergängliche ins Vergängliche hineinreicht.

Der Daseinseinsatz in diesem Grenzland ist nie seiner selbst sicher. Wer den Einsatz wagt, sucht sich der Rechtfertigung der Mächte zu vergewissern, aus deren Schoß er hervorging. Innerhalb des mesopotamischen Geschichtsdramas schwankt das Daseinsgefühl von einer anfänglichen naiven Geborgenheit, Zuversicht und Heiterkeit der Frühsumerer bis zur dämonischen Lebensangst der Babylonier und Assyrer und zur Gottesfurcht der Israeliten.

Der Existenzeinsatz scheitert mit jeder historischen Katastrophe; aber er glückt auch mit dem tatsächlichen Erwerb einer Kulturheimat auf dieser Erde, in einer begnadeten Landschaft. Er lohnt sich, und er lohnt sich nicht. Er lohnt sich unter dem König Gudea, — das Glück „ist", und er ist wahr. Aber auch im Toben der

Stürme verteidigt der Mensch den exponierten Grenzposten, auch wenn er nicht weiß, warum er aushält, und gleichsam nur noch mit den Zähnen an dem letzten Streifen der heimatlichen Existenz festhält. Es gibt im Überschlag keine Rechnung zwischen Erfolg und Mißerfolg, die aufginge, wenn sich Wertungen, metaphysische Gesichte und kulturelle Werke um den Einsatz in dieser unmittelbaren Existenz gruppieren. Jedenfalls haben auch diejenigen unter den späten Propheten unrecht, die alle Unternehmungen im Nichts enden sehen. Der Wille zu bauen überwiegt im ganzen Drama die Lust an der Zerstörung.

Im Ganzen des mesopotamischen Geschichtsdramas überwiegen wohl die dunkleren Schicksalstöne. Aus dem Jenseits brechen transzendente Stürme in die Landschaften des Menschen. Seine radikale Exponiertheit wird von der sumerischen Früh- bis zur kanaanitischen Spätzeit in ähnlichen Visionen erlebt. Die Elemente geraten periodisch in Aufruhr, und die Kreatur krümmt sich wie ein Wurm. Der „schreckliche Glanz" des Enlil „kocht die Fische im Meere, die Vögel im Himmel, die Fische im Meere zittern davor" (so spricht ein Götterlied vom sumerischen Sturmgott).

Seit der akkadischen und der babylonischen Ära thront Gott in unerreichbaren Fernen. Sein Sitz im Tempel ist leer. Der Assyrer sieht am Horizonte nichts als die *Hand* Gottes. Eine babylonische Bitte [1] lautet: „Möge sich mir der Gott, den ich nicht kenne, beruhigen, möge sich mir die Göttin, die ich nicht kenne, beruhigen" (S. 225) . . . „Göttin, die ich kenne oder nicht kenne, die Sünden sind schwer, die Versäumnisse sind schwer. Die Versäumnisse, die ich begangen habe, kenne ich nicht... Dauernd suche ich um Hilfe — niemand streckt die Hand nach mir aus... Die Menschen sind taub, wissen nichts..., wissen nicht, ob sie freveln, ob sie gut handeln." Der „Zorn" des Ninurta (S. 258) ist „ein tobender Flutsturm". Die Wimpern seiner Augen sind „der Strahlenglanz der Sonne". Aus der Oberwelt bricht ein tobender Flutsturm ein und die dämonischen Gewalten der Unterwelt spotten aller mensch-

[1] Die Zitate sind entnommen aus: „Sumerische und akkadische Hymnen und Gebete", ed. Falkenstein - v. Soden, Zürich, Stuttgart 1953.

lichen Bindungen. Sie verderben den Menschen „das Spiel": In einem sumerischen Lied wird Nergal, der furchtbare Herrscher der Unterwelt, gebeten, er möchte „in der Nacht, wenn er umhergeht", „die gebärende Mutter nicht gefährden". „Herr, zum Spielplatz tritt nicht hin, vom Spielplatz vertreibe die Kinder nicht. Dort, wo Saitenspiel erklingt, tritt nicht ein, den jungen Sänger, der sich aufs Spiel versteht, vertreibe nicht. Die Hürde reiß nicht ein, die Kühe scheuche nicht auf ..." (S. 83).

Eine metaphysische Ungewißheit dringt in alle Poren der menschlichen Zivilisation. Auf allen Seiten umwogen sie die Jenseitsschauer, aus denen sie einstmals geboren wurde. Am Tag ihres Erwachens schienen die inneren Sicherungen am verläßlichsten, war das Vertrauen auf die Gottheiten, die sich das „Haus" einer Stadtheimat erbauten, noch ungebrochen.

Die Selbstsicherheit der ethischen Tat triumphiert in einer Hymne des Gudea von Lagasch. Innerhalb des mesopotamischen Völkerschicksals gipfelt alle Lebensbejahung und zivilisatorische Zuversicht in der goldenen Zeit des Gudea. In ihm sammeln sich die aufbauenden Kräfte des sumerischen Bereiches. Er fühlt sich als der erste bewußte Beauftragte der Zivilisation. Seine Stellung im Kosmos der Götter und Menschen findet in einer „Tempelbau-Hymne" einen vollendeten literarischen Ausdruck (S. 137 ff.). Der Antrieb zu bauen, wird ihm im Traum von fremden Mächten eingegeben. Er erhält einen Auftrag, der menschliche Maße übersteigt. Daraufhin fleht er die Himmelsherrin an, seinen Traum zu deuten: „Im Traum war da ein Mann, wie der Himmel war er riesengroß, wie die Erde war er riesengroß, nach seinem Haupte war es ein Gott, nach seinen Flügeln war es der Vogel Imdugud, nach seinem Unterkörper war es ein Orkan, zu seiner Rechten und Linken lagerte je ein Löwe. Sein Haus zu bauen, befahl er mir. Seinen genauen Willen habe ich aber nicht erkannt. Ein zweiter Held war da, hatte die Arme gebeugt, hielt eine Platte aus Lapislazuli in der Hand, setzte darauf den Grundriß des Hauses. Vor mich stellte er den reinen Tragkorb hin, legte mir die reine Ziegelform zurecht, legte mir den Ziegel der Schicksalsentscheidung in die Ziegelform." —

Das Haus Gottes, das Gudea schließlich mit Hilfe der Weisheit der Nisaba errichtet, gleicht „einem großen Berg, reicht bis an den Himmel, ist wie der Sonnengott, erfüllt das Innere des Himmels"; es „hat die Menschen fest wohnen lassen, hat das Land Sumer geleitet". „Des Hauses Front ist ein großer Berg, der bis zur Erde reicht, sein Inneres eine Beschwörung, ein Fest für alle, sein Äußeres ist Anu, der das hohe Haus sich in Überfluß erheben läßt." Der Himmelsgott hatte seinem „guten Hirten" Gudea folgendes verheißen: „Durch die Gründung meines Hauses wird Überfluß kommen, die großen Getreidefelder werden dir üppig gedeihen, die Kanäle werden dir hohes Flutwasser bringen." Jeder Akt der Bautätigkeit folgt einem Ritus, denn sie ist von Gott inspiriert. Sorgsam behandelt Gudea das Holz, glättet er die Weide, spaltet er die Pappel, spannt er die Eselhengste vor den strahlenden Wagen. Sein Tun und Denken sprudelt von Lebenskraft über. Er dankt sie der Göttin, die sich ihm in der Heiligen Hochzeit vereinte: „Gatumdu, dein reiner Name ist süß. In der Nacht bist du mir dort gelegen, Leben hast du mir gespendet, ein weiter Schirm bist du ... Ich habe keine Mutter — meine Mutter bist du. Ich habe keinen Vater, mein Vater bist du ... meinen Samen hast du empfangen, hast mich im Heiligtum geboren: Gatumdu, dein reiner Name ist süß."

Die Göttin, die dem Gudea den Mut einflößt, eine Tempelstadt übermenschlichen Ausmaßes zu errichten, erhielt einst von Enki, dem Schutzpatron Eridus, die „hundert Anweisungen" der zivilisatorischen Tat. In Enki lebt und zeugt die Weisheit der Erde. Er und die Muttergöttin sind dem Menschen zugewandt, und sie stehen ihm gegen die Flutstürme Enlils bei, die aus unerreichbaren Fernen einbrechen.

In einem sumerischen Hymnus auf Enki, den Baumeister der Tempelzivilisation, spricht Enlil, der Gottvater, zu den Anunna-Göttern (S. 137): „Anunnagötter, die ihr zum Hof der Ratsversammlung gegangen seid! Mein Sohn hat sich ein Haus erbaut, der König Enki, Eridu hat er wie einen Berg von der Erde aufsteigen lassen ... " Als „Enkis Stadt Eridu erhöht war, da war" das Mauerwerk seines Tempels „wie ein festgefügtes Stufengebirge am Wasser gegründet, zur Seite liegt das Röhricht, in seinem grünenden Garten, der reiche Früchte trägt, brüten die Vögel."

Die Muttergöttin verleiht dem Haus, das Enki errichtet, Festigkeit und Glanz. Ein Lied preist die Nisaba: „Den großen Göttern bist du das Leben ihrer Väter, meine Herrin, der Enlil festen Stand verleiht. Ihr göttliches Brot bist du. Nisaba, des Königtums Fundament festigst du, jeder Herrschaft Krone läßt du leuchten. Nisaba, wo du es nicht festsetzt, baut der Mensch kein Haus, baut er keine Stadt." „Nisaba, wenn dein Herz dich antreibt, machst du alles weit, läßt alles sich recken — gießt Glanz über die Heiligtümer — schenkst der Mutter die Liebe zum Kind."

Aber Enlils Fluten umbranden das Zivilisationswerk, das immer wieder in ihnen versinkt. Gudeas Bauten ragen in einer glücklichen Periode aus dieser Brandung. Die Götter gründen eine irdische Heimat — und verlassen sie. Der Verlust ist ein Teil des Schicksals. In ihm bezeugt sich die Abgründigkeit der „Existenz".

Historisch läßt sich nachweisen, daß eine Lebensunsicherheit seit dem Ende der 3. Dynastie von Ur überhandnimmt, als der letzte König Ibbisin den Elamitern in die Hände fällt. Jetzt öffnen sich gleichsam bisher verhaltene Schleusen eines veränderlichen Himmels. In seiner Heiterkeit, die sich im Grenzenlosen verliert, ballen sich Gewitterwolken zusammen.

Ibbisins Klage lautet einer sumerischen Überlieferung gemäß: „Die Zeit zu ändern, die Regeln zu vernichten, frißt das böse Wetter alles wie ein Orkan. Die Ordnungen Sumers umzustürzen, daß seine gute Regierungszeit sich von ihm wende, die Städte zu vernichten, die Häuser zu vernichten, die Hürden zu vernichten... daß die Kanäle bitteres Wasser bringen..., — Anu und Enki haben dies als Schicksal bestimmt..., daß die Städte, in denen Menschen wohnen, zu Ruinen werden, daß das Volk der Schwarzköpfigen in seinen Wohnstätten hingemordet werde..." (S. 190). Das umfangreichste und eindrucksvollste der Katastrophenlieder bezieht sich auf die Zerstörung Urs und Isins. Die Elamiter und Subaräer werden als Werkzeuge der Götter Anu und Enlil genannt. Die Göttin Ningal versucht zweimal vergebens, diese Götter von der Vollziehung ihres

Beschlusses abzuhalten. Das Schicksal dieser Städte hat allgemeinmenschliche Bedeutung. Einmal kommt die letzte Stunde, und das Antlitz Gottes wendet sich von der Stadt, die seine Liebe erfuhr. Das von Göttern verlassene Gemäuer zerbröckelt, und der Geist entflieht. „Die Schutzgöttin des Heiligen Hauses hat ihr Haus aufgegeben, ihr Pferch ist leer" (S. 193). Die hohe Frau, Ningal, stellt die Leier auf die Erde und spricht leise die Klage um das geschlagene Haus: „Die Furcht vor diesem Tage, der alles wie ein Orkan vernichtet, ist mir auferlegt ... die Stille meines nächtlichen Lagers ist dahin" (S. 197). Die Stätte der Heiligen Hochzeit liegt in Trümmern. „In ihren Märkten, auf denen man Feste feierte, sind die Menschen hingestreut." In den Kanälen hat sich Erde gesammelt, dort sind Fuchsbauten entstanden, und der Ackermann ist hinweggegangen. Der Orkan der Götter hat tödliches Schweigen verbreitet. Die Hürde, das uralte Symbol der Gottheit, ist hinweggerissen, und die Heimatstadt „ist, als wäre sie nie erbaut". Keine Antwort auf die Frage, warum die Heimat zerstört ist. Es war der „Sturmwind, der keine Mutter, keinen Vater, keine Ehefrau, kein Kind kennt".

Es sind die Götter, die den Menschen verlassen, und sie waren es, die ihm den Trieb einpflanzten, das Haus der Zivilisation zum ersten Male zu errichten. Es sichert sie für eine Weile gegen die einfallenden Strahlen der Transzendenz, und es nimmt diese heiligend in sich auf. In Eridu hatten „in einem Jahr des Überflusses, das Anu geschaffen", die Sumerer „wie Gras die Erde durchbrochen", und damit war „allem Gezeugten das Schicksal bestimmt" (S. 133).

Zusammenfassung

Ägypten und Sumer müssen synoptisch betrachtet werden, denn der Kulturmensch ersteht in diesen beiden kulturellen Kraftfeldern zugleich, in doppelter Gestalt. Als Erstgeburten sind sie beide gleich, aber jeder von ihnen verwirklicht eine eigene Möglichkeit des Menschlichen.

Der unabgeschlossenen Seite des Ringens und Strebens gehört selbst die mesopotamische Landschaft an. Im Gegensatz zu der des Nils ist sie nach außen offen und regional geteilt. Sengende Hitze, Trockenheit und plötzliche Flut bedrohen sie. Politisch fehlen die festen Grenzsicherungen. Die Kulturheimat ist periodischen Einfällen aus der westlichen Wüste und den Gebirgen des Zagros und Irans ausgesetzt.

Stadtherrschaften folgen einander in verwirrender Vielfalt. Seit der Akkaderherrschaft wird das Volk zum Doppelvolk, sumerisch und akkadisch, d. h. westsemitisch zugleich; der Kulturträger ist von da an zweisprachig. Darauf folgen die Amoriter Babylons, wiederum Westsemiten, denen Hammurabi angehört.

Dem Ägypter eignet ein Zug zum Konservativen, während der Mesopotamier mehr oder weniger notgedrungen oft mit seiner Vergangenheit bricht. Den Protosumerern, den sogenannten „Leuten von Al Ubaid", die in Eridu am Persischen Golf den ersten Anstoß zur Geburt der Kultur geben, fehlt überhaupt ein kontinuierliches Verhältnis zu den Stadien der steinzeitlichen Vergangenheit. In der Periode der Akkader und Babylonier werden, anders als in Ägypten, die archaischen Mythen und Götter durch neue ersetzt, Enki durch Marduk, Inanna durch Ischtar. Die ägyptischen Pharaonen behielten die Standarten der alten Gaue bei und zehrten von den Gnadenschätzen der Vorzeit. Am ähnlichsten sind die Zwillinge in ihrer Geburtsstunde, bevor sie sich auf verschiedene Schicksalswege begeben. Im Daseinsgefühl der Frühsumerer überwiegen noch Heiterkeit und Zuversicht. Die düsteren Töne von Dämonenfurcht, Sündenbewußtsein und Heimatlosigkeit machen sich erst nach einem Jahrtausend bemerkbar. Dann ist der Sitz Gottes im Tempel leer. Am Horizont sieht der Assyrer nur die Hand Gottes, Gott selbst entzieht sich in unerreichbare Fernen.

Die Geburtswehen der Kultur Mesopotamiens setzen in drei Wellen ein, die mit drei Einwanderungsstößen verbunden sind. So gewinnt das sumerische Volk in drei Schritten Gestalt. Auf die Leute von Eridu oder Al Ubaid folgen die von Uruk und schließlich die von Djemdet Nasr, mit denen Volk und Kultur erwachsen sind. Mit den Phasen und Aufgaben der Kultur verschiebt sich der konstitutionelle Rassetyp. Im Beginn überwiegen die zartgebauten feingegliederten Mediterranen, und im Verlauf der Volkwerdung fließen kurzköpfige, gedrungene Mitglieder der alpinen Rasse von Armenien, Iran und dem kaspischen Gebiet her ein.

Eridu ist gleichsam ein kleiner Brückenkopf des weiten mesopotamischen Gebietes, am damaligen Flußmündungsgebiet gelegen. In diesem weiten Gebiet hatten sich, von Palästina, Syrien bis Elam örtliche kulturelle Erregungsherde herausgebildet. In Palästina entsprechen die Natufien-Leute den Badari Ägyptens. Zwischen 8000 und 6000 v. Chr. beginnen sie, den Boden mit einer primitiven Hacke zu bearbeiten. Sie sind noch Jäger, aber sie beginnen, zaghaft Pflanzen zu züchten. Ihr Erntewerkzeug ist eine Sichel aus Knochenmaterial, in die Feuersteinklingen eingesetzt sind. Tongefäße erscheinen erst nach 5000 v. Chr. Kupferbearbeitung beginnt nach 4500 v. Chr. (Childe). Im 5. Jahrtausend gerät die Vorgeschichte Mesopotamiens von Assyrien bis nach Elam in Fluß. Es werden Töpfe in regulierbaren Öfen gebrannt, bemalt und mit bedeutenden Bildsymbolen verziert. Ein weites Gebiet geht mit Erwartungen schwanger und gerät in einen Zustand der Bildsamkeit.

In dieser Situation geben die Protosumerer den entscheidenden Entwicklungsanstoß. Diese Neuankömmlinge siedeln auf Schwemmland, das mit ihnen zu existieren anfängt. Es bildete sich damals durch Austrocknen von Flußmarschen. Sie selbst sind in einer religiösen Erschütterung begriffen, die sich in Mythen und Tempelbauten ausdrückt und durch Mesopotamien hindurch verpflanzt. Sie dringen in ein vielgestaltiges, hochgradig differenziertes Gebiet ein, das im Begriff ist, aus dem Schlummer der Steinzeiten zu erwachen. Ihr Eindringen in Eridu gleicht dem eines Samens, der die weite Peripherie eines Eies an einer Stelle durchstößt, die er spontan bestimmt.

Das Volk von Al Ubaid oder Eridu siedelte sich kurz nach 5000 v. Chr. an. Dieser erste Anlauf zur Kultur hatte einen langen Atem, er überspannte fast ein Jahrtausend. Zwischen 3300 und 3100 erreicht er seine Höhepunkte. Jetzt wird die Töpferscheibe erfunden. Aus Schilfrohr werden Dächer und Matten hergestellt. Das Jahr wird eingeteilt, ebenso der Kreis, und 60 ist die Grundzahl. Aber vor allem brechen in Architektur und Glyptik geistige Kräfte hervor, die sich in Jahrtausenden der Menschwerdung ansammelten.

Nun entstehen religiöse Bauten, die in ihrem Höhendrang und ihren Formelementen zunehmend die Gestalt gotischer Dome vorwegnehmen.

Sie sind das Erzeugnis einer ersten arbeitsteiligen Leistung der Menschheit, und diese wird aus vitalen religiösen Energien hervorgetrieben. Das Heiligtum, Eanna genannt, bildet den ausstrahlenden Kern der ganzen sumerischen Kultur. Es barg Saat und Ernte aller Arbeit. Alle Lebensausrüstung, in Landwirtschaft, Handwerk, Verwaltung und Handel, steht im Dienste der Göttin. Nach frühsumerischer Auffassung sind die Menschen geschaffen, um die Götter von der zivilisatorischen Arbeit zu entlasten. Das Kulturland wird arbeitsteilig bewässert, und der überschießende Kapitalertrag wird der Stadtgottheit zu treuen Händen in Getreidesilos zurückerstattet.

Mit steigender Lebenssicherung wächst die Bevölkerung sprunghaft. Im letzten Friedhof von Eridu wurden Tausende von Gräbern gefunden. Von vornherein ist die zivile und die politische Ordnung in die religiöse Tempelverfassung eingefügt. In Gilden zusammengefaßt, arbeiten schließlich alle in sinngemäßer Abstufung an den Aufgaben, die ihnen zukamen. Ihre Ausrüstung, Pflüge und Hacke, Esel zum Transport sowie Saatgüter, erhielten sie von der Tempelverwaltung. Enlil, dem Enki als weiser Organisator assistiert, brach mit der Spitzhacke die Erdkruste auf, um die menschlichen Pioniere zu entlasten, die die irdische Provinz der Schöpfung anbauen.

Der Tempelbezirk ist der Kern der Landschaft und Stadtgemeinde. An ihn setzen sich die Kerne andrer sumerischer Stadtgemeinden an; er strahlt in die engere und die weitere Heimat richtunggebend und nährend aus, und in ihm fassen sich alle neu erworbenen Wachstumskräfte zusammen. Der Tempelbezirk von Nippur, dem sumerischen Rom, genießt ein gewisses sakrales Übergewicht. Im ganzen ist es eine Vielheit religiöser Stadtkerne, die

die Spannung des sumerischen Kraftfeldes unterhalten. Im Gegensatz dazu gleicht das pharaonische Ägypten einem System, das auf eine Zentralsonne zu gravitiert.

Der erste Tempelbezirk Eridus gilt als der Keim aller kommenden. Er war nach dem Mythos das Haus Enkis, des Gottes der Wasser und der praktischen Weisheit. Enki hatte dieses Haus aus 100 Richtlinien erbaut, die jede Zivilisation überhaupt maßgebend bestimmen. Sie bilden gleichsam die Partitur jeder Zivilisation, ein reich abgestuftes Relief der praktischen Existenz, der eine städtische Gemeinde in ihrer Geburtsstunde zum ersten Male begegnet. Noch nach 1500 Jahren strahlt der Gott Marduk aus dem religiösen Kern Babylons die 100 Anweisungen oder Richtlinien der Zivilisation aus: „Marduk, Herr von Häufung und Überfluß, der da Fülle regnen läßt, Herr der Gebirgsquellen und Meere, der die Flußläufe in Ordnung hält, der Brotfrucht und Haustiere überwacht, Korn und Hülsenfrüchte geschaffen hat, der das Grün sprießen läßt: du schaffst das Brot für Gott und Göttin, du bist Schöpfer auch des Brachlandes um ihretwillen" — so lautet eine babylonische Gebetsbeschwörung. Alles Tun und Denken des Menschen ist in das Haus des Gottes eingefügt, in dem es Wärme und Lebensmut empfängt. In einer Hymne des Gudea von Lagasch wird diesem „guten Hirten" seiner Stadt jede praktische Handreichung zum Ritus, der von Gott inspiriert ist. Er bekennt, daß Gott, der ihm Vater und Mutter ist, den Lebensmut gespendet hat, eine Tempelstadt übermenschlichen Ausmaßes zu errichten und eine Arbeit zu verrichten, die den unmittelbaren Nutzen zur Erhaltung des notdürftigen Lebens weit übersteigt.

Die sumerische Kultur und Zivilisation war in der Tempelstadt Eridus im Keime angelegt. Es bedurfte zweier weiteren Stadien, um den Keim zur Entfaltung zu bringen. Auf die Periode von Eridu folgt die von Uruk und schließlich deren Unterperiode Djemdet Nasr. Die Kultur von Eridu, der ersten Phase in den Geburtswehen der Kultur, endete augenscheinlich in einer Naturkatastrophe. Das epochemachende Ergebnis der Entwicklung der Uruk- und Djemdet-Nasr-Periode ist die Erfindung der Schrift. Außerdem erreicht die

Steinschneidetechnik der Verfertiger der berühmten sumerischen Rollsiegel ihren Reifezustand. Auf diesen Siegeln finden die frühen Mythen, in die das sumerische Denken, Handeln und Sprechen eingebettet sind, zuerst Gestalt. Sie sind die künstlerische Vorform der Bilderschrift. Die Technik der schriftlichen Fixierung in Form losgelöster und auswechselbarer Zeichen setzt eine hohe Reife künstlerischer Ausdrucksfähigkeit voraus. Zuerst erfaßt das Auge der Phantasie Gestalt und Wesen der Dinge. Darauf, kurz vor dem Beginn der Djemdet-Nasr-Periode, konstruiert das Bewußtsein aus den Bildern der Dinge Merk- oder Schriftzeichen. Es hantiert nun mit diesen Merkzeichen, anstatt mit den Dingen selbst. Die schriftliche Liste des Viehs steht nun für seine augenfällige Gegenwart.

Es werden zunächst Bestandteile und Wirkungskräfte aus der Kulturheimat in Bildzeichen übersetzt, die eine Funktion in der Praxis der Tempelverwaltung haben, wie Rinder, Esel, Schilf, Getreide, Tempel, Kanäle, Regen und Sonne.

In der Urukzeit, von 3200 bis 2800, ist die Schrift ans Bild gebunden. Die Unterperiode von Djemdet Nasr beginnt zwischen 2800 und 2600 mit einer phonetischen Silbenschrift. Die 2000 Zeichen der frühesten Urukzeit wurden nach 3000 v. Chr. auf 800, um 2500 auf ungefähr 600 reduziert. Der Eindeutigkeit und Übersichtlichkeit zuliebe wird mit Zeichen gespart. Vom Zeichen für Schaf gab es in der Urukzeit 31, in der Djemdet-Nasr-Zeit noch vier Variationen. Es war ein Kreis mit eingeschriebenem Kreuz. Das Zeichen entfernt sich zunehmend von der mythischen Einbettung und wird zur reinen Gebrauchsform. Am Ende bedeutet es nichts mehr für sich selbst. Anfänglich eignete den Bildsymbolen, z. B. dem Stern als Zeichen des Gottes, dem Schilfbündelring als dem der Inanna, eine religiös-pneumatische Strahlungskraft. Eine vitale religiöse Phantasie, nicht ein praktisches Bedürfnis gab den ersten Anstoß zum symbolischen Ausdruck.

Die ersten Formen dieses symbolischen Ausdrucks sind sofort von höchster Vollendung. Kunstwerke des frühen Uruk, die auf ungefähr 2800 v. Chr. datiert werden, offenbaren tiefsten Gehalt und zeugen von sicherem Stil. Auf einer Kultvase aus Alabaster sind von Schicht zu Schicht die Welten dargestellt, die in der Glorie der Erd- und Himmelsgöttin gipfeln. Ein marmorner Frauenkopf erinnert an eine edle priesterliche Natur aus der griechischen Tragödie. Sie wurde in Uruk im Bezirk des Inannatempels gefunden.

Die Djemdet-Nasr-Periode endet unvermittelt in einer Katastrophe. Der Ausgräber stößt auf Spuren von gewaltsamer Zerstörung. Es folgt nun die Periode der frühen Dynastien. In der urtümlichen Einheit des zentralen Tempelstaates zeigen sich die ersten Risse. Denn man beginnt, profane Gebäude und königliche Grabmonumente zu errichten. Der Gott Urs ist Nanna, der Mondgott, und seine Tochter ist Inanna. Die Fürsten nennen sich „Lugal", Statthalter oder Treuhänder des Gottes. Ihr Mausoleum findet sich südöstlich des Nannatempels in 16 Schachtgräbern. Mit ihnen sind bis zu 80 ihrer Gefolgsleute beigesetzt. Jeder von ihnen hielt einen Becher mit einem todbringenden Betäubungstrank. Leiern und Harfen waren wahrscheinlich im Augenblick des Sterbens noch gespielt worden. Eine Leier zeigt eine ganze bunte Tiergesellschaft, die Tiere spielen Instrumente, tanzen und warten einander festlich auf. Um 2600 hatte die erste Kultur der Menschheit einen ausgeglichenen Lebensstil erreicht, mit Geschmack und spielerischer Leichtigkeit in der kunsthandwerklichen Technik. Trinkschalen, Spielbretter, Prunkgewänder und Geschmeide zeugen davon, daß die Knospe menschlicher Kultur sich zur vollen Blüte entfaltet hat. Die Königin Schub-Ad verläßt, mit Laub bekränzt und einen goldenen Becher haltend, diese Existenz in Schönheit und Heiterkeit. Die Daseinsfreude entstammt religiösen Quellen. Schub-Ad nimmt als Priesterin der Inanna teil an der Heiligen Hochzeit. Die Symbole des Dumuzi, der stirbt, um wieder aufzuerstehen und sich mit Inanna zu vereinigen, sind zwei aufrechtstehende Ziegenböcke.

In der Periode der ersten Dynastie von Ur erreicht die sumerische Volkskultur ihre reife Gestalt. Das sumerische Volk ist aber zahlenmäßig nicht stark genug, um das mesopotamische Gebiet einschließlich der arabisch-semitischen Gebiete politisch zu durchdringen. Unter dem Akkader Sargon formte sich zum ersten Male nach dem Vorbilde Sumers ein semitisches Volk. Die Akkader entstanden als ein

Reis, das auf den sumerischen Stamm gepfropft war. Es gab ihm zusätzliche Vitalität und entlehnte ihm die formenden Kräfte, aus denen ein Volk entsteht. Die Symbiose zwischen dem Sumerischen und dem Akkadischen sandte Antriebe eigenen Wachstums aus sich heraus. In diese Symbiose wurden später immer neue ethnische Einheiten hineingezogen, besonders die Amoriter, zu denen Hammurabi gehörte.

Mit Sargon beginnt die erste imperiale Ära der Menschheit. Innerhalb der Weite seines Reiches löst sich die ursprüngliche sumerische Tempelkultur in ihre Elemente auf. Der Fürst wird zum Großgrundbesitzer, und er gründet mit Hilfe eines stehenden Heeres eine Hausmacht. Öffentliche und private Sphäre, Gesellschaft und Staat sondern sich. Die rationale Ordnung einer auf sich gestellten Zivilisation kündet sich an. Die Literatur wird bewußt als Kunst gepflegt, und die sumerische Sprache wird philologisch zergliedert und sogar kanonisiert.

In der Kunst kündet sich ein wüstenarabischer Stil bereits um 2600 im Regime des Mesilim von Kisch an. Ein linearer und flächiger Stil in abstrakter Raumgestaltung ersetzt die naive Rundung sumerischer Gestalten, die sich kraft ihrer eigenen Glieder bewegen.

Seit der Akkaderzeit kann man in Mesopotamien von einer fruchtbaren Kreuzung religiöser Volks- und Stammeskulturen sprechen. In einer Symphonie vielgestaltiger Völkerschicksale setzt sich aber das anfängliche sumerische Grundmotiv durch. Dieser Uranstoß fügt das, was sonst auseinanderfallen würde, zur sinnvollen Einheit. Diese bezeugt sich im Ritus der Heiligen Hochzeit, die hoch auf dem Turme der Zikkurrat zelebriert wird. In ihr fließen in jedem Frühjahr mythische Ereignisse und tatsächliches Geschehen zusammen. Erlösung und Liebe leiten einen neuen Jahrzyklus ein. Die Chronik des städtischen Lebens reinigt sich im Mysterienspiel, an dem alle Bürger teilnehmen.

TEIL II

URSPRUNG UND ABLAUF DES MENSCHLICHEN DRAMAS

DAS QUELLGEBIET DER GESCHICHTE

Die Doppelgestalt des ersten Kulturvolks

Die Spannung des ersten kulturellen Kraftfeldes, des Fertile Crescent, pflanzt sich in die sekundären und tertiären Felder der bisherigen menschlichen Kulturen fort. Bereits in der physikalischen und in der biologischen Natur wirken sich die Felder in einer Hierarchie von Ordnungen aus. So sind die Felder der Phylogenese, der Ontogenese, der embryologischen Entwicklung wie die „Organisatoren“ und die „Induktionen“, die zu Organbildungen führen, gewissermaßen ineinandergeschachtelt. Ein untergeordnetes Feld entsteht innerhalb eines umfassenderen durch ein engeres Zusammenspiel der Wirkungskräfte, die dem Feld seinen Charakter geben. Die Felder gleichen Gravitationssystemen, die sich im fließenden Gleichgewicht erhalten. Sie sind in komplexeren Gravitationssystemen verbunden, die sie selbst durch ihr Zusammenwirken erzeugen. Ihre Begegnung schwankt zwischen Abstand und Nähe, wobei beide in elastischen Grenzen gehalten sind. Ein Feld wird niemals in linearer Kausalwirkung aus einem anderen „verursacht“. Nur zwischen mehr oder weniger künstlich isolierten, aus weiteren und tieferen Zusammenhängen herauspräparierten „Tatbeständen“ kann ein kausales Bedingungsverhältnis konstruiert werden.

Alle Kulturen weisen auf ein Anfangsstadium zurück: auf das Kraftfeld des Fertile Crescent. Erst seit den Ergebnissen der jüngsten Ausgrabungen dringen wir, geistig beteiligt, in diesen „Anfang“ ein.

Wir stoßen nicht in die Leere einer Anfangslosigkeit, sondern erreichen eine entschiedene Ausgangssituation.

Seit zwei Generationen erfährt der nach-positivistische Forscher in allen Bereichen, daß die Welt begrenzt ist, daß alles Geschehen einen Anfang nimmt. Das Konturierte ist in sich bestimmt und charakterisiert, an Wirklichkeit und Struktur gesättigt; das Endlose aber ist leer und nichtssagend — diese Erfahrung und Erkenntnis schließt sich der ersteren an. Im Weltdrama hat jede Orts- und Zeitstelle ihre individuelle dramatische Funktion, den ersten Einsatz bestätigend.

Im Anfangs- oder Keimstadium verdichtet sich die Mannigfaltigkeit der Kultur gegen den sumerischen und den ägyptischen Pol. In der Mari- und Hettiterzeit erscheint zuerst ein Konglomerat von Mächten, die völkerrechtliche Verträge schließen und deren Religion, Kunst und Sozialverwaltung eigene Formen behauptet.

„Kultur“ bedarf von Anbeginn an der Begegnung und Befruchtung, eines Austausches und inneren Spielraumes. Sie wurde in Doppelgestalt geboren. Daß sie gerade damals, gerade dann und dort und daß sie überhaupt entstand, das war ein Glücksfall. Solch Ereignis war zwar von langer Hand vorbereitet, brauchte aber keineswegs einzutreffen. Eine zwingende Notwendigkeit dafür, daß in Ägypten und in Südmesopotamien, Sumer genannt, lose verbundene Stämme in einer metaphysischen Erschütterung zusammenschmolzen und auf die Abenteuer der Zivilisation auszogen, läßt sich nirgends entdecken. Wohl aber *mußte* die Kultur, wenn überhaupt, in *dieser* Gestalt entstehen: als Auseinandersetzung von Möglichkeiten, die sich „komplementär“ ergänzten. Anders wäre kein Keim entwicklungsfähig gewesen.

Es ist überraschend, ein wahres Wunder, daß der Kulturmensch tatsächlich in der Gestalt von zwei Völkern geboren wurde, — daß das, was wir „Volk“ nennen, in zweierlei Fassung auf die Welt kam.

Im Niltal und im Zweistromland kristallisierten sich in derselben Sternstunde lose verstreute Stämme zu Völkern. Sie glichen Zwillingen einer Erstgeburt. Für jedes der beiden Völker stand der Genius einer Flußlandschaft Pate.

Schließlich strahlte das umfassende Kraftfeld des Fertile Crescent vom Nil bis zum Persischen Golf von zwei Polen aus. Jeder Mittelpunkt ein- und ausgehender Kraftlinien läßt sich nur annähernd umschreiben. In Ägypten verdichten sich Fluida und Wellenschlag in der Richtung auf Memphis, in Mesopotamien gen Eridu und Uruk. Jeder Pol wirkt — um den Terminus Speemanns zu gebrauchen — wie ein „Organisator“. Er „induziert“ ein umliegendes Gewebe ethnischer Regungen, so daß sie sich verlagern und durchdringen, bis aus ihnen eine Volksindividualität entsteht.

Die beiden Mittelpunkte sind gegenläufig aufeinander bezogen. Beide Male entsteht etwas, das es in der vorausgehenden 600 000jährigen Menschwerdung niemals gab: eine Volkskultur.

In ihrer Völkerwiege sind sich die Erstgeburten so gleich, daß man sie Zwillinge nennen kann. Sie sind „gleich", aber nicht „kongruent"; sie decken sich so wenig wie die Hälften einer symmetrischen Gestalt. Zusammen ergeben sie die beiden möglichen Projektionen einer „Achse" der menschlichen Existenz. Sowohl ihre Sondergestalt wie ihr Zusammenspiel kann nur verstanden werden, wenn man sie synoptisch betrachtet.

Unterscheidende Charakterzüge späterer Volkskulturen weisen auf primäre Furchungen jenes Keimes der Kultur zurück. So hat im tausendjährigen iranischen, ähnlich wie im arabischen und chinesischen Reich die Zivilisation ein Übergewicht über die religiös-künstlerische Kultur, und das Umgekehrte gilt von der indischen oder, mutatis mutandis, von der christlich-mittelalterlichen „Welt".

Im Ägyptischen und Sumerischen ergänzen sich weit auseinanderliegende Möglichkeiten des Glaubens und der Daseinsgestaltung In einer einzigen Volksindividualität oder Person wären sie unvereinbar gewesen. Jede Möglichkeit verfolgt jeweils ein Gegenthema.

Zwillingen gleich, die in einer gemeinsamen Erbsubstanz auch vital verbunden sind, gehen die beiden Urvölker „gleichzeitig" durch ähnliche Krisen, und auf Flutwellen, die vom ganzen Kraftfeld aufgeworfen werden, bewegen sie sich auf ihre Höchstleistungen zu. Die ersten entscheidenden Kulturanstöße pflanzen sich von beiden Polen durch das ganze Kraftfeld fort. Schrift und soziale Organisation werden aus einem Geiste geboren, und das Welken der ersten Blüte zeigt im Ägypten des ersten Zwischenreiches wie im Sumer der Akkaderzeit denselben Erschöpfungszustand an.

Indes weichen Thema und Gegenthema im Verfolg der Einzelausführung zunehmend voneinander ab. Die Entsprechungen beschränken sich dann auf die tieferen Daseinsgründe. Auf der einen Seite ist sich der Pharao als Gottessohn dessen sicher, daß er mit

Osiris aufersteht, und auf der anderen kostet der Stadtfürst, als Tammuz, um den die Stadtgöttin klagt, den Schmerz des Todes und der Verlassenheit aus.

Thema und Gegenthema sind in verschiedenem Stile verfaßt und ausgeführt. Man könnte sich vorstellen, daß der Gott der Stoiker seine Hand im Spiele gehabt hätte, er, der als Autor und Regisseur des Weltdramas angesehen wird. Um die Wirklichkeit des Menschen zu treffen, entwirft er ihn im ersten Akt als Spieler und als Gegenspieler.

Denn die menschliche Realität ist derart, daß sie mit einem Wurfe nicht getroffen werden kann; sie liegt zwischen extremen Möglichkeiten, denen des Spielers und denen des Gegenspielers. Es muß zweifach eingesetzt werden, um die Wahrheit der menschlichen Existenz zu erreichen.

Diese Wahrheit ist eine dramatische — denn mit der menschlichen Existenz geschieht etwas, sie wagt sich immer wieder vor, und sie ist auf dem Sprunge nach einem Ziel.

Der Regisseur des Alls bringt nunmehr eine zwiespältige, eine unentschiedene, nur provisorisch ausgeglichene Natur auf die Bühne, einen „komplementären" Charakter. Es wird gezeigt, daß dieser den Doppelcharakter alles Wirklichen dramatisch akzentuiert. Die Aspekte des Spielers schließen die des Gegenspielers aus. Aber die Wirklichkeit ist reich an Spannungen und Strukturen. Sie sprudelt auf und umfängt das, was sich ausschließt, in einer überlegenen Lebendigkeit. Ohne den Stachel und Widerspruch des Gegenspielers würde sich der Spieler fruchtlos im eigenen Kreise bewegen; er käme nicht über seine Natur hinweg, und das Menschliche würde zum Zerrbild. Von seinem Gegenüber abgeschnitten, verhallte seine Stimme ohne Echo, er bliebe in einem nur von ihm beseelten Raume einsam. So aber sind zwei da, die miteinander wetteifern. Sie messen sich an einer überpersönlichen Norm der Vollendung, die sich in jedem von ihnen exemplarisch verwirklicht. Als Spieler und Gegenspieler werden sie dessen gewahr, daß in dem Drama als Ganzem das Menschengeschlecht nach einer Vollendung strebt, die ins Zeitliche nur einstrahlt.

Es wurde bereits erwähnt, daß der bekannte Goethesche Vers: „Und alles Streben, alles Ringen, ist ewge Ruh' in Gott dem Herrn", in seiner These, der ewigen Ruhe in Gott dem Herrn, den ägyptischen, und in seiner Antithese, dem Ringen und Streben, den sumerischen Anteil an der vollen Natur des Menschen enthält. Durchgängig zeigt die eine Hemisphäre des Fertile Crescent den ägyptisch-statischen, die andere den sumerisch-dynamischen Charakter, von der landschaftlichen und anthropologischen Naturbasis bis zum geistigen Überbau und von den Gebilden der Wirtschaft, Technik und politischen Organisation bis zu den Gestalten des Glaubens und der Phantasie. So ist die Landschaft des Nils symmetrisch und in gesicherten Grenzen gehalten; sie reflektiert die dauernden Ordnungen der Osirisreligion und eines tausendjährigen Reiches. Auf der anderen Seite entspringt das unabgeschlossene Ringen und Suchen der Mesopotamier einer Landschaft ohne feste Horizonte. Diese ist im Gegensatz zur nilotischen nach außen offen und nach innen zersplittert. Sengende Hitze, Trockenheit und plötzliche „Sintflut" gehören zu ihren Launen. Es fehlen geopolitische Barrieren gegen Barbareneinfälle, wie sie die seitlichen Wüstenplateaus des Nils darstellen. Die Schicksalslinie des mesopotamischen Volkes bricht häufig ab. Stadtherrschaften folgen einander in verwirrender Vielfalt. Sogar die ethnische Einheit des tragenden Kulturvolkes bleibt in Fluß; Elemente aus dem Iran, dem Armenischen Hochland, dem nördlichen Nomadengürtel und der Arabischen Wüste stoßen ununterbrochen hinzu. Seit der Akkaderherrschaft wird das Volk sogar zum Doppelvolk, sumerisch und akkadisch-westsemitisch zugleich. Der Kulturträger ist von da an zweisprachig, trägt zwei Seelen in seiner Brust.

Weiterhin folgen katastrophale Barbareneinbrüche der Guti, der Westsemiten und Aramäer. Es entstehen ethnische Symbiosen, die auch eigene kulturelle Leistungen hervorbringen. Das mesopotamische Kraftfeld in labilem Gleichgewicht enthält viele Gefälle und erzeugt aus sich Wirbel zusätzlicher Spannungsfelder: so entsteht eine assyrische, aramäische, kanaanitische Sonderkultur. Religiöse Volks- und Stammeskulturen kreuzen und befruchten sich. Aber in der Symphonie vielgestaltiger Völkerschicksale setzt sich doch das anfängliche sumerische Grundmotiv durch. Der Uranstoß fügt das, was sonst auseinanderfallen würde, zur sinnvollen und weiterzeugenden Einheit zusammen. In immer neuen Schritten sucht der mesopotamische Mensch seine Existenz zu rechtfertigen. Er betet zu einem „unbekannten Gotte", und er experimentiert in der Praxis von Wirtschaft und Verwaltung. Der Ägypter dagegen dringt in ein Gebäude der Wahrheit ein, das ihn umfängt und das für immer besteht. Von Akt zu Akt geht er einer Sache auf den Grund: derselben, die als Thema sein Geschichtsdrama bestimmt.

In beiden Hemisphären des ursprünglichen Kraftfeldes ist eine religiöse Glaubenserschütterung Anstoß und Quell der Daseinsgestaltung in Mythos, Kunst und materieller Zivilisation; im Lebensstil zeigt sich, woran der Mensch glaubt. Zwischen der ethnisch-anthropologischen Konstitution des Menschen, der Formation der Landschaft, in die er eingebettet ist, einerseits und der Ewigkeitsperspektive, die sich ihm als solchem eröffnet, andererseits besteht ein Zuordnungs- und Entsprechungs-, aber kein Kausalverhältnis. Die Religion läßt sich nicht — wie Feuerbach meinte — als ein „Anthropomorphismus" auf menschliche Bedürfnisse zurückführen, noch ist sie als Projektion sozialer Ordnungen zu verstehen. Eine empirische Existenz erzeugt keine ewigen Wahrheiten, wie die des Mythos, der Religion, des Rechts, der Ordnungen des Kosmos. Moleküle und Organismen existieren eigenständig aus dem Naturgrunde heraus. Aber auf der Stufe des Menschen läßt sich die Eigenregung der Kreatur, die hier mit den Mitteln der Zivilisation für ihre Erhaltung sorgt, von den Einwirkungen mythischer Daseinsmächte nicht mehr trennen. Die frühen Stämme sind zunächst physisch-anthropologisch „da", bevor sie von den Geburtswehen der Hochkultur ergriffen werden. In diesen Wehen nun geschieht es, daß sich die psychosomatisch-geistige Konstitution eines Volkes, und zwar in zweierlei Fassung bildet: das kompakte und solide ägyptische Reichsvolk sucht im Gebet andere Seiten der Gottheit zu rühren als das zersplitterte, labile, ethnisch gebrochene mesopotamische Stadtvolk. Es lenkt anderes Licht der metaphysischen Sonne, Strahlen besonderer Einfallswinkel auf sich.

Wohl ist es in Wahrheit die Sonne des Numinosen, die jedesmal den geistigen Himmel erleuchtet: der Sumerer wie der Ägypter weiß zunächst nicht, was ihm geschieht. Er kann nur stammelnd Auskunft geben. Das, was seine Phantasie erregt, „die hohen Ereignisse“, überträgt er zuerst in die Sprache der Architektur, die der Pyramiden und der Zikkurrats.

Für den Ägypter ist das Niltal die irdische Provinz einer metaphysischen Heimat. In ihr ist er ein für allemal geborgen, als lebender Horus in der Lichtwelt, als Gefährte des Osiris im Haus der Toten. Nachts wandert die Sonne durch das Reich des Osiris, aber es wird nie daran gezweifelt, daß der neue Tag der Schöpfung anbrechen wird, daß Osiris mit Re den weiten Horizont erklimmt und daß dann die klaren Formen des Wirklichen sich reinlich aufeinander abstimmen. Isis, die Mutter Gottes, ist harmonisch in diesen Kosmos eingefügt.

Das Ewig-Weibliche ist in Ägypten nie in Frage gestellt, während der sumerische Gilgamesch seiner Stadtgöttin mit feindseligem Verdacht begegnet.

Als Quelle, aus der sich alles Leben erneuert, erhebt sich zwar die mesopotamische Muttergöttin über die ägyptische Isis. Aber damit wird sie zugleich zur unberechenbaren und furchtbaren Schicksalsmacht. Ihrer Vitalität entfließt die Wut des Kampfes; sie ist im Toben der Elemente, in der Zertrümmerung von Städten und Reichen, in der Wildheit des Geschehens gegenwärtig. Sie verleugnet nie ihre Herkunft aus dem Urchaos, in dem sie als Tiamat regierte.

Die ägyptische Isis dagegen ist die Ahnin der gotischen Madonna. Sie sammelt und vereinigt die zerstückelten Glieder des Osiris, damit er in ganzer Gestalt mit der Sonne auferstehe. Ihr Schoß ist sein Thron, Sarg und Wiege zugleich; und sie schützt den Leichnam des Osiris wie die Maria der Pietà den des Sohnes. Der mesopotamische Tammuzkönig ahnt das Walten einer schwesterlichen Charitas nur im Augenblick nächtlicher Verlassenheit. Einmal im Jahr ruft ihn Inanna-Ischtar in ihre Kammer auf den Turm der Zikkurrat, um in einer „Heiligen Hochzeit“ die Fruchtbarkeit alles Mütterlichen zu erneuern. Er ist nicht in ihr geborgen, und sie geht nicht, wie Isis und Nephthys, auf sein Verlangen nach einem ewigen Leben ein. Sie steht dem Heros nicht bei, als ihm der Aufschwung seines Adlerfluges mißlingt. Vielleicht gehört die Schlange, die dem Gilgamesch das Kraut des Lebens entreißt, sogar ihrer Domäne an.

In Ägypten ist der Herrscher als Sohn dem Gotte nahe und vertraut, und er ist der Stellvertreter der ganzen religiösen Kulturgemeinschaft. In Mesopotamien wird die Kluft zwischen Lugal und Gott von Periode zu Periode tiefer und weiter. Ur-Nammu steht demütig vor dem Throne Gottes. Er weiß nicht, ob er seinen Willen versteht. Der Thron ist leer, und im Antlitz des Menschen spiegelt sich nichts Göttliches wider. Gott selbst hat keine menschlichen Züge, und der Gläubige erschauert vor dem Ganz-Anderen, der metaphysischen Ferne.

Die Antithetik des ursprünglichen Kulturstiles läßt sich bis in Einzelheiten der praktischen Lebensführung hinein verfolgen. Gegenüber der schwer beweglichen ägyptischen Reichsverfassung pulsiert Leben und Tun der städtischen Theokratien Sumers in einem raschen und wechselnden Rhythmus. Die Tempelwirtschaften von Uruk, Ur, Lagasch und Kisch, die jeweils einem lokalen Gotte dienen, spornen wirtschaftlichen Wettbewerb, technischen Fortschritt, Handel und Wandel an. Lagasch hatte um 2400 unter Urukagina zehn Saren, d. h. 36 000 Einwohner, und 70 Berufe: der Handel erlaubt eine Erweiterung der Nahrungsbasis für eine dichtere und arbeitsteilige Bevölkerung. Früher als in Ägypten wird in Sumer mit Ziegeln gebaut, werden Töpfe auf Drehscheiben geformt, Vorratsvasen eigentumsrechtlich mit Rollsiegeln signiert, wird die Schrift von Priestern zweckdienlich gestaltet. Ägypten holt solche zivilisatorischen Vorsprünge in atemberaubender Plötzlichkeit auf. Aber bis zur Hyksoszeit fehlt dort der Krieg als Anreiz hektischer Neuerungen. Ägypten ist, wie das spätere Rom, landgebunden und konservativ. Es hält an alten sakralen Gebräuchen fest. Die eingewanderten Stämme Eridus haben ihre ursprüngliche Gauheimat hinter sich gelassen. Die Initiative geht in Sumer von der Polis, nicht vom umliegenden Lande, noch gar vom „Corpus mysticum" eines Osirisreiches aus. Jede Stadt hat ihr eigenes Gepräge. Über mehr oder weniger Mittelglieder ist sie durch Sprossung aus dem ersten Tempelkern Eridus entstanden. Es bestehen Spuren einer kollegialen Stadtverwaltung; diese entspricht dem Rat der Götter. Die städtische Versammlung wird vom Ensi, dem „Steward" des Stadtgottes, angehört. Nach außen wetteifern die Stadtindividualitäten um die Krone der Zivilisation. Wenn Zeit und Umstände günstig sind, macht jeweils eine von ihnen Epoche.

So ist das Ganze, verschieden vom Osirisreich, von Unruhe durchsetzt — von einer Vielheit von Impulsen bewegt, die sich anregen und zu übertrumpfen suchen. Außerdem ist der Bestand der Kultur durch unaufhörliche Barbareneinbrüche aus Elam, der arabischen Wüste und dem nördlichen Nomadengürtel bedroht; sie erlauben ihr ein nur unsicheres Gleichgewicht. Rassen, Kulturträger und Metropolen lösen sich in schroffem Wechsel ab. Zuletzt wird Babylon von den Chaldäern regiert, einem Zweig der Wüstenaramäer. Diese überschwemmen zu guter Letzt den ganzen Kulturbereich, dem sie auch ihre Sprache auferlegen.

Verglichen mit Ägypten ist Mesopotamien ethnisch bis in seine biologische Erbsubstanz hinein labil. Das Sumerische erhält sich immerhin als bestimmende Macht. Seine geistigen Formkräfte strahlen bis zur Perserzeit aus.

Ägypten dagegen beginnt mit einem kompakten Durchbruch schöpferischer Kräfte; es nimmt die angestauten Möglichkeiten der Steinzeit in sich auf. Die Pharaonen führen die Standarten der alten Gaue, deren pneumatische Gaben in die Ausstrahlung ihres Genius oder Ka eingehen. Sie zehren von den Gnadenschätzen der kapsischen und der südostafrikanischen Vergangenheit. In den Bauten des Reiches erlangt der Horuskönig eine Art monumentaler Unsterblichkeit. Das Thema der ägyptischen Lebenssymphonie ist ein osirisches „Ja zum Leben".

Auf der anderen Seite bricht die mesopotamische Schicksalslinie unvollendet ab; sie endet im Fragmentarischen. Die letzten Mesopotamier, die Perser, verlieren durch den Sieg Alexanders des Großen ihre ethnische Individualität, nachdem sie bereits die fremde aramäische Sprache angenommen hatten. Ihr Avesta wird ins Griechische übersetzt.

Die Daseinsmacht Ägyptens überlebt zunächst in der römischen Isis. Noch heute wird die christliche Madonna mit denselben hymnischen Bildern gepriesen, die sich der religiösen Phantasie der Ägypter aufdrängten. Es grüßen sie noch immer „die Strahlen der Sonne“, die „Sterne am Himmel“, „der aufgehende Morgen“, „die ganze Natur“, und die Gläubigen singen ihr wie einst entgegen: „Maria wir rufen dich“. Isis und die Madonna, nicht Inanna und Ischtar, triumphieren, und Christus ist es, der aus der Gräberwelt des Osiris aufersteht. Marduk und Mithras sind einer Götterdämmerung zum Opfer gefallen, und die Heilige Hochzeit wird nicht mehr gefeiert.

Die anthropologische Ausstattung des werdenden Kulturmenschen

In der Geburtsstunde der Kultur sind auf den verschiedenen Ebenen des Daseins entscheidende Ereignisse fällig. Die Kultur und der Kulturmensch mit seiner spezifischen ethnischen Erbsubstanz werden in einem Gedränge von Ereignissen geboren. Ein kaum übersehbares Zusammenspiel von Kräften bildet das erste kulturelle Kraftfeld des Fertile Crescent, einen Daseinsraum, der in der Kupfersteinzeit mit dem ersten Anschwellen innerer Spannungen bereits vorgezeichnet ist. Mit dem Daseinsraum bildet sich der anthropologische Typ des Sumerers und des Ägypters. In bestimmter Auswahl und Kombination fügen sich jeweilige Erbfaktoren in die landschaftliche Umgebung ein. Natur und Geist wirken aufeinander. Regionale Wahrheiten und Formideen ziehen wahlverwandte ethnische Einheiten in ihren Bann; und zugleich streben geheime Ahnungen der Volksseele ins Licht der Gestalt und Erkenntnis. Es gilt beides: eine biologisch-anthropologische Konstitution arbeitet bestimmte Züge der Kultur heraus, und zugleich schafft sich die Kultur, die Domäne der Wahrheit, des Numinosen und der Ordnungen der Natur und des Rechts den Menschen in einem säkularen Rhythmus nach ihrem Bilde. Die Strahlungen der geistigen Welt reichen in die biologische Konstitution des Menschen hinein; sie öffnen auch dem blinden Sänger und Seher das geistige Auge. Zum Segen gewandt wird die Epilepsie der Schamanen und die erotische Erregtheit der Tempelpriesterin. Das Physische wird mit seinen Wachstumskreisen zum Instrument, das die lyrische Begegnung mit der Gottheit widertönt, zum Gefäß mythischer Empfängnis. Der Leib, rasch erblühend und gebrechlich, ertastet wie ein Embryo in seiner Matrix ein inneres Atmen und Weben der Schöpfung. Das aus Äonen ererbte Sensorium des Menschen ist „empfindlich" für das Licht, „das in der Finsternis scheint". Es scheint, daß der psychosomatischen Substanz des Menschen eine metaphysische Lichtempfindlichkeit eignet: sie ist die „Gabe des Horus".

Die biologische Konstitution des Menschen hat sich in einem paläolithischen Zeitraum herausgebildet, der über 600 000 Jahre währte. Man könnte sagen, daß die Kultur in dem „Augenblick" entstand, in dem die anthropologische Erbsubstanz metaphysisch lichtempfindlich wurde. Religion, überzeitliche Wahrheit, Kunst, Recht und Kulturlandschaft wachsen zu einem Kosmos zusammen, und an diesem Zusammenwachsen erkennt der Mensch, daß sein endlos scheinender anthropologischer Werdegang sein Ziel erreichte. Ein Schicksal, das sich seit Hunderttausenden von Jahren ankündigte, erfüllt sich, und von dem Moment an, in dem das Genreservoir des Menschen gestaut und auf das biologisch erreichbare Niveau gesteigert ist, wächst er in zusätzliche Dimensionen. Als Glied eines Volkes gewinnt er ein scharfes und reiches Profil, und seine Lebenslinie gräbt sich in eine bildsame Substanz ein. Er ergreift das Steuer seiner Existenz, er wird zum Akteur, der an seinem Drama mitdichtet. Aus dem Vorspiel der Äonen kann er nun ein Fazit ziehen. In Ägypten, wo sich die Kontinente treffen, begegnen sich die dominierenden Rassen und Erbträger der Vorzeit. Im

Fertile Crescent kreuzen sich Erblinien und Schicksalsläufe. Es werden uralte Begegnungen und Konflikte zum Austrag gebracht. Auf Erbträger aus dem oberen Paläolithikum folgten die nordafrikanischen Kapsienjäger, und bereits in der Jungsteinzeit beginnt dann eine Aszendenz gedrungener, breitköpfiger und starkknochiger Alpiner. In Einwanderungswellen durchsetzen diese die älteren, zart gebauten, mediterranen Rassen. Es sind gemeinsame Kultstätten, zuerst in Hierakonpolis und Eridu, die Stammesangehörige aus verschiedenen Himmelsrichtungen an sich ziehen. In einer Atmosphäre geistiger Erregung rücken Erbfaktoren ineinander und fügen sich zur komplexen ethnischen Struktur eines Volkes. Der konstitutionelle Rassetyp verschiebt sich mit den Geburtsstößen der Kultur. Die dominierende Aufgabe beansprucht eine bestimmte Konstitution und seelische Disposition. Die Kultur und ihr Träger durchlaufen Phasen einer Metamorphose. Kurzköpfige armenoide Stämme fließen in dem Augenblick in die Volkswerdung ein, in dem zivilisatorische Aufgaben, wie Metallbearbeitung und Ziegelbau fällig werden. Ursache und Wirkung sind jeweils austauschbar. Zusätzliche Erbfaktoren werden eingesetzt, weil die arbeitsteiligen Zwecksetzungen sie erfordern, und neue Ziele werden gesteckt, weil neue Menschen danach drängen.

Das kulturelle Feld fügt Erblinien und Genkombinate in sein eigenes Kraftliniensystem ein, nachdem es sich aus Begegnung von Physis, Eros und Logos konstituierte. Uralte erbbedingte Gewohnheiten werden aufgebrochen, zum Teil eine Mitgift der tierischen Natur: das Leben und Handeln in Hordenverbänden und eine instinktive Fürsorge für Fortpflanzung und Nachkommenschaft. Riten der Totenbestattung und Lagerplätze unter Felsen weisen bereits auf eine Werthaltung hin. In einer vom Menschen bereiteten „technischen" Umgebung wird schließlich die anthropologische Naturausstattung abgestimmt und „orchestriert", und am Ende sind in die „künstliche" Umgebung Kräfte und Strukturen eingebaut, die genetische Mutationen erregen.

Bestimmte Erbfaktoren wirken in die soziale und natürliche Umgebung — wenn auch stereotyp und wenig modulationsfähig — hinein. Die Instinkte des Nestbaues, der Brutpflege, des Spielens, Sammelns, Beutemachens modellieren an ihrer Naturheimat. Soziale Instinkte und Gewohnheiten wie die der Bienen oder Ameisen sind durch Genkombinationen bedingt, die sich phylogenetisch wandeln. Die Gene gar eines geistigen Wesens, einer psychosomatischen Konstitution, sind einem anthropologischen Schicksal von außerordentlicher Vielfalt und Dauer unterworfen.

„Individualität" bricht hervor und festigt sich in bestimmten Umrissen, wenn eine Existenz sich für Aufgaben einsetzt und von schwierigen oder verheißungsvollen Situationen beansprucht wird. Individualität erwächst zwar aus einer Erbsubstanz, die in ethnische Situationen und langfristige Traditionen eingebettet ist; aber sie gewinnt erst ihr unverkennbares Profil und die Gabe einzigartiger Initiative, wenn eine Existenz zu geistigen Entscheidungen aufgerufen ist. Im physischen Kern unsres Wesens sind wir „anthropologisch allverbunden". Die Gene, die unsre psychosomatische Konstitution aufbauen, wirken „im Takt" mit den Genen gleichen Ursprungs und mit der Umgebung, in die sie eingepaßt sind, und sie suchen, nach Störungen den Takt neu zu gewinnen. Die psychosomatisch-geistige Existenz ist normalerweise einheitlich aufgebaut, und die Ebenen entsprechen sich in ihren Strukturen; an einen bestimmten anthropologischen Erbtypus, wie den Ägypter, den Armenier, den Mongolen, sind erfahrungsgemäß bestimmte handwerkliche Fertigkeiten und geistige Leistungen geknüpft; besonders steht alles, was zur „Folklore" gezählt wird, wie Märchen, Sagen, Volkssitten, Gebräuche, Sprachwendungen, Phantasieäußerungen und Sprichwörter, in intimem Zusammenhang mit lokalen anthropologischen Rasseeigentümlichkeiten.

In der ägyptischen Hemisphäre des Fertile Crescent ist das Erbgut der libyschen Bogenschützen besonders durchschlagend gewesen.

Von den Libyern haben die Ägypter das rasch auffassende Auge des Jägers und eine kunstgewerblich geschickte Hand, von den Alpinen oder Armenoiden Organisationsfähigkeit und technische Fertigkeit, und wohl aus Nubien eine religiös-mythische Phantasieanlage ererbt. Das Auge der ganzen Person, das da blickt, späht beobachtet und durchschaut, bedient sich des physiologischen Organs, das sich nur fiktiv herauslösen läßt.

Mit der Entstehung eines Volkes beginnt auch eine Art selbstauferlegter und spontaner „Rassezucht". Die Pharaonenfamilie geht mit der Einhaltung von Heiratsvorschriften voran. Andererseits künden gemischte Heiraten, Adoptionen fremdländischer Stämme, nubischer, libyscher, griechischer, semitischer Söldner, Unterwanderungen am Delta, Einbrüche aus dem „Schwarzen Erdteil" hinter dem zweiten Katarakt den „Anfang vom Ende" an.

Oft bildet sich ein zentraler Erregungsherd von den Rändern oder Außenstationen eines kulturellen Kraftfeldes aus; es ist, als ob periphere Wellen eine zugehörige Mitte aufspürten, von der aus die ethnische Einheit eines Volkes zusammenschmilzt. Dieser Erregungsherd durchsetzt das ganze Gebiet mit Bauten, Handelswegen und geistigen Mitteilungen. So pflanzte sich eine Welle zivilisatorischer Anregungen und Fertigkeiten vom armenisch-anatolischen Hochland nach Sumer, eine andere spätere nach der kaspischen Steppenregion zu fort; kulturelle „Trifts" erfolgten in mehreren Richtungen, auch rückläufig, und lösten in einer Mitte aller Spannungen, in Eridu, den schöpferischen Anstoß des Sumerertums aus. Der Rand des mesopotamischen Kraftfeldes reichte von Malatia bis nach Mersin, und eine frühe kulturelle Trift erreichte Sesklo, einen sekundären Ausstrahlungsherd, der die griechische Kultur befruchtete (vgl. Fritz Schachermeyr „Die ältesten Kulturen Griechenlands", W. Kohlhammer Verlag, 1955).

Die ethnischen Komponenten, die man für die ersten zivilisatorischen Erfindungen verantwortlich machen kann, für Keramik, Schrift, Erdbauten und Metallhandwerk, stammen wohl aus den armenischen Randländern.

Über das südostkaspische Gebiet erreichten solche Erbanlagen und Fähigkeiten um 2000 v. Chr. sogar China. Dort trugen sie zur Ausbildung der Lungshan-Kultur bei, auf die sich die Shang-Periode aufbaute (vgl. R. von Heine-Geldern, „China, Ostkaspische Kultur und Herkunft der Schrift", 1950). Um 3000 bis 2500 machen sich Leistungen armenischer Rassen im Industal, im 4. und 3. Jahrtausend im Donaugebiet, in Kreta und auf den Kykladen bemerkbar. Kreta wird von Mersin-Tarsos und von Ägypten her erreicht, die Donau von Sesklo.

Es sind Stämme mit einer Zukunft, einer Stoßkraft, die im Fertile Crescent das Neolithikum, das erste Bauerntum, schaffen. Sie sind im Zuge, Komponenten eines Volkes zu werden, und für sie ist das Neolithikum nicht das Ziel, sondern nur eine Station auf dem Wege zur Hochkultur. Gebiete außerhalb des ersten kulturellen Kraftfeldes, wie Nord-, Mittel- und Osteuropa, die das Neolithikum von den Kulturschöpfern nach Jahrtausenden übernehmen, bleiben in diesem Stadium stecken. Den Absenkern fehlen die weiterschießenden Wachstumstriebe. Die Entwicklung stagniert, und die bäuerliche Tätigkeit bewegt sich im Kreise. Erst Griechenland und Rom wecken Mitteleuropa aus dem Schlummer.

In Ägypten sind es zuerst die Stämme von Amrah, die merklich über ihre neolithischen Begrenzungen hinauswachsen. Mit einem plötzlichen Ruck gewinnen sie eine Ebene weiterer Schau und bedeutenderer Tätigkeit. Sie bauen schöne sichelförmige Nilboote, entwerfen auf Wandbildern und Grabvasen Szenen aus dem Leben und versuchen sich in alphabetischen Zeichen. Der ethnische Lebenszusammenhang gleitet in ein empfindsameres, feiner reagierendes Gleichgewicht, in eine elastische Spannung. Die Rassemerkmale, die sich vorher beeinträchtigten, steigern sich nun in eine schöpferische Unruhe. Solch ethnisch-geistiges Ferment fehlt im neolithischen Mitteleuropa. Dieses dämmert außerhalb des primären Spannungsfeldes dahin. Aus der franko-kantabrischen, stammesgebundenen Jägerkultur zwischen 2500 und 1500 v. Chr. schlug der geistige Funke nach dem Fertile Crescent über. Nordafrikanische kapsische Bogenschützen vermitteln zwischen der jungpaläolithischen Stammes- und der ägyptischen Volkskultur.

Die Geburt der Kultur und die Präfiguration des Menschen

Erst mit der Geburt der Kultur rückt der Mensch entschieden von seinen tierähnlichen Vorstufen ab. Biologisch wäre dieser Entwicklungsschritt als „Epigenese" zu bezeichnen; er wird von neu entstehenden Wirbeln kultureller Ausstrahlung angeregt. Zunächst ist es die Natur, Physis und Bios, die in den steinzeitlichen Äonen am Menschen baut. Aber wenn die biologisch-anthropologische Konstitution des Homo sapiens abgeschlossen dasteht, beginnt der Mensch, sich selbst in die Wirklichkeit hineinzuprojizieren, mit Welterfahrung und nach immer neuen Entwürfen an sich selbst zu arbeiten.

Von da an läßt sich im Aufbau der menschlichen Welt eine Hierarchie von Strukturen verfolgen: von den Bauplänen der biochemischen, der überlagernden psychosomatischen, bis zu denen der geistig-kulturellen Daseinsebene. Von Ebene zu Ebene wachsen die Strukturen spontaner Ordnung: ihre rhythmische Eigenbewegung gewinnt an Spielraum, Bedeutsamkeit und Artikulation. In solch aufsteigender Ordnung erstrecken sich die Grenzen des Menschlichen vom Archaischen bis zum Aktuellen, vom Primitiven zum Hochqualifizierten, vom Physischen, Leiblichen bis zum Geistigen. Alles Wirkliche läßt sich unter menschlichem Aspekt betrachten, soweit der Mensch ihm begegnet. Offenkundig ist aber dieser Aspekt begrenzt: denn Natur, Geist und Schöpfungsmächte, das Mysterium tremendum des Göttlichen, reichen weit über die Domäne des Menschlich-Erreichbaren hinaus. Bereits im Augenblick seines Erwachens ist sich der Kulturmensch seiner Exponiertheit bewußt.

Auf jeden Fall erreichen bestimmte Grundregungen der lebenden Natur den neuen anthropologisch-biologischen Einsatz, wenn die Ebene des Menschlichen gewonnen ist. Sie spielen sich auf das labile Gleichgewicht des Somatischen ein. Die primären Fermente alles Lebendigen sind die „Gene": Strukturen, die sich selbst produzieren. Im Menschen erreicht die Fähigkeit des Lebendigen, seine eigene Ordnung zu fügen, den höchsten Grad der Spontaneität.

Schließlich entwirft er sich selbst in einer Vielfalt von Rassen, Volksindividualitäten und Persönlichkeiten, die die „Variabilität" aller Naturwesen grundsätzlich übertrifft. Er setzt sich aufs Spiel, um ein eigeneres Schicksal zu gewinnen, und wagt den Wurf nach einer vollendeten Existenz. Wenn er fehlt, erleidet das Menschliche oft Katastrophen, die dem Tierischen unbekannt sind. Die Initiative des Impulses durchdringt das ganze Gefüge seines Lebens und Wirkens. Er riskiert immer wieder seine vorläufig erworbene feste Bildung. Die Notwendigkeit, das „Normative", setzt sich inmitten von freien Entwürfen durch. Es gibt für den Menschen keine Norm „der" Wahrheit, „der" ethischen Vollkommenheit, „des" Rechts, die vor allem Bemühen abstrakt feststünde und die von einigen Ausnahmemenschen zwangsläufig erfüllt würde. Die menschliche Existenz selbst bleibt mit allem, was sie leistet, offen oder unabgeschlossen; „die Norm" strahlt aus einer anderen Welt ein. Der Mensch sucht sich auf sie hin aufzuschließen; ihre einfallenden Strahlen treffen ihn aus einem Mittelpunkt hoher und reiner Lebendigkeit — aus der Danteschen Region des Lichtes. Seine Existenz ist offen: sowohl dort, wo sie ins Reich der physischen, wie dort, wo sie in das der metaphysischen Sonne vorstößt.

Verglichen mit den physischen Atomen enthält die selbstproduzierende Struktur der biologischen Gene in sich bereits einen Hinweis auf die überlagernden Funktionen und Formgebilde des biologischen und schließlich des anthropologischen Organismus: im Gegensatz zu den subatomaren und atomaren Strukturen kontrollieren die Gene ihre eigene Konstitution; sie modellieren sich nach der Konzeption ihres Typus und wandeln sich im Laufe der Äonen nach eigenen zäh festgehaltenen inneren Gestaltungsgesetzen. Sie sind immer neu und doch immer dieselben.

Schon die physikalischen Einheiten sind unaufhörlich im Aufbau, Abbau und Umbau begriffen. Aber erst in den Genen entfaltet sich der zeitlich-dynamische oder dramatische „Geschehens"-Charakter einer Struktur, die zugleich räumlich faßbar ist. In einem Organismus wird es möglich, das Anatomisch-Statische vom Physiologisch-Dynamischen gesondert zu betrachten.

Es weicht aber sogar die chemische Struktur eines „toten" anatomischen Präparates von der eines lebendig funktionierenden Gens radikal ab. Das Drama des Lebens bildet sich selbst seine Requisiten, und diese sind, sowohl stofflich wie figurativ, nur solange sie funktionieren sich selbst gleich.

Die Gene orchestrieren das Lebensganze im Zugleich und im Nacheinander. Sie sind als in sich schwingende oder vibrierende Ordnung da.

Aber auf höheren Ebenen werden noch einige Unzulänglichkeiten ihrer Strukturanlage revidiert. Trotz periodischer Mutationen, die auf einfallende Strahlen meist kosmischer Ordnung antworten, eignet der Selbstproduktion der Gene ein stereotyper Zug, eine fast maschinenmäßig anmutende Exaktheit. Sie sind in einer vorgeschriebenen Prozedur gefangen, an sich selbst gebunden.

Allerdings kommen sie in Entwicklungsschritten von Jahrmillionen über sich hinaus. Sie nehmen das Risiko der Mutationen auf, um sich mit Impulsen und Formelementen zu bereichern. Ihrer Struktur ermangelt jedoch die Elastizität der seelischen Strukturen, sie ist in engem Kreise nur auf sich eingespielt.

In den Strukturen des Anthropologischen erreicht das Lebendige bereits seit Hunderttausenden von Jahren eine Selbststeuerung, die zunehmend höhere Ziele konzipiert. Tierähnliche Vorstufen sind noch einer Spezialisierung preisgegeben, ausgestorbene Formen des Menschen, wie der Australopithekus und später der Neandertaler, waren den Instinkten ihrer Unterart ausgeliefert. Der reife Kulturmensch ist wandlungsfähig, und er stellt Strukturen aus sich heraus, die nie ganz festgelegt sind. Seit der Hochkultur ergänzen sich seine Werke erst in dem Unvergänglichen, das „in ihnen Ereignis wird". Sie offenbaren einen wachsenden Gehalt, fordern zu immer neuen Kommentierungen heraus und zeigen kommenden Geschlechtern ein verschiedenes Gesicht und Gepräge. Die Strukturen bedeutsamer Werke, in die Menschliches hineinprojiziert ist, schwingen um viele Möglichkeiten und Deutungen. Der Atem der Geschichte weht durch sie hindurch, und sie nehmen am Pulsschlag alles Lebendigen teil.

Es gibt kritische Umstände, die die Phantasietätigkeit und Initiative herabsetzen. In Zeiten unmittelbarer Lebensgefährdung, der Naturkatastrophen, Kriege oder sozialen Umwälzungen vermeint der Mensch oft, er sei auf ein augenblickliches und sicheres Funktionieren seiner Instinktreaktion angewiesen. Er erfährt dann aber, daß seine Naturausstattung für sich allein den Anforderungen der nackten Lebensnot viel weniger als die des weniger kompliziert aufgebauten Tieres gewachsen ist. Er muß die elementaren Lebensbedürfnisse der Verteidigung, Selbsterhaltung, Ernährung, Gesunderhaltung und der primitiven gegenseitigen Hilfe mit „zivilisatorischen" Rezepten und Verrichtungen befriedigen. Seine ererbten Fähigkeiten und Reaktionen mobilisieren sogleich Kräfte auf den psychosomatischen und geistigen Ebenen, die in die biologische Ebene hineingeschichtet sind. Auch wenn er *augenblicklich* zupacken muß, kann der Mensch nicht umhin, mit Phantasie, Verantwortung, Erfindungsgabe und Auswahl der Mittel zu handeln. Blindes Darauflosagieren führt meist ins Unglück. Der „zivilisierte" Mensch ist imstande, sich mit Blitzeseile zu fassen und seine Reaktion sofort zu kontrollieren und zu lenken. Die unmittelbare Präsenz einer religiös-metaphysischen Verantwortlichkeit ist in dem Sprichwort formuliert: „Wo die Not am größten, ist Gottes Hilfe am nächsten."

Eine Zivilisation, die sich ohne Phantasieaufschwung im Kreise ihrer materiellen Bedürfnisbefriedigung bewegt, wird auf eine „tierische" Routine zurücksinken. Die Sinne der Tiere wirken wie Filter, die von den Umweltdingen nur das hindurchlassen, was für die Lebenshaltung nützlich ist — das „Funktionsbezogene". Das Tier ist weltspröde, es nimmt in zwangsläufiger Auswahl nur seine begrenzte Umwelt wahr; es reduziert sich auf ein Bündel von Trieben und artbestimmten Instinkten, die nur einen immer gleichen — für sie belangvollen — Extrakt der Umwelt auf sich beziehen. So ist das Tier in eine spezifische Landschaft wie ein Schlüssel in ein Schloß eingepaßt. Mit seinem Genbestand fügt es sich in bestimmte Gänge und Kammern des Naturgebäudes ein. Die von der Umwelt von Fall zu Fall gestellte Frage erlaubt keinen Spielraum für eine Antwort. Wenn das Tier mit fast mechanischer Genauigkeit in seine Umwelt eingepaßt ist, hat es überhaupt keine Welt vor sich noch gegen sich, die es als solche zu fassen bekäme. Die „Welt“ geht darin auf, sein Lebenselement zu sein. Es kann sich keiner Welt zuwenden, kann sich nicht ab- noch zurückwenden. Es fehlt jeder Spielraum einer Auseinandersetzung.

Vielleicht ist ihm doch bei alldem der Zugang in eine Phantasiewelt nicht ganz abgeschnitten. Tiere kennen Panik und Schrecken sowie eine Ausgelassenheit, die sich im Spiel ausgibt, in rhythmischen „Tänzen“ entlädt. „Das“ Tierische ist überhaupt nicht auf einen Nenner zu bringen. Die spielende Bewegung z. B. der Seehunde ist nur zum kleineren Teil zweckmäßig. Was dem Menschen gelingt, nämlich daß er dem Gefängnis spezialisierter Routine „spielend“ entrinnt, das glückt bereits auch dem Tier. Die Formen des Lebendigen, in einer Hierarchie verbunden, gehen alle aus dem Schoße der Mutter Natur hervor. Ihre Geschöpfe sind nicht kastenartig voneinander getrennt.

Der Mensch hat es auch mit einer Welt zu tun, die ihm in Eigenbeständen gegenübertritt. Schon im mittleren Paläolithikum finden sich in afrikanischen Ausgrabungsstätten Zehntausende von Faustkeilen angehäuft. „At Olorgesailie there are tens of thousands of hand axes scattered over the surface of the ground undisturbed since Palaeolithic man discarded them 200 000 years ago“ (vgl. Sonia Cole, „The Prehistory of East Africa“, Pelican Books, 1954). Der Mensch beginnt sich auf eine Welt zu beziehen, die ihn birgt, aber zugleich in vielen Richtungen über ihn hinausweist. Er modelliert an der Wirklichkeit und bereichert sie mit Erzeugnissen seiner tätigen Phantasie.

Gilgamesch errichtete die Mauern von Uruk, er kämpfte mit Ungeheuern des Gebirgswaldes: ein epischer Stadtfürst, der die Bilder seiner Phantasie in seine Welt projizierte. Um an seiner Umgebung zu bauen, muß sich der Mensch Spielraum in einer Phantasiewirklichkeit verschafft haben. Der Wirklichkeitssinn bezieht Anleihen aus dem Kapital der „Imagination“. Selbst ein Realpolitiker und ein Geschäftsmann sind bald am Ende ihrer Weisheit, wenn sie aus trockenem Holz geschnitzt sind. In der Geburtsstunde der Kultur waren Zwecksetzungen am Werke, auf Grund deren der frühe

Mensch bestimmte, was er aus einer unendlichen Vielzahl von Plänen und Möglichkeiten auswählen sollte — er folgte seinen Eingebungen, denn er hatte keine Vorgänger, die ihm seine Norm bereitstellten, er mußte spontan und originell handeln. Die ethnische Einheit des ägyptischen wie jedes späteren kulturschöpferischen Volkes verfügt über regenerative Fähigkeiten, über eine Erbstruktur, die sich periodisch verjüngt. Die Frische der ursprünglichen Begegnungen mit den göttlichen und natürlichen Mächten bleibt unverloren. Der Geschichtsträger hält auch physisch an sich fest. Die ethnische Einheit des Volkes füllt einen tausendjährigen Daseinsraum aus, Schößlingen vergleichbar, die einen Park der Kultur hervortreiben, indem sie dem Licht entgegenstreben und eine Keimanlage ausbreiten. Die Wachstumstriebe überstehen dunkle Perioden, die zuweilen einem Völkertode gleichen. Einige, wie die Ägypter und die später aufstrebenden Chinesen, zeichnen sich durch langfristige Vitalität und Fruchtbarkeit aus.

Individuelle, hochbegabte Stämme erleiden zuerst im Fertile Crescent das Schicksal, daß sie zu der einzigartigen Konstitution einer individuellen, unverwechselbaren ethnischen Einheit zusammenschmelzen. Auch die physische Substanz des Menschen ist qualitativ durchstrukturiert. Im Fertile Crescent werden Rassen und Stämme, die zuvor in kontinentalen Weiten beheimatet waren, in ein engeres Kraftfeld zusammengezogen. Es ist, wie wenn ein Brennspiegel verstreute Strahlen sammelt und zu intensiver Wirkung eint. Es sind aber zugleich die ethnischen Gruppen selbst, die sich auf bestimmte Landschaften konzentrieren und sie in ein Gebiet von „Brennpunkten“ verwandeln. Sie folgen einem Zuge der Natur und verstärken ihn, arbeiten die bewegliche Physiognomie ihrer Erde heraus. Da am Ende der Würmeiszeit die Gletscher zurückweichen und die Fluten der Pluvialzeiten versiegen, bildet sich von der Sahara bis zum iranischen Hochplateau eine weitreichende Trockenzone. Die Täler des Nils, des Euphrat und Tigris, locken als Oasen umliegender Wüsten, als Lebensadern. Das Antlitz der Erde ändert sich, und die Söhne der Erde nehmen an den physiognomischen Umbildungen teil. Die älteren, langschädeligen und feingliedrigen Mediterranen wandern in Nordafrika nach dem Nil, und am Rande der iranischen Salzwüste ziehen sie nach den Hochgebirgstälern.

Aus einem Steppengürtel, der bis zum Hindukusch und dem turanischen Tiefland reicht, werden Stämme der alpinen Rasse mit runden breiten Schädeln und untersetzter Gestalt herangezogen. Als Akteure auf der Bühne der Rassengeschichte folgen sie den Mediterranen in Nachschüben aus dem Osten. Ein orientalischer Menschenschlag bildet sich nun in Vorderasien. Die Sumerer gehören ihm an: mit langer Nase, Vogelgesicht und rundem Körper. Dagegen zeigen die statuarischen Ägypter einen nubischen und einen libyschen Einschlag. Durch alpine Einbrüche in Iran werden in Indien mediterrane Typen abgetrennt und einem eigenen Schicksal überlassen. In den armenischen Hochländern bildet sich eine kurzköpfige Rasse mit großer fleischiger Nase heraus, die das Erscheinungsbild der Hettiter und der Assyrer mitbestimmt.

Die mesopotamische Hochkultur ist sumerisch: sie wird in gewandelter Gestalt auf die Westsemiten übertragen, aber ihre hohen Leistungen überlagern die biologisch-konstitutionellen Differenzen und Eigenheiten der akkadischen, amoritischen und aramäisch-chaldäischen Perioden. Die Gestalten des Mythos, der Kunst und des Rechts bleiben „sumerisch" profiliert. Ein Völkerschicksal hat sich in bleibenden Werken und Einsichten objektiviert. Es erzeugte sie als ihr „logos spermatikos".

Man könnte die Erbfaktoren mit Grundtönen, die Umgebung mit einem Instrumentenkasten, und die Lebenswahrheiten, die sich ergeben, mit der Komposition, die schließlich zur Aufführung gelangt, vergleichen. Das Instrument ist so gebaut, daß es den Tönen Durchschlagskraft, Modulation und Klangfarbe verleiht, sie verbindet, ausbreitet, steigen und fallen läßt. Es hat seine Beschränkungen, aber auch seine Kompetenzen. Man spricht vom „Geist" einer edlen Violine. Sie sammelt und beseelt die Schwingungen der Atmosphäre. Der Genius des Instruments entspricht dem der Landschaft, die Erwähltheit und Erlesenheit der Töne dem der ethnischen Naturkräfte, die in ihrer Heimat wachsen. Das Parthenon wird zur Melodie, das die attische Landschaft aus dem Volk von Athen in der Reife seiner Naturkraft herauslockt.

Konstitutionelles ist im Keimzustand und in den meisten Phasen bildsam und Metamorphosen unterworfen. Die frühe Periode der Entwicklung bis zum 8. und 10. Jahre zeigt Körperproportionen des pyknischen Extrems, während die spätere Phase etwa vom 10. bis zum 16. Jahre vielmehr der leptosomen Wuchsart entspricht. Mit dem Wandel der Proportionen vollzieht sich zugleich ein bedeutsamer Wandel der psychischen Aktivität und ihrer Dominanten. Auf dem Schauplatz, im Laboratorium der Geschichte, wandelt sich mit dem kulturellen Kraftfeld und seinen sozialen Milieus der biologische Typ, der das Feld besetzt. Solches ereignet sich in unserer modernen, routinierten Zivilisation, die seit zwei Generationen im Flusse ist. Erfolgreich ist eine Auslese, die sich physisch und geistig den Aufgaben, dem Tempo und den Beanspruchungen anpaßt. Es ist bemerkt worden, daß das Produkt der Züchtung, die der Geist der Zeit vornimmt, einen hochschlanken, nervösen und wendigen Gehirnmenschen darstellt, der auf jedes Regime, jede Konjunkturschwankung, jede technische Revolution mit erhöhter „efficiency" reagiert. Er paßt sich seiner sozialen Umgebung mit einem Minimum emotionaler Belastung an. Im krassen Gegensatz zum frühen Kulturmenschen Ägyptens läßt sich von diesem Vertreter des Modernen kein Porträt in Stein meißeln. Er ist allerdings „photogen". Aber jene Visionäre, die in den Daseinsraum des Ammon-Re blickten, hatten ein eigenes Gesicht, ihre Züge lebten. Ihr Natursein leuchtete mit eigener beständiger Kraft in ihre Umgebung.

Im Zeitalter einer allgemeinen ethnischen Mischung werden vermutlich uralte Erbstrukturen aufgebrochen, und die Partner wählen sich nach den Richtlinien politischen, ökonomischen und professionellen Erfolges. Die neuen „leptosomen" Rassetypen schießen dann wie Nutzhölzer in die Höhe. Bekanntlich gestalten sich Einwanderer in Amerika bereits in der ersten Generation physisch um: die Schädelform wandelt sich im Sinne des sogenannten „Yankee"-Typus (nach Boos), die Schultern werden breiter und die Hüften schmäler.

Die ursprünglichen religiösen Erdbebenherde des Fertile Crescent modellierten an der anthropologischen Konstitution der frühen Kulturschöpfer. In der Glut eines Glaubens schmolzen ethnische Einheiten aus verschiedenen Himmelsrichtungen zu einem „Volke" zusammen. Auch unter modernen Umständen reicht eine religiöse Erregung oder Besessenheit in die leibliche Substanz eines Menschen hinein. Die großen Maler haben sich an der Physis eines Heiligen, eines Propheten oder Missionars versucht, und die konstitutionellen Typen der Apostel, Sibyllen, der Priester und Theologen sind von daher bekannt. Im 4. Jahrtausend v. Chr. wurde nun ein ganzes Volk von dem Feuer des Glaubens ergriffen; in der Wallung der mythisch bewegten Phantasie erstand die Kulturheimat, die von Osiris und von Inanna gesegnet war zu gewaltigen kultischen Bauten, die jeden Nutzeffekt überstiegen, gehörte in Ägypten ein Menschenschlag, dessen Physiognomie statuarische Züge annahm. Eine großzügige und mit ausgreifenden Energien geladene Landschaft zieht kongeniale Menschlichkeit in ihren Bann. Die bildende Kunst bezeugt, daß sich das Gesicht, das das Volk dort gewinnt, durch drei Jahrtausende lebendig bewahrt.

Menschen einer bestimmten Konstitution schaffen sich eine Kulturheimat nach ihrem Bilde, aber diese modelliert zugleich an ihnen: ihr Rhythmus des Keimens und Blühens schwingt im Blut derer, die sie bebauen. Region und Volkscharakter finden sich, auswählend und bestärkend.

Die Erbausstattung jedes Stammes, jedes Gaues kommt aus ganzen Geschlechterfolgen her. Somit dringt ein Schicksalsweg von Äonen in jede Szenerie der Heimat ein. In seiner Substanz setzt ein jeder mit seiner Existenz das Dasein des ganzen Geschlechts ein. In seiner ethnischen Mitgift sind die Brücken zu den anderen Individuen seines ethnischen Verbandes primär mitgegeben; mit ihnen zusammen wird er schließlich in den Erregungsherd der entstehenden Hochkultur gezogen. Das, was mit dem Menschen, mit Stämmen und Individuen, geschieht, reicht weit über ihren Horizont hinaus.

In Ägypten kreuzen sich libysche, nubische und armenoide Anlagen. Skizzenhaft zeichnet sich eine zukünftige religiöse Kultur ab, bevor sich noch ein ethnischer Kulturträger gebildet hat. Im frühen Gräberbau, in einer konservierenden Behandlung des Leichnams, in der rituellen Stellung des Stammeshäuptlings, in einem innigen Verhältnis zu Tier und Pflanze, in Bildsymbolik und Vasenkunst deutet sich Ägyptisches an, bevor noch von einem Reichsvolk die Rede sein kann.

Die Konstitution des Menschen, eine lebende Komponente seiner ganzen Existenz, wandelt sich in bestimmten Grenzen mit der Wirklichkeit, auf die sie abgestimmt ist. Um 2100 ereignet sich seit der Geburt der Hochkultur ein erster radikaler Wechsel von Szene und Akteur. Eine schwere Krise wälzt das geistige, soziale und das physische Dasein der ersten beiden Kulturvölker von Grund aus um. Die bisherige Erkenntnisausstattung wird durcheinandergeworfen, die moralischen und rechtlichen Begriffe werden unsicher, und der Mensch ist für eine Weile desillusioniert. Der geschickte Funktionär, der ohne Prinzipien mit allem Praktischen fertig zu werden sucht, das ist eine Möglichkeit, der die Literatur des ersten ägyptischen Zwischenreiches — allerdings mit Entsetzen — entgegenblickt. Der zweckmäßig handelnde Mensch, dessen Sinnesorgane nur das registrieren, was ihm und der Gesellschaft nützlich ist, erscheint als Schreckgespenst. Im ersten Zwischenreich versucht sich der ägyptische Mensch mit schlechtem Gewissen an der Definition des Menschen als eines vordergründigen Wesens, das ohne Rücksicht auf die Götter und die Mächte der Natur mit seinem berechnenden Verstande ein Dasein zu fristen sucht. Noch vor wenigen Generationen war er jenes Phantasieaufschwunges fähig, aus dem die großen Werke seiner Kultur entstanden. Ein Zustand, in dem ihm Glaubensgehalte und Lebenswerte zu Illusionen verblassen, erscheint den Autoren der Zwischenzeit zunehmend pathologisch.

Zum ersten Male hat sich jetzt im Werdegang des Menschen aus ursprünglich dichter und voller Phantasiewirklichkeit eine „empirische Realität“ herausgelöst. Der Mensch tritt damit in eine Gefahrenzone: eine überbeanspruchte Gehirntätigkeit droht sich von den gesamtmenschlichen Funktionen zu emanzipieren. Im Frühstadium des Aufschwunges waren die Anlagen der Phantasie und der

Lebenspraxis ineinandergefügt. Das frühägyptische Volk sah den Nil noch „mit dem Auge des Gemüts“ als den heiligen osirischen Lebensquell, der aus unterirdischen Wassern gespeist wird; das heimatliche Tal bietet ihm noch Schätze der Natur und eine mythische Fülle von Gesichten.

Aber als er beginnt, die Erzeugnisse der Erde kalkulierend auszunutzen und sie anderen zu neiden, als der Zauber des intimen Lebens und der fernen Horizonte weicht, verödet ihm seine Heimat. Ursprünglich inspiriert die Phantasie das Auge und die leiblichen Organe. Szenerien und Gestalten der Umgebung sind in eine ursprüngliche Phantasiewirklichkeit hineinprojiziert. In ihr ist die Vegetation das sterbende und auferstehende Corpus mysticum des Tammuz, in ihr nähren sich die Kreaturen vom Baume des Lebens. Die Kreaturen gehören zum Reich des Tammuz: ein Hirt und eine Herde, das eine Naturleben blickt aus tausend Augen. Für den, der nach dem Vorteil sieht, sind sie Mittel zum Zweck, während die Phantasie der Fülle und der Tiefe der Wahrheit begegnet: der uralten Fruchtbarkeit der Naturgründe. Schon die paläolithischen Jäger näherten sich ihrer Jagdbeute mit religiöser Scheu. Um ihr Dasein zu fristen, brachen sie in Gründe des Lebens ein, das aus eigenem Recht existierte. Ein späterer anthropologischer Typ bringt es fertig, das Phantasieleben zurückzudrängen und aus dem Gehirn heraus zu leben. Aber er hat die Kosten zu bezahlen: seine Wirklichkeit wird flach, nüchtern, sie hat die Seele des Mythos verloren. Eine vom religiös-künstlerischen Phantasieleben losgelöste „photographische“ Beobachtung und Wiedergabe empirischer Dinge für praktische Zwecke wird erst in Spätzeiten möglich und wünschenswert, nachdem sich eine materielle Zivilisation weitgehend verselbständigt hat. Es erhebt sich dann die Schwierigkeit, die verführerische Welt der praktischen Erfolge in die ursprüngliche Menschlichkeit zu reintegrieren. Es ist das Auge der Phantasie, das hinter die Fläche der empirischen Tatsächlichkeit in den imaginativen Raum von Existenzen und Wahrheiten dringt, die sich in ihrem eigenen Glanze mitteilen. Eine vordergründige Zivilisation, die sich selbst nur photographisch sieht, kann durch die Kunst etwas von der ursprünglichen Konstitution oder Erbsubstanz des Menschlichen zurückgewinnen. Der frühen Phantasie bot sich das Dasein in einem reichen Wertrelief.

Der Mensch, der im Fertile Crescent zum kulturellen Dasein erwachte, benannte sich auch zum ersten Male: er suchte sich so zu nennen, wie er sich selbst sah. Er sah und fand sich im Ausklang einer vieltausendjährigen Stammesgeschichte, in einem Szenenwechsel der Naturlandschaften und inmitten einer Götterdämmerung.

Die überlieferten Personennamen der Frühzeit versinnbildlichten eine Bindung an göttliche Mächte, die in das Schicksal dieser Person eingreifen. Ihr Eingriff wechselt von Generation zu Generation. Der Name wird aus der religiösen Phantasie des Menschen geschöpft, für den das Göttliche zum Ereignis wird. So besagt ein Name, daß der Genannte von der aufgehenden Sonne emporgeführt wird, daß er am Akte der Auferstehung teilhat; ein anderer, daß ihn die Flügel der Göttin beschirmen. Der Pharao, der die Heimat aller repräsentiert, vereint physisch und geistig ein erlesenes Erbe aller Stämme, er trägt den Namen des „Horus". Aus solchem Namen strahlt die Daseinsmacht des Gottes. Osiris wird in seinem Sohne Horus von Generation zu Generation neu geboren; als Horus überbrückt der Pharao die Geschlechter der Menschen. Als Sphinx blickt der Horuskönig am Wüstenrande mit weit vortretenden Augen dem Lichte des Horizontes entgegen. Der Name „Horus" besagte, daß das Menschliche sich vom Totenreiche bis zum Horizonte des göttlichen Lichts erstreckt. Horus breitet rauschend seine Flügel durch das Lichtreich aus; er leuchtet auch dann noch, wenn das Licht des Tages vergeht. Das Bewußtsein dessen, der mit Horus eins ist, überschreitet die sinnlich-greifbare biologische Umwelt. Seine Lebendigkeit wächst über die begrenzte sinnliche Existenz hinaus. Gott ist „der Lebendige" schlechthin, sein Hieroglyphenzeichen das Henkelkreuz „Anch". Das Leben strahlt aus dem Mittelpunkt eines Kreuzes, an dem sich auseinanderlaufende Richtungen treffen.

GESCHICHTSPHILOSOPHISCHE FOLGERUNGEN

Anfang und Grenze des Geschichtsdramas

Seit wir die Anfänge der menschlichen Kultur entdeckten, bietet uns die menschliche Geschichte ein dramatisches Bild: sie entfaltet sich in einer Eigenzeit mit unebenen Zeitstellen, ist zeitlich begrenzt. Wie in der atomaren, astronomischen und biologischen Natur ist die Zeit auch im menschlichen Bereich zum Exponenten des Geschehens geworden.

Nirgends mehr ist das „Geschehen", wie man noch vor 1900 annahm, *entweder* unbegrenzt *oder* Episode in einer endlos weitergehenden arithmetischen Reihe, deren Struktur durch das Symbol plus 1, plus 1 usf. bezeichnet wird. Unbegrenztheit nach außen bedeutet Leerlauf, Armut an Struktur und Mangel an qualitativer Bestimmtheit. Erst damit, daß sich etwas auf sein eigenes Wesen begrenzt, gewinnt es eine innere Unbegrenztheit; es bedarf der Fassung, um einen Reichtum an inneren Strukturen zu sammeln. Und wenn es an sich hält, begegnet es Wirklichem. Wenn alle Zeitstellen einander gleich wären und sich ersetzten, gäbe es keine Zäsuren. Das nach außen Unbegrenzte zerfließt auf der Linie endloser Progressionen. Jedes verebbt schließlich ohne Nachwirkung, wenn die Bewegung kein Ende finden kann. In einer Welt, die konturiert ist, stauen sich die Impulse an den Dämmen der Umgrenzung. Eine Grenze ist ein echter sinnvoller Schlußakt, ein abschließender notwendiger *Einsatz*, nicht bloßes Aufhören eines sonst ziellos Weiterlaufenden, kein Willkürakt.

Raum und Zeit sind, wie Leibniz erkannte, Strahlungsfelder von Impulsen und Akten, oder Erstreckung und Verflechtung eines Existierenden, das sich aus seinem Kerne auslebt. Sie sind „komplementäre" Gegensätze, d. h. solche, die sich einander ergänzen. Sie sind nur miteinander da, und ergeben nur zusammen das Wirkungsfeld des Existierenden. Im Weltganzen hat jede räumlich-statische Konfiguration einen bestimmten Ereignischarakter: Es ließe sich z. B. an jeder atomaren Struktur die mehr oder weniger vorgerückte Stunde der Schöpfungsgeschichte herauslesen, in der der physische Werdeprozeß bei dieser Struktur angelangt ist, und das Eigentempo, das in der Struktur vibriert und mit welchem sie sich im Zusammenhang aller Strukturen bildet. Auf der menschlichen Stufe durchdringen sich Zeit und Raum in einer Kulturheimat; in sie zeichnet ein historisches Volk im Laufe seines Schicksals seine Konzeptionen von Ordnung, Schönheit und Zweckmäßigkeit hinein; vorher waren Gletscher gewandert, Flußtäler angeschwemmt, Hochebenen ausgetrocknet, und die Natur erreichte immer wieder einmal ein Gleichgewicht. In die Landschaft graben sich die Züge der Erdgeschichte ein. Szenenwechsel, an denen der Homo faber zunehmend beteiligt ist, hinterlassen ihre Spuren. Eine Tempelhandschrift ruht in der Feierlichkeit ernster Gedanken. Daß im Geschichtsdrama Szene auf Szene folgt, bedeutet nicht, daß „alles fließe". Das Drama hat Anfang, Mitte und Ende und in dramatischer Form wird ein Gehalt herausgearbeitet. Die Ereignisse sind nicht in einer Linie aufgereiht, sondern brechen mit eigenem Daseinseinsatz aus der Reihe heraus. Die Einsatzstellen brechen immer wieder ab. Das, was die Existenzen zusammenschließt, ist ihr jenseitiges Ziel, ihre Existenzerfüllung. Die Fülle der Möglichkeiten und Taten sprengt die Kapazität jedes einzelnen Aktes. Das Errungene und aus höheren Sphären Einstrahlende wird aber doch in einem umgrenzten Menschheitsdrama beisammengehalten. Dieses verwirklicht sich im Pulsschlag seiner Akte und Szenen. Seine Eigenzeit hastet vorwärts, zögert, pausiert. Eine Vielheit von Impulsen, Beschleunigungen und Retardierungen schwingt nach und drängt sich ineinander. Ereignisse bereiten sich vor, ein Verhängnis gleicht zuweilen einem überhängenden Felsen, und in Krisen überstürzen sich Taten und Vorgänge. Zuweilen ergreift ein Rhythmus die ganze Menschheit. Eiszeiten und Pluvialperioden, Schwankungen der Wetterzonen, Austrocknen von Wüsten und Steppengürteln sind Schicksale des planetarischen Menschen gewesen. Er wanderte durch die Kontinente, und über der Wiege der Völker kündete sich der „Stern von Bethlehem" an. 2500 Jahre nach dem Entstehen der ethnischen Urreligion werden in allen Kulturländern in eindrucksvoller Gleichzeitigkeit die Offenbarungsreligionen des Buddha, des Zoroaster, der puritanischen jüdischen Propheten, des Pythagoras und des Konfuzius gestiftet. Unter Augustus und Vergil und zur Zeit der Geburt Christi wird ein göttliches Kind erwartet. Sodann nimmt am Feudalismus — zu seinem Beginn im 3. Jahrhundert — und schließlich an der technisch-wirtschaftlichen Erdverwaltung in der Neuzeit die ganze Menschheit teil. Jedes Mal ist eine „Zeit erfüllt", sind Keime, dann Früchte „zeitig". Natur und Geist sind in einen Zusammenhang hineingezogen. In solcher „Zeitigung" mangelt es nie an Rückschlägen. Oft steigt die Bewegung nach Katastrophen auf Hügel, nachdem schon einmal Höhen gewonnen waren.

Im Aufbau der Akte läßt sich keine logische Folgerichtigkeit wahrnehmen. Der Gehalt der Kulturwerke und solcher aktueller Wahrheiten, die fortzeugend wirken, bricht aus einem unregelmäßigen Relief dramatischen Geschehens hervor. Oft wird er durch menschliche Torheit und Bosheit entstellt, durch die Wut der Elemente in der menschlichen Brust getrübt. Wie in Shakespeares Dramen, in Macbeth, Richard III., Hamlet, ist der Mensch des Menschen gefährlicher Gegenspieler. Dennoch bringt das Drama der Geschichte unzerstörbare Gehalte ans Licht, oft werden zwischen Gräbern eingeäscherte Monumente der Vergangenheit neu errichtet.

Siegesstelen und Inschriften aus den Gebieten des „Fruchtbaren Halbmondes" bezeugen, daß der Kulturmensch frühzeitig wußte, daß er dem allverbindenden historischen Elemente des Geschichtsdramas angehöre. In diesem Element pflanzen sich die Wellen der Ereignisse fort, von seiner Flut hochgetragen, und es verbindet alle Schicksale, indem es das Kraftfeld der Kultur ausfüllt. Jedem menschlichen Bemühen, jedem Gedanken und jeder Wahrheit ist es anzumerken, daß sie in ihrem Elemente sind, wenn sie sich einer dramatischen Lösung nähern. Im Bewußtsein der Ägypter verlieren sich, wie später in dem der Inder und Iranier, ihre historischen Geschlechtsfolgen in urgeschichtliche Äonen. Diese erinnern als „Schlangenzeitalter" an verklungene Erdperioden der Paläontologie, in denen riesige Reptilien und Schlangen die Erde bevölkerten. Die

Ägypter entwarfen auch ein Ende der Zeit, in dem Atum und Osiris allein regieren werden.

Ereignishaft ist auch das, was geistig wahr ist. Das Fluidum des „Pneuma" begeistert alles Wachsen und Werden, alles Tun und Denken. Es ist das Element des kosmischen Werdedramas: alle Wesen empfangen die Feuertaufe des Logos. Dieser waltet schon im ägyptischen Ptah als Schöpferkraft. In diesem Element des Dramatischen weht der Geist, der unsere Existenz beschwingt. Im Auf und Nieder der Ereignisse schlägt der Mensch eigene Wellen: exponiert und ringend, oft scheiternd und versagend. Der Lebensweg führt durch Höhen und Tiefen der Vision und des Gefühls. Auch im Fallen trifft er auf Gehalte der Existenz. Auf Gedeih und Verderb ist er immer in seinem Elemente, auch dann noch, wenn er dahinscheidet, wenn die Wogen über ihm zusammenschlagen. Eine Spannung ungelöster Aufgaben wirkt weiter und kommende Ereignisse üben einen Zug aus. Oft schränken bedrückende Umstände die Weitsicht ein.

Wir Heutigen zehren von der Erbsubstanz aller Kreaturen, und wir sind mit der ganzen Menschheit erbverwandt. Wir in Europa haben, wenn wir um 900 Jahre zurückgehen, alle dieselben Ahnen. Kein Existierender fällt aus dem gemeinsamen Daseinselemente heraus. Man mag vor der Möglichkeit erschauern, daß einmal das ganze Werdedrama abgeschlossen sein wird. Dann wird sich dieses „Theatrum mundi" metaphysisch exponieren. Immerhin ist es wahr, daß es für Jahrtausende nicht vor der „Sonne der anderen Welt" hinweggeschmolzen ist, daß es bestand, sich entfaltete und in den Werken der Kultur über sich hinausreicht. Das engere intime Element, in dem sich der geschichtliche Akteur entfaltet, ist ein konkretes kulturelles Kraftfeld. Die Kraftfelder setzen sich, von Akt zu Akt, ineinander fort und bilden die Bühne des Weltgeschehens. Diese umfaßt die Aktionsräume vieler Perioden. Innerhalb eines jeden Aktes suchen die Handelnden ihren Daseinsraum zu meistern. Sie modellieren mit Tempeln und Siedlungen, mit Stätten der Erinnerung und großen Taten an seiner Gestalt. Es ist, als ob ein leitender Regisseur Bühnenbild und Gebärde, Wort und Handlung profilierte: er ist in seinem Element und das Fluidum des Theaters gibt ihm Inspirationen. In Katastrophen gleicht das geschichtliche Element einem uferlosen Strom, in dem der Mensch oft ohne Steuer treibt und der ihn selbst zu besinnungslosem Tun mit fortreißt. Bisher haben die ererbten Kräfte der Ordnung immer wieder das Übergewicht über Chaos und Zerstörung gewonnen. Nach Wirren, Völkerwanderungen, Rückfall in primitive Zustände erhebt sich wiederum ein kulturschöpferisches Volk als bestimmende Daseinsmacht in einem heimatlichen Element, und der Mensch sammelt um sich die ordnungstiftenden Kräfte seines Daseinsbereiches. Ein Vorspiel der Kulturschöpfung zieht dann Akt für Akt nach sich.

Im Vorspiel von 3100 v. Chr. wurden Elementargewalten gebändigt, die bis ins Postglazial die Erdgeschichte bestimmten. Zu ihnen gehören die Naturkräfte ethnisch und politisch ungeformter Bevölkerungsmassen. Noch um 1200 v. Chr. wehrte ein Ramses die regellosen Fluten einfallender „Seevölker" ab. Der Akteur, der die individuelle Kulturheimat gegen anonyme Einbrüche verteidigt, handelt schließlich als selbstbewußte Individualität. In einem späteren Akt des Welttheaters, im Rom des 3. Jahrhunderts n. Chr., waren es ausgeprägte Herrscherpersönlichkeiten, die das Steuer festhielten und für ein altes Kulturvolk gut standen: Septimius Severus, Galienus, Aurelian und Diocletian. Der unwiederholbare Akt des Dramas verleiht den Akteuren individuelle Züge.

Um 3100 v. Chr. schmilzt zuerst ein Volk aus anonymen Rassen und Stämmen zusammen; mit ihm gewinnt das Menschliche eine erkennbare Physiognomie. Die Individualität des Volkes gebiert eine Individualitätenfülle leitender Persönlichkeiten, die in Stein porträtiert wurden.

Bereits die ältesten Literaturdenkmäler berichten von Persönlichkeiten, die den Dingen auf den Grund blicken. Sie begegnen einander wie Djoser und Imhotep. Das Gespräch zwischen Ipuwer und Phiops II. deckt die Abgründe der ersten Kulturkrise auf. Dialoge wie die zwischen einem rechtsuchenden Bauern und dem Obergutsverwalter, diesem und dem Pharao, weiterhin zwischen der Seele des Zweifelnden und der des Gläubigen, zwischen Osiris und Atum, lassen das Menschheitsdrama aus persönlichen Begegnungen entstehen. Das Anonyme und Kollektive ist das Chaos. Die Akteure verwandeln Anonymes und Kollektives in ein Feld von Ordnungslinien, die von einem zum anderen ausstrahlen und das Dunkel durchdringen, die Dinge identifizieren. Der Quell der Initiative sprudelt nur in der Einfassung geordneter Bahnen, und zugleich ist Ordnung an die spontane Wirkung letzter, unabhängiger Einheiten gebunden. Das gilt für alle Regionen des Wirklichen, für die physikalische, biologische und auch die menschliche. Der individuelle Akteur ist inmitten des Geschehens in seinem Element. Er ist primär beteiligt, weil die Ereigniswellen von ihm ausgehen. Er gibt Auskunft, worum es geht, und er tut das aus einer inneren Werkstatt des Geschehens. In jedem Dialog wird die dramatische Spannung auf die Spitze getrieben, er fördert den Gehalt, um den es geht, zutage und läßt ihn mit unerbittlicher Wahrheitsliebe zu Worte kommen. Von Anbeginn wird die Kategorie des Dramatischen auf die sinnvolle Verbundenheit historischen Schicksals angewandt. Um sich seine Sendung vor Augen zu stellen, objektiviert so der Ägypter, wie der Sumerer, das Drama seines religiösen und politischen Lebensschicksals. Er führt das, was er faktisch tut und was mit ihm geschieht, im Tempel auf, und zwar an hohen Festen, an denen sein Dasein kulminiert. Im Mysterienspiel wird Ägypten geeint, erblühen mit Osiris die Fluren aus dem Nil. In der Heiligen Hochzeit vereinen sich auf dem Turm der Zikkurrat der Tammuzkönig und Inanna, und ein neues Schicksalsjahr wird für die Stadt entschieden. Die Historie geht durch das Spiel hindurch; sie wird in ihm als immer aktuelle Gegenwart geschaut.

Auch in späteren kulturellen Kraftfeldern, in Griechenland, Rom und im gotischen Europa, haben sich schöpferische Völker das Ganze ihres Daseinseinsatzes in dramatischer Form vergegenwärtigt.

Das Thema des Dramas erwächst aus der Mitte der Akte, Szenen und Auftritte. Es bleibt auch nach der Aufführung aktuell. Kostüme und Zeitumstände wechseln, und bestimmte Grundsituationen bleiben. Aus Horus wird Hamlet, und menschliche Abgründe werden nun psychologisch durchleuchtet. Der Vater des Horus, Osiris, wird von seinem Bruder Seth umgebracht, Isis, Schwester, Mutter und Geliebte zugleich, steht dem Sohne bei. Der Mörder wird gestürzt, die Loyalität wiederhergestellt, die Ordnung der Dinge offenbart ihre Unberührbarkeit. Aber Osiris regiert nun in einer anderen Welt.

Im Anfang durchdringen sich Drama und Leben. Die Heilige Hochzeit leitet den jährlichen Fruchtbarkeitszyklus der sumerischen Zivilisation ein. In Ägypten bricht der Pharao jeden Morgen die Siegel des Heiligen Schreins, um dem Sonnengott den Weg aus dem Totenreiche freizugeben. Er öffnet die beiden Tore des Himmels, um für alle Kreatur das Leben hereinzulassen. Mit solchem symbolischen Akt beteiligt er sich an der unaufhörlichen Erneuerung der Schöpfung. Ihr Rhythmus bestimmt den Pulsschlag auch des zivilisatorischen Tuns.

Geschichtsdrama und Begriff einer qualitativen Zeit

Man kann sagen, daß jeder „monadische" Akteur im Theatrum mundi — das wie das mittelalterliche, die Stadt durchfahrende Wagentheater aus vielen koordinierten Theaterszenen besteht — je nach Rang, Position und Gewicht seines Beitrages eine eigene Zeitskala mitbringt, sie benötigt und zur Geltung bringt. Einmal kommt ihr gemäß der große Moment für einen solchen Akteur. Seine Stunde schlägt, und ein Ablauf erreicht seine kritische Phase.

Es gibt kein normales Zeitmaß, an dem monadische Zeitskalen gemessen werden könnten; sie begegnen einander und vergleichen sich aneinander. Die dramatische Zeit des ganzen Werdedramas resultiert aus heterogenen Zeitbestimmungen, die sich auf keinen gemeinsamen Nenner bringen lassen: den im Rhythmus von Millionen von Lichtjahren schwingenden Wellen, die aus entfernten, vielleicht nicht mehr existierenden Weltkörpern eindringen, den Oszillationen zerfallender radioaktiver Atome dieses Planeten, den geologischen Perioden der Eiszeiten, des Wechsels von Atmosphäre, Erdmagnetismus, einflutenden Elektronenstürmen von der Sonne, dem biologischen Jahrmillionentakt der Genentwicklung und des oft langsam vorbereiteten, dann explosiv plötzlichen Hervortretens neuer Organismen, der Differenzierung der menschlichen Rassen, der Europiden und der Mongoliden, aus dem — wahrscheinlich afrikanischen — Homo sapiens und der aus dem Osten einwandernden Cro-Magnon-Rasse.

Die Perioden der monadischen Zeit sind ungleichförmig und von dem Wechsel der für das betreffende Wesen wichtigen Umgebung bestimmt, so wie die Jahresringe eines Baumes, die seine Zeitskala manifestieren, indem sie in ihren Zellschichten und deren Dichte den klimatischen Charakter jedes Jahres wiedergeben, durch das hindurch sie wuchsen. Sie übertragen dann die Zeitskala des Klimas in die ihres eigenen Wuchses, und sie fassen in ihren Ringen Klimaperioden von mehreren Jahren skandierend zusammen.

Zeit ist nicht gleich Zeit, sondern die pragmatische Zeit des utilitarischen Alltags ist nur *ein Aggregatzustand* des Zeitlichen, gleichsam sein starrer und spröder Null- und Gefrierpunkt. Andere, reichere und daseinsmächtigere Aggregatzustände sind die mythische Zeit des vorzeitlichen und urzeitlichen Stadiums und die ethnische Zeit eines Volkes.

Die Zeit ist schon für Leibniz als *Modus* in den Daseinseinsatz der monadischen Existenz hineingerückt: die jeweils ihre eigene Struktur auslebt. Das Relief des Wirklichen besteht nicht aus kontinuierlichen Strecken und simplen Konturen oder „brutalen" Vereinfachungen, sondern es bietet sich als Resultante der Bahnen vieler Pfeile dar, die jeweils ihre eigene Lebenszeit beitragen. Die Bahnen vereinen, trennen, nähern und kreuzen sich, und die Wirklichkeit zeigt ein vielfältiges Muster, in dem das Strukturell-Statische und das Zeitlich-Dynamische ineinander hineinkomponiert sind, und zwar von Fall zu Fall mit neuem Einsatz. Räumlichkeit und Zeitlichkeit sind jeweils in individueller Ausrichtung in diesem Ganzen vorhanden; sie beherrschen es nicht, teilen es nicht auf und greifen nicht darüber hinaus.

Die quantitative Erstreckung der Zeit ist arm an Bedeutung. In wenigen entscheidungsschweren Minuten kann ein Fazit aus unabsehbar langer Vorbereitung gezogen werden, und in diesen wenigen Minuten werden dann zusätzliche Kräfte gewissermaßen aus dem Boden gestampft und ungeahnte Reserven mobilisiert. Aber zugleich gehört, um ein analoges Bild zu gebrauchen, ein langsames Heraufziehen des Gewitters über den Horizont ebenso zu seiner Struktur und Eigenschaft wie seine plötzliche Entladung: die majestätische Erscheinung des Wettergottes. Die Zeitlichkeit seines Drohens und die Urplötzlichkeit seiner ganzen Manifestation gehören zusammen zu seinem Wesen und Charakter. Sein aufbegehrendes Dasein läßt die Tiefe seines Seins ahnen.

„Dasein" ist überall von Geschehen und Geschehnissen bewegt, weil zwischen ungleichen Strukturen und Zeitskalen Gefälle entstehen, und zwar in Form von Ausstrahlungen, Rezeptionen, Reaktionen, Metamorphosen, neuen Kombinationen und Richtungsänderungen. Ausgeglichenheit im „Dasein" bleibt stets prekär, da dieses in allen seinen Strukturen dem „Sein" gegenüber offen und exponiert ist.

Ein Band von Ereignissen, wie eine missionierende Gründung von Tempel- oder Klostersiedlungen, vermag die Eigenzeit eines Daseinsraumes zu bestimmen, den es leuchtend durchzieht. Jedes von ihnen gibt dann vielen sonst abgebrochenen und verworrenen Einzelschicksalen ihren sinnvollen Abschluß. Es entstehen führende Geschlechter mit eigenen Erinnerungen und Pflichten wie die Gaufürsten Ägyptens. Ein Geschehen ist in Fluß, an dessen umgebenden Rändern die Zeit oft stagniert. Wo sich nichts Erhebliches ereignet, gleicht ein Tag dem anderen. Dann bleibt ein einmal erreichter Zustand lange erhalten. Aber wenn bereits einige ein Schicksal haben, wird die Umgebung angesteckt und hineingezogen und ins Relief einer Bedeutsamkeit erhoben. Wie in einem Theaterstück oder einem Roman wird oft aus einer indifferenten Umgebung eine Zeitlichkeit und Bedeutsamkeit, die ihr vielleicht innewohnt, dadurch hervorgelockt, daß der Finger des Schicksals unversehens den oder jenen berührt. Es weckt schlummernde Kräfte.

Im menschheitlichen Drama werden die Vorsprünge in einem Aufschwung aller Kräfte erreicht, nicht in einer mechanischen Stetigkeit. So entstammt die bäuerliche Zivilisation der europäischen und asiatischen Randgebiete plötzlichen Anstrengungen im Fertile Crescent. Zwischen dem Niltal, Jericho und den armenischen Hochländern wurden nach 8000 v. Chr. die umwälzenden Taten der Zivilisation vollbracht, Pflanzen gezüchtet, Tiere gezähmt, Lehm gebrannt und schließlich Metall geschmolzen. Mit 2000 Jahren Verspätung wird die Bauernkultur in Nordeuropa und Ostasien eingeführt, mit mehr als 1500 Jahren Verspätung die Bronze„zeit". Die „Zeit" bewegt sich. Das Übertragene wird nicht mehr in seiner ursprünglichen Frische erlebt. Das Ostmittelmeer ist der „metaphysische Ort" der Fruchtbarkeitsgöttin. In den Randgebieten bewegt sich die Zeit im Kreise des Mittelmäßigen. Da ersteht kein Gilgamesch. Es ist, als ob sich das Geschehen vom mythischen Massiv der Urgebirge in die übersichtlichen Vorberge des Historischen verlegt. Griechenland und Rom beginnen jedoch ihre Geschichte noch einmal mit einer mythischen Vorzeit einwandernder Stämme. Das Original dazu, eine gesamtmenschliche mythische Urzeit, liegt im Fertile Crescent 3000 Jahre zurück! Die religiös-ethnischen Erschütterungen, die zur griechischen Kultur führten, datieren um 1200 v. Chr., die etruskische Urzeit Roms nur um 800 v. Chr. Die Etrusker fielen auf den uralten Gräberkult Ägyptens und Urs, auf das Mutterrecht der Elamiter und Phrygier zurück. Die Griechen gingen erst nach 1200 durch den geometrischen Kunststil des Neolithikums. Ähnlich leiteten die mittelalterlichen Völker ihr Geschichtsepos mit der Einigung von Stämmen, der Kristallisierung eines Mythos, dem Erdbeben einer religiösen Erschütterung und der Entstehung einer städtischen Zivilisation ein. Die ersten Schritte der späteren Kulturen waren im Grundmassiv der Urkultur bereits getan. Es ist, wie wenn ein Gewitter die ältesten und höchsten Gipfel erschüttert und dann niederzieht. Eine ursprüngliche Gewitterspannung bleibt so dem menschlichen Drama erhalten; die primäre Erschütterung, die Unvorbereitete traf, pflanzt sich in neu erstehende Kraftfelder fort.

Die „Zeit" ist auf vielen Qualitätsstufen immer wieder ein Exponent von Ereignisreihen. Diese verlaufen in einem ungleichförmigen Eigentempo, mit Verzögerungen und Beschleunigungen, in wechselvoller Vehemenz. Gleichförmig, arm an Gefällen und Wendungen, erscheint die „Zeit“ in Randgebieten eines Kraftfeldes.

Zeit und Raum als „komplementäre“ Anordnungen

Die Zeit ist, wie erwähnt, nur mit dem Raume zusammen Exponent des Wirklichen. Zeit und Raum sind keine für sich bestehenden Entitäten. Als die Urphänomene des Wirklichen bezeichnete Alfred N. Whitehead die „Ereignisse“ — the events —. Im „Ereignis“ verbindet sich Zeitlich-Dynamisches mit Räumlich-Statischem — beide sind in einer Anordnung ineinander gewoben. Nur unsere Aspekte trennen sie. Die biochemische Lebendigkeit einer Zelle z. B. erstreckt sich in Raum und Zeit zugleich. Ihr stereometrischer Aufbau atmet, ihre Strukturbestände sind in beständigem Stoffwechsel begriffen; sie entsteht, wächst und altert.

Als Er„eignis“ ist sie etwas, das in stetem Vollzug auf ihr „Eigenes“ zukommt. Sie „ereignet“ sich, d. h., sie erreicht das Niveau ihrer Eigenheit. Auch ein historischer Raum, ein Relief topologischer Bedeutsamkeiten, „ist“ das, was sein Genius loci aus ihm macht. Roms Forum, zunächst ein Sumpf mit dem Forumsbach, wird zur Agora, die Palatin und Kapitol verbindet, schließlich zum Mittelpunkt, der imperiale Grenzposten zusammenhält. Die Landschaft übt ihren Zauber aus und hat ihr Schicksal, und ihre physiognomischen Züge bleiben auch einer Nachwelt heilig, die die alten Götter des Landes nicht mehr verehrt. Die Landschaft nimmt an der höchsten Qualifikation des Zeitlichen teil: sie ist einzigartig, unersetzlich, kostbarster Schatz des Theatrum mundi. Nur einmal, nur jetzt wird diese Szene aufgebaut. Wie die Zeit nur diese, so ist der Raum nur dieser; beide sind außerhalb ihrer eindeutigen Qualifikation leer und nichtig, bloße Rechenmarken. Als Schöpfungsgedanken Gottes wirken sie am Rhythmus der menschlichen Geschichte mit.

In Landschaft und Schicksalszeit vollendet sich die komplementäre

Struktur alles Wirklichen. Dieses läßt sich, vom Subatomaren beginnend, nur in Komplementäraspekten fassen, als statisch und dynamisch zugleich. Jede Übertreibung eines Standpunktes und Beurteilungsschemas führt zu Unwahrheiten, zu künstlichen und willkürlichen, entstellenden und verzerrenden Auffassungen. Diese gehen nicht mehr mit der Wirklichkeit mit, verlieren die Fühlung mit ihr; sie sind nicht aus originärer Anschauung gespeist.

Der Ausdruck „Komplementäraspekte" wurde von dem großen französischen Physiker de Broglie in die Diskussion gegenwärtiger Fragen geworfen. Er ist dem Hegelschen Begriff der dialektischen Antithesen verwandt. Aber für Hegel ist die Bewegung des *Denkens* in sich selbst gegenläufig oder fugal; es stößt sich von der Klippe der These zur Klippe der Antithese herüber und hinüber, bis es die Stellenwerte eines ganzen Klippengebietes herausgetrieben, besetzt und in einem Relief vereinigt hat.

Für de Broglie und den gegenwärtigen Forscher steht dagegen das Denken im Banne der Wirklichkeit, in die es forschend eindringt; die in Tiefe und Weite über das menschliche Denken hinausragt und sich doch von ihm treffen läßt. Das Denken ist und bleibt im Medium der Wirklichkeit, auch wenn es z. B. in Form mathematischer Funktionen an seinem eigenen Leitfaden weitergeht; und es erreicht immer wieder Punkte und Wendungen, an denen es sich empirisch verifiziert, sich seiner Antaios-Natur vergewissert.

Das Denken ist dementsprechend aus dem Naturgrund der Dinge angeregt. In seiner stets definitiven logischen Sprache kann es nur dann etwas vom Geheimnisgrunde der Dinge wiedergeben, wenn es das Definitive jeder seiner Aussagen wieder aufhebt und in jede These die Antithese hineinnimmt. Diese Antithese wird aber nicht durch eine Selbstbewegung des Denkens, eine ihm innewohnende Dialektik hervorgerufen, sondern so und nicht anders von der unvorgreiflichen Wirklichkeit angeregt, die sich eigenmächtig geltend macht. Sie nötigt dem Logiker ihre Sprache auf, und wenn sie nach Elektromagnetismus und Strahlung wieder neue Seiten von sich zeigen sollte, dann würde der denkende Forscher wiederum seine Sprache zu revidieren haben.

Dem Rhythmus der Natur wohnt *keine* innere „dialektische“ Notwendigkeit inne. So läßt es sich logisch nicht einsehen, warum das Statisch-Räumliche und das Zeitlich-Dynamische immer durchaus in- und miteinander dasein müssen. Man kann und muß sich darauf berufen, daß die Wirklichkeit es so wahrhaben will, daß sie sich so stellt und darbietet, und zwar auch die menschliche Wirklichkeit, die ja aus dem Schoße der Natur hervorgeht und von ihr umfangen bleibt.

Komplementäraspekte sind — um der Sache näherzukommen — solche, die beide zugleich erforderlich sind, um Wirklichkeit zu treffen und zu kennzeichnen. Sie kann und muß einmal *so* gesehen werden: als räumlich-beharrendes Gebilde, dessen Dasein und Ausmaß sich jetzt und hier fixieren läßt; und sie kann und muß auch ganz *anders* gesehen werden: als in sich fluktuierend und vibrierend, nirgends festgelegt, über ihre räumlichen und zeitlichen Grenzen ausstrahlend, sich ausgebend, abnehmend, zunehmend und in anderer Konfiguration wieder erstehend.

Einzeln genommen sind die Aspekte miteinander unverträglich, unverträglicher als die Hegelschen Antithesen z. B. von Natur und Geist, die sich ja nicht auf derselben Ebene treffen, sondern überlagern. Für *sich* genommen entsprechen die Aspekte auch nicht der Wirklichkeit, sind sie unrichtig, können nicht wissenschaftlich — auch nicht philosophisch — auf die Wirklichkeit angewandt werden. Es gibt immer Fälle, in denen sie richtig zu sein scheinen, und andere, in denen sie offensichtlich nicht gelten, und beide Fälle sind im selben Phänomen zugleich da.

Das Ordnungsrelief der Wirklichkeit ist komplizierter als das der menschlichen Sinne und der logischen Sprache; es erfordert mehrere Filter mit verschiedenen Anordnungsgesetzen, um auf der Gegenseite menschlicher Auffassungsweise in Erscheinung zu treten.

Die Wirklichkeit ist also nicht statisch, und sie ist zugleich auch nicht dynamisch. Sie ist dynamisch im Statischen, sie ist überall Struktur, die in Ausstrahlung, Umgruppierung, Wandlung begriffen ist; Struktur, und doch stets aufgebrochen und unabgeschlossen. Man kann das Beginnen und Enden auf das Sich-Behaupten beziehen, oder beides auf ein Drittes, auf das *Sein,* das das Dasein verbürgt und davor bewahrt, daß es zu Nichts werde. So wäre mindestens *ein* charakteristischer Zug des Seins der, daß es als *strukturierter Impuls* im einmaligen Natur- und Menschheitsdrama *da* ist.

Das *Sein* des Wirklichen entzieht sich auch der kombinierten Fassung durch die Komplementäraspekte. Es *ist* eben etwas Ontisches, etwas, das nicht in Aspekte, bewußte Einteilungen, Begriffe eingeht. Die Frage, warum das natürliche Dasein ist und nicht nicht ist, reicht über die Kompetenz der Naturwissenschaft hinaus.

Man könnte hypothetisch annehmen, daß der begrifflichen Unterscheidung in statisch und dynamisch ein Gleichgewicht in einem Sein vorausliegt, das Daseinsweisen produziert, die sich in den Auffassenden hinein erstreckten und die zugleich der mentalen Auffassung unvereinbar erscheinen. Nur liegt das Sein nicht auf ein und derselben Ebene mit dem Daseienden, dem natürlichen und menschlichen Werdedrama, sondern dieses ist jenem gegenüber *exponiert,* und seine Strukturen brechen ihm gegenüber ab, bleiben offen und ungelöst. Die Erfahrung, daß die Aspekte nicht zueinanderkommen, läßt sich auf die Erfahrung zurückführen, daß die Strukturen, die als dynamische und statische zugleich da sind, sich nur in einem unerreichbaren Sein abschließen. Wer ahnt, ob beide eine gemeinsame Herkunft haben?

Wo entspringt momentan der strukturierte Impuls eines Protons, eines Atomkerns, eines Gens? So, wie sie da sind, als Gene, Atomkerne, anthropologische Konstitutionen, kommen sie sicher nicht aus einem anderen her, aber eben auch nicht aus sich selbst.

Dasselbe gilt vom ganzen Werdedrama, vom Dasein in seiner Universalität, es hat seine Ursprungseinheit und Integrität außerhalb seiner selbst, und zwar in keiner Zeit- und an keiner Raumstelle. Die Raum- und Zeitstellen produziert das Daseiende ja innerhalb seines eigenen Daseinseinsatzes.

Die Termini statisch und dynamisch sind somit hochgradig äquivok. In vielen verschiedenartigen Gebieten und auf vielen Stufen findet sich eine Antithetik zwischen Stabilität und Labilität, und sie läßt sich jeweils verschieden ausdeuten und formulieren.

Die Komponenten einer Struktur, eines Gefüges, das sich als Form darbietet, können fest und starr ineinandergreifen, wie in den kristallinischen Formen der physischen Wirklichkeit. Auch sie sind aber nur relativ als Gitterwerk, ring- und spiralförmige Modelle, festgelegt, und näher besehen setzt sich auch hier die Labilität eines rhythmischen Schwingens, Spinnens, Rotierens, eines Auf- und Abspringens zwischen verschiedenen Potentialen, eines gleitenden Zerfalls und Ausstrahlens durch. Die Struktur des Elements Uran 238 z. B. erhält sich über 8000 Millionen Jahre, seine Halbwertzeit ist 4400 Millionen Jahre. Es zerfällt in Blei, eine Struktur mit einem relativ ereignislosen Gleichgewicht. Auch im Physischen bedeutet ein Zuwenig an Schwingung, Fluktuation, Strahlung und innerem Gefälle *Strukturarmut.*

Im Zentrum des Naturgeschehens, des Werdeprozesses haben die Strukturen inneres Leben, vibrieren sie, sind sie selbst im Prozeß und im Austausch von Energien begriffen. Sie bilden in sich und um sich herum Energiefelder. Im Biologischen nimmt der *Spielraum* zu, in dem Atome und Moleküle sich gruppieren, konfrontieren, kombinieren und ihre Konfigurationen aufrechterhalten. Von den Atomen, Molekülen, den Genen, den Enzymen und Ko-Enzymen, den embryonalen Geweben und Wachstumsimpulsen bis zu den Organen, den Nerven- und Drüsensystemen konzertieren gewissermaßen Strukturen verschiedener Ordnung und verschiedener Einsatzstellen innerhalb eines Organismus, und zwar durch Phasen hindurch, von Geburt, Jugend, Reife bis zum Zerfall. Der Spielraum ihres Zusammenagierens erstreckt sich durch verschiedene Metamorphosen, sie sind elastisch und wandlungsfähig. Von vornherein wird einem biochemischen Molekül ein inneres Atmen oder Beben zugeschrieben. Bereits der Virus überwindet die kristallinisch festgelegte Starre. Mit ihm beginnt die Irregularität freier Rhythmen. Die Struktur nimmt gewissermaßen den Geschehenscharakter in sich auf, sie gewinnt zunehmend einen dramatischen Charakter. Sie läßt sich nicht zu Ende ausdeuten und bietet Überraschungen.

Auf der Stufe des Menschlich-Kulturellen befreit sich in periodischen religiösen Erschütterungen die Struktur der monadenhaften

Person, der Akteur im Drama von routinehafter Starrheit. Die Veränderung des Geschichtsaspektes hat sich als Konsequenz oder Begleiterscheinung einer fundamentalen Änderung des Aspektes des Wirklichen ergeben. An dieser Änderung hatte seit 1900 ausgerechnet die Physik einen maßgeblichen Anteil — d. h. die am wenigsten geschichtliche Wissenschaft.

Für frühere Generationen war die Wirklichkeit entweder Werdefluß, in dem alles Gegenwärtige zum Vergangenen, Gewesenen und Erinnerten oder Vergessenen geschlagen wurde, *oder* gegenwärtiger, vielmehr zeitloser, immer gültiger Sachbezug, logische Wahrheit, technische Formel oder gültige Rechtsnorm.

Die Gegenwart als Grenze des Geschichtsdramas

Die Akte und Szenen des Menschheitsdramas bestimmen die Eigenzeit dieses einmaligen Ablaufs mit seinen Rhythmen und Kadenzen, Pausen und Höhepunkten. Jeder „horizontale" Ablauf wird von einem Aufbegehren in „vertikaler" Richtung angeregt, jede Dialogfolge und Handlung vom Auftritt eines Charakters, der unvorbereitet seinen Glauben und seine Ziele mit auf die Bühne bringt. Das Streben in die vertikale Richtung, nach den Höhen der Wahrheit oder den Tiefen des Bösen und der Zerstörung, durchbricht die Kontinuität eines „dramatischen Flusses", aber es erzeugt zugleich die Wellen der Ereignisse, wirft Wogen des Geschehens auf, auf denen der Akteur emporgehoben und herabgezogen wird.

Religiöse Offenbarung, Wirklichkeitserkenntnis, künstlerische Schau werden dem zuteil, der sich von der Horizontalebene des kontinuierlichen Daseinsflusses abstößt, der einen „Ur-sprung" wagt. Er begegnet den Daseinsmächten des Mythos, der Transzendenz und der „ewigen Weisheit", soweit diese Regionen dem Menschen zugängig sind. Die früheste Begegnung hat einen Prioritätsanspruch, sie ist noch nicht durch Kommentare beeinträchtigt, die die Botschaft den praktischen Lebensbedürfnissen und Verständnismöglichkeiten nahebringen oder sie den Zeitumständen anpassen. Ursprünglichkeit ist das Kriterium für Echtheit und Höhe religiöser, künstlerischer, philosophischer und naturrechtlicher „Taten und Leistungen".

Dagegen werden Vervollkommnungen auf der Horizontalen des kontinuierlichen, zivilisatorischen Daseinsflusses der Menschheit nach einem ganz andersartigen Maßstab beurteilt: dem der „efficiency", des steigenden praktischen Nutzeffektes. Innerhalb des Menschheitsdramas läßt sich das Verhältnis zwischen vertikalem Ausgreifen einerseits und der allmählichen Anhäufung technischer Subsistenzmittel auf der Horizontalen des materiellen Fortschritts andrerseits auf keine einheitliche Formel bringen. In den religiösen Durchbruchszeiten des 4. Jahrtausends v. Chr. flossen dem menschlichen Erfindungsgeist aus Speichern eines aufgerührten Phantasielebens entscheidende Lebensimpulse zu. Das europäische Barock gebar inmitten eines elastischen Aufschwunges religiöser und metaphysischer Lebensgeister die meisten Grundideen der modernen Technik. Die ökonomisch-technische Zivilisation benützt gleichsam die metaphysischen Stürme, um immer vollkommenere Mühlen treiben zu lassen, die dem irdischen Nutzen immer breiterer Bevölkerungsmassen, schließlich der des ganzen Planeten, dienen. Der Akzent alles Bemühens liegt auf dem „end"gültigen Ergebnis, nicht, wie in der schöpferischen Kultur, auf der „anfänglichen" Begegnung, der Originalität.

Der historische Schicksalsraum wird durch die Spannung zwischen vertikaler und horizontaler Ausrichtung gleichsam auseinandergetrieben. Diese Spannung nimmt in dem Maße zu, in dem sich die zivilisatorisch-praktische Daseinsausrüstung in der Fläche der Horizontalen zu eigenen, quasi selbständigen und quasi autonomen „Systemen" auswächst: der „Welt" der Wirtschaft, der Politik, der angewandten Wissenschaft, der militärischen Rüstung.

In den Jahrtausenden des geschichtlichen Werdeganges entwickelt sich die praktische Leistung von den ursprünglichen religiösen Lebensimpulsen hinweg, und ein immer weiterer Bogen spannt sich zwischen dem Geistig-Spontanen und einer komplizierten, technischen Fürsorge für die elementare Lebensnotdurft. Die Domäne der

„dringlichen" physischen Bedürfnisse wächst und wuchert mit der Zunahme der technischen Apparatur. Das zivilisatorische Konglomerat, das aus „vordringlichen" Bedürfnissen und „lebensnotwendigen" Zurüstungen und Verrichtungen besteht, absorbiert kostbare Lebenskräfte der religiösen und künstlerischen Phantasiewelt. Eine das Maß überschreitende Ausbreitung auf der horizontalen Ebene übt einen nivellierenden Zug auf das gegenläufige Streben aus.

Jede Kultur beginnt mit dem Durchbruch religiöser Glaubensenergien: um einen metaphysischen Erdbebenherd bildet sich ein kulturelles Kraftfeld, und ein Glaubensfeuer schmilzt aus bestehenden ethnischen Elementen ein kulturschöpferisches Volk zusammen. Die vorausgehende Menschheitszivilisation wird in das „magnetische" Fluidum dieses Kraftfeldes einbezogen und erhält von ihm aus zusätzliche Antriebe. Die kühnen technischen Ideen der Gegenwart z. B. sind zuerst in der Phantasie vormoderner Visionäre, eines Roger Bacon, Nikolaus von Cues, Leonardo da Vinci oder Theophrastus von Hohenheim geboren worden. Selbst der konstruktive mathematische Rationalismus orientierte sich ursprünglich einmal an den himmelwärts strebenden gotischen Domen.

Bisher lockert sich mit jeder folgenden Kultur die Architektonik des menschlichen Daseins, indem sich der praktische Lebensbereich von Millenium zu Millenium zunehmend emanzipiert. Allerdings reißt dann periodisch jede Glaubenserschütterung immer wieder alles Denken und Tun mit sich; im „ora et labora" wird sogar der Alltag vorbildlich nach den Gesetzen eines Ordens eingeteilt. Die Dramatik der Menschheitsgeschichte ist dadurch bestimmt, daß religiöse und praktische Wirklichkeit einmal in ursprünglichem geistigem Aufschwung sich einander periodisch nähern und zum anderen sich in einem weiter ausgreifenden Bogen gegeneinander verselbständigen. Die praktische Lebensausrüstung des Homo faber wächst durch aufeinanderfolgende Reiche geistigen Aufschwungs hindurch: von der jungpaläolithischen Jägerkultur zur neolithischen Bauernzivilisation, von der ägyptisch-sumerischen Hochkultur zur tausendjährigen iranischen Zivilisation, von der römisch-griechischen Kultur zum Hellenismus, von der Kultur des Mittelalters und der

Renaissance zur modernen wirtschaftlich-technischen „Gesamtverwaltung der Erde".

Eine endgültig auf sich ruhende Zivilisation, die mit ihren eigenen Mitteln auskäme und nur in sich selbst zirkulierte, würde jeden Schaffensdrang, jede visionäre Gestaltungskraft versiegen lassen.

Inmitten des scheinbar selbstgewissen Betriebes der modernen Welt macht sich jedoch eine metaphysische Existenzangst bemerkbar. Ein unterirdisches Erdbeben ist aus vielen Äußerungen der modernen Literatur und Kunst heraus zu spüren. Aber auch nüchterne Naturen sind von der Furcht vor einer atomaren Katastrophe ergriffen, einer Furcht, die zuweilen an Panik grenzt. Wird die moderne Staatsraison aus Humanitätsrücksichten vor dem Schritt zurückschrecken, der unwiderruflich zur Selbstzerstörung dieser Zivilisation führen würde? Bleibt eine Hoffnung auf jene tiefer liegenden Reserven, die das Menschheitsdrama von Kultur zu Kultur weiterführen, auf frische, aufsprudelnde Glaubensenergien?

Der Mensch ist nunmehr mit allem Irdischen, mit all seinen praktischen Fähigkeiten und Errungenschaften metaphysisch exponiert: in ihm und um ihn erzittert, wie nie zuvor, alles Kreatürliche.

Ein riesenhaft angewachsenes und fast selbstgenügsames Inventarium wirtschaftlicher, technischer und organisatorischer Mittel fragt danach, wozu es da sei und was seine Bestimmung sei. Denn der Mensch setzt sein Dasein nicht dafür ein, um es nur zu fristen und fortzusetzen; schon die Verpflichtung des ersten Tages der Kultur, der Jahrtausende zurückliegt, treibt ihn über die Sorge um die materielle Existenz hinaus. Außerdem übersteigen die Mittel den Nützlichkeitszweck der bloßen „wirtschaftlichen" Selbsterhaltung, Fortpflanzung und Verteidigung; sie sind dem oft dumpf vegetierenden Menschen einer positivistischen Ära weit über den Kopf gewachsen. Ein neuer Typus Mensch muß Ziele hinzuerfinden, denen solche Mittel dienen, in denen hochgezüchtete wissenschaftliche Intelligenz und ein konstruktives Können investiert sind, die über dem Horizonte des Massenmenschen und seinen Bedürfnissen liegen.

Die Fähigkeit der praktischen Betätigung, sich bis zu einem bestimmten Grade auf sich selbst zu stellen, hat im menschlichen Daseinsraum auch ihre positive Funktion. Inmitten von Umsturz, Krieg und Fieber der Erregung schlägt die ruhige und stete Arbeit eine Brücke zwischen den Kulturen. So hat im großen Maßstabe das Zivilisationsreich des Iran von den Achämeniden, Persern, Arsakiden und Sassaniden bis zu den Arabern die Verbindung zwischen den frühen Hochkulturen und den mittelalterlichen Kulturen Indiens und Chinas aufrechterhalten und gepflegt. Die Achämeniden, Kyros und Dareios, fingen den Zusammenbruch der alten Kulturen Ägyptens und Mesopotamiens auf, indem sie Handelswege ausbauten, den Boden kultivierten, Religionen, Nationen und Kulturen miteinander versöhnten.

Im Zivilisationsreich herrscht das praktische Ethos der Arbeit und der Tat. Für den verantwortungsvollen Politiker, Pädagogen, Ingenieur, General und Publizisten gibt es hauptsächlich nur die Aufgaben dieses Daseinsraumes, die seine Fähigkeiten beanspruchen und seinen Ehrgeiz auf die Probe stellen. Er widmet sich der Verbesserung dieses Daseinsraumes, als ob es nie einen anderen gegeben hätte, noch einen anderen je geben werde. Für ihn ist er das Gegebene schlechthin, und der Gedanke, daß man sich an ihn in tausend Jahren kaum noch erinnern wird, berührt ihn nicht. Das praktische Ethos besonders der Angelsachsen ist um die „Zeitlichkeit“ unbekümmert. Der eminent praktische Kommunismus glaubte wenigstens in seiner revolutionären Periode, für eine chiliastische Zukunft zu wirken.

Mit einem freien Ethos ist eine Optik verbunden, die Mensch und Dinge nahe aneinanderrückt. Beide treffen sich in einem Vordergrund der Existenz, der sich nur aus Erkenntnissen zusammensetzt, die praktizierbar sind. Spekulationen über Transzendenz, Vergänglichkeit, Götter und Dämonen erscheinen ihm müßig, rein „akademisch“ und unpraktisch. Das gute Gewissen ist auf der Seite der praktischen Leistung und der tätigen Hilfe, des Zugreifens und Zupackens, der nützlichen wissenschaftlichen Erkenntnis. Selbst das Kunstwerk wird nun nach seinem praktischen Wert beurteilt. Es dient der Freizeitgestaltung, der Erholung und Unterhaltung, vielleicht auch der Ergänzung und Humanisierung des persönlichen Daseins. Insofern erfüllt es für die Berufstätigen, die Spezialisten oder irgendwie „Eingespannten“ eine heilsame soziale Funktion und hat weitgehend die Ausstrahlung seiner eigenen Domäne verloren.

Aber bedeutende Künstler, die heute Menschen ergreifen und aufrühren, bekennen, daß sie nur mit illegitimen Anleihen aus den uralten Quellen der Religion und des Mythos zum menschlichen Herzen zu sprechen vermögen.

Gerade in einem Zustand extremer Verselbständigung zeigt sich, daß die Zivilisation nicht mit ihren eigenen Mitteln auskommt: der Mensch kann nicht von Brot, Maschinen und Verwaltungssystemen allein leben. Da die menschliche Geschichte nur wenige Jahrtausende zählt, läßt sich mit einiger Berechtigung voraussagen, daß sich der Mensch noch nicht ausgelebt hat und daß an unvermuteter Stelle Quellen des Glaubens und der schaffenden Phantasie hervorbrechen werden.

Die kulturellen Sphären drängen gegen Grenzen dieser praktischen Welt an; Spuren einer bereits einbrechenden Wirkung zeigen sich in der Kunst und im „Recht der Natur“, das dem Praktischen benachbart ist. Etwas im Menschen bäumt sich gegen den erzwungenen Konformismus moderner ökonomisch-technisch-politischer Verwaltungsmaschinerien auf, besonders dagegen, daß sie beginnen, Literatur, Erziehung und eine „offiziöse“ Religion zu reglementieren. Eine Zivilisation, die lediglich auf den Nutzeffekt gestellt ist, arbeitet wohl besonders reibungslos, wenn das zugehörige Menschenmaterial standardisiert und nach ihren Zwecken zurechtgeschnitten ist. In Rußland war die Zivilisation schon in der zaristischen Zeit eben kein legitimer Sprößling einer religiösen Kultur, sondern sie galt als die Domäne des Unglaubens und einer Willkür, die auch von keinem Humanismus „angekränkelt“ war. Von jenem Naturrecht, das in den metaphysischen Regionen eines Ius divinum (ägyptisch Ma-at, indisch Dharma) seinen Ursprung hat, drang kein wärmender Strahl in die Praxis des Alltags ein. Erbarmungslos bestimmte der Wille des jeweiligen Machthabers, was Recht und was Unrecht sei. Auch eine parlamentarische Majorität oder eine Partei, die vermöge eines lawinenhaften Anwachsens von Stimmen diktiert, was praktisch und was unpraktisch sei, und die jeden zur Linientreue zwingt, auch sie sind genau besehen Autokraten de facto; ihre Entscheidungen wurzeln in keinem Boden einer überdauernden Gerechtigkeit, und ihre Rechtfertigung ist der materielle Erfolg, über dessen Ausmaß sie selbst urteilen. Es gibt keine Instanz, die sie zur Rechenschaft zieht — als „Zivilisationsträger" sind sie selbstherrlich. Die frühen Pioniere der Lebenspraxis, ein Imhotep und Ipuwer hatten ein Gewissen, sie kultivierten die Erde im Namen einer höheren Gerechtigkeit und prüften ihre Taten und sich selbst daraufhin, wieweit sie den Zivilisationsauftrag ihres Gottes ausführten. Aus der immanenten Logik einer Zivilisation heraus, die abseits von Mythos und Logos ihre eigenen profanen Wege geht, läßt sich der Satz „recht ist, was dem Fortschritt dient" nicht widerlegen. Ein Widerstand gegen die Grausamkeit der Roboter legitimiert sich allein aus den Quellen einer religiösen Gesamtkultur. In sie fügt sich seit alters her die Zivilisation als Ausrüstung der Lebensnotdurft ein.

Die Verantwortlichkeit des geschichtlichen Menschen

In jedem Zeitalter rechtfertigt der Mensch seine Existenz dadurch, daß er sich tätig für vitale Ziele und Aufgaben einsetzt; er erfährt sich als jemand, der gegenwärtig handelt und sich in der Gegenwart selbst gegeben ist. Sein Denken und Tun vollzieht sich im Lichte der „Aktualität". In ähnlicher Weise ist der griechische Gott des Aristoteles als erster Beweger oder „actus purus" reine Gegenwart. Nichts an ihm bleibt unvollendet, nichts veraltet und nichts vergeht. Er ist durch nichts anderes bedingt und geht in nichts Künftiges über; das Gesetz seines Wesens vollzieht sich wie die Bahn eines Sterns in zeitloser Gegenwart. Die schöpferischen Kräfte sind einer Gegenwart verpflichtet, in der alle Entscheidungen zum Austrag kommen. Ein echtes Ethos kann nicht umhin, eine endgültige Ordnung ins Auge zu fassen. Es würde sich selbst aus einer Welt verbannen, in der alles provisorisch zugeht und die nur Zwischenlösungen erlaubt. So waren in Rom selbst die Straßen für einen Gott, nicht für die Nutzung vergänglicher Geschlechter gebaut, und sie sind, wie die römischen Viadukte und Brücken, noch heute Entelechien eines mustergültigen Willens. Das, was nur für den Moment errichtet ist, verfällt *vor* seiner Zeit.

Eine Kalendernotiz mag anzeigen, wann eine bestimmte Lieferung fällig wird. Vielleicht ist das Werk, das dann bereitsteht, schon veraltet. Ein experimentierendes Zeitalter mag sich im Provisorischen verlieren. Der tätige Mensch jedoch, dem etwas Fertiges gelingt, stößt in eine Gegenwart sui generis vor; er streift die Hüllen des „noch nicht" und des „nicht mehr" ab. Mit seinem Werk steht er zu sich selbst.

Das Kriterium der aktuellen, ethischen Gegenwärtigkeit ist der Existenzeinsatz für Ziele, deren innere Notwendigkeit einleuchtet. Viele literarische Bestrebungen, politisch-soziale Bewegungen, künstlerische Programme, Planungen und Verbesserungen gehören faktisch zu den Zeiterscheinungen und erheben wetteifernd den Anspruch, den Zeitgeist zu repräsentieren, ja zu bestimmen. Es gibt aber keinen unabhängig bestehenden Zeitgeist, der das ihm Gemäße auswählt und auszeichnet. Das, was, einem Felsen im Zeitfluß vergleichbar, als Gegenwärtiges Bestand hat, sind die echten Gefühle, lebendigen Gedanken, Tüchtigkeit, aufrechte Haltung, jedes wahre Schicksal und jede durchschlagende sachliche Leistung des lebenden Geschlechts. In diesem Sinne verliert alles Pathologische den Anschluß an die lebendige Aktualität des Gegenwärtigen. Die Taten und Untaten der Massenhysterie erscheinen bald danach wie ein böser Traum. Nur dadurch, daß es einen Gipfel aktuellen Menschentums erklimmt, gewinnt ein Geschlecht einen Losanteil am Lebendigen. Nur wer wirklich lebt und gelebt hat, wird zum Jünger des Osiris, des lebendigen Gottes, der im Totenreich regiert. Seit seiner Entstehung lebt der Kulturmensch immer wieder in einer aktuellen Gegenwart; seine Leistungen, soweit sie zusammen eine bestandhafte Gegenwärtigkeit bilden, sind Ergebnisse eines vollen Existenzeinsatzes. Die Aufgabe, um die alles geht, nimmt auch die Mitte aller Zeit ein; sie bestimmt und besetzt die einzige Zeitstelle, auf die es bestimmungsmäßig ankommt. Alle Zeit rollt in diese Gegenwart zusammen, und quer durch die Zeiten hindurch arbeiten alle zusammen, denen es um dieselbe Sache geht.

Der früheren Einteilung des geschichtlichen Kosmos entsprechend legitimiert der Mensch seine innere Unabhängigkeit aus seiner vertikalen Verbundenheit mit den Mächten des Mythos, der Transzendenz, des Rechtes und der „ewigen Wahrheiten". Das Aufstreben in dieser Richtung ist „aktuell", hat teil am „actus purus" der geistigen Lebendigkeit; er ist keiner Zeitstelle des historischen Flusses verhaftet. Auf der anderen Seite aber ist auch die horizontale Entwicklung der allmenschlichen Zivilisation, von den paläolithischen Steinwerkzeugen, vom Feuergebrauch, von Landwirtschaft, Viehzucht, Städtebau bis zur technisch-wirtschaftlichen Erdverwaltung, die spürbar auf dem Wege ist, einer einzigen Zielgebung unterworfen. Das, was hier gelitten und geleistet wird, besteht und vergeht mit dem Menschengeschlecht, dessen Gesundheit, Sicherheit und Wohlergehen es dient. In der Horizontale wirkt sich ein religiöser Zivilisationsauftrag aus. In beiden Dimensionen geht es um dieselbe Menschheit.

Es ist von vornherein anzunehmen, daß die zeitfreie Aktualität des „geistigen" Bestrebens und Tuns auch in das Denken und Planen des praktischen Daseinsraumes dominierend eindringt. In den Frühzeiten der Kultur und in ihren gesunden Blütezeiten ist das Treiben im jeweiligen praktischen Lebenstag frei von Stigmen der Vergänglichkeit. Dem „gelebten" Leben eignet die Tugend der Unschuld, eine vegetative Unbekümmertheit. Selbst über die Gräberstätten, die das Massensterben von Pestilenz und Krieg hinterläßt, wachsen bald Gras und Blumen. In dieser Ebene ist es gerade „die Zeit", die versöhnend über Abgründe hinwegstreicht. Schulden verjähren, Krankheiten und Wunden heilen, Unbilden werden vergessen. Das gelebte Leben schüttelt diese Belastungen in ungetrübter Heiterkeit von sich ab. Aus einem unerschöpflichen Born spendet sie immer wieder Lebenszuversicht und Tatkraft. Das „gegenwärtig" brennende Feuer des Lebens bringt jeweils alles Aktuelle ins Relief der Sichtbarkeit.

Es erhebt sich die schwere Frage: wie bestimmt sich das Gesicht dieser Gegenwart, der einzigen, die unmittelbar gegeben und erfahren ist? Wo liegen für die Handelnden die Stellen des Einsatzes im Gefüge des Kraftfeldes der gegenwärtigen Kultur? Aus welchen Wirbeln strahlt ein charakteristisches Geschehen aus? Welche Ziele rechtfertigen ein Opfer an Gut und Blut?

Im ersten und im — bisher — letzten Akt ihres Werdeganges, in der Geburt der Hochkultur im Fertile Crescent und der technischen Weltzivilisation der Gegenwart hat die Kulturmenschheit beide Möglichkeiten, die des religiösen Phantasieaufschwunges und die der praktischen Daseinsgestaltung, bis zu einem Extrem entwickelt. Anfang und bisheriges Ende klaffen auseinander, so daß fast die Brücke eines Verständnisses abzureißen droht. Viele Mathematiker, Physiker und Biologen, Ingenieure, Finanzexperten und Wirtschaftspolitiker, Ärzte, Architekten und Juristen, die die Wunder dieser modernen Welt erschaffen und erhalten, haben kein Verhältnis zu den Daseinsmächten; zur Transzendenz und zum göttlichen Recht, die den ersten Akt des Menschheitsdramas beherrschten. Ihre Stärke, das Geheimnis ihres Erfolges, erklärt sich daraus, daß sie sich vorbehaltlos der Lösung ihrer sachlichen Aufgaben widmen. In den letzten beiden Generationen ihres Siegeszuges gaben sie auch die Vorurteile einer „positivistischen“ Weltanschauung auf. Sie lernen aus der Erfahrung der Wirklichkeit, und sie lassen es darauf ankommen, ob diese Wirklichkeit sich euklidisch, kausalgesetzlich gefügt, anthropomorph, mathematisch-rational, unmetaphysisch oder ganz anders darbietet, oder vielleicht zuweilen so und zuweilen ganz anders, in einem Aspekt so, in einem anderen verschieden davon. Eine solche Wirklichkeit gibt schließlich wieder Raum für die Grunderfahrungen der Geschlechter des ersten Aktes.

In der Horizontalebene des Zivilisatorischen haben jene Experten des modernen Zeitalters beispiellose Erfolge zu buchen. Aber das Gebäude ihrer Leistungen weist unvermeidliche Risse und Brüche auf, in die ein Unbehagen, ja eine Lebensangst einschleicht, die man mit den modernen Waffen der Psychotherapie nur von einem Ort in einen anderen vertreibt.

Trotz einer gewaltig gesteigerten praktischen Vitalität und Intelligenz, die sich der Technik, der politischen Verwaltung, der wirtschaftlichen Gütererzeugung und der Kriegsrüstung zuwenden, krankt die gegenwärtige Menschheit an ungelösten Problemen, die sogar ihre physische Existenz in Frage stellen. In persönlichen Dokumenten, in Romanen, Theaterstücken, Biographien, in Bildern und Kompositionen äußert sich oft eine sarkastische Selbstkritik und ein brutaler Realismus.

Daseinsfreude und Humor scheinen aus Geselligkeit und Kunst zu schwinden. Nach der Heiterkeit des 18. Jahrhunderts nahm das Zeitalter der sozialen Frage, der Massenkriege und der Parteikonflikte eine düstere Wendung. Eine Welt zivilisatorischer Funktionen und Gebilde scheint zwar in sich kunstvoll ausbalanciert, aber als ganze auf einer schiefen Ebene zu gleiten. Was die Menschengeschlechter des „ersten Aktes“ uns voraus hatten, war eine Geborgenheit in der ganzen Schöpfung. Die Motivationen des praktischen Tuns und Denkens, des geselligen und politischen Lebens ließen sich bis in die Tiefen der religiösen und künstlerischen Phantasie, des Glücks, der Erlösung und Seligkeit der vollen Existenz zurückverfolgen. Es ist oft, als ob jener Motor mit uns davonstürmte, der dazu bestimmt ist, das Getriebe der materiellen Lebensnotdurft in Gang zu halten.

Es sind hauptsächlich Künstler: Lyriker, Romanschriftsteller, Dramatiker, die in ihren Werken bekunden, daß in der gegenwärtigen Existenz etwas Wesentliches brüchig ist. Im Zeitalter eines Haydn, Händel oder Mozart konnte das Lebensschiff noch mühelos und ruhig auf einem heimatlich vertrauten Elemente seinen Kurs verfolgen. Heute treibt ein Fahrzeug, dessen Steuerung kaum ausprobiert ist, immer wieder auf Fluten entfesselter Daseinsmächte.

Der Mensch braucht ein religiös-kulturelles Daseinsgebäude zunächst, um den Schrecknissen und Ungewißheiten der anderen Welt, des Landes, von dem niemand zurückkehrt, zu begegnen, und dann, um sein irdisches „Streben und Ringen“ an den Ordnungen der Schöpfung zu orientieren. Im Drama Strindbergs geben bereits die Schutzmauern des Gebäudes nach, in dem sich unsere Zivilisation häuslich einrichtete. Durch freiliegende Gemäuer schweift der Blick in ungewohnte Szenerien des menschlichen Dramas. Vorher hatten beengende Wände einen allzu domestizierten Menschen von seinem weiteren historischen Schicksalsraum abgetrennt.

Mitten unter uns wird eine aktuelle Welt der praktischen Intelligenz und Tatkraft an sich selbst unsicher. Im „dynamischen" Rußland, das mit der „amerikanischen Tüchtigkeit" wetteifert, versucht man die warnenden Stimmen unabhängiger Schriftsteller zum Schweigen zu bringen. Der Mensch, der zur Funktion eines allmächtigen und ökonomisch produktiven Verwaltungsstaates geworden ist, dürstet nach den Quellen des Lebens. Noch hilft er, die Umlaufgeschwindigkeit eines Getriebes zu steigern, das alle seine Lebensfunktionen an sich reißt. Auf diesem Planeten rotieren gegenwärtig zwei riesige „imperiale" Verwaltungsmaschinerien gegenläufig und fast symmetrisch, die amerikanische und die russische. Sie ziehen jedes schwächere System in den Schwung ihrer Umkreisung. Der Staat, ursprünglich die rechtliche Konstitution der „res publica", die innere Ordnung des Monadenreiches, ist nun zum rastlosen, unermüdlichen und unerbittlichen Motor der wissenschaftlich-technischen Fortschritte, der immer steigenden Güterproduktion und der maximalen militärischen Machtorganisation geworden.

Ein Wort über den modernen Staat sei daher eingeschoben. Er ersetzt den mittelalterlichen, kulturell durchwirkten Zivilisations-„status" und durchschneidet die zivilisierte Gemeinschaft der europäischen Völker. Das geschieht, indem er eine eigene Dynamik entfaltet. Seit Machiavell und Bodin wird er zum Motor und Schrittmacher einer auf angewandter Wissenschaft und technisierter Wirtschaft gegründeten Massenzivilisation. Er monopolisiert alle Wehrhaftigkeit und alle kooperative Regung und Leistung von Volk, Stand, Klasse und Berufsgenossenschaft. Schließlich übernimmt er sich als nationalstaatliche Souveränität mit einer Fülle von Aufgaben, die er sich aufbürden läßt, aber auch eifersüchtig an sich reißt. Schließlich verliert er jeden präzisen Charakter. Aus einem parlamentarischen Beamtenstaat wird er zur anonymen Verwaltungsmaschinerie. Diese bleibt sich in verschiedenen Ländern ziemlich gleich. Überall uniformiert und reglementiert sie Erziehung, Bildung, Recht und Wirtschaft, Arbeit und Erholung. Die Macht anonymer Behörden verbreitet sich wie eine Wucherpflanze über den Boden des nationalen gesellschaftlichen Lebens. Sie bezieht alles auf sich, bestimmt alles von sich her, ja sie greift über die nationalen Grenzen hinaus. Der Staat wird zum Machtgeflecht, das in Form unkontrollierbarer Einflußzonen um sich greift. Der sich daraus ergebenden Art von Politik fehlt das Spontane, das sich in eigenen Spielräumen ergeht.

Somit wurde zur sichtbaren Organisationsform der heutigen Menschheit ein Zivilisationsstatus, der sich praktisch gleichförmig, in Form von Weltwirtschaft, Finanzpolitik, Verkehr, Sozialfürsorge, Versicherung, Weltpolitik, angewandter Wissenschaft über die ganze zivilisierte Erde erstreckt. Die einzelnen Nationalstaaten sind nur noch lokale Verwalter und Treuhänder allumfassender Zivilisationsaufgaben.

An den geschilderten Umständen läßt sich nur Unerhebliches ändern. Individuen und Nationen, religiöse und künstlerische Gemeinschaften, soziale und politische Gesellschaften, die an bestimmte Naturgrundlagen gebunden sind und in wechselnde Daseinsmächte hineinwirken, spinnen auch das Geflecht der industriellen Weltzivilisation aus sich heraus, und dieser Prozeß vollzieht sich unwiderstehlich mit innerer Notwendigkeit. Selbst der chiliastische Revolutionär Marx erkannte, daß alle umstürzenden Aktionen zu einer Verdichtung und Ausweitung des roboterartigen Staatsapparates geführt haben. Aber innerhalb dieser modernen zivilisatorischen Lebensausrüstung kann der Mensch die Initiative seiner Ausgangsstellung, die Aktualität seines ursprünglichen Einsatzes im ersten Akt des Menschheitsdramas zurückgewinnen. Wenn er sich gegen die Apparatur wendet, reagiert sie mit zusätzlicher bürokratischer Selbstregulation. Leibniz war der erste moderne Philosoph, der das Problem sah und eine Lösung vorschlug: der Mensch muß daran gehen, verstehend und teilnehmend, gleichsam in „monadischer Allgegenwart", in das Geflecht einzudringen. Routine und Geschäftsgang, alles Kollektive und Anonyme wären durch eine spontane

Lebendigkeit zu vermenschlichen. Inmitten des Geflechts würde dann die Monade darauf dringen, sich den Sinn ihres Tun und Lassens, den höheren Zivilisationsauftrag, dem es seit Anbeginn untersteht, zu vergegenwärtigen.

Eine monadische Anteilnahme oder geistige Durchdringung käme auch dem Zivilisationsgeflecht selbst zugute. Da es, wie die anfängliche Menschheitskultur in doppelter Gestalt wirksam ist, bedarf es einer erhöhten Selbstkontrolle. Bleibt sie unkontrolliert ihren Machtinteressen überlassen, dann wird die moderne Zivilisation in kriegerischen Reibungen und in Zerstörungen enden, die alles konstruktive Bemühen Lügen strafen. Eine Kontrolle läßt sich nur gewinnen, wenn der, der die Apparatur versteht, zugleich ein Ziel ansteuert. Die elementaren Bedürfnisse, denen die wirtschaftliche, technische und militärische Machtapparatur dient, müssen auf ihr kulturmenschliches Maß beschnitten werden. Schon Nietzsche erhob die Frage nach dem „Wozu" — wozu erwerben wir Wissen, produzieren wir Stahl und Kohle, befestigen wir die Macht einer Regierung?

Soweit der Staat zum überall geschäftigen Verwaltungsungeheuer wird, begibt er sich der hohen Warte der Autorität, von der aus sich das Ganze überschauen läßt. Kontrollierend in das Getriebe der Interessen einzugreifen, vermag nur eine Instanz, die aus den Quellen eines göttlichen und natürlichen Rechtes schöpft, nicht eine Regierung, die selbst in ein unübersehbares Meer von Macht-, Wirtschafts- und Sozialinteressen verstrickt ist. Verkehr, Steuern, Lohntarife, Soziallasten und selbst Erziehung und Bildung sind von eingefahrener Routine „geregelt". Forschung und Literatur erlegen sich konformistisch eine „Selbstdisziplin" oder „freiwillige" Zensur auf, die dem Kulturgewissen oft widerspricht.

Zeitweise machen wir uns auf dieser Erde mit einer Selbstsicherheit breit, die sich aufführt, als ob es nie frühere Geschlechter gegeben habe. Die Umstände selbst stellen keine Kriterien bereit, zu bestimmen, an welchem Punkte die Verfolgung zweckmäßiger Selbstinteressen zwischen Privaten, Parteien, Staaten, Großräumen das Maß des Erträglichen und Erlaubten übersteigt. Wir verstoßen faktisch bereits gegen das bestehende Weltgewissen. Unsere Gegenwart kommt auch moralisch nicht mit ihren eigenen Mitteln aus. Die Energien des Planeten werden blindlings ausgebeutet, und bis zur reißenden Flut eines historischen Kataraktes ist es vielleicht nur ein Schritt. Aus welchen Reserven wird dann die Menschheit schöpfen, um die Kontrolle wieder zu gewinnen, wenn die gewohnten Ufer brechen? Vielleicht versichert sich der, der in seiner Augenblicksexistenz zeitweise steuerlos treibt, jener Wahrheit, daß menschliches Wesen durch Jahrtausende imstande war, Vernunft und Gleichgewicht zu wahren, daß Recht und Ordnung sich immer wieder einrenkten und daß Integrität und hohe menschliche Maße sich tatsächlich durch das Ganze hindurch verteilen.

In der ägyptischen und sumerischen Keimgestalt der Hochkultur sind die menschlichen Daseinssphären organisch aufgebaut. Diese ursprüngliche Keimgestalt bildet eine Norm, an der spätere Einseitigkeiten und Verlagerungen gemessen werden können. Der Anfangszustand stellt einen originellen gelungenen Wurf dar, der für Jahrtausende lebensfähig ist; er ist nicht „primitiv“ im Sinne des Wildgewachsenen, Ungehobelten oder Ungebildeten. Physische, biologische und geistige Kräfte wirken in den ersten Hochkulturen in einem Stufungsverhältnis zusammen, das eng an die Ordnungen des Kosmos angeschlossen ist. Der menschlich-kulturelle Mikrokosmos entfaltet sich im Schoße der großen Welt. Ordnung, Spontaneität und schöpferische Kraft wachsen von der physikalischen, der biochemischen, organischen, psychosomatischen, der praktisch-technischen und der künstlerisch-phantasiemäßigen bis zur mythischen und schließlich religiös-numinosen Sphäre des Seins und Wirkens. Die jeweils umgreifende Wirklichkeit enthält die Bildungskräfte und Formen der übergriffenen, aber zugleich ragt sie mit eigenen neuen Ansätzen darüber hinaus. Von daher verleiht sie den Ebenen, die sie überlagert, zusätzliche Gestaltungsimpulse; sie lockt neue Seiten und Eigenschaften aus ihnen heraus, erlaubt ihnen eine freier bewegte Stufe des Daseins und neue Entfaltungsmöglichkeiten. Für die, die aus der Niederung kommen, werden von den gewonnenen Höhenzügen aus fernere Ziele sichtbar und verständlich. Von Stufe zu Stufe gewinnt das Wirkliche einen weiteren Spielraum für ungezwungene Konstellationen. Es ist, als ob sich die Regiekünste im Welttheater auf höher gelegenen Bühnen vervollkommneten.

Vom „Heiligen Geist" Getriebene führten einst im Namen des Osiris-Horus oder des Enki oder des Prometheus und Herakles einen Zivilisationsauftrag aus. Sie liehen dem Arbeitstag eine höhere Weihe. Heute besteht ihre Aufgabe darin, die harte Schale eines Getriebes zu durchbrechen, in dem sich die Phantasiegestalten des Mythos und der Kunst, des natürlichen Rechts und der Liebe aufreiben.

Der Aufbruch der Gegenwart in die Zeitentiefe

Der gegenwärtige „Manager" der Politik, der Wirtschaft und der großräumigen Organisation ist in der Regel unmetaphysisch. Er ersetzt den Mythos durch rationale Kalkulation, das philosophische Wahrheitsstreben durch eine Wissenschaft, die am Nutzeffekt orientiert ist. Das „Recht", das mit aller Härte erzwungen wird, setzt sich aus Regulierungen zusammen, die das weitere Funktionieren des Getriebes bedingen und garantieren. Viele Schaltungen, Hemmungen, Kontrollen und Korrekturen ließen sich durch Elektronengehirne besorgen. Wer sich nicht fügt, wird oft automatisch durch eine Herabsetzung seines Lebensstandards diszipliniert. Die Schranken, die die Zivilisation produziert, um sich in arbeitsfähigen Grenzen zu halten, scheinen in Friedenszeiten unüberwindlich. Aber in periodisch wiederkehrenden Ausnahmezuständen erweisen sie sich als provisorisch. In Weltkriegen wird der moderne Mensch in die Stürme der Völkerschicksale gerissen. Als Maschinen der Vernichtung enthüllen uns die Werkzeuge der Zivilisation ihre zweite Natur. Die Ersparnisse dienen zunächst der „Sekurität", dann aber — im höchsten Wirkungsgrad — der Organisation des Schreckens. Diese bringt die moderne Daseinsausstattung, Städte, Verkehrszentren, Hafenanlagen, Öltürme, Hochöfen und Kraftwerke ins Wanken. Das, was ein für allemal festzustehen schien, wird nun zum Einsatz des Schicksals, zu einer Kulisse des

Welttheaters, der in der Zeitentiefe viele andere vorausgingen. Krisen, Revolutionen, Kriege und sinnwidrige Zerstörung gehören zum Gesamtbild der gegenwärtigen Zivilisation; sie sind integrierende Züge ihrer Physiognomie, Wirklichkeiten, die sich nicht wegleugnen lassen. Vielleicht gleichen sie wütenden Elementen, die in einer Landschaft schlummern und die zeitweise zurückgedämmt werden können. Auch sie sind keine „naturgesetzlichen" festen Gegebenheiten. Man könnte mit Nietzsche sagen, daß jede Seele ihre eigenen Wildwasser hat. Sie sind *die* Seite am Akteur, an der ihn das Schicksal packt, der Punkt seiner inneren Ruhelosigkeit. Der Gang der Geschichte wird durch ein inneres Unbefriedigtsein weitergetrieben, dessen Ursachen sich schwer ergründen lassen. Etwas stimmt nicht mehr — etwas im ganzen Aufbau der menschlichen Daseinssphären, im Glauben, Denken und Schaffen. Die Fragen werden neu aufgeworfen, die sich dem Akteur bereits im ersten Akte des Dramas gestellt haben. Damit, daß die Verhältnisse in der Horizontalebene der zivilisatorischen Daseinsverflechtung in Fluß geraten, werden ältere Kräfte mobilisiert: Rechtsgewissen, Glauben an höhere Mächte, Wissen um das mythische Erbe und künstlerische Phantasie. Es sind Kräfte, die vertikal auf die Daseinsordnungen ausgerichtet sind, die sich von Ebene zu Ebene überlagern. Ihr Aufbau ist „nach oben offen". Das horizontale Getriebe der politischen Daseinsfunktion verläuft dagegen geschlossen in sich selbst.

Seit zwei Generationen ist der Mensch mit seiner Kultur und beide zusammen mit der Erde, aus der sie erwachsen sind, in ein universales Bezugssystem aller Dinge getreten, in dem die positivistischen Betrachtungsweisen des 19. Jahrhunderts nicht mehr statthaft sind. Der Aspekt, unter dem die neue Physik und Astronomie unseren Planeten sieht, ist dem verwandt, unter dem der Mensch und seine Kultur nunmehr der Anthropologie, der Archäologie und der Philosophie der Geschichte erscheint. Insofern kann man vielleicht sagen, daß das Schicksal des modernen Menschen dem seines Planeten analog ist: damit daß diese Erde in eine kosmische Welt von Welten, von Nebeln, Sonnen, Gravitationssystemen hineinreicht, daß sie sozusagen einem überplanetarischen Schicksalsraum angehört, ist sie auch Strahlungen aus astronomischen Zeitenfernen exponiert. Die Erde empfängt „gegenwärtig" Sendungen von Weltkörpern, die einst waren und nicht mehr sind. Sie ist somit in Verbindung mit dem, was „gegenwärtig" nicht mehr ist.

Analog erfahren wir Heutigen, wir „Gegenwärtigen", ausstrahlende Wirkungen von Mächten, die vor Tausenden von Jahren die Bühne dieses Welttheaters betraten, und wir stoßen auf die Taten und Lebensäußerungen eines Narmer, Cheops und Thutmosis. Die Herrscher und Priester von Al Ubaid, Uruk und Ur sprechen zu uns in den Werken ihrer unnachahmlichen Tempelkultur.

Solche Ausstrahlungen treffen uns inmitten unserer vertrauten Umgebung mit einer erschreckenden Fremdheit. Unsere Lebenspraxis begegnet einer Originalität, die kein Vorbild hatte.

Wir selbst stammen von den Akteuren des ersten Aktes ab. Jenseits des ägyptischen und sumerischen Ursprungs der Hochkultur verliert sich unsere anthropologische Vergangenheit in die natürliche Schöpfungsgeschichte.

Die einmalige reine Originalität des Ursprungs ist an nichts anderem als ihrer inneren Notwendigkeit orientiert. Der Kulturmensch tritt mit der Norm seiner Existenz ins Dasein. Es gibt keine frühere Norm, die er brechen könnte, und keine Andersgläubigen, denen er ein abweichendes Gesetz aufnötigen könnte. Für Recht und Sitte gibt es keine Präzedenz — Tradition wird erst geschaffen.

Die Potenzen der steinzeitlichen Stammesgeschichte werden im vierten Jahrtausend in einer Kulturheimat aktualisiert: weitertreibende Impulse, noch nicht verpflichtendes Erbe. Vielleicht schlummerten geistige Loyalitäten in frühen Riten der Bestattung und in den Beschwörungen der Höhlenmalerei.

Bestimmte Gestalten der religiös-künstlerischen Phantasie lassen sich in der Zeitenperspektive von Kulisse zu Kulisse zurückverfolgen, bis wir im fernsten Dämmerlicht die tastenden Umrisse erkennen. So führt uns der Weg von der Maria des Novalis zur gotischen Mutter Gottes, zur plotinischen Aphrodite des Himmels, zur griechisch-römischen Persephone, zur altrömischen Kybele, zu Isis und Inanna, zu der ungefügen und dämonischen Erdmutter von Al

Ubaid, bis uns in der älteren Steinzeit die Fruchtbarkeitsgöttin der Jägerstämme Sibiriens und Frankokantabriens unverhüllt entgegentritt. Keineswegs verschwimmen die göttlichen Züge mit zunehmender Zeitenferne. Sie verlieren nicht ihre Umrisse und ihre Struktur in einer Matrix des bloß Geahnten, Gesuchten und Ersehnten. Im Gegenteil zeichnen sich die Visionen der natürlichen Phantasie durch eine entschiedenere Deutlichkeit aus. Gerade das, was uns schrecklich fremdartig dünkt, erscheint in unerbittlicher Klarheit. Die Urgestalt der Mutter, die die Kreaturen gebiert, nährt und wiegt, übt einen dämonischen Zauber aus. Die Urmutter erscheint allem Menschlich-Vertrauten so fremd wie der Embryo, den sie auf einigen Skulpturen im Leibe trägt. Auch dieser erscheint noch heute plötzlich „aus einem anderen Land", zu dem die Lebenden keinen Zutritt haben. Beide ragen ins Menschliche hinein, ohne menschliche Züge zu tragen. Die Linien ihres Ausdrucks sind so überscharf, daß sie häßlich erscheinen und uns erschrecken. Das Anderssein des Anfangs bleibt undurchdringlich, aber sein Anschwellen enthält die Möglichkeit harmonischer Ordnung.

Die „perspektivische Flucht" führt von Kulisse zu Kulisse zu einem Ausgangs- und Vereinigungspunkt, der jede Gegenwartsposition in die Zeitentiefe zieht. Der Ur-sprung ist immer durch alle Akte des Menschheitsdramas aktuell-gegenwärtig: als anfängliche psychosomatische Konstitution des Homo sapiens, der auf einmal visionär in Geheimnisse des Seins blickt und das, was ihm begegnet, im steinernen Monument festhält. Der Stein wird vom Werkzeug der Lebensnotdurft zum Medium der religiösen Phantasie, eine Tat, deren Aktualität sich niemals abschwächt.

Die Renaissance der Urgeschichte in der gegenwärtigen Zivilisation

In den letzten zwei Generationen hat man durch planvoll geleitete Ausgrabungen die Ursprungsquelle des kulturellen Stromsystems entdeckt, in dem wir uns noch heute bewegen. Diese Quellen liegen 6000 Jahre zurück in Zeitentiefen, die sich in das dumpfe Leben steinzeitlicher Stämme zurückverlieren, und in Landschaften, die aus älteren geologischen Formationen hervortauchten. Ihre Entdeckung hat das Lebensgefühl und Daseinsbewußtsein des gegenwärtigen Kulturmenschen entscheidend beeinflußt. Wie die Entdekkungen des Kolumbus und des Kopernikus geht sie alle Menschen an.

Entdeckungen solchen Ausmaßes sind gewöhnlich von elementaren Bedürfnissen getragen, die die Geister immer mehr beherrschen und sie zu Taten anspornen. Der ausgrabende Archäologe, ein Evans, Parrot oder Woolley fühlt den Zug „Zurück zu den Quellen".

Ein unablässiges Suchen nach den Quellen der eigenen Kultur führt seit dem Beginn der Neuzeit zu religiösen Reformationen, künstlerischen Renaissancen und Rezeptionen früherer Bildung.

In Zeitepochen, die besonders dringlich nach den Quellen suchen, haben sich meist Kräfte angestaut, die noch kein Ziel finden; überall werden Fragen fällig, und trotz hoher Spezialleistungen verbreitet sich allgemeine Ratlosigkeit. In einer solchen Lage sucht man sich darauf zu besinnen, was der noch nicht spezialisierte Mensch anfangs überhaupt beabsichtigte, als er ans Werk der Kultur schritt, und worum es denen ging, die sich auf das Unternehmen einließen. Analoges geschieht im Werdegang des Individuums. Jemand, der im Getriebe einer Vielgeschäftigkeit die Linie seines Lebens aus den Augen verliert, tut gut daran, sich die reinen Antriebe seiner Jugend und die erste frische Begegnung mit den wesentlichen Dingen des Daseins ins Gedächtnis zu rufen. Auf diese Weise gewinnt sein Streben den Rückanschluß an wesentliche Triebkräfte seiner Existenz.

Es ist heute nicht nur der christliche Westeuropäer, es ist die ganze zivilisierte Menschheit, Inder, Chinesen, Araber und Afrikaner inbegriffen, die sich in Gärung und Friedlosigkeit befindet. Im Massenelend besonders der beginnenden Industrie blicken seit Marx und Engels auch die Kommunisten auf die noch unverdorbene Integrität einer Urgesellschaft zurück. Sie erwarten in den Ursprüngen der Kultur eine Orientierung zu finden, dort, wo das Menschlich-Normale noch nicht durch selbstsüchtige Kalkulationen entstellt war.

Allerdings entspricht die Antwort, die die Archäologie ihnen nunmehr erteilt, nicht ganz den Erwartungen. Zwar ist weder der anfängliche ägyptische Großhaushalt der Pharaonen noch die autarke sumerische Tempelwirtschaft von individueller Profitgier bestimmt. Aber die Triebfeder, die das Ganze von Viehzucht, Saat, Ernte, Bewässerungstechnik, Kapitalbildung und Verteilung bewegt und fördert, ist auch nicht ein planwirtschaftliches Kollektivinteresse, sondern deutlich ein religiöser Glaube, der ein erstgeborenes Volk erschüttert und beschwingt. Es folgt dem Auftrag höherer Mächte, Zivilisationswerke zu errichten, deren Nutzen sich zunächst nicht absehen ließ. Zuerst waren es gewaltige religiöse Bauten, die eine kooperative Arbeit für die Lebensnotdurft nach sich zogen. Die ganze Lebenspraxis eines primitiven Stammes ist von einer magisch-zauberischen Scheu in unwandelbaren Grenzen gehalten. Erst ein religiöser Durchbruch setzt die Energie frei, die sich den Taten der Zivilisation widmen. Im Lichte der europäischen Geschichte läßt sich dieser Übergang vom gebundenen Stammesritual zur historischen Dynamik eines Volkes mit eigenen numina im frühen Italien verfolgen: die geschichtslosen Etrusker werden gleichsam durch den Kuß des kapitolinischen Gottes aus dem Dornröschenschlaf der Vorgeschichte erweckt. Im vierten Jahrtausend v. Chr. inspirierte eine neue Glaubensenergie eine kultische Bautätigkeit aller Stämme und Gaue, aus der himmelstrebende Monumente entstanden. Diese geistbeschwingte Zusammenarbeit, die den Enthusiasmus der gotischen Dombauten vorwegnahm, gab das Modell für eine arbeitsteilige Leistung ab, die sich in den folgenden Jahrhunderten den Meliorationen widmete, die der Lebensnotdurft einer wachsenden Bevölkerung dienten. Selbst der grausamste Despotismus eines obersten Stammeshäuptlings hätte nicht ausgereicht, eine agnostische, nur von Zweckmäßigkeitsgesichtspunkten bewegte sozialistische Kollektivarbeit ins Werk zu setzen, denn die modernen Mittel eines zentralistischen Zwangsapparates hätten ihm gefehlt. Auch wenn einem solchen Despoten die utopische Phantasie eines Campanella oder Thomas Morus eigen gewesen wäre, hätte er keine Wunder vollbringen können.

Es muß hinzugefügt werden, daß selbst das Gebot „Seid fruchtbar und mehret Euch" von vornherein einem neu erwachten religiösen Glauben an den Wert des Lebens entsprang.

Um in bedrängter und problematischer Lage Richtlinien zu finden, ging man in verschiedenen Perioden Europas zu den Quellen zurück. So berief sich die Wirtschaftsethik der Scholastik mit ihrem Zinsverbot auf die Gemeinschaftsethik des Urchristentums. Aber für die heutige Menschheit liegt die Herkunft viertausend Jahre tiefer zurück. Unsere Probleme sind wirklich Menschheitsprobleme, nicht mehr solche von Nationen, Rassen oder Konfessionen. Ein „Zurück zu den Quellen" bedeutet für die Menschheit: zurück zum ersten Schöpfungstag der Kultur. Aus diesem Ursprung ist tatsächlich mehr zu schöpfen und zu lernen, als sich auf den ersten Blick sehen läßt; in der Gestalt, in der es zuerst zur Welt kam, war das kulturschöpferische Volk religiös und künstlerisch gleichsam hellsichtig. Es war in seinen Entwürfen und seinem Tun treffsicher, ja beinahe unfehlbar. Aus erster Hand konnte der erwachende Prometheus erfahren, was Norm und Ordnung in Natur und Gesellschaft bedeute, denn er probierte am eigenen Leibe Heil und Segen der ersten Rechtsstrukturen aus. Er lernte, daß sie in vorgeschriebenen Bahnen das Wachstum der Zivilisation ermöglichen. Die frühen Stadien der keimenden Kräfte zeigen, wie in jeder Entwicklung, so auch in der der Kultur, daß ihnen eine ausnahmsweise hohe Potenz zukommt. Im Unterschiede zu den Tieren hat nur der Mensch die Fähigkeit, die frühen Stadien seiner Jugend eigens festzuhalten; er bewahrt sie ohne Rückhalt und aktiviert sie in „Wiedergeburten". Er kann sich verjüngen, indem er aus seinen Quellen schöpft. Seine ursprünglichen Schwungkräfte gehen ihm nicht verloren, wenn er nur aus dem Geistig-Ganzen seiner Existenz heraus lebt.

Es liegt nahe, die bisherigen 6000 Jahre kultureller Geschichte zu einem einzigen Werdedrama zusammenzufassen. Dieses ist aber bei weitem nicht abgeschlossen. Vielleicht bildet dieses Zeitmassiv den ersten Akt eines kommenden Schicksals. Aber auch in einer Kultur, die vielleicht einmal 60 000 Jahre umspannt, wird sich die Zeitstelle der Geburt, um 3100 v. Chr., von jeder anderen Zeitstelle und jedem anderen Hervorquellen schöpferischer Kräfte radikal und absolut unterscheiden. Das Mysterium dieser Geburt ist unwiederholbar, und es ist nur partiell dem Verstehen zugängig: Die Erbfaktoren, die den Keim des ersten Volkes bildeten, stammten aus einer steinzeitlichen Ära, die mehr als 600 000 Jahre umfaßte.

Wir sind jeweils „in" einer Gegenwart, aber nicht „von" ihr. Unsere Wurzeln reichen in die Zeitentiefe hinab. Wir widmen mit Recht unsere Kräfte den praktischen Aufgaben des Tages. Aber wie weit reicht dieser Tag zeitlich? Die moderne Physik hat sogar experimentell bewiesen, daß die mechanische Uhrenzeit nur eine unter vielen Zeitskalen repräsentiert, daß sie kein unentrinnbares Fatum darstellt. Durch eine hochbeschleunigte Fahrt im Raumschiff würden wir eine andere Eigenzeit und Zeitskala erwerben können, so daß wir vielleicht imstande wären, viele erdzeitliche Generationen in dieser neuen Eigenzeit zusammenzufassen.

Es muß auch hinzugefügt werden, daß Wahrheiten, die einmal entdeckt sind, ebenfalls einer eigenen Zeitskala folgen, daß sie immer aktuell sind und ihre eigenen Zeitwellen schlagen.

Die ursprünglichen Geschichtsmächte sind etwas Lebendiges, noch mehr: ein gar nicht zu übersehender Komplex von Lebendigem, welches tief und weit ausgreift. Alles Lebendige ist zwar ein Objekt wissenschaftlicher Tatsachenforschung, aber es ist unabhängig davon noch etwas ganz anderes: eine Macht eigenen Ursprungs und eigenen Rechts, die uns begegnet, mit der wir uns auseinandersetzen und die uns von ihrem eigenen Überfluß etwas abgibt. So wirken die Kulturimpulse der ersten Hochkulturen, der ägyptischen und sumerischen, auf unser Daseinsgefühl ein. Wir begegnen den zum Teil fremden und aufrüttelnden Lebensäußerungen der ersten Kulturmenschen und suchen in Quellen der Ahnung und Vision vorzudringen, die noch immer fließen. Denn das Geistige, das sich im Menschen regt, dringt noch auf uns ein, nachdem seine physische Erscheinung zerfallen ist. Der Ägypter und der Sumerer geben ein Rätsel auf, dessen Lösung uns der Selbsterkenntnis unseres menschlichen Charakters, unserer menschlichen Möglichkeiten näherführt. Allerdings läßt sich ein Charakter niemals erschöpfend fassen, da in ihm etwas Ursprüngliches sprudelt, aus dem er wichtigste Kräfte und Wirklichkeiten bezieht, die ihn überragen. Aus diesen Gründen gelingt es der Wissenschaft nur annähernd und fragmentarisch, ein Bild von der Persönlichkeit eines Imhotep und Djoser, eines Bach oder Goethe oder gar „des“ Ägypters, Griechen, Römers oder Etruskers zu gewinnen.

Man darf nicht annehmen, daß die erste Hochkultur die folgenden Kulturen „verursacht“ habe. Aber jedenfalls ist zum Beispiel unsere abendländische Zivilisation, die mit Rom und Griechenland anhebt, ein Motiv, das auf dem Boden und in der Atmosphäre der ersten mächtigen und originalen Motive entsteht, in ihnen schwingt und ausschwingt. Mit der Ouvertüre bildet sich gleichsam das musikalische Kraftfeld, in dem jeder Akt der Oper neu einsetzt. Ergänzend, weiterführend oder auch widersprechend nimmt jedes Thema auf die anderen Bezug. Nun haben sich seit zwei Generationen mit der Entdeckung des primären Kulturimpulses alle Perspektiven außerordentlich geändert. Das Thema, das Griechenland im achten Jahrhundert, das Italien in der etruskischen Frühzeit anschlug, liegt für uns nicht mehr in „der“ Urzeit, die von allen Geheimnissen des Archaischen umwittert ist. Erst dahinter steigt das Massiv unserer Vergangenheit wirklich schroff an.

Wir gestalten heute noch an Themen, die im Beginn unserer sechstausendjährigen Kulturgeschichte angestimmt wurden, und wir wirken innerhalb von Entscheidungen, die bereits von den ägyptischen und sumerischen Daseinsmächten getroffen wurden. Selbst in unserer materiellen Zivilisation diskutieren wir Formelemente. die aus dem frühen Ägypten auf uns überkommen sind. Wir fragen uns, ob sie noch in das Zeitalter der Stahlkonstruktion passen. Der organische Wohnstil wurde zuerst in frühen Gräbern entdeckt, und Bauglieder wie Säule und Architrav wurden vor fünf Jahrtausenden erfunden. Selbst die uralte Porträtkunst wird uns heute zum Problem. Der Mensch, der in den modernen Betrieb von Wirtschaft und Wissenschaft eingeteilt ist, scheint kein Antlitz mehr zu haben, das sich wie das eines Imhotep oder einer sumerischen Priesterin porträtieren ließe. Die Linien eines potentiellen Porträts zeichnen sich nur auf dem Antlitz eines solchen Menschen ab, der noch imstande ist, seine ganze Existenz für sinnvolle Ziele einzusetzen. Imhotep, der erste bewußte Kulturmensch, war als Pyramidenarchitekt und Arzt, als Verwalter und als Forscher von einem Glauben an die Bestimmung des Menschen getragen. Auf der Steinskulptur begegnen wir einem seherischen, festen und klaren Blick und die Begegnung mit Imhotep ist durch den Abstand der Jahrtausende, durch das Ungeheure, was seitdem geschah, nicht beeinträchtigt. Wohl sind wir durch dies alles wissender geworden und spricht das Echte und Ursprüngliche eindringlicher zu uns.

Die frühen Steinporträts sind eine erste künstlerische Definition des Menschen. Er erblickte sich selbst in diesem Bild, und wir können daraus die erste Definition des Kulturmenschen rekonstruieren. Aus der Statue wirkte der Genius des Pharao, sein „Ka". Noch die Römer des dritten Jahrtausends schrieben der Person einen Genius zu. Man fragt ja heute noch, wes Geistes Kind jemand sei. Der Ka ist das eigentliche Selbst, das Originell-Schöpferische am Menschen, das ihn mit den Welten der Phantasie und dem Reich der Natur verbindet — die Integrität und der Zauber der Persönlichkeit. Er wird in der Hieroglyphenschrift mit Armen, die nach dem Horizont erhoben sind, dargestellt.

In der Krisenzeit, die dem Alten Reiche um 2100 folgt, verebbt der geistige Aufschwung; der Mensch verliert für eine Weile seinen Ka und wird, mit Faust zu sprechen, zum Wurm, der auf der Erde kriecht. Aber der geschwächte und reduzierte Mensch erinnerte sich sehr wirkungsvoll seiner Möglichkeiten. Sie haben nur geschlummert und tragen ihn erneut wie eine Flutwelle. Der Ägypter betrachtete den repräsentativen Menschen, zunächst den Pharao, dann die Edlen der Nation und schließlich einen jeden, als Sohn des Osiris, des Gottes des fruchtbaren Nils, der aus unterirdischen Gewässern gespeist war. Aus seiner ganzen Kulturheimat flossen dem Menschen seine Kräfte zu, ihr Fluidum durchdrang das Leben des Volkes. Diese Heimat sandte ihn mit seinen Aufgaben, ja mit seiner physischen Konstitution aus sich heraus, und sie nahm ihn in den Häusern der Toten wieder zu sich zurück. Zugleich dringt der seherische Blick dieses frühen Menschen über die Grenzen seiner irdischen Landschaft hinaus. Seine religiöse Phantasie folgt dem Horus auf seinem Wege durch das Lichtreich. Er fühlt die Erschütterung, die Horus erzeugt, wenn er seine Flügel über den Horizont ausbreitet, und er wird erschauernd dessen gewahr, daß Horus auch noch leuchtet, wenn das Licht des Tages vergeht.

Alle diese religiösen und mythischen Erfahrungen gehören zum Aufbau der menschlichen Existenz. Nehmen wir als Beispiel religiöse und künstlerische Naturen, die der gegenwärtigen Menschheit etwas zu sagen haben, einen Dostojewski, Nietzsche, Ibsen, Strindberg. Sie haben etwas Besessenes, sind von Daseinsmächten getrieben, die über die nützliche Daseinssphäre hinausragen. Ein Johann Sebastian Bach dagegen war weniger besessen als ergriffen. Für Shakespeare war der Osirismythos andrängende Gegenwart: Hamlet rächt widerwillig seinen Vater an seinem Onkel und bringt eine Tageswelt wieder in ihre Fugen, in der ein anderer herrscht. Das ist der Mythos des Horus, der den Osiris an seinem Onkel Seth rächt.

Wir müssen heute dessen gewärtig sein, daß unsere von der Naturwissenschaft beobachtete und technisch konstruierte Welt ein spätes Ergebnis der Zivilisation ist. Die Vereinigung von Beobachtung, Experiment, mathematischer Berechnung und technischer Anwendung für Industrie und Kriegführung, die sensationelle Erfolge zeitigte, setzte erst im 18. Jahrhundert ein. Ihr Ergebnis ist eine technische Umgebung, die rationell durchsichtig ist, in der kein Platz für göttliche oder dämonische Eingriffe verbleibt. Der Charakter dieses Milieus wird einmal von Elektronengehirnen bestimmt sein, mit deren Hilfe automatische Maschinen eine ganze, automatisch betriebene Maschinenfabrik aufbauen. Aber in einer solchen Wirklichkeit, mag sie technisch noch so vollendet sein, verwirklicht der Mensch nur die vordergründigen praktischen Anlagen seiner Existenz. Er braucht unendlich mehr, um seiner anfänglichen Bestimmung gemäß menschlich zu existieren. Die, die ihm Brot, das Brot des Lebens, statt Steine geben, die Künstler, die Liebenden, die Deuter des Daseins, sind auf Anleihen aus Bereichen angewiesen, die außerhalb des Praktisch-Nützlichen und Sinnlich-Greifbaren liegen.

Denn die ursprünglichen Impulse unseres Daseins und dessen Ganzes lassen sich keineswegs aus jenen Kräften erklären, die das technische Getriebe unserer heutigen Zivilisation zusammenhalten.

Es ist sehr bezeichnend für den Stand der Dinge, daß heutige Dramatiker dem gegenwärtigen Geschehen dadurch eine wahre Deutung zu verleihen suchen, daß sie es in frühe Mythen hineinprojizieren. Erst so rührt eine prosaische Realität an die Seele des Menschen. Die Atmosphäre atmet und schwingt mit, die auch harte Wirklichkeiten umspielt, und die Sprache gewinnt ein Fluidum.

Man kann das, was uns in der technischen Nüchternheit des Betriebes, in dieser modernen Form menschlicher Verstümmelung not tut, eine „Existenzauffüllung" nennen. Diese Art von Existenznot war es tatsächlich, die die Pioniere der Archäologie, einen Schliemann und Evans, „zurück zu den Quellen" trieb. Das geht aus ihren Biographien deutlich hervor. Die Existenzauffüllung wird auch geleistet. Als der Kulturmensch sich in Ägypten und Sumer am ersten Tag der Schöpfung entdeckte, fand er sich keineswegs in einer von aller Phantasie abgeschnittenen Umwelt brauchbarer Dinge, die man hinzunehmen hat. Als er kulturell die Augen aufschlägt, weiß er sich selbst nicht als ein spezialisiertes Wesen zu fassen. Er ist von Daseinsmächten getragen, erhebt sich mit ihnen, sammelt aus ihnen Kräfte, mit denen er sich für eine Weile im Lichte des Tages eigenmächtig bewegt, und fällt wieder in ihren Bereich zurück. Sie wirken auch ohne ihn weiter, und was sein kurzfristiges Mitwirken bedeutete, bleibt ein undurchdringliches Rätsel, das die Sphinx noch einem Ödipus aufgibt. Es geschah in Flußlandschaften, daß der Mensch sich selbst entdeckte, in einer Atmosphäre, die mit religiöser Spannung geladen war. Sie inspirierte eine Phantasie, der sich mythische Gesichte boten: So erhob sich im Niltal der Schöpfergott Ptah aus einer Erdschwellung. Hathor, die himmlische Mutter aller Wesen, trat aus einer Felsöffnung hervor. Das Licht des Tages, Ammon-Re, begrüßt das Horuskind in der Wiege der schützenden Isis. Die frühen Bauten folgen dem Zuge der religiösen Phantasie.

Auf primitive Grabhügel folgen tafelförmige Mastaben, und schließlich suchen triumphierend ansteigende Pyramiden den Scheitelpunkt des Horizontes, wo Horus mit der Sonnensubstanz verschmilzt.

Es ist das religiöse Phantasieleben, das das praktische Bestreben des frühen Menschen in sich enthält und anspornt. Darauf nehmen die Personennamen Bezug, die er sich gibt. Jede Periode wählt die Namen, die ihrer religiösen Bindung entsprechen, und dem Namen soll sogar die magische oder pneumatische Fähigkeit innewohnen, diese Bindung zu erzeugen. Ein sehr früher Name besagt z. B., daß der Benannte von der aufgehenden Sonne mit emporgeführt wird, ein anderer, daß ihn die Flügel der Göttin schützen. Diese ursprüngliche mythische Anthropologie ist zum mindesten differenzierter und geistvoller als der moderne Existentialismus, für den dort, wo die individuelle Existenz erlischt, das sinnlose Nichts beginnt. Die Ethik der Verzweiflung besteht dann darin, angesichts der Nichtigkeit alles Strebens doch seine Existenz einzusetzen.

Ein Bruch in der Ethik der praktischen Lebensführung stiftet seit 40 Jahren Verheerung und bereitet der Menschheit die schmerzlichste Not. Der moderne Mensch ist stolz auf sensationelle Leistungen in der Domäne der technischen Zivilisation, und dabei sind es grundlegende Defekte in der Verfassung dieser Zivilisation, die ihn an den Rand der Katastrophe und der Verzweiflung führen. Die modernen Bevölkerungsmassen scheinen zügellos in Vernichtungskriege hineinzutreiben, sie haben die Autorität des göttlichen und des natürlichen Rechts selbst in die Hand genommen. Vernichtung droht aber zugleich mitten aus ihrer selbstgeschaffenen technischen Umgebung. Die in ihr angewandten Chemikalien, Antibiotika und Strahlungen bedrohen sogar die Erbsubstanz der menschlichen Spezies. Sie befindet sich in der fatalen Lage des Mannes mit der Elendshaut, dessen Geschichte Balzac erzählt. Mit jedem neuen Wunsche schrumpft die Lebenssubstanz unwiderruflich zusammen, während eine hemmungslose Gier jede Kontrolle abwirft. Selbst ein Bertrand Russell, alles andere denn ein rückblickender Historiker, empfiehlt den gegenwärtigen Machthabern, aus der Geschichte der Menschheit die rechten Proportionen für die Beurteilung des

Gegenwärtigen zu entnehmen. Die Menschheit habe sich heute kollektiv einer nie dagewesenen Hybris überantwortet, die nur zur Selbstvernichtung führen kann. Sie müsse sich auf ihre Aufgabe und Bestimmung im Drama der Menschwerdung besinnen.

In einer Krise, die zum Tode führen kann, tun wir gut daran, uns an das Gesetz zu erinnern, mit dem wir angetreten. Es ist ermutigend zu wissen, daß die menschliche Kultur vor 6000 Jahren mit einer Ordnung begann, die das ganze Feld praktischer Tätigkeit beseelte. Das ursprünglich Menschlich-Normale ist der Glaube an den Segen der Zivilisation, nicht ein hemmungsloses Streben nach wirtschaftlicher Macht, weder ein zynischer Kampf um die Krippe noch ein indifferentes Funktionssystem. Dynamik der Massen und ihrer Führer, eine robuste politische Vitalität, der riesige Machtapparate zur Verfügung stehen, sind kein Wert für sich selbst, der die menschliche Existenz rechtfertigt. Solche Dynamik wird sich überdies, da sie die Gesetze der Natur und des Rechts mißachtet, unweigerlich zugrunde richten. Von vornherein, in der ägyptischen Kultur wie in der sumerischen, ist das göttliche und das natürliche Recht, die Ma-at oder die Schicksalstafeln des Enki, die Gesetztafeln des Hammurabi, kein bloß von außen herangebrachtes Maß, sondern es ist die innere organisierende und kontrollierende Kraft aller praktischen Betätigung. Auf Grund innewohnender Rechtstendenzen ist der Haushalt der Natur mit dem der menschlichen Gesellschaft ausgeglichen. Das innewohnende Naturrecht bringt unser physisches und unser geistiges Leben in Zusammenstimmung und Ordnung. Es ist im Anbeginn die innere Ordnung des Osirisreiches, das die ägyptische Kulturheimat in sich schloß. Ihr Rhythmus lebte in der wachsenden, vergehenden und wieder keimenden Natur. Das Numinose, die göttliche Daseinsmacht, das „Ganz Andere“ reichte in die menschliche Existenz hinein und gab den Anstoß zu sinnvollem Tun.

BIBLIOGRAPHIE

Ägypten

Anthes, Rudolf: Lebensregeln und Lebensweisheit der alten Ägypter. Leipzig 1935.
Anthes, Rudolf: Ägypten. Historia Mundi Bd. II. München 1953.
Awdijew, W. I.: Geschichte des alten Orients. Berlin 1953 (benutzt Urkunden aus russischem Besitz).
Breasted, James H.: Development of Religion and Thought in Ancient Egypt. New York 1912.
Breasted, James H.: The Dawn of Conscience. New York 1953.
Breasted, James H.: Ancient Records of Egypt. Transl. Vols. 1—5. Chicago 1927.
Cambridge Ancient History
Carter, H. and Mace, C. C.: The Tomb of Tut-Ankh-Amen. 1923, 1927, 1934.
Childe, V. Gordon: New light on the most ancient East. The Oriental prelude to European History. London 1935.
Childe, V. Gordon: What happened in History. Edinburgh 1941.
Childe, V. Gordon: The Dawn of European Civilisation. London 1950.
Engberg, R. M.: The Hyksos reconsidered. Chicago 1939 (Chicago Studies in ancient Orient. Civilisation Nr. 18).
Erman, A.: Die Religion der Ägypter. Berlin 1934.
Erman, A.: Die Literatur der Ägypter. Leipzig 1923.
Frankfort, H.: Kingship and the Gods. A study of Ancient Near Eastern Religion. Chicago 1948.
Frankfort, H.: Ancient Egyptian Religion. New York 1948.
Gardiner, Alan H.: The Attitude of the Ancient Egyptians to Death and the Dead. Cambridge 1935.
Gardiner, Alan H.: Ancient Egyptian Paintings. New York 1936.
Glanville, S. K. R.: The Legacy of Egypt. Oxford 1942.
Goury, G.: Précis d'archéologie préhistorique. Paris 1948.
Junker, H.: Pyramidenzeit. Das Wesen der altägyptischen Religion. Einsiedeln 1949.
Kees, H.: Der Götterglaube im alten Ägypten. Leipzig 1941.
Kolpaktchy, Gregoire: Ägyptisches Totenbuch. München 1955.
Laviosa-Zambotti, Pia: Origini e Diffusione della Civiltà. Milano 1947.
Meyer, Eduard: Geschichte des Altertums, Bd. I. 1925—1937.

Meyer, Eduard: Ägyptische Chronologie. Berlin 1904, 1908.
Moret, A.: L'accession de la plèbe égyptienne aux droits religieux et politiques sous le Moyen Empire. Paris 1922 (Rec. d'études égypt.).
Le musée du Louvre, t. 1. Egypte, Mésopotamie. 1935.
Petrie, W. M. F.: Prehistoric Egypt. London 1920.
Otto, W.: Handbuch der Archäologie. München 1939.
Propyläen-Kunstgeschichte II
Scharff, Alexander: Geschichte Ägyptens (Weltgeschichte in Einzeldarstellungen). München 1950.
Scharff, Alexander: Ägyptische Sonnenlieder. Berlin 1922.
Schäfer, H. und Andreas, W.: Die Kunst des alten Orients. Propyläen-Kunstgeschichte 1925.
Sethe, Kurt: Amun und die acht Urgötter von Hermopolis. Abh. Ak. d. W. Berlin 1929.
Sethe, Kurt: Urkunden der 18. Dynastie. Leipzig 1928.
Sethe, Kurt: Dramatische Texte zu altägyptischen Mysterienspielen.
Sethe, Kurt: Übersetzung und Kommentar zu den altägyptischen Pyramidentexten. Bd. 1—3. Glückstadt 1936.
Spiegel, Joachim: Das Werden der altägyptischen Hochkultur. Heidelberg 1953.
Steindorff, G.: Die Kunst der Ägypter. Leipzig 1928.
Stock, Hanns: Die erste Zwischenzeit Ägyptens (Studia Aegyptiaca II). Rom 1949.
Vandier, I. Y.: La religion égyptienne. 1949.
Vandier, I. Y.: Manuel d'archéologie égyptienne. Paris 1952/1953.

Mesopotamien

Andrae, W.: Das Gotteshaus und die Urformen des Bauens im Alten Orient. Berlin 1930.
Christian, V.: Altertumskunde des Zweistromlandes. Leipzig 1940.
Contenau, G.: Manuel d'archéologie orientale. Paris 1927—1947.
Contenau, G.: Les civilisations anciennes du Proche-Orient. Paris 1948.
Delaporte, L.: La Mésopotamie, Paris 1923.
Dhorme, E.: Les religions de Babylonie et d'Assyrie. Paris 1949.
De Morgan, C. B.: La Préhistoire orientale. Paris 1925.
Driver-Miles: The Babylonian Laws. Oxford 1952.
Falkenstein, A.: Archaische Texte aus Uruk. Leipzig 1936.
Falkenstein, A. und v. Soden: Sumerische und akkadische Hymnen und Gebete. Zürich 1953.

Frankfort, H.: Cylinder seals. London 1939.
Frankfort, H.: Sculpture of the third millenium from Tell Asmar and Khafajah. Chicago 1939.
Frankfort, H.: More Sculpture from Diyala Region. Chicago 1943.
Frankfort, H.: Art and Architecture of the Ancient Orient. Harmondsworth 1954.
Fritchard, J.: Ancient Near Eastern Texts relating to the Old Testament. Princeton 1950.
Gadd, C. J.: Ideas of divine rule in the Ancient East. London 1948.
Garrod and Bate: The Stone Age of Mount Carmel. 1937.
Garstang, J.: Jericho. Annals of Archaeology and Anthropology, Bd. 23, 1936.
Glotz, G.: La civilisation égéenne. Paris 1953 (L'évolution de l'humanité).
Huart, C.: L'Iran antique. Paris 1943.
Heidel, Alexander: The Gilgamesch Epic and Old Testament Parallels. Chicago 1946.
Herzfeld, E.: Die vorgeschichtlichen Töpfereien von Samarra. Berlin 1930.
Jacobsen, Th.: The Sumerian King List. Chicago 1939.
Jean, Ch. F.: La religion sumérienne. Paris 1931.
Jensen, P.: Das Gilgamesch-Epos in der Weltliteratur. 1906—1929.
King, L. W.: A History of Sumer and Akkad. London 1923.
Kramer, S. N.: Sumerian Mythology. Philadelphia 1944.
Moortgat, A.: Tammuz. Berlin 1949.
Moortgat, A.: Grundlagen und Entfaltung der sumerisch-akkadischen Kultur. Historia Mundi 1953.
Moortgat, A.: Mari. Neuchâtel 1953.
Moortgat, A.: Vorderasiatische Rollsiegel. Berlin 1940.
Moortgat, A.: Assyrische Glyptik. Zeitschrift für Assyr. Nr. 13. 1942.
Oppenheim, Max Frhr. v.: Der Tell Halaf. Leipzig 1931.
Parrot, André: Archéologie Mésopotamienne. Paris 1946.
Picard, Ch.: Les religions préhelléniques („Mana") Paris 1948.
Picard, Ch.: Manuel d'archéologie grecque. Paris 1935 f.
Pohl, A.: Vorsargonische und sargonische Wirtschaftstexte. Leipzig 1938.
Schaeffer, Claude F. A.: Stratigraphie Comparée et Chronologie de l'Asie Occidentale. London 1948.
Speiser, Werner: Vorderasiatische Kunst. Berlin 1952.
Woolley, C. L.: The royal Cemetery II. Oxford 1934.
Woolley, C. L.: Ur Excavations. London 1934—1939.
Zervos, Ch.: L'art de la Mésopotamie. Paris 1935.